最新校勘精注今译本

四書五經

原　著　春秋　孔子等
学术顾问　汤一介　文怀沙
（二）

中國書店

易 经

【商周】周文王

【春秋】孔子及弟子

经　文

上　经

乾卦第一

☰ 乾上
☰ 乾下　乾①：元亨，利贞。②

初九　潜龙，勿用。③

九二　见龙在田，利见大人。④

九三　君子终日乾乾，夕惕若，厉无咎。⑤

九四　或跃在渊，无咎。⑥

九五　飞龙在天，利见大人。⑦

上九　亢龙，有悔。⑧

用九　见群龙无首，吉。⑨

【注释】

①乾：卦名。下卦上卦皆为乾。象征天，其性刚健，具有阳刚、健美之德。　②元亨：大吉。元，大，始；亨，亨通，顺利。利贞：利于占筮。贞，占筮，卜问。对"元"、"亨"、"利"、"贞"四字的解释，历来注家多有分歧，但以《周易正义》所引《子夏传》的"四德"之说和《左传·襄公九年》穆姜所叙最为流行，兹录于后，以供参考。《周易正义》："《子夏传》云：'元，始也；亨，通也；利，和也；贞，正也。'言此卦之德有纯阳之性，自然能以阳气始生万物，而得元始、亨通，能使物性和谐各有其利，又能使物坚固贞正得终。"《左传·襄公九年》："姜曰'……元，体之长也；亨，嘉之会也；利，义之和也；贞，事之干也。体仁足以长人，嘉德足以合礼，利物足以和义，贞固足以干事。'"又，《象辞传》和《文言

传》阐发"四德"之义最为详尽，亦可参考。不过这些解释都与原意相去甚远，正确的解释应该到卦辞爻辞之中去寻求。　③初九：《易经》六十四卦各由六爻构成，其位序自下而上，名曰初、二、三、四、五、上；初即一，上即六。又，《易经》占筮用九、六之数，九表阳，六表阴，所以凡阳爻皆称九，凡阴爻皆称六。本爻位居卦中第一位，所以称初；为阳爻，所以称九。龙：中国古人想像中的刚健而美善的神异动物，和崇奉的四灵即麟、凤、龟、龙之一。有角、有须、有爪、有鳞，兼具飞禽、走兽、鱼虾、蟒蛇的多种特征；能三栖，即既能潜伏于深渊，又能驰骋于陆地，还能飞腾于天空。其鳞有八十一片，是为九九之数，象征阳。此种德性正与乾卦德性相合，所以乾卦诸爻均取象于龙。勿：不要，不宜，不可。用：才用，才能，才干。　④见（xiàn）：出现；发现。田：指垄亩大众之间。大人：有大德大才之人。　⑤君子：指德高之人。乾乾：乾而又乾，即健行不息。惕：戒惧警惕，小心谨慎。若，助词，无义。厉：危险。咎：灾祸。　⑥或：虚指代词，指代对象不确定，仅表有，或者有人或者有时；这里是有时的意思。　⑦见：这里是发现的意思。　⑧亢（kàng）：极，甚。悔：困厄。

　⑨用九：《易经》占筮，凡筮得阳爻，其数或为七或为九，而九可变，七不变，所以筮法用九不用七；而若筮得六爻皆为九时，便以"用九"爻辞占断。群龙：指六个阳爻。首：头，首领。此爻是所谓"有象无位"之爻。

【译文】

乾卦　象征天。筮得此卦大吉大利，有利于占筮。

初九　巨龙潜伏在深渊，暂时不宜施展才能。

九二　巨龙出现在田野，有利于大德大才之人出世。

九三　君子终日健行不息，时刻戒惕警惧，这样，即使遇到危险，也能免遭灾祸。

九四　巨龙伺机而动，有时腾跃上进，有时退处深渊。

九五　巨龙飞上云天，利于发现大德大才之人。

上九　巨龙飞行至极顶，必遭困厄。

用九　天空出现一群巨龙，但都不以首领自居，大吉大利。

坤卦第二

坤上
坤下　　坤①：元亨，利牝马之贞。君子有攸往，先迷后得主，利。西南得朋，东北丧朋。安贞，吉。

初六　履霜，坚冰至。②

六二　直、方、大，不习，无不利。③

四
〇
六

中华藏书

四书五经·最新校勘精注今译本

中国书店

六三　含章可贞。或从王事，无成，有终。④
六四　括囊，无咎，无誉。⑤
六五　黄裳元吉。⑥
上六　龙战于野，其血玄黄。⑦
用六　利永贞。⑧

【注释】

①坤：卦名。下卦上卦皆为坤。象征地，其性柔顺，具有阴柔、宽厚之德。元亨，利牝（pìn）马之贞：元亨，前途极为亨通、顺利。牝马，雌马。牝马生性柔顺，所以坤卦取象牝马，借以象征一切阴性事物。贞，这里是征兆的意思。君子有攸往，先迷后得主：攸，所。往，前进，即有所作为或有所举动。迷，茫然。主，所要寻求的对象或所要达到的目标。西南得朋，东北丧朋：从文王后天八卦方位看，西方是坤卦和兑卦的卦位，南方是巽卦和离卦的卦位，此四卦同属阴卦，所以说坤在"西南得朋"。朋，同道，同志。而东方是艮卦和震卦的卦位，北方是乾卦和坎卦的卦位，此四卦同属阳卦，所以说坤在"东北丧朋"。　②履：踏。霜：这里是以薄霜象征阴气初起，预示严寒将至。　③直、方、大：直，纵向无边。方，横向无涯。大，幅员辽阔无垠。此句是说地之德宽厚、博大。习：修习，见习。　④含章：指六三爻虽然为阴爻，但是由于居于阳位，所以内含阳刚之美而不轻易显露。章，文采绚丽，色彩彰美。或从王事，无成，有终：此句是承上，展示"含章可贞"的具体情状，体现了坤顺乾的本质特征。王，指乾指天。　⑤括囊：束紧袋子口。括，束，扎；囊，口袋。　⑥黄裳：黄色裙裤。黄，黄色。黄色居"五色"之"中"，象征中道；裳，下服。中国古代服装上称衣，下称裳。裳居下，这里象征谦下。六五爻以柔居上卦之中，其德谦下，处尊而谦和，能以中和之道居臣职，所以说"黄裳，元吉"。　⑦龙战：指阴阳交合。龙，喻阳刚之气；战，接。上六阴气至盛，阴极阳来而阴气未消，所以有阴阳二气交合的"龙战"之象。玄黄：即"泫潢"，水流涌状。《文选·思玄赋》："水泫泫而涌涛"，《楚辞·九叹》："扬流波之潢潢"，《诗经·召南·卷耳》："陟彼高岗，我马玄黄"，可见"玄黄"即"泫潢"，乃一状流水之词。旧注多据《文言传》解为"黑而黄"，皆误。　⑧用六：《易经》占筮，凡得阴爻，其数或为六或为八，而六可变，八不变，所以用六不用八；而若筮得六爻皆为六时，便以"用六"爻辞占断。永贞：占问长期之吉凶。永，久长。

【译文】

坤卦　象征地。筮得此卦大吉大利，尤其利于占问阴性之事。君子出行，筮得此卦，先则迷失方向，继则寻得所要追求的目标，既顺利又不顺利。宜往西南，勿往东北，因为往西南能够遇到志同道合的人，而往东北则遇不到志同道合的人。如果占问是否平安，筮得此卦必获吉祥。

初六　天降薄霜，预示严寒将至。

六二　柔顺之德，纵向无边，横向无涯，宽厚而博大，只要具备这种美德，即使不加修习，有所举动也无所不利。

六三　蕴含彰美的阳刚之德，占问之事均可去做。有时辅佐君王大业，起初无所建树，最后则克尽臣职，得到好的结果。

六四　束紧囊口，可以免遭灾祸，但是不会获得美誉。

六五　穿着黄色裙裳，大吉大利。

上六　巨龙在田野里厮杀，血流成河。

用六　筮得此卦，利于占问长远之吉凶。

屯卦第三

坎上
震下

屯①：元亨，利贞。勿用有攸往，利建侯。②

初九　磐桓，利居贞，利建侯。③

六二　屯如邅如，乘马班如，匪寇婚媾；女子贞不字，十年乃字。④

六三　即鹿无虞，惟入林中；君子几，不如舍，往吝。⑤

六四　乘马班如，求婚媾，往吉，无不利。

九五　屯其膏。小，贞吉；大，贞凶。⑥

上六　乘马班如，泣血涟如。⑦

【注释】

①屯：卦名。下震上坎。象征初生。《序卦传》："屯者，物之始生也。"　②勿用：不宜。用，宜，应。建侯：授爵封侯。　③磐桓：即"盘桓"，徘徊慎行。居：居处，住所。　④屯如邅（zhān）如：难行不进的样子。屯，聚。邅，转。如，样子。班：众多。匪：通"非"。不字：不嫁人。字，古代礼仪，女子订婚后即用簪子插住发髻；这里引申为许嫁。　⑤即鹿无虞：追鹿而无虞人作向导。即，追逐。虞，虞人，古代管理山林之官。几：求。舍：舍弃。吝：艰难。　⑥屯：积聚。膏：油脂，这里指肥肉。小、大：指少量和大量。　⑦泣血：指无声痛哭。涟如：泪水不断的样子。

【译文】

屯卦　象征初生。筮得此卦大吉大利，所以有利于占筮。不宜出行，但有利于授爵封侯。

初九　徘徊流连，难于前行，但是对于占问居处之事者有利，也有利于授爵封侯。

六二　初次出行，徘徊难进。乘马的人纷纷而来，但来者不是贼寇而是求婚者；女子占问婚嫁之事，筮得此爻，可知再过十年才宜嫁人。

六三　追捕山鹿没有虞人作向导，结果误入茫茫林海之中；在这种情况下，君子与其继续追逐，不如舍弃不追；如果一意前往追逐，必将遭遇艰难。

六四　乘马的人纷纷而来，欲求婚配，前往必获吉祥，无所不利。

九五　囤积肥肉。若少量囤积，占问则吉祥；而若大量囤积，占问则有凶险。

上六　乘马的人纷纷而来，却因女方竟无感应，而落得泪水涟涟，伤心而归。

蒙卦第四

艮上
坎下

蒙①：亨，匪我求童蒙，童蒙求我。初筮告，再三渎，渎则不告。利贞。②

初六　发蒙，利用刑人，用说桎梏，以往吝。③

九二　包蒙，吉。纳妇吉，子克家。④

六三　勿用取女，见金夫，不有躬，无攸利。⑤

六四　困蒙，吝。⑥

六五　童蒙，吉。

上九　击蒙，不利为寇，利御寇。⑦

【注释】

①蒙：卦名。下坎上艮。象征童蒙。《序卦传》："物之生必蒙，蒙者，蒙也，物之稚也"。

②童蒙：年幼无知之人。蒙，蒙昧。初筮：第一次占筮。告：告诉，这里指告诉吉凶。再三：这里承前省略了一个"筮"字，所以"再三"即"再三筮"，意为接二连三地占筮。再，第二次。渎：亵渎。　③发蒙：启发蒙昧之人。刑人：树立榜样教育人。刑，通"型"，这里用作动词，指以典型、范例教人。说：通"脱"。桎梏（zhì gù）：古代刑具名。加于足者称桎，加于手者称梏。说桎梏，意为免于犯下罪恶。以：而。　④包蒙：即"包于蒙"，意为被

蒙昧者所包围、环绕。包，包围。纳妇：迎娶媳妇。子克家：子有家室。　⑤取：通"娶"。
金夫：美称，指美貌郎君。不有躬：不顾自身体统，即自失其身。　⑥困：困扰。　⑦击：攻
击，引申为惊醒。不利：不适宜。为寇：以之为贼寇。御：防御，抵御；这里指和缓的方式。

【译文】

蒙卦　象征童蒙。不是我有求于年幼无知的人，而是年幼无知的人有求于
　　　我。初次前来占筮，告诉他吉凶；接二连三地占筮，便是对占筮的
　　　轻侮和亵渎，如此，则不再告诉吉凶。筮得此卦，无论做什么都
　　　有利。

初六　启发愚昧无知的人，以增进其智慧，宜于树立楷模，以启发人，使
　　　人避免犯下罪过；如果智慧初开就急于有所作为，行动将非常
　　　艰难。

九二　被愚昧无知的人所包围、缠绕，有时未必不是好事。迎娶贤淑女子
　　　为妻，吉祥；连儿辈也会有家室。

六三　不宜娶这个女人为妻，因为这时她眼中所见的只是美貌郎君，遇到
　　　这样的男人她就会自失其身，这种婚姻有害无益。

六四　被年幼无知的人所困扰，终究要遭遇艰难。

六五　年幼无知的人正受启发，必获吉祥。

上九　惊醒愚昧无知的人，不宜采用攻击性的暴烈行动，而宜采用防御性
　　　的和缓行动。

需卦第五

坎上
乾下　　需①有孚，光亨，贞吉。利涉大川。②

初九　需于郊，利用恒，无咎。③
九二　需于沙，小有言，终吉。④
九三　需于泥，致寇至。⑤
六四　需于血，出自穴。⑥
九五　需于酒食，贞吉。⑦
上六　入于穴，有不速之客三人来，敬之，终吉。⑧

【注释】

①需：卦名。下乾上坎。象征等待。《周易正义》："需者，待也。"　②孚：诚信。光：

光明。涉：涉越。大川：大江大河。　③郊：城邑之外。恒：这里指恒心。　④沙：沙滩。小：少。言：指口舌是非。　⑤致：招致。　⑥血：血泊。出：离开。穴：山洞，这里比喻险境。　⑦酒食：这里指酒宴。　⑧入：落入。不速之客：未经邀请而来的客人。速，邀请。

【译文】

需卦　象征等待。心怀诚信，光明亨通，占得此卦则必获吉祥。利于涉越大河巨流。

初九　在郊野中等待，宜于持之以恒，如此，必无灾祸。

九二　在沙滩上等待，能够减少口舌是非，最终可获吉祥。

九三　在泥泞中等待，会招致贼寇到来。

六四　在血泊中等待，能从险境中脱出。

九五　在酒食宴亨中等待，占之则必获吉祥。

上六　落入险境，有三个不速之客来访，只要以礼敬之，最终将获吉祥。

讼卦第六

☰乾上
☵坎下

讼①：有孚，窒惕，中吉；终凶。利见大人，不利涉大川。②

初六　不永所事，小有言；终吉。③

九二　不克讼，归而逋，其邑人三百户无眚。④

六三　食旧德，贞厉，终吉。或从王事，无成。⑤

九四　不克讼，复即命，渝，安贞吉。⑥

九五　讼，元吉。⑦

上九　或锡之鞶带，终朝三褫之。⑧

【注释】

①讼：卦名。下坎上乾。象征争讼。《说文解字》："讼，争也。"　②窒惕：追悔警惧。窒，悔。中：持中不偏。终：指一直争讼不止。　③不永所事：不为争讼之事纠缠不休。永，久长。　④不克讼：争讼失利。克，胜。归而逋（bū）：逃亡，逃避。邑：封地，即古代所谓的"国"。三百户之邑是小国。眚（shěng）：灾祸。　⑤食：享受。旧德：指旧有的俸禄。厉：危险。　⑥复即命：回心归于正理。复，反，反悔。命，天命。渝：变，这里指改变初衷。　⑦讼：这里指"决讼"，即审断讼案。　⑧或：偶或。锡：通"赐"。鞶（pán）：大带。古代根据官阶颁赐的腰带。终朝：终日，一天。褫（chǐ）：剥夺。

讼卦　象征争讼。心怀诚信，追悔警惧，持守中和之道而不偏不倚可获吉
　　　祥；而始终强争不息则有凶险。有利于大德大才之人出世，却不宜
　　　于涉越大河巨流。

初六　不为争讼之事纠缠不休，因为应当减少口舌是非；筮得此爻，最终
　　　可获吉祥。

九二　争讼失利，返回之后就应当逃避；逃到三百户的小邑便无灾祸。

六三　安享旧日俸禄，占筮虽有危险，但最终可获吉祥。有时辅佐君王大
　　　业，则无所建树。

九四　争讼失利，回心归于正理，改变争讼初衷，则平安无事，占筮可获
　　　吉祥。

九五　审断争讼，判明是非曲直，大吉大利。

上九　有时由于决讼清明而荣获颁赐的显贵华服，但一天之内却会多次被
　　　剥夺，预示宠荣难保久长。

师卦第七

坤上
坎下　师①：贞，丈人吉，无咎。②

初六　师出以律，否臧凶。③

九二　在师中，吉，无咎；王三锡命。④

六三　师或舆尸，凶。⑤

六四　师左次，无咎。⑥

六五　田有禽，利执言，无咎。长子帅师，弟子舆尸，贞凶。⑦

上六　大君有命，开国承家，小人勿用。⑧

【注释】

①师：卦名。下坎上坤。象征兵众或军队。《周易集解》："何晏曰：'师者，军旅之名。'"
丈人：贤明长者，这里指军事统帅。　③律：号令，军纪。否：不。臧：善，这里是遵守的意
思。　④在：统率。中：中正。王三锡命：君王多次颁布嘉奖诏令奖赏其功。锡，通"赐"。
命，诏书。⑤舆尸：以车载运尸体，比喻兵败。舆，大车；这里用作状语，表示工具、手
段。　⑥左次：驻扎在左方。次，驻扎。古人尚右，居左有撤退之势。禽：泛指禽兽。执：捕

捉。言：通"焉"。弟子：次子。 ⑧大君：君王，天子。有命：降下诏命，论功封爵。开国：封诸侯，开创千乘之国。国，诸侯封地。承家：授大夫，承袭百乘之家。承，承袭。家，大夫封地。小人勿用：意为要用君子，不要用小人。

【译文】

师卦　象征军旅。筮得此卦，对于军事统帅率师出征非常吉利，必无灾祸。

初六　军队出征，必须遵依号令行事；军纪败坏，必有凶险。

九二　统率军队出征打败，持守中道，不偏不倚，可获吉祥，必无灾祸；君王多次颁布诏命，奖赏其功。

六三　士卒不时用大车载运尸体归来，必有凶险。

六四　军队驻扎在左方，随时准备撤退，可以免遭灾祸。

六五　田野有禽兽出没，宜于捕猎，没有灾祸；长子率师征战，次子用大车载尸，占问必有凶险。

上六　天子颁布诏命，论功封爵，封诸侯于千乘之国，授大夫以百乘之家；要重用君子，不要重用小人。

比卦第八

坎上
坤下　比①：吉。原筮，元永贞，无咎；不宁方来，后夫凶。②

初六　有孚，比之无咎。有孚盈缶，终来有它，吉。③
六二　比之自内，贞吉。④
六三　比之匪人。⑤
六四　外比之，贞吉。⑥
九五　显比。王用三驱，失前禽。邑人不诫，吉。⑦
上六　比之无首，凶。⑧

【注释】

①比：卦名。下坤上坎。象征辅佐。《说文解字》："比，密也……" ②原筮：旧筮。原，追寻。元：下省一"亨"字，所以"元"即"元亨"，意为大吉大利。永贞：占问长期之吉凶。不宁方来：不安宁的事可并行而至。方，多方。后：迟来者。夫：语气词，无义。 ③有孚比之：有诚信之心者前来辅佐。孚，诚信；比，辅佐。盈缶（fǒu）：美酒装满酒缸。盈，

满。缶，大肚小口，用来盛酒的瓦器。终来有它：最终会发生意外情况。　④自内：来自内部。　⑤匪：通"非"。　⑥外比之：在外辅佐，如大将出征，大臣出使等。　⑦显比：光明正大的辅佐。显，显明。王用三驱：君王用三驱之礼狩猎。三驱，三面驱围，网开一面，这是天子田猎之礼。失：逃走。禽：泛指禽兽。诫：惧怕。　⑧无首：没有首领，即找不到君王。

【译文】

比卦　象征辅佐。筮得此卦吉祥。古人当年筮遇此卦，大吉大利，有利于占问长久之事，没有灾祸。不安宁的事也会并行而至，缓缓来迟者必有凶险。

初六　胸怀诚信之心前来辅佐，没有灾祸。假若诚信之意如美酒盈缸，最后纵然发生意外情况，仍然吉祥。

六二　辅佐来自内部，筮得此爻则可获吉祥。

六三　所辅佐的人并非应当辅佐者。

六四　在外辅佐君王，筮得此爻可获吉祥。

九五　光明正大地辅佐。君王狩猎，三方驱围；网开一面，任凭前方的禽兽逃逸，邑人并不惧怕，吉祥。

上六　辅佐而找不到君王，必有凶险。

小畜卦第九

巽上
乾下　小畜①：亨。密云不雨，自我西郊。②

初九　复自道，何其咎？吉。③

九二　牵复，吉。④

九三　舆说辐，夫妻反目。⑤

六四　有孚，血去惕出，无咎。⑥

九五　有孚挛如，富以其邻。⑦

上九　既雨既处，尚德载，妇贞厉。月几望，君子征凶。⑧

【注释】

①小畜：卦名。下乾上巽。象征小有蓄积。小，少。畜，通"蓄"。　②自我西郊：密云从我邑西郊升起。　③复自道：自复其道，即自己复返本身的道行。复，返。道，性质。　④牵：牵连。　⑤舆：大车。说：通"脱"。辐：古代车子上连接车身与车轴的部件。反目：怒

目相视，形容关系不和。　⑥血去惕出：抛弃忧虑，排除惊恐。血，通"恤"，忧虑。惕，怵惕，惊恐。　⑦挛（luán）：牵系，系恋。如：样子。富以其邻：与邻人同富。以，与。　⑧既雨既处：天已降雨，雨已停息。处，止。尚德载：还可以运载。德，通"得"。几望：即既望，古代历法，每月十六日为"既望"。征：出征。

【译文】

<blockquote>

小畜卦　象征小有蓄积。筮得此卦亨通顺利。浓云密布却不降雨，云气从我邑西郊升起。

初九　复归自身的道行，会有什么灾祸呢？筮得此爻吉祥。

九二　被外界牵连而复归自身道行，也能获得吉祥。

九三　车身与车辐相脱离，夫妻反目为仇而离异。

六四　只要胸怀诚信之心，抛弃忧虑，排除惊惧，必无灾祸。

九五　胸怀诚信并系恋他人，与邻人共同殷实富有。

上九　天上已经降下大雨，大雨也已经停息，这辆车子还可以运载东西，妇人筮得此爻必有危险。君子在月内既望之日出征，必有凶险。

</blockquote>

履卦第十

乾上
兑下　履虎尾，不咥人，亨。①

初九　素履，往无咎。②

九二　履道坦坦，幽人贞吉。③

六三　眇能视，跛能履，履虎尾，咥人，凶；武人为于大君。④

九四　履虎尾，愬愬夬，终吉。⑤

九五　夬履，贞厉。⑥

上九　视履考祥，其旋元吉。⑦

【注释】

　①履：这里有二义：一为卦名。下兑上乾。象征谨慎行事。但未以卦名形式出现，而是出现在卦辞里。二为卦辞的一部分意，意为践或踏。咥（dié）：咬。　②素：质朴无华。履：这里是谨慎行事的意思。　③幽人：安适恬淡之人。　④眇：目盲，即有眼不能视。武人：勇武之人。为：作为，引申为效命。大君：君王，天子。　⑤愬愬（suǒ）：恐惧的样子。　⑥夬（guài）：果决。厉：危险。　⑦视：回顾。考：考察。祥：这里指吉凶祸福的征兆。旋，返。

履卦　象征谨慎行事。行走时不慎踩住了老虎尾巴，老虎却不咬人，亨通
　　　顺利。

初九　衣着质朴无华，谨慎行事，无论做什么事都没有灾祸。

九二　在宽阔平坦的大道上谨慎行走，安适恬淡之人占问可获吉祥。

六三　目盲偏要观察，足跛偏要行走，结果踩住了老虎尾巴，老虎就咬起
　　　人来，占问必有凶险；勇武之人为天子效命。

九四　行走时不慎踩了老虎尾巴，但能保持戒惧警惕，终可获得吉祥。

九五　决然前行，不顾一切，占得此爻有危险。

上九　回顾谨慎行事的历程，从中考察吉凶祸福，看到吉兆返身而回，大
　　　吉大利。

泰卦第十一

坤上
乾下　　泰①：小往大来，吉，亨。②

初九　拔茅茹以其汇，贞吉。③

九二　包荒，用冯河，不遐遗；朋亡，得尚于中行。④

九三　无平不陂，无往不复，艰贞，无咎。勿恤其孚，于食有福。⑤

六四　翩翩，不富以其邻，不戒以孚。⑥

六五　帝乙归妹以祉，元吉。⑦

上六　城复于隍，勿用师，自邑告命，贞吝。⑧

【注释】

①泰：卦名。下乾上坤。象征通泰。《序卦传》："泰者，通也。"　②小往大来：把渺小的庸人斥去，将高尚的贤人召来。　③茹以其汇：意为草根牵连其同类。茹，草根。以，与。汇，类。　④包：包容。荒：大川。冯（píng）：通"凭"，涉越。不遐遗：不因偏远而遗弃。遐，远。朋亡：不要结党营私。朋，同道，同党。亡，通"无"，音义同。得尚于中行：能辅佐德行持中的君王。尚，辅助。中行，德行持中不偏。此指六五爻。　⑤陂（pí）：山边、水旁倾斜之处。艰贞：占问患难之事。勿恤其孚：不必忧虑复返。恤，忧。孚，返回。于食有福：有口福之吉。　⑥翩翩：鸟疾飞的样子，这里形容、比喻人举止轻浮。戒：告诫。孚：诚信。　⑦帝乙归妹：帝乙嫁女。帝乙，商代帝王，一说为成汤，一说为纣王之父。归，女子嫁

人。妹，少女。以祉（zhǐ）：以之祉，意为因此而得福。以，因。之，代"帝乙归妹"。祉，福。　⑧城复于隍：城墙倾倒在城壕之中。复，覆。隍，城下沟壕。勿用师：不可出兵征战。师，军队。告命：祷告天命。告，祈请。吝：艰难，困难。

【译文】

泰卦　象征通泰。淘汰渺小的庸人，进用高尚的贤人，吉祥，亨通顺利。

初九　拔除茅草而牵连其同类，兴兵征战可获吉祥。

九二　有包容大川之胸怀，可以涉越巨流，偏远之地也无所遗忘；不结党营私，就能够辅佐持中不偏的君王。

九三　没有只平直而不倾斜之地，也没有只出行而不复返之人；占问患难之事，没有灾祸。不为复返而忧虑，则有口福之吉。

六四　往来翩翩，举止轻浮，不与其邻人共同富有，也不怀诚信之念相互告诫。

六五　帝乙嫁女，因此而获得福泽，大吉大利。

上六　城墙倾倒在城河之中，不可兴兵征战。在城邑中祈请天命，占问必有艰难之兆。

否卦第十二

≡≡ 乾上　否之匪人，不利君子贞；大往小来。①
≡≡ 坤下

初六　拔茅茹以其汇，贞吉，亨。②
六二　包承，小人吉；大人否，亨。③
六三　包羞。④
九四　有命，无咎，畴离祉。⑤
九五　休否，大人吉。其亡其亡，系于苞桑。⑥
上九　倾否，先否后喜。⑦

【注释】

①否：这里有二义：一为卦名。下坤上乾。象征闭塞。但未以卦名形式出现，而是出现在卦辞里。二为卦辞的一部分。匪人：非人，即不得其人。大往小来：见泰卦注②，含义正好与"小往大来"相反。　②茹以其汇：见泰卦注③。　③包承：被包容并顺承尊者。否：不。④包羞：被包容而居下，终致羞辱。　⑤命：君命。畴（chóu）：众人。离：归附。祉：福。

⑥休否：闭塞，休止。其亡：行将灭亡。系于苞桑：系在根扎得很深的桑树上。苞，丰，多。 ⑦倾否：开通闭塞。倾，倾覆，引申为"开通"。

【译文】

否卦 阻隔的不是应该阻隔之人，筮得此卦不利于君子，因为此时进用的是渺小的庸人，淘汰的是高尚的贤人。

初六 拔除茅草而牵连其同类，占问必获吉祥，亨通顺利。

六二 被包容并顺承尊者，小人可以获得吉祥；大德大才之人反其道而行之，才会亨通顺利。

六三 被包容而居下，终将招致羞辱。

九四 君王颁布诏命，必无灾祸，还会因众人前来归附而得享福禄。

九五 闭塞休止，大德大才之人筮得此爻可获吉祥。将要灭亡啊，将要灭亡！但是如果把自己拴在根扎得很深的桑树上则会安然无恙。

上九 开通闭塞；只要闭塞过去，喜庆必将到来。

同人卦第十三

☰乾上
☲离下　同人于野，亨。利涉大川，利君子贞。①

初九 同人于门，无咎。②
六二 同人于宗，吝。③
九三 伏戎于莽，升其高陵，三岁不兴。④
九四 乘其墉，弗克攻，吉。⑤
九五 同人，先号咷而后笑，大师克相遇。⑥
上九 同人于郊，无悔。⑦

【注释】

①同人：这里有二义：一为卦名。下离上乾。象征人事和同。但未以卦名形式出现，而是出现在卦辞里。二为卦辞的一部分。同：和同，和谐。野：原野，这里特指郊外的旷野。 ②于门：于门外。 ③宗：宗族之人。 ④伏戎于莽：预设伏兵于林莽之中。伏，埋伏。戎，军队。莽，林丛。升：登上。岁：年。兴：指兴兵征战。 ⑤乘其墉（yōng）：攻占城墙。乘，登上即攻占。墉，城墙。弗克攻：自行退下不能进攻。克，能。 ⑥号咷（táo）：大声痛哭。大师：大军。师，军队。克：取胜。 ⑦悔：困厄。

中华藏

四书五经·最新校勘精注今译本

中国书房

四一八

【译文】

同人卦　象征人事和同。在旷野之中与人和同亲近，亨通顺利。有利于涉
　　　　越大川巨流，有利于君子占问。

初九　刚刚走出大门就能与人亲近和同，必无灾祸。

六二　与宗族内部的人亲近和同，行事必然艰难。

九三　在林莽之中预设伏兵，并登上高陵观察形势，三年也不敢兴兵
　　　　出战。

九四　先高据城头之上，又自行退兵而不进攻，也可以获得吉祥。

九五　与人和同亲近，起先失声痛哭，尔后又放声大笑，原来是大军出征
　　　　告捷，各路兵马相遇会师，同庆胜利。

上九　在城邑郊外与人亲近和同，不会遭遇困厄。

大有卦第十四

☲ 离上
☰ 乾下　　大有①：元亨。

初九　无交害，匪咎；艰则无咎。②

九二　大车以载，有攸往，无咎。

九三　公用亨于天子，小人弗克。③

九四　匪其彭，无咎。④

六五　厥孚交如，威如，吉。⑤

上九　自天佑之，吉无不利。⑥

【注释】

　　①大有：卦名。下乾上离。象征富有。　②无交害：未涉及利害。　③公用亨于天子：公
侯向天子进献贡品。亨，通"享"，这里指向天子进献的贡品。克：能。　④彭：盛大。　⑤
厥孚交如：用其诚信接交上下。厥，其。威：威严。　⑥佑：佑助，保佑。

【译文】

大有卦　象征富有。年丰人富，亨通顺利。

初九　与人交往而不涉及利害，自然不会招致灾祸；或者历经艰辛，也能
　　　　免遭灾祸。

九二　用大车运载资财，无论运往何处，都没有灾祸。

九三　王公按时向天子进献贡品，小人做不到这一点。

九四　富有过人而不自骄，则无灾祸。

六五　胸怀诚信交接上下，威严自显，可获吉祥。

上九　从天上降下佑助，吉祥而无所不利。

谦卦第十五

坤上
艮下　谦①：亨，君子有终。②

初六　谦谦君子，用涉大川，吉。③

六二　鸣谦，贞吉。④

九三　劳谦，君子有终，吉。⑤

六四　无不利，撝谦。⑥

六五　不富以其邻，利用侵伐，无不利。⑦

上六　鸣谦，利用行师，征邑国。⑧

【注释】

①谦：卦名。下艮上坤。象征谦虚。亨：指以谦虚的态度接物待人，可致亨通。有终：自始至终保持谦虚之德。　③谦谦：谦而又谦，即非常谦虚。　④鸣谦：谦虚之名闻于外界。⑤劳谦：有功而不骄。　⑥撝（huī）谦：发挥谦虚之德。撝，裂，引申为发挥。　⑦利用侵伐：宜用讨伐。　⑧行师：兴兵征战。

【译文】

谦卦　象征谦虚。只要谦虚地待人接物，行事必然亨通顺利；而只有君子才能自始至终保持谦虚美德。

初六　凡君子都是谦而又谦；君子凭着这种谦虚美德可以涉越大川巨流，并获吉祥。

六二　谦虚美名传扬在外，占问必获吉祥。

九三　有功而不骄，君子若能自始至终保持这种美德，必获吉祥。

六四　发扬光大谦虚美德，行事便无所不利。

六五　不与邻国共同富有，邻国必来掠夺，我国出兵征伐，将无所不利。

上六　谦虚美名传扬在外，利于兴兵征战，讨伐四方小国。

豫卦第十六

震上
坤下　　豫①：利建侯、行师。②

初六　鸣豫，凶。③

六二　介于石，不终日，贞吉。④

六三　盱豫，悔；迟，有悔。⑤

九四　由豫，大有得；勿疑，朋盍簪。⑥

六五　贞疾，恒不死。⑦

上六　冥豫，成有渝，无咎。⑧

【注释】

①豫：卦名。下坤上震。象征欢乐。　②建侯：授爵封侯。行师：兴兵征战。　③鸣豫：以喜逸豫、好欢乐而闻名于外。　④介于石：比磐石还坚贞。介，中正坚定。于，比。不终日：不待终日。　⑤盱（xū）：张目，形容媚上之相。迟：迟疑不决。⑥由：从，借助，依赖。盍簪（zān）：合拢，合聚。盍，合。簪，古代用来束绾头发的首饰。　⑦恒：长久。　⑧冥：日暮，这里引申为昏乱、盲目。渝：改变。

【译文】

豫卦　象征欢乐。利于授爵封侯、兴兵征战。

初六　因喜好欢乐而闻名，将有凶险。

六二　德性坚贞超过磐石，不待一天终了就悟出过分欢乐之患，占问必获吉祥。

六三　媚眼向上以求荣宠之乐，必遭困厄；如果行事总是迟迟疑疑，也会陷入困境。

九四　众人依靠一人而得到欢乐，将大有所获；坦直不疑，朋友会像头发绾于簪上一样聚合相从。

六五　占问疫病的吉凶，筮得此爻预示着长久健康，而不会很快死亡。

上六　虽然已经养成盲目纵情作乐的恶习，而若能及早改正，仍无灾祸。

随卦第十七

☷ 兑上
☳ 震下

随①：元亨，利贞，无咎。

初九　官有渝，贞吉，出门交有功。②

六二　系小子，失丈夫。③

六三　系丈夫，失小子。随有求，得，利居贞。④

九四　随有获，贞凶。有孚在道，以明，何咎？⑤

九五　孚于嘉，吉。⑥

上六　拘系之，乃从维之，王用亨于西山。⑦

【注释】

①随：卦名。下震上兑。象征追随。　②官：通"馆"，馆舍。渝：改变。交：与人交往。　③系小子：倾心依从小人。系，系属，引申为倾心依从。　④随有求：追随别人而有所求。居：居住。　⑤有孚在道：有诚信之心而又能持守正道。孚，诚信。以明：以光明正大立身。　⑥孚于嘉：施诚信给美善者。嘉，美善。　⑦拘系：囚禁。从维：释放。从，即"纵"。维，绳索。用以，因此。亨：祭享。亨，通"享"。西山：岐山，在周之镐京西，故称西山。这里讲的是周文王的故事。

【译文】

随卦　象征追随。大为亨通，有利于占问，没有灾祸。

初九　馆舍发生变化，占问可获吉祥，出门与人交往必能成功。

六二　倾心依附柔顺的小人，就会失去刚大的丈夫。

六三　倾心依附刚大的丈夫，就能摆脱柔顺的小人。追随别人，有求必得，有利于占问居处之事。

九四　追随别人而有所获，占问却有凶险。但心怀诚信并持守正道，为人又光明正大，还会有什么灾祸呢？

九五　把诚信施予美善之人，可获吉祥。

上六　先遭到拘禁，后获得释放，君王因此得以在西山享受祭祀。

蛊卦第十八

艮上
巽下　　蛊①：元亨，利涉大川。先甲三日，后甲三日。②

初六　干父之蛊，有子，考无咎，厉，终吉。③

九二　干母之蛊，不可贞。④

九三　干父之蛊，小有悔，无大咎。

六四　裕父之蛊，往见吝。⑤

六五　干父之蛊，用誉。⑥

上九　不事王侯，高尚其事。⑦

【注释】

①蛊（gǔ）：卦名。下巽上艮。象征救弊治乱。蛊，本义为腹中之虫，这里引申为蛊惑。
②先甲三日，后甲三日：古代用甲、乙、丙、丁、戊、己、庚、辛、壬、癸十天干循环纪日，甲前三日指辛日、壬日、癸日三日，甲后三日指乙日、丙日、丁日三日，加上甲日，计七日。古代习俗，周人卜七日，殷人卜十日（旬）。　③干：匡正，纠正。蛊：这里是过失的意思。考：父亲或亡父。　④贞：正，引申为干涉。古代礼制，儿子不可干涉母亲的闺房之事，所以说"不可贞"。　⑤裕：这里是宽容、姑息的意思。　⑥用：以，因此。誉：称誉。　⑦高尚：动词，以……为高尚。其事：指专心治家，与"事王侯"相对。高尚其事，即以专心治家为高尚之事。

【译文】

蛊卦　象征拯弊治乱。大为亨通，有利于涉越大川巨流。经过七日的观察与思考，就会知道应该怎么去做。

初六　匡正父辈的过失，有了这样的儿子，父辈则可避免灾祸，即使有危险，最终也会获得吉祥。

九二　匡正母辈的过失，但不可干涉母亲的闺房之事。

九三　匡正父辈的过失，虽然会遭受小的困厄，但是没有太大的灾祸。

六四　姑息父辈的过失，有所举动必定遭遇艰难。

六五　匡正父辈的过失，会因此受到称誉。

上九　不为王侯效命，专心治家，这是高尚的事情。

临卦第十九

坤上 临①：元亨，利贞。至于八月有凶。
兑下

初九　咸临，贞吉。②

九二　咸临，吉无不利。

六三　甘临，无攸利。既忧之，无咎。③

六四　至临，无咎。④

六五　知临，大君之宜，吉。⑤

上六　敦临，吉，无咎。⑥

【注释】

①临：卦名。下兑上坤。象征临察。　②咸临：胸怀感化之心亲临下民。咸，通"感"。
③甘：甜蜜，这里指甜言蜜语。既：已经。　④至：亲自。　⑤知：通"智"。　⑥敦：温
柔敦厚。

【译文】

临卦　大为亨通，有利于占问。但是到了八月将有凶险。

初九　胸怀感化之心下临百姓，占问则可获吉祥。

九二　胸怀感化之心下临百姓，必获吉祥，无所不利。

六三　只凭甜言蜜语下临百姓，没有什么好处。但在对自己的过失感到忧
　　　惧之后能加以改正，没有灾祸。

六四　亲自下临百姓，则无灾祸。

六五　下临百姓，凭着聪明睿智体察民情，并且知道自己身为天子应当做
　　　什么，必获吉祥。

上六　敦厚宽仁地下临百姓，必获吉祥，没有灾祸。

观卦第二十

巽上 观①：盥而不荐，有孚颙若。②
坤下

初六　童观，小人无咎，君子吝。③

六二　阒观，利女贞。④

六三　观我生，进退。⑤

六四　观国之光，利用宾于王。⑥

九五　观我生，君子无咎。

上九　观其生，君子无咎。⑦

【注释】

①观：卦名。下坤上巽。象征瞻仰。　②盥（guàn）：古代举行祭祀大典时临祭洗手称为盥。荐：进献，指进献酒食以祭祖先和神灵。孚：通"俘"。颙（yóng）：大，这里指身躯高大。若：语助词，无义。　③童：幼童。这里用作状语，意为像幼童一样。观：考察。　④阒（kuī）：即"窥"，暗中偷看。　⑤生：古代既称百官为生，也称庶民为生。进退：指如何施政。　⑥用宾于王：以宾客的身份朝见君王。　⑦其：彼，指代他国。

【译文】

观卦　象征瞻仰。祭祀之前仅洗手以自洁，并不进献酒食祭品，因为有个身躯高大的俘虏作为人牲。

初六　像幼童一样瞻仰景物，小人没有灾祸，君子则行事艰难。

六二　暗中偷偷地瞻仰盛景，有利于女子占问。

六三　考察同姓之国的民情，可以知道如何施政。

六四　考察国家的光辉政绩和风俗，宜于先以宾客身份朝见君王。

九五　考察同姓之国的民情，君子可以免遭灾祸。

上九　考察异姓之国的民情，君子可以免遭灾祸。

噬嗑卦第二十一

☲離上
☳震下
噬嗑①：亨，利用狱。②

初九　屦校灭趾，无咎。③

六二　噬肤灭鼻，无咎。④

六三　噬腊肉，遇毒，小吝，无咎。⑤

九四　噬乾胏，得金矢，利艰贞，吉。⑥

六五　噬乾肉，得黄金，贞厉，无咎。

上九　何校灭耳，凶。⑦

【注释】

①噬嗑（shì hé）：卦名。下震上离。象征刑罚。噬嗑的本义为咬合。　②狱：刑狱。
③屦（jù）：即履，足。这里用作动词，意为加在脚上。校：木制刑具。灭：伤。趾：脚趾。
④肤：皮肤。　⑤腊肉：这里意为像腊肉那样难嚼的东西。　⑥乾胏（gān zǐ）：带骨的肉
脯。乾，干。得金矢：咬出黄铜来。金，即铜。下文"黄金"同此。　⑦何：通"荷"，承
受。灭：伤，割。

【译文】

噬嗑卦　象征刑罚。亨通顺利，利于施用刑罚。

初九　脚戴木枷，枷伤脚趾，没有灾祸。

六二　像咬柔软的皮肤一样容易用刑，即使枷伤罪犯的鼻子，也不会有什
　　　么灾祸。

六三　施用刑罚惩罚犯人，像咬干肉一样困难，甚至还中了毒，也只会小
　　　有不适，并无大的灾祸。

九四　施用刑罚惩罚犯人，像咬带骨的肉一样困难，具有铜矢刚正之气，
　　　利于占问艰难之事，可获吉祥。

六五　施用刑罚惩罚犯人，像咬肉干一样困难，却具有黄铜矢一般刚正之
　　　气，占问虽然有危险之兆，也不会有什么灾祸。

上九　施用刑罚惩罚犯人，给他肩上戴上木枷而伤了他的耳朵，必有
　　　凶险。

贲卦第二十二

艮上
离下　贲①：亨，小利有攸往。

初九　贲其趾，舍车而徒。②

六二　贲其须。③

九三　贲如，濡如，永贞吉。④

六四　贲如皤如，白马翰如，匪寇，婚媾。⑤

六五　贲于丘园，束帛戋戋，吝，终吉。⑥

上九　白贲，无咎。⑦

【注释】

①贲（bì）：卦名。下离上艮。象征文饰。贲的本义为修饰。 ②徒：徒步。 ③须：胡须。 ④濡：润色。 ⑤皤（pó）：白。翰：白。 ⑥丘园：家园。帛：丝织品的总称。戋戋（jiān jiān）：少，细微。 ⑦白贲：用白色装饰。

【译文】

贲卦　象征文饰。亨通顺利，有所举动可获小利。

初九　修饰其脚趾，弃车徒步而行。

六二　修饰尊长的美须。

九三　修饰之后再加以润色，占问长久之事可获吉祥。

六四　有人乘马而来，其马修饰得那么素净雅致，那么纯洁无瑕，表明来者不是贼寇，而是求婚的佳偶。

六五　修饰自己的家园，虽然只有一束丝帛，持家比较艰难，但是最终将获吉祥。

上九　用白色装饰，必无灾祸。

剥卦第二十三

艮上
坤下　剥①：不利有攸往。

初六　剥床以足，蔑；贞凶。②

六二　剥床以辨，蔑；贞凶。③

六三　剥之，无咎。

六四　剥床以肤，凶。④

六五　贯鱼以宫人宠，无不利。⑤

上九　硕果不食，君子得舆，小人剥庐。⑥

【注释】

①剥：卦名。下坤上艮。象征剥落。 ②足：床腿。蔑：灭，伤。 ③辨：床头。 ④肤：床身。 ⑤贯鱼以宫人宠：受宠爱的宫人如鱼依次而入。贯，个个相随，不得逾越。宫人，宫中妃嫔。以，引。 ⑥舆：大车。庐：房舍。

剥卦　象征剥落。不宜有所举动。

初六　剥蚀大床而先损及床腿，床腿一定会受到伤害，占问必有凶险。

六二　剥蚀大床已经损及床头，床头一定会受到伤害，占问必有凶险。

六三　虽然处在剥蚀之中，却没有什么灾祸。

六四　剥蚀大床已经损及床身，事态十分凶险。

六五　引导宫中妃嫔鱼贯而入承受君主的宠幸，无所不利。

上九　果实硕大却未被摘食，君子摘食，将会得到大车运载；小人摘食，房屋将会被拆毁。

复卦第二十四

坤上
震下　复①：亨，出入无疾，朋来无咎，反复其道，七日来复，利有攸往。②

初九　不远复，无祗悔，元吉。③

六二　休复，吉。④

六三　频复，厉，无咎。⑤

六四　中行独复。⑥

六五　敦复，无悔。⑦

上六　迷复，凶，有灾眚；用行师，终有大败，以其国君，凶，至于十年不克征。⑧

【注释】

①复：卦名。下震上坤。象征复归。　②反复其道：返转复归于一定的规则。道，法则，规律。七日来复：周初以月亮盈亏纪日，每月四期，每期七日。"七日"在这里象征转化迅速。　③不远复：行而不远即复归。祗（qí）悔：大的悔恨。祗，大。　④休：喜。　⑤频：频繁。　⑥中行独复：居中行正，独自返回。　⑦敦：敦厚诚信。　⑧迷复：误入迷途而寻求返回。灾眚（shěng）：灾祸。眚，过错。行师：兴兵征战。以：及。克：能。

【译文】

复卦　象征复归。亨通顺利，或出或入都无疾病，朋友前来也无灾祸，沿着一定的规则返转复归，只须七日就是一个来回，利于有所举动。

初九　行而不远就适时复返，不会有大的悔恨，大吉大利。

六二　高高兴兴地复返，必获吉祥。

六三　频繁地复返，必有危险，但还不至于有什么灾祸。

六四　居中行正，独自复返。

六五　敦厚诚信地复返，不会遭遇困厄。

上六　误入歧途又不知复返，必遭凶险，会有灾祸；兴兵征战，最终将会
　　　大败，并危及君王，前景非常凶险，以至于十年之内不能再兴兵
　　　征战。

无妄卦第二十五

　　乾上
　　震下　　无妄①：元亨，利贞。其匪正有眚；不利有攸往。②

初九　无妄，往吉。

六二　不耕获，不菑畲，则利有攸往。③

六三　无妄之灾，或系之牛，行人之得，邑人之灾。④

九四　可贞，无咎。

九五　无妄之疾，勿药有喜。⑤

上九　无妄行，有眚，无攸利。

【注释】

　　①无妄：卦名。下震上乾。象征不妄为。　　②其匪正有眚：不持守正道则有灾异。匪，非，不。正，指正道。眚，灾祸。　　③菑（zī）：初垦的瘠田。这里用作动词，意为开垦。畲（yú）：熟田。　　④无妄之灾：意想不到的灾祸。或：有人。系：拴。行人之得：路人顺手牵走据为己有。邑人之灾：邑中人家遭受缉捕之类横祸。　　⑤勿药：不加治疗。药，用作动词，治疗。有喜：古人称病愈为有喜。

【译文】

无妄卦　象征不妄为。大吉大利，有利于占问。不持守正道则有灾祸，不
　　　　宜有所举动。

初九　不妄为，有所作为必获吉祥。

六二　不耕耘而收获，不垦荒而有良田耕种，则有利于有所举动。

六三　遭遇到意想不到的灾祸，有人在这里拴了一头耕牛，路人顺手把它
　　　牵走据为己有，邑中人家将遭受缉捕的横祸。

九四　可以占问，没有灾祸。

九五　罹患意想不到的疾病，但无须治疗便会自行痊愈。

上九　不妄为，行事却有灾祸，自然得不到什么好处。

大畜卦第二十六

　　艮上
　　乾下　　大畜①：利贞。不家食，吉。利涉大川。②

初九　有厉，利已。③

九二　舆说輹。④

九三　良马逐，利艰贞。日闲舆卫，利有攸往。⑤

六四　童牛之牿，元吉。⑥

六五　豮豕之牙，吉。⑦

上九　何天之衢，亨。⑧

【注释】

　　①大畜：卦名。下乾上艮。象征大有积蓄。畜，蓄。　②不家食：不求食于家，而食禄于朝。　③已：停止。　④舆：大车。说：通"脱"。輹（fù）：车轴。　⑤逐：奔驰。闲：练习。卫：防止。　⑥童牛：无角小牛。牿（gù）：牛角上束的横木。　⑦豮（fén）豕之牙：把小猪拴在木桩上以防止它跑掉。豮，小猪。牙，木桩。　⑧何天之衢（qú）：何其畅达的通天之路。衢，四通八达的道路。

【译文】

大畜卦　象征大有积蓄。有利于占问。不求食于家，而食禄于朝，必获吉
　　　　祥。宜于涉越大川巨流。

初九　有危险，宜于暂时停止前行。

九二　车身与车轴分离。

九三　骏马在奔驰，利于占问艰难之事，终日练习车马防卫技能，宜于有
　　　所举动。

六四　在无角小牛头上拴一根横木，最为吉祥。

六五　把小猪拴在木桩上以防止它跑掉，可获吉祥。

上九　何其畅通的通天大道！亨通顺利。

颐卦第二十七

☶ 艮上
☳ 震下　　颐①：贞吉。观颐，自求口实。②

初九·舍尔灵龟，观我朵颐，凶。③
六二　颠颐，拂经于丘颐，征凶。④
六三　拂颐，贞凶，十年勿用，无攸利。⑤
六四　颠颐，吉。虎视眈眈，其欲逐逐，无咎。⑥
六五　拂经，居贞，吉。不可涉大川。
上九　由颐，厉，吉，利涉大川。

【注释】

①颐：卦名。下震上艮。象征颐养。颐，腮部。　②口食：食物。　③尔：你。灵龟：指卜得的龟兆。古人认为，龟不食而能长寿，是神物，所以用它的甲行卜，并称之为灵龟。朵颐：隆起的两腮。　④颠颐：两腮不停地颠动。拂经：颠倒事理。拂，逆。经，常理。于丘颐：向高丘上索取颐养。颐，这里是颐养的意思。征：兴兵征战。　⑤拂颐：违背颐养之道。
⑥逐逐：急切地追求。

【译文】

颐卦　象征颐养。占问则必获吉祥。观察事物的颐养现象，应当明白颐养之道是自谋口中食物。

初九　舍弃你卜得的龟兆，而看观我隆起的两腮，必有凶险。

六二　两腮不停地颠动，违逆事理，向高处寻求颐养，兴兵征战必有凶险。

六三　违逆颐养之道，占问则有凶险，十年之内不可施展才能，否则将没有什么好处。

六四　两腮不停地颠动，可获吉祥。像猛虎那样双目圆睁注视一切，急欲不断地得到食物，必无灾祸。

六五　虽然违逆事理，但是占问居处之事，可获吉祥；只是不可涉越大川巨流。

上九　从两腮看，虽有危险，但仍会获得吉祥，利于涉越大川巨流。

大过卦第二十八

☱ 兑上
☴ 巽下
　　大过①：栋桡，利有攸往，亨。②

初六　藉用白茅，无咎。③

九二　枯杨生稊，老夫得其女妻，无不利。④

九三　栋桡，凶。

九四　栋隆，吉。有它，吝。⑤

九五　枯杨生华，老妇得其士夫，无咎，无誉。⑥

上六　过涉灭顶，凶，无咎。

【注释】

①大过：卦名。下巽上兑。象征大有过错。　②栋桡（náo）：大梁弯曲。桡，通"挠"，弯曲。　③藉（jiè）：铺垫。④稊（tí）：树木新生的枝条和嫩芽。女妻：少妻。女，少女。妻，动词，以……为妻。　⑤隆：隆起。它：指意外情况。　⑥华：花。士夫：少夫。

【译文】

大过卦　象征大有过错。大梁弯曲，利于有所举动，亨通顺利。

初六　用洁白的茅草铺地以陈放祭品，没有什么灾祸。

九二　枯槁的杨树发出嫩芽新枝，年迈的老汉娶了个年轻的娇妻，无所不利。

九三　大梁弯曲，必有凶险。

九四　大梁隆起，可获吉祥。但是如果发生意外情况，行事必然艰难。

九五　枯槁的杨树开出新花，年迈的老太婆嫁了个年轻的美丈夫，虽然没有什么灾祸，但是也得不到称誉。

上六　盲目涉水过河，大水淹没了头顶，虽有凶险，但最后会遇救而没有什么灾祸。

坎卦第二十九

☵ 坎上
☵ 坎下
　　习坎①有孚维心，亨，行有尚。②

初六　习坎，入于坎窞，凶。③

九二　坎有险，求小得。④

六三　来之坎，坎险且枕，入于坎窞，勿用。⑤

六四　樽酒，簋贰，用缶，纳约自牖，终无咎。⑥

九五　坎不盈，祗既平，无咎。⑦

上六　系用徽纆，置于丛棘，三岁不得，凶。⑧

【注释】

①坎：这里有二义：一为卦名。下坎上坎。象征重重险难。二为卦辞的一部分。坎，意思是险、陷。习坎即重坎。习，重复。　②孚：诚信。维：维系。尚：通"赏"。　③入于坎窞（dàn）：落入陷穴深处。窞，深坑。　④坎有险：陷穴中有凶险。　⑤来之坎：来去都处在陷穴之间。坎险且枕：陷穴既险又深。枕：通"沈"，深。　⑥樽酒：一樽薄酒。簋（guǐ）贰：两簋淡食。簋，古代盛谷物的竹器。缶：瓦器。纳约自牖（yǒu）：通过窗口接收信约。牖，窗。　⑦祗：通"坻"，小丘。　⑧系用徽纆（mò）：用绳索捆绑。徽纆，绳索。

【译文】

坎卦　象征重重险难。具有诚信之德且能维系于心，亨通顺利，行事必获奖赏。

初六　面临重重险难，又落入陷穴深处，必有凶险。

九二　在陷穴中遭遇险难，从小处谋求脱险必能得逞。

六三　来来去去都处在险难之中，陷穴既险且深，一旦落入陷穴深处，暂时不宜施展才能。

六四　把一樽薄酒，两筐淡食，用瓦罐盛起来，并通过窗口接收信约，最终不会有什么灾祸。

九五　陷穴尚未满盈，小丘却已经铲平，没有灾祸。

上六　用绳索把犯人捆绑起来，并囚禁于荆棘丛中，三年不予解脱，必有凶险。

离卦第三十

䷝离上
　离下　离①：利贞，亨。畜牝牛，吉。②

初九　履错然，敬之，无咎。③

六二　黄离，元吉。④

九三　日昃之离，不鼓缶而歌，则大耋之嗟，凶。⑤

九四　突如其来如，焚如，死如，弃如。⑥

六五　出涕沱若，戚嗟若，吉。⑦

上九　王用出征，有嘉折首；获匪其丑，无咎。⑧

【注释】

①离，卦名。下离上离。象征附丽。丽，附着。　②牝（pìn）牛：母牛。牝，雌性的。③错然：敬慎、郑重的样子。错，黄金色。　④黄离：黄色附着于物体。　⑤日昃（zè）之离：日将落而附丽于西天。昃，太阳偏西。大耋（dié）之嗟：老暮穷衰之嗟叹。　⑥突如其来如：指不孝之子返家。突，古代称逐出家门之子为突。　⑦沱若：大水滂沱的样子，形容泪流满面或泪如雨降。若，样子。戚：忧伤。　⑧折：折服，治服。首：首领。匪：非。丑：同类，随从。

【译文】

离卦　有利于占问，亨通顺利。畜养母牛，必获吉祥。

初九　办事举动谨慎，态度恭敬，必无灾祸。

六二　黄色附着于物体，大吉大利。

九三　太阳将要落山，垂垂悬附在西天，若不击瓦盆而歌，将有老暮穷衰之叹，必有凶险。

九四　不孝之子返回家中，家人将他焚烧，治死，抛弃。

六五　洒下的泪水如大雨滂沱，忧伤嗟叹，但终将获得吉祥。

上九　君王用兵出征，下令嘉奖制服敌首之人；即使未能捕获其同伙，也没有什么灾祸。

下　经

咸卦第三十一

☷兑上
☶艮下　咸①：亨，利贞。取女，吉。②

初六　咸其拇。③
六二　咸其腓，凶；居吉。④
九三　咸其股，执其随，往吝。⑤
九四　贞吉，悔亡；憧憧往来，朋从尔思。⑥
九五　咸其脢，无悔。⑦
上六　咸其辅颊舌。⑧

【注释】

①咸：卦名。下艮上兑。象征感应。咸，通"感"。　②取女：即娶女为妻。取，通"娶"。　③拇，脚大趾。　④腓（féi）：小腿肚。居：居家不出。　⑤股：大腿。执随：这里是执迷、盲从的意思。随，追随他人。　⑥悔亡：从困境中解脱出来。悔，困厄，这里指困境。亡，通"无"，消失。憧憧：心意不定，思绪不绝的样子。从：顺依。尔：你。思：意向，想法。　⑦脢（méi）：脊背。　⑧辅：牙床。颊：面颊。

【译文】

咸卦　象征感应。亨通顺利，有利于占问。娶此女为妻，可获吉祥。
初六　交相感应在脚的大趾，它因势而动。
六二　交相感应在小腿肚，会有凶险；但如果居家不出，则可获吉祥。
九三　交相感应在大腿，执迷盲从追随他人，有所举动则会遭遇艰难。
九四　占问可获吉祥，困厄将会消亡；即使心意不定、思绪不绝，朋友最终也会顺依你的想法。
九五　交相感应在脊背，则不会遭遇困厄。
上六　交相感应在面颊和口舌，彼此关系非常和谐。

恒卦第三十二

震上
巽下　恒①：亨，无咎；利贞，利有攸往。

初六　浚恒，贞凶，无攸利。②

九二　悔亡。

九三　不恒其德，或承之羞，贞吝。③

九四　田无禽。④

六五　恒其德，贞妇人，吉；夫子，凶。⑤

上六　振恒，凶。⑥

【注释】

①恒：卦名。下巽上震。象征恒久。　②浚（jùn）：深，久。　③承：承受，蒙受。羞：耻辱。　④田：田猎，即打猎。禽：泛指禽兽。　⑤夫子：男人。　⑥振：振动不安，变化无常。这里指不能持恒守德。

【译文】

恒卦　象征恒久。亨通顺利，没有灾祸；利于占问，利于有所举动。

初六　有所追求，持续时间过于长久，占问必有凶险，没有什么好处。

九二　筮得此爻，困厄将会消亡。

九三　不能长久地保持美德，有时会蒙受耻辱，占问遇到此爻行事艰难。

九四　打猎没有捕获禽兽。

六五　长久地保持美德，占问妇人之事可获吉祥，而占问男人之事则有凶险。

上六　振动不安，变化无常，不能持恒守德，必有凶险。

遯卦第三十三

乾上
艮下　遯①：亨，小利贞。

初六　遯尾，厉，勿用有攸往。②

六二　执之用黄牛之革，莫之胜说。③

九三　系遯，有疾，厉；畜臣妾，吉。④

九四　好遯，君子吉，小人否。⑤

九五　嘉遯，贞吉。⑥

上九　肥遯，无不利。⑦

【注释】

①遯（dùn）：卦名。下艮上乾。象征退避。遯，通"遁"，退隐。　②尾：末尾，意为退避不及而落在后边。勿用：暂不施展才能。　③执：缚。革：皮。说：通"脱"。　④系遯：心中有所系恋，而迟迟不能退避。畜：畜养。臣：臣仆。妾：侍妾。　⑤好遯：指心怀恋情而身已退避。　⑥嘉：指适时而行，时机嘉美。　⑦肥：通"蜚"，即飞。

【译文】

遯卦　象征退避。亨通顺利，占问遇到此卦有小利。

初六　退避不及，落在后边，必有凶险，暂时不宜有所举动，施展才能。

六二　被黄牛皮绳捆绑，没有人能够解脱。

九三　心中有所系恋，迟迟不能适时退避，将会染上疾患，必有危险；而畜养臣仆和侍妾，则可获吉祥。

九四　虽然心怀恋情，却能适时退避，这惟有君子才能做到，而小人则做不到，所以占问遇到此爻对君子吉利，对小人则不吉利。

九五　选择最佳时机，及时退避，占问可获吉祥。

上九　高飞远走，彻底退避，无所不利。

大壮卦第三十四

震上
乾下　大壮①：利贞。

初九　壮于趾，征凶；有孚。②

九二　贞吉。

九三　小人用壮，君子用罔；贞厉，羝羊触藩，羸其角。③

九四　贞吉，悔亡，藩决不羸，壮于大舆之輹。④

六五　丧羊于易，无悔。⑤

上六　羝羊触藩，不能退，不能遂，无攸利，艰则吉。⑥

　　①大壮：卦名。下乾上震。象征刚大盛壮。　②趾：脚趾。孚：诚信。　③小人用壮，君子用罔：小人凭盛壮以逞刚强，君子则盛壮而不用。罔，无，不。羝（dī）羊触藩，羸（léi）其角：公羊强牴藩篱，羊角必然绳索缠绕。羝羊，公羊。羸，大绳索。　④輹：辐。　⑤易：通"埸（yì）"，田边。　⑥遂：进。

【译文】

大壮卦　象征刚大盛壮。利于占问。

初九　脚趾盛壮，出征必有凶险；此时应当以诚信自持。

九二　占问遇到此爻，可获吉祥。

九三　小人凭盛壮以逞刚强，而君子虽盛壮却不妄用；占问必有危险，像公羊强牴藩篱，其角必然被绳索缠绕。

九四　占问遇到此爻可获吉祥，困厄将自行消亡，犹如藩篱牴开了裂口而羊角却不被缠绕，又似大车轮辐坚固而耐用。

六五　在田边丢了羊，不会遭遇困厄。

上六　公羊牴触藩篱，既不能后退，也不能前进，没有什么好处，预示经受艰苦磨难可获吉祥。

晋卦第三十五

离上
坤下　　晋①：康侯用锡马蕃庶，昼日三接。②

初六　晋如，摧如，贞吉。罔孚，裕无咎。③

六二　晋如，愁如，贞吉，受兹介福于其王母。④

六三　众允，悔亡。⑤

九四　晋如鼫鼠，贞厉。⑥

六五　悔亡，失得勿恤，往吉，无不利。⑦

上九　晋其角，维用伐邑，厉吉，无咎，贞吝。⑧

【注释】

　　①晋：卦名。下坤上离。象征进长。晋，进。　②康侯用锡马蕃庶：尊贵的公侯得到天子赏赐的车马众多。康，这里是尊贵的意思。侯，这里泛指有爵位者。锡，通"赐"。马，这里

指车马。蕃庶：众多。蕃，通"繁"，众多。庶，众多。　③摧：阻。罔孚：不能取信于人。罔，不。孚，诚信。裕，宽容。　④受兹介福于其王母：从祖母那里承受宏大的福泽。介，大。王母，祖母。　⑤允：信任。　⑥鼫（shí）鼠：大鼠。又称五技鼠。这里比喻身无专技。⑦恤：忧虑。　⑧角：兽角，这里比喻进长至极。维：语气词，无义。用：宜。

【译文】

晋卦　象征进长。尊贵的公侯得到天子赏赐的众多车马，并在一天之日蒙受三次接见。

初六　进长一开始就受到阻碍，但是占问却能获得吉祥。不能取信于人，只要宽容待人则无灾祸。

六二　进长之时忧心忡忡，占问可获吉祥，将要从祖母那里承受宏大的福泽。

六三　获得众人的信任，困厄将会消亡。

九四　进长如大鼠无一技之长，占问必有危险。

六五　困厄消亡，无须再为得失而忧虑，有所举动必获吉祥，无所不利。

上九　进长至极，如高居兽角角尖，宜于征伐别国以建功立业，即使有些危险而最终可获吉祥，不会遭遇灾祸；但是由于进长已至极顶，占问遇到此爻则不无艰难。

明夷卦第三十六

坤上
离下　　明夷①：利艰贞。

初九　明夷于飞，垂其翼；君子于行，三日不食，有攸往，主人有言。②

六二　明夷，夷于左股，用拯马壮，吉。③

九三　明夷，于南狩，得其大首，不可疾贞。④

六四　入于左腹，获明夷之心，于出门庭。⑤

六五　箕子之明夷，利贞。⑥

上六　不明，晦。初登于天，后入于地。⑦

【注释】

①明夷：卦名。下离上坤。象征光明受损。明，光明，这里指太阳。夷，伤。明夷即日蚀。　②明夷于飞，垂其翼：这是以鸟飞为喻，说明光明受损的情状，意为光明受损，有如鸟

飞时低垂着翅膀，仓惶疾行。主人有言：受到主人责备。　③用拯马壮：用强壮的良马拯济伤损。　④南：南郊。首：古人称四蹄皆白之马为首，俗称踏雪。疾：病。　⑤入：退。腹：腹地。获：获知。心：指内中情状。于：于是。　⑥箕子：殷商纣王之叔父，贤臣，因进谏而遭纣王囚禁，遂佯装疯癫以自保。　⑦晦：暗。

【译文】

明夷卦　象征光明受损。利于占问艰难之事。

初九　光明受到伤损时有如飞鸟低垂着翅膀，仓惶疾行；又如君子匆忙出行，三天没有饭吃，一旦向他人乞食，便遭主人责备。

六二　光明受到伤损，伤及左边大腿，若用强壮的良马拯济伤损，可获吉祥。

九三　光明受到伤损时到南郊狩猎，却得到一匹白蹄马，象征此爻不可占问疾病之事。

六四　退处左方腹地，察知光明受到伤损的内中情状，于是毅然出门远行。

六五　若能像箕子被囚而佯狂自保，占问则有利。

上六　天空晦暗不明，起初登临天上，最终坠落地下。

家人卦第三十七

巽上
离下　家人①：利女贞。

初九　闲有家，悔亡。②

六二　无攸遂，在中馈，贞吉。③

九三　家人嗃嗃，悔，厉，吉；妇子嘻嘻，终吝。④

六四　富家，大吉。

九五　王假有家，勿恤，吉。⑤

上九　有孚威如，终吉。⑥

【注释】

①家人：卦名。下离上巽。象征一个家庭。　②闲：防备。　③遂：成。馈：主持炊事。　④嗃嗃（hè）：严厉斥责之声，比喻治家严厉。　⑤假：到。恤：忧虑。　⑥孚：诚信。威：威严。

【译文】

家人卦　象征一个家庭。有利于女人占问。

初九　持家能够预防不测之灾，困厄将会消亡。

六二　事功无所成，在家主持炊事，占问可获吉祥。

九三　家人经常受到家长严厉训斥，处境艰难而危险，如此反而会激励举家戒惧勤勉，从而获得吉祥；而妇人孩子终日嬉闹调笑，不加管束，最终必然导致持家艰难。

六四　家人共同增富其家，大吉大利。

九五　君王驾临其家，无须忧虑，因为可获吉祥。

上九　心存诚信，威严持家，最终必获吉祥。

睽卦第三十八

离上
兑下
睽①：小事吉。

初九　悔亡。丧马勿逐，自复。见恶人，无咎。②

九二　遇主于巷，无咎。

六三　见舆曳，其牛掣，其人天且劓。无初，有终。③

九四　睽孤遇元夫，交孚，厉，无咎。④

六五　悔亡。厥宗噬肤，往何咎？⑤

上九　睽孤见豕负涂，载鬼一车。先张之弧，后说之弧，匪寇，婚媾。往遇雨，则吉。⑥

【注释】

①睽：卦名。下兑上离。象征违逆隔膜。　②逐：追捕。　③曳（yè）：拖拉。掣（chè）：牵制。其人天且劓（yì）；赶车人受墨刑和劓刑。天，在罪人额头上刺字称天。劓，古代刑名，即割鼻之刑。　④睽孤：指寂寞孤独之时。元夫：善人。元，善。　⑤厥宗噬肤：他与其宗人共同吃肉。厥，其，他。宗，宗人，即同一宗族之人。噬，咬，这里是吃的意思。肤，肉。　⑥豕：猪。涂：泥土。弧：弓。说：通"脱"，放下。

【译文】

睽卦　象征违逆隔膜。占问小事必获吉祥。

初九　困厄将会消亡。丢失了马不必到处追寻，因为它自会返回；谦谨地对待与自己对立的恶人，不会招致灾祸。

九二　在小巷中不期而遇见到主人，没有什么灾祸。

六三　看见大车拖拖拉拉艰难行进，驾车的牛受到牵制无法前行，驾车人也受了墨刑和劓刑。虽然起初历尽艰难，但是最终将有美好结局。

九四　寂寞孤独之际遇到善人，胸怀诚信之心与之交往，即使会有危险，但也没有灾祸。

六五　困厄将会消亡。他与本家族的人一同吃肉，有所举动，不会有什么灾祸。

上九　寂寞孤独之际，看见一头丑猪满身污泥，一辆大车满载恶鬼飞驰而过。先是张弓欲射，后又放了下来，原来来人不是贼寇，而是求婚的佳偶。外出遇到大雨，可获吉祥。

蹇卦第三十九

坎上
艮下
　蹇①：利西南，不利东北。利见大人，贞吉。②

初六　往蹇，来誉。③

六二　王臣蹇蹇，匪躬之故。④

九三　往蹇，来反。⑤

六四　往蹇，来连。⑥

九五　大蹇，朋来。

上六　往蹇，来硕吉。利见大人。⑦

【注释】

①蹇（jiǎn）：卦名。下艮上坎。象征行事艰难。蹇，难。　②利西南，不利东北：西南象征平地，所以"利"；东北象征山丘，所以"不利"。　③来：返回，归来。　④匪：非。躬：自身。　⑤反：返。　⑥连：负车，即坐车。　⑦硕：大。

【译文】

蹇卦　象征行事艰难。出行宜于向西南方向去，而不宜于往东北方向走。有利于大德大才之人出世，占问必获吉祥。

初六　有所举动，虽然艰难，但是归来却可以获得美誉。

六二　君王的臣子历尽艰险，奔走济难，并非为了自身的私事。

九三　与其有所举动而在外遭遇艰难，不如及早返回家园。

六四　有所举动，在外遭遇艰难，返回时却有车可坐。

九五　行事十分艰难，朋友纷纷前来相助。

上六　外出遭遇艰难，归来则能够建立大功，十分吉祥。有利于大德大才
　　　之人出世。

解卦第四十

☳震上
☵坎下　解①：利西南。无所往，其来复，吉。有攸往，夙吉。②

初六　无咎。

九二　田获三狐，得黄矢，贞吉。③

六三　负且乘，致寇至，贞吝。④

九四　解而拇，朋至斯孚。⑤

六五　君子维有解，吉；有孚于小人。⑥

上六　公用射隼于高墉之上，获之，无不利。⑦

【注释】

①解：卦名。下坎上震。象征舒解。　②夙：早。　③田：田猎，打猎。　④负：肩负，
背负。　⑤解而拇：解开被缚的拇指。拇，拇指。斯：乃。　⑥君子维有解：君子被缚后又得
以解脱。维，语助词，无义。　⑦隼（sǔn）：一种猛禽，通称鹰，俗称鹞子。墉：城墙。

【译文】

解卦　象征舒解。有利于西南之地。无需继续前往行事，返回原地安居其
　　　家则可获吉祥。如果有所举动，就及早前往，可获吉祥。

初六　没有灾祸。

九二　打猎时捕获三只狐狸，又得到铜箭，占问可获吉祥。

六三　身负重物而乘车出行，必然招致贼寇前来打劫，占问将有艰难。

九四　像解开被缚的拇指一样摆脱小人的纠缠，朋友才会心怀诚信前来
　　　相助。

六五　君子被缚又得以解脱，可获吉祥；诚信能够感化小人。

上六　王公用利箭射杀高城上的大鹰，一箭射中，捕而获之，无所不利。

损卦第四十一

☶ 艮上
☱ 兑下

损①：有孚，元吉，无咎，可贞，利有攸往。曷之用二簋，可用享。②

初九　已事遄往，无咎；酌损之。③

九二　利贞，征凶。弗损，益之。④

六三　三人行则损一人，一人行则得其友。

六四　损其疾，使遄有喜，无咎。

六五　或益之十朋之龟，弗克违，元吉。⑤

上九　弗损，益之，无咎，贞吉，利有攸往。得臣无家。

【注释】

①损：卦名。下兑上艮。象征减损。损，减少。　②曷：通"饁（yè）"，馈食。簋（guǐ）：古代盛谷物的竹器。享：祭祀鬼神。　③已事：停止自己的事情。已，止。遄（chuán）：速。　④益：与"损"相对，增加。　⑤或：有人。十朋之龟：价值十朋的宝龟。朋，古代货币单位，双贝为一朋。"十朋"在这里形容价值昂贵。违：违逆，推辞。

【译文】

损卦　象征减损。胸怀诚信之心，大吉大利，没有灾祸，可以占问，宜于有所举动。送两簋淡食祭祀神灵，奉献尊者。

初九　停下自己的事情，赶快去帮助别人，就没有灾祸，但要酌情而行，量力而为。

九二　利于占问，而兴兵出征则有凶险。不要减少祭品，而要增加祭品。

六三　三人同行，由于难于同心协力，必将有一人离去；一人出行，由于专一求合，则可得到朋友。

六四　减轻疾病的事要尽速办理，才可获得喜庆，没有灾祸。

六五　有人进献价值十朋的宝龟，不违逆、不推辞，大吉大利。

上九　不要减少祭品，而要增加祭品，这样才没有灾祸，占问可获吉祥，宜于有所举动，又能得到一位没有家室的贤臣辅佐。

益卦第四十二

䷩ 巽上
震下　　益①：利有攸往，利涉大川。

初九　利用为大作；元吉，无咎。②

六二　或益之十朋之龟，弗克违，永贞吉；王用享于帝，吉。③

六三　益之用凶事，无咎。有孚中行，告公用圭。④

六四　中行，告公从，利用为依迁国。⑤

九五　有孚惠心，勿问元吉，有孚惠我德。⑥

上九　莫益之，或击之，立心勿恒，凶。⑦

【注释】

①益，卦名。下震上巽。象征增益。益，增加。　②利用为大作：利于大有作为。　③十朋之龟：见损卦注⑤。违：见损卦注⑤。王用享于帝：君王享祭上天祈求福泽。帝，上天，天帝。　④增之用凶事：把增益用于凶险之事。中行：持守中正之道行事。告公用圭：手执玉圭向王公告急求助。圭，一种玉器，古代天子诸侯祭祀、朝聘时，卿大夫执此以示信。　⑤迁国：迁都。　⑥惠：仁爱。　⑦或击之：有人攻击他。

【译文】

益卦　象征增益。利于有所举动，宜于涉越大川巨流。

初九　利于大有作为；大吉大利，没有灾祸。

六二　有人进献价值十朋的宝龟，不违逆，不推辞，占问长久之事可获吉祥；君王以此祭享上天，可获吉祥。

六三　把增益用于救助凶险之事，不会有灾祸。心怀诚信，持守中正之道谨慎行事，时刻像手执玉圭向王公告急求助一样恭谨。

六四　持守中正之道谨慎行事，得到王公信从，有利于借此完成迁都益民大业。

九五　胸怀诚信仁爱之心，不必占问就知道非常吉祥，天下人必将以仁爱之心报答我的仁爱之德。

上九　没人增益于他，就会有人攻击他，再加上自身立心不恒，便有凶险。

夬卦第四十三

☱兑上 乾下　夬^①：扬于王庭，孚号，有厉。告自邑，不利即戎，利有攸往。^②

初九　壮于前趾，往不胜，为咎。

九二　惕号，莫夜有戎，勿恤。^③

九三　壮于頄，有凶。君子夬夬独行，遇雨若濡，有愠无咎。^④

九四　臀无肤，其行次且。牵羊悔亡。闻言不信。^⑤

九五　苋陆夬夬中行，无咎。^⑥

上六　无号，终有凶。^⑦

【注释】

①夬（guài）：卦名。下乾上兑。象征决断。夬，果决。　②扬于王庭：在君王的朝廷之上发表言论。扬，张扬。庭，通"廷"。自邑：指自己封邑的人众。戎：兵，指兴兵征战。③惕号：因惊恐而大呼。莫：通"暮"。恤：忧虑。　④頄（qiú）：脸面。夬夬：决然而行的样子。濡：沾湿。愠（yùn）：怒，怨。次且（zī jū）：即越趄，行走艰难的样子。　⑥苋（xiàn）陆：细角山羊。　⑦无号：不必大呼小叫。

【译文】

夬卦　象征决断。在君王的朝廷之上发表言论，竭诚疾呼将有危险。告诫自己封邑的人众，此时不宜于立即兴兵征战，利于日后有所举动。

初九　脚趾前端盛壮，贸然前往不能取胜，反而会招致灾祸。

九二　惊惧呼号，因为深夜发生战事，但是并没有危险，所以不必忧虑。

九三　脸面盛壮，会有凶险。君子决然前行，独自遇雨受淋，雨水淋湿衣裳，虽然愠怒在所难免，却不会有灾祸。

九四　臀部无皮，行走越趄难进；若能牵羊而行，困厄将会消失；听人说话，不能轻信。

九五　像细角山羊决然健行，只要居中行正，便无灾祸。

上六　不要大哭小叫，因为凶险最终难于逃避。

姤卦第四十四

≡≡乾上
≡≡巽下　姤①：女壮，勿用取女。②

初六　系于金柅，贞吉。有攸往，见凶，赢豕孚蹢躅。③

九二　包有鱼，无咎，不利宾。④

九三　臀无肤，其行次且，厉，无大咎。⑤

九四　包无鱼，起凶。

九五　以杞包瓜，含章，有陨自天。⑥

上九　姤其角，吝；无咎。⑦

【注释】

①姤（gòu）：卦名。下巽上乾。象征相遇。　②取：通"娶"。　③金柅（ní）：铜制车闸。赢豕：猪被捆绑。孚：这里是竭力的意思。蹢躅（zhí zhú）：这里是挣扎的意思。　④包：通"庖"，厨房。　⑤次且：见夬卦注④。　⑥以杞（qǐ）包瓜：用杞柳蔽护树下之瓜。杞，杞柳。含章：含藏彰美。陨：降落。　⑦角：角落。

【译文】

姤卦　象征相遇。女子过于盛壮则伤男子，不宜娶其为妻。

初六　紧紧系在铜车闸上，占问可获吉祥；而急于有所举动，则有凶险，就像猪被圈牢不得解脱一般。

九二　厨房有鱼，没有灾祸，但是不宜于招待宾客。

九三　臀部无皮，行走趑趄难进，有危险，但是并不会有大的灾祸。

九四　厨房无鱼，必然惹出凶险之事。

九五　用杞柳蔽护树下之瓜，象征内中含藏彰美之德，会有喜庆自天而降。

上九　走入空荡的角落里相遇，行事艰难，但是却没有灾祸。

萃卦第四十五

≡≡兑上
≡≡坤下　萃①：亨。王假有庙，利见大人，亨，利贞；用大牲吉。利有攸往。②

初六　有孚不终，乃乱乃萃。若号，一握为笑。勿恤，往无咎。③

六二　引吉，无咎。孚乃利用禴。④

六三　萃如，嗟如，无攸利。往无咎，小吝。⑤

九四　大吉，无咎。

九五　萃有位，无咎；匪孚；元永贞，悔亡。⑥

上六　赍咨涕洟，无咎。⑦

【注释】

①萃：卦名。下坤上兑。象征会聚。　②假：到。庙：宗庙。　③一握：古代占筮术语，指在不吉情况下筮得一个吉卦之数。　④引吉：迎吉。引，迎。禴（yuè）：古代四时祭祀之一，此为夏祭。　⑤嗟：叹息。　⑥萃有位：会聚而各有其位。萃，聚集。匪：非，不。元：君长。　⑦赍（jī）咨：叹息之词。涕洟（yí）：鼻涕和眼泪，这里是形容痛哭流涕的样子。

【译文】

萃卦　象征会聚。亨通顺利。君王来到宗庙祭祀祖先，利于大德大才之人出世，亨通顺利，利于占问；用大牲祭祀，可获吉祥。利于有所举动。

初六　心怀诚信而不能保持至终，必然导致行动忙乱而与他人妄聚，于是就大声哭叫；而此刻又筮得吉卦，随即破涕为笑。不必再有忧虑，有所举动没有灾祸。

六二　迎来吉祥，自然没有灾祸。心怀诚信有利于夏祭求福。

六三　因会聚而生叹息，没有什么好处。但是有所举动也没有灾祸，仅小有艰难。

九四　大吉大利，没有灾祸。

九五　会聚而适得其位，没有灾祸，但是还不能取得众人信任。有德的君长占问长期的吉凶祸福，困厄将会消亡。

上六　咨嗟哀叹并痛哭流涕，可以免除灾祸。

升卦第四十六

☰ 坤上
☴ 巽下

升①：元亨。用见大人，勿恤。南征吉。

初六　允升，大吉。②

九二　孚乃利用禴，无咎。③

九三　升虚邑。④

六四　王用亨于岐山，吉，无咎。⑤

六五　贞吉，升阶。⑥

上六　冥升，利于不息之贞。⑦

【注释】

①升：卦名。下巽上坤。象征上升。　②允：进。　③禴：见萃卦注④。　④虚邑：大丘上的城邑。虚，大丘。　⑤王：周王。亨：通"享"，祭祀。岐山：地名，在今陕西省岐山县东北。　⑥阶：台阶。　⑦冥：昏夜，夜间。不息：指昏夜不息以求上进。

【译文】

升卦　象征上升。大吉大利。利于大德大才之人出世，不必有什么忧虑。向南方兴兵征战，必获吉祥。

初六　不断进长上升，大吉大利。

九二　心怀诚信有利于夏祭求福，没有灾祸。

九三　上升顺利，一直升到大丘上的城邑。

六四　君王来到岐山祭祀神灵，吉祥，没有灾祸。

六五　占问则可获吉祥，沿着台阶步步上升。

上六　夜间还要继续上升，占问有利于前进不息以求上进。

困卦第四十七

兑上
坎下　困①：亨，贞，大人吉，无咎。有言不信。

初六　臀困于株木，入于幽谷，三岁不觌。②

九二　困于酒食，朱绂方来，利用享祀。征凶，无咎。③

六三　困于石，据于蒺藜，入于其宫，不见其妻，凶。④

九四　来徐徐，困于金车，吝，有终。⑤

九五　劓刖，困于赤绂，乃徐有说，利用祭祀。⑥

上六　困于葛藟，于臲卼；曰动悔有悔，征吉。⑦

①困：卦名。下坎上兑。象征困穷。　　②株木：树木。幽谷：幽暗的山谷。觌（dí）：见。
③困于酒食：指吃醉了酒。朱绂（fú）：红色祭服。绂，古代祭服的饰带，这里借指祭服。
④困于石：前进道路被乱石阻挡。据：《易》例，在一个重卦之中，如果一个阳爻位居阴爻
之上，那么这一阳爻对于其下的阴爻的关系称"据"。"据"是凭据、占据的意思，这里引申
为居处。蒺藜：一种一年生草本植物，果实有刺。这里指九二爻。宫：居室，这里引申为自己
的家。见其妻：意思是得婚配。　　⑤困于金车：被金车所困阻。　　⑥劓（yì）：古代刑名，施
刑方法为割鼻。刖（yuè）：古代刑名，施刑方法为断足。说：通"脱"。　　⑦葛藟（lěi）：一
种藤类植物。臲卼（niè wù）：惶惑不安。悔：这里是后悔和悔悟的意思。

【译文】

困卦　象征困穷。亨通顺利；进行占问，大德大才之人可获吉祥，没有灾
　　　　祸。可是进行自我表白，别人并不相信。
初六　困坐在树干上无法安身，只得退处幽暗的山谷，三年不能露面。
九二　吃醉了酒，大红祭服才送来，正好用来祭祀神灵。此时兴兵征战，
　　　　虽然多有凶险，却没有灾祸。
六三　道路被乱石阻挡而困穷不通，只得居处在蒺藜之上；而返身回到自
　　　　己家里却见不到婚配之日，则有凶险。
九四　缓缓而来，是由于被金车所困阻；行动虽然艰难，却有好的结果。
九五　施行割鼻断足之刑以治理众人；困穷因红色祭服而起，于是就渐渐
　　　　不再穿了，以利于举行祭祀。
上六　被葛藤缠绕得惶恐不安；有所举动便感到后悔，应当赶快悔悟，这
　　　　样兴兵征战必获吉祥。

井卦第四十八

　坎上
　巽下　井①：改邑不改井，无丧无得，往来井井。汔至亦未繘井，羸
其瓶，凶。②
初六　井泥不食，旧井无禽。③
九二　井谷射鲋，瓮敝漏。④
九三　井渫不食，为我心恻。可用汲，王明，并受其福。⑤

六四　井甃，无咎。⑥

九五　井洌，寒泉食。

上六　井收勿幕，有孚元吉。⑦

【注释】

①井：卦名。下巽上坎。象征水井。　②邑：泛指村庄、城邑。井井：从井中取水。第一个"井"字用作动词，取水。汔（qì）：接近。繘（jú）：出。羸（léi）：这里是倾覆的意思。瓶：古代汲水器具。　③不食：不能食用。旧井无禽：井旁植树，禽来栖息，井毁树死，飞鸟不至。　④井谷射鲋（fù）：井底小鱼来回窜游。射，窜游。鲋，小鱼。瓮：罐子。敝：破旧，这里是破碎的意思。　⑤渫（xiè）：淘洗。为我心恻：使我心中悲伤。王明：君王圣明。⑥甃（zhòu）：修整，这里指用砖石垒井壁。　⑦井收勿幕：修整水井的事已经完成，不需覆盖井口。收，完成。幕，盖。

【译文】

井卦　象征水井。村邑变动而水井不能迁移，每日汲取，井水既不会枯竭，也不会满盈。人们来来往往不停地从井中汲水，水将枯竭却无人淘井，结果毁坏水瓶，会有凶险。

初六　井底污泥淤泥，井水已经不能食用，井枯树死，飞鸟再也不来栖息。

九二　枯井井底小鱼往来窜游，碰破水罐，因而无法取水。

九三　枯井已经淘净仍然无人取水食用，使人心中凄恻悲伤；水已经可以食用，应该赶快前来取水，君王圣明，与臣民共享福泽。

六四　水井正在修整，没有灾祸。

九五　井水清洌，洁净的寒泉之水可供食用。

上六　水井已经修整好，不须再盖井口，此时心怀诚信，大吉大利。

革卦第四十九

兑上
离下　革①：己日乃孚。无亨，利贞，悔亡。②

初九　巩用黄牛之革。③

六二　己日乃革之，征吉，无咎。

九三　征凶，贞厉。革言三就，有孚。④

九四　悔亡。有孚，改命吉。⑤

九五　大人虎变，未占，有孚。⑥

上六　君子豹变，小人革面；征凶，居，贞吉⑦。

【注释】

①革：卦名。下离上兑。象征变革。　②己日乃孚；到己日才有变革的诚心。己，十天干之一，居第六位，过天干十日之半。　③巩：固。革：皮革。　④革言三就：变革必须慎重，经过多次计议才能采取行动。三，多。就，成。　⑤改命：改变天命，指改朝换代。　⑥虎变：变革之际像老虎那样威猛。　⑦豹变：像豹子那样迅捷。

【译文】

革卦　象征变革。时至己日，再下定变革的决心。大吉大利，利于占问，
　　　纵有困厄也会自行消亡。

初九　用黄牛皮绳牢牢拴住，以免轻举妄动。

六二　到了己日断然实行变革，兴兵征战可获吉祥，而不会有灾祸。

九三　兴兵征战会有凶险，占问将有危险。实行变革必须慎重行事，经过
　　　多次计议才能采取行动，并且要有诚信之心。

九四　困厄会自行消亡。胸怀诚信之心，断然变革天命，实行改朝换代，
　　　可获吉祥。

九五　高尚的贤人，实行变革时，气度像老虎那样威猛。未经占问就知道
　　　他具有诚信之心。

上六　君子在变革之际行动像豹子那样迅捷，小人也改变昔日的面目。兴
　　　师动众持续变革不止，会有凶险；而居家守中，占问可获吉祥。

鼎卦第五十

离上
巽下　　鼎①：元吉，亨。

初六　鼎颠趾，利出否；得妾以其子，无咎。②

九二　鼎有实，我仇有疾，不我能即，吉。③

九三　鼎耳革，其行塞，雉膏不食；方雨亏悔，终吉。④

九四　鼎折足，覆公𫗧，其形渥，凶。⑤

六五　鼎黄耳，金铉，利贞。⑥

上九　鼎玉铉，大吉，无不利。

【注释】

①鼎：卦名。下巽上离。象征鼎器。鼎，古代烹饪之器。②鼎颠趾：鼎颠覆，足朝上。利出否：利于倾倒无用之物。否，不，指无用之物。以其子：因其子。以，因。　③实：这里指食物。仇：匹配，这里妻子。　④革：革除，这里是失去的意思。塞：阻塞，引申为困难。雉膏：用雉肉做的美味食物。方雨亏悔：天刚下雨阴云又散去。方，刚刚。亏，少。悔，通"晦"，指阴云。　⑤覆公铺（sù）：将王公的八珍菜粥倾倒出来。公，王公。铺，八珍菜粥。其形渥（wò）：洒得满地都是。渥，沾濡之状。　⑥金铉：铜制鼎耳的吊环。

【译文】

鼎卦　象征鼎器。大吉大利，亨通顺利。

初六　大鼎颠倒，其足向上，宜于倾倒无用之物；就像娶妾生子，其妾因子而被扶作正室，必无灾祸。

九二　鼎中盛满食物，我的妻子身患疾病，不能接近我，可获吉祥。

九三　大鼎失去了鼎耳，移动十分困难；美味的雉膏也不能吃；天刚降雨阴云又突然散去，最终可获吉祥。

九四　大鼎难承重荷而折断鼎足，王公的美食都倒出来了，鼎身沾满污物，将有凶险。

六五　大鼎配上黄色鼎耳，鼎耳配上铜制吊环，有利于占问。

上九　鼎耳配上玉制吊环，大吉大利，无所不利。

震卦第五十一

☳ 震上
☳ 震下

震①：亨。震来虩虩，笑言哑哑。震惊百里，不丧匕鬯。②

初九　震来虩虩，后笑言哑哑，吉。

六二　震来厉，亿丧贝。跻于九陵，勿逐，七日得。③

六三　震苏苏，震行，无眚。④

九四　震遂泥。⑤

六五　震往来厉，亿无丧，有事。

上六　震索索，视矍矍，征凶。震不于其躬，于其邻，无咎。婚媾有言。⑥

【注释】

①震，卦名。下震上震。象征震动。　②虩虩（xì xì）：恐惧之状。哑哑：笑声。匕：勺，匙。鬯（chàng）：祭祀用的香酒。　③厉：迅猛。亿丧贝：将会大量丧失钱财。亿，古制，十万为亿，这里是多的意思。贝，古代货币。跻于九陵：登上九重高陵。跻，登。　④苏苏：不安之状。震行：震恐而行。眚：灾祸。　⑤遂：坠。　⑥索索：发抖之状。矍矍：不敢正眼看。躬：身。有言：闲言碎语。

【译文】

震卦　象征震动。亨通顺利。雷霆骤响，震得万物惊恐惶惧，尔后却又谈笑风生。雷声震惊百里之远，而匙中的香酒却没有洒掉。

初九　雷霆骤响震得万物惊恐惶惧，尔后却又谈笑风生，可获吉祥。

六二　雷霆骤响，将有危险，丧失大批钱财。应该登上九重高陵，而不要前去追寻，七日之内自会失而复得。

六三　雷霆震动，惶惶不安，震惧而行，却不会有什么灾祸。

九四　雷霆震动，惊慌失措而坠入泥沼之中。

六五　雷霆震动，上下往来，都有危险；无重大损失，但会发生事端。

上六　雷霆震动，索索发抖，两眼惶惶不安，此时兴兵征战将有凶险。若尚未震及自身，而仅震及近邻，就预加防备，则没有灾祸。但是若谋求婚配，将会招来闲言碎语。

艮卦第五十二

艮上
艮下
艮①：艮其背，不获其身，行其庭，不见其人，无咎。②

初六　艮其趾，无咎，利永贞。③

六二　艮其腓，不拯其随，其心不快。④

九三　艮其限，列其夤，厉薰心。⑤

六四　艮其身，无咎。

六五　艮其辅，言有序，悔亡。⑥

上九　敦艮，吉。⑦

【注释】

①艮：卦名。下艮上艮。象征抑止。　②庭：庭院。　③趾：脚趾。　④腓：小腿肚。

拯：举。　⑤限：胯，腰部。列：裂。夤（yín）：通"脕"，夹脊肉。薰：烧灼。　⑥辅：面颊。　⑦敦：敦厚。

【译文】

艮卦　象征抑止。抑止背部，使整个身子不能动弹，在庭院里行走，却见不到人，没有灾祸。

初六　抑止脚趾而不让起步，没有灾祸，利于占问长久之事。

六二　抑止小腿肚的运动，无法举步追随应该追随之人，心中不能畅快。

九三　抑止腰胯的扭动，以至于撕裂了夹脊肉，危险像烈火烧灼，使人心忧如焚。

六四　抑止上身使其不得妄动，没有灾祸。

六五　抑止面颊使其不得妄言，说话有条有理，没有灾祸。

上九　以敦厚的美德抑止邪欲恶念，可获吉祥。

渐卦第五十三

巽上
艮下　渐①：女归，吉，利贞。②

初六　鸿渐于干，小子厉，有言，无咎。③

六二　鸿渐于磐，饮食衎衎吉。④

九三　鸿渐于陆，夫征不复，妇孕不育，凶。利御寇。⑤

六四　鸿渐于木，或得其桷，无咎。⑥

九五　鸿渐于陵，妇三岁不孕，终莫之胜，吉。⑦

上九　鸿渐于陆，其羽可用为仪，吉。⑧

【注释】

①渐：卦名。下艮上巽。象征渐进。　②女归：女子出嫁。归，嫁。　③鸿：鸿雁，即大雁。干（gān）：河岸。小子：这里指幼童。　④磐：大石头。衎衎（kàn kàn）：高兴，和乐。　⑤陆：这里指较矮的山顶。　⑥或：有的。桷（jué）：木橡。　⑦陵：山陵。　⑧陆：这里指高山之顶。仪：装饰。

【译文】

渐卦　象征渐进。女子出嫁婚礼渐行，可获吉祥，有利于占问。

初六　鸿雁飞行渐进到了河岸边，预示幼童将遭遇危险，有流言蜚语把他责难，但无灾祸。

六二　鸿雁飞行渐进落到巨石之上，安享饮食和乐欢快，可获吉祥。

九三　鸿雁飞行渐进落到小山顶上，预示丈夫出征一去而不复返，妻子失贞身怀有孕而无颜生子，将有凶险。利于防御贼寇。

六四　鸿雁飞行渐进，有的落到大树之上，有的落到木椽之上，都不会有灾祸。

九五　鸿雁飞行渐进落到山陵之上，预示妻子三年不会怀孕，但猎人最终不能胜之，可获吉祥。

上九　鸿雁飞行渐进落到高山之顶，羽毛美丽异常，可以用于仪饰，十分吉祥。

归妹卦第五十四

震上
兑下

归妹①：征凶，无攸利。

初九　归妹以娣，跛能履；征吉。②

九二　眇能视，利幽人之贞。③

六三　归妹以须，反归以娣。④

九四　归妹愆期，迟归有时。⑤

六五　帝乙归妹，其君之袂不如其娣之袂良，月几望，吉。⑥

上六　女承筐，无实；士刲羊，无血。无攸利。⑦

【注释】

①归妹：卦名。下兑上震。象征嫁女。归，嫁。　②归妹以娣（dì）：少女出嫁，其妹从嫁。古代习俗，一夫多妻，姐出嫁，妹可随姐同嫁一夫，此称"娣"。　③眇：眼盲失明。幽人：安恬幽居之人。　④须：通"媭"，姐。反归：回娘家。　⑤愆期：延误时日。愆，通"衍"，延误。迟：晚。　⑥帝乙：见泰卦注⑦。君：这里指正妻。袂（mèi）：衣袖，这里泛指衣饰。良：好。几望：既望，每月十六日。　⑦筐：竹器，指盛嫁妆的奁具。实：指嫁妆。刲（kuī）：杀。

【译文】

归妹卦　象征嫁女。向前进发会有凶险，没有好处。

初九　少女出嫁，妹妹从嫁做侧室，犹如跛足者走路，奋发前行可获吉祥。

九二　眼盲者勉强瞻视，利于安恬幽居之人占问。

六三　少女出嫁，姐姐从嫁做侧室，姐姐将会把妹妹遣回娘家。

九四　少女出嫁一再延期，迟迟不嫁，为的是等待时机。

六五　帝乙嫁女，正室的服饰反而不如随嫁的妹妹服饰华贵，把成亲日期选在既望之日，十分吉祥。

上六　少女手捧盍筐，却没有嫁妆可盛；新郎杀羊，却没有放出血来，没有什么好处。

丰卦第五十五

震上
离下
丰①：亨，王假之，勿忧，宜日中。②

初九　遇其配主，虽旬无咎，往有尚。③

六二　丰其蔀，日中见斗，往得疑疾，有孚发若，吉。④

九三　丰其沛，日中见沫，折其右肱，无咎。⑤

九四　丰其蔀，日中见斗，遇其夷主，吉。⑥

六五　来章，有庆誉，吉。⑦

上六　丰其屋，蔀其家，阒其户，闃其无人，三岁不觌，凶。⑧

【注释】

①丰：卦名。下离上震。象征丰盛。　②亨：通"享"，祭祀。假：到。日中：中午。③配主：堪与匹配之人，即佳偶。旬：十日。尚：通"赏"。　④蔀（bù）：遮光之物。斗：星斗。疑疾：即疑忌，猜疑，猜忌。发：去。若：语助词，无义。　⑤沛：暗而无光之状。沫：昏暗。肱（gōng）：臂膀。　⑥夷主：相类似的人。夷，平，均。　⑦章：通"彰"，光明。庆誉：喜庆和美誉。　⑧阒：通"窥"。闃（qù）：空。觌：见。

【译文】

丰卦　象征丰盛。举行祭祀大典，君王亲自到宗庙主祭，勿须忧虑，宜于在太阳居中时开祭。

初九　遇到佳偶，十日之内没有灾祸，有所举动可获奖赏。

六二　丰盛的结果导致光明被遮蔽，正午出现满天星斗。有所举动会遭猜疑，但心怀诚信可以消除猜疑，十分吉祥。

九三　丰盛遮蔽光明的幔帐，正午一片昏黑，此时折断了右臂，也不会有
什么灾祸。

九四　丰盛的结果导致光明被遮蔽，正午出现满天星斗，遇到自己的同
类，则十分吉祥。

六五　光明重现，带来了喜庆和美誉，十分吉祥。

上六　扩建房屋，遮蔽居室，对着窗户向室内窥视，里边空无一人，三年
之内一直无人露面，将有凶险。

旅卦第五十六

離上
艮下　旅①：小亨，旅，贞吉。

初六　旅琐琐，斯其所，取灾。②
六二　旅即次，怀其资，得童仆贞。③
九三　旅焚其次，丧其童仆，贞厉。④
九四　旅于处，得其资斧，我心不快。⑤
六五　射雉，一矢亡，终以誉命。⑥
上九　鸟焚其巢，旅人先笑后号咷，丧牛于易，凶。⑦

【注释】

①旅：卦名。下艮上离。象征行旅。　②琐琐：猥琐卑下。斯：此。　③即次：住进旅
馆。即，就，住。次，旅店。童仆：仆人。贞：忠贞。　④焚：失火。　⑤处：止，这里指旅
行受阻。　⑥誉：美名。命：爵命。　⑦易：通"埸"，田边。

【译文】

旅卦　象征行旅。小有亨通，外出旅行，占问可获吉祥。
初六　外出旅行，出门就猥猥琐琐，举止不定，这会招致灾祸。
六二　旅人住进客店，怀中揣着钱财，并得到童仆的忠心侍奉。
九三　客店失大火，童仆也逃跑了，十分危险。
九四　旅行受到阻碍，虽然后来幸得钱财之助，利斧之防，但是内心仍然
不快。
六五　射杀野鸡，丢失一支箭，不过最终还是会获得美誉并承受封爵

之命。

上九　树上的鸟巢被烧毁，旅人先笑后哭号；在田边丢失了耕牛，将有凶险。

巽卦第五十七

☴巽上
☴巽下
　　巽①：小亨，利有攸往，利见大人。

初六　进退利武人之贞。②
九二　巽在床下，用史巫纷若，吉，无咎。③
九三　频巽，吝。④
六四　悔亡。田获三品。⑤
九五　贞吉，悔亡，无不利，无初有终。先庚三日，后庚三日，吉。⑥
上九　巽在床下，丧其资斧，贞凶。⑦

【注释】

①巽：卦名。下巽上巽。象征顺从。　②进退：或进或退。武人：军人。　③巽在床下：比喻顺从太过。史：祝史，专门从事祭祀活动之官。巫：即巫师。纷若：勤勉异常的样子。若，样子。　④频：一而再，再而三。　⑤田：田猎，打猎。三品：三类，指三种禽兽。先庚三日，后庚三日：庚前三日指丁日、戊日、己日三日，庚后三日指辛日、壬日、癸日三日，加上庚日共七日。

【译文】

巽卦　象征顺从。柔小者亨通顺利，宜于有所举动，利于大德大才之人出世。

初六　行军的时候或前进或后退，军人占问皆有利。

九二　顺从太过而卑居床下，若能效法祝史、巫师的勤勉忙碌，则十分吉祥，不会有灾祸。

九三　一而再、再而三地顺从他人，将行事艰难。

六四　困厄将会消亡。打猎时捕获三种禽兽。

九五　占问可获吉祥，困厄自行消亡，无所不利，起初不顺利，最终却能畅行无阻。时间当以庚日的前三日和庚日的后三日为宜，这七日行事，可获吉祥。

上九　顺从过分而卑居床下，结果丧失了钱财之助和利斧之防，占问则有凶险。

兑卦第五十八

☱ 兑上
兑下　兑①：亨，利贞。

初九　和兑，吉。
九二　孚兑，吉，悔亡。
六三　来兑，凶。②
九四　商兑未宁，介疾有喜。③
九五　孚于剥，有厉。④
上六　引兑。⑤

【注释】

①兑：卦名。下兑上兑。象征欣悦。《周易正义》："兑，说也。"说，通"悦"。　②来兑：前来献媚求悦。　③商：商议。介：隔绝。疾：患，指谄媚求悦之患。　④剥：指损伤正道者。　⑤引：引导，引诱。

【译文】

兑卦　象征欣悦。亨顺利，利于占问。
初九　和颜悦色待人接物，十分吉祥。
九二　心怀诚信并面带喜色，十分吉祥。困厄将自行消亡。
六三　前来献媚以求欣悦，会有凶险。
九四　计议之中和悦欢洽，但事情却未办妥，消除献媚求悦之患则可获喜庆。
九五　施诚取信于损伤正道者，则有危险。
上六　引诱他人与自己共相欢悦。

涣卦第五十九

☴ 巽上
坎下　涣①：亨，王假有庙，利涉大川，利贞。②

初六　用拯马壮，吉。③

九二　涣奔其机，悔亡。④

六三　涣其躬，无悔。⑤

六四　涣其群，元吉。涣有丘，匪夷所思。⑥

九五　涣汗其大号，涣王居，无咎。⑦

上九　涣其血去，逖出，无咎。⑧

【注释】

①涣：卦名。下坎上巽。象征水流无阻。　②假：去，升。　③用拯马壮：用壮马拯济患难。　④机：几，几案，供祭祀之用。　⑤躬：身。　⑥群：众人。丘：山陵。匪夷所思：不是平常所能想的。匪，非。夷，平，平常。　⑦大号：大哭。居：占有。　⑧血去：忧患过去。血，通"恤"，忧虑。逖（tì）：即惕，惊惧。

【译文】

涣卦　象征水流无阻。举行祭祀大典，君王亲自到宗庙祭祀祖先，利于涉越大川巨流，利于占问。

初六　乘强壮之马去拯济患难，十分吉祥。

九二　大水流散，急忙奔向几案，以祭告神灵乞求佑助，困厄自会消亡。

六三　大水冲及自身，也不会遭遇困厄。

六四　大水冲散了众人，大吉大利。大水冲上山陵，水势之汹涌不是平常所能想到的。

九五　大汗淋漓又大哭号啕，大水冲洗王宫的污浊之气，没有灾祸。

上九　水流无阻，能使忧患消除，惊惧排解，没有灾祸。

节卦第六十

坎上
兑下　节①：亨，苦节，不可贞。②

初九　不出户庭，无咎。③

九二　不出门庭，凶。

六三　不节若，则嗟若，无咎。

六四　安节，亨。④

九五　甘节，吉，往有尚。⑤

上六　苦节，贞凶，悔亡。

【注释】

①节：卦名。下兑上坎。象征节俭。　②亨：通"享"，祭祀。苦节：即苦于节，以节俭为苦事。　③户庭：内院。　④安节：安于节俭。　⑤甘节：即甘于节，以节俭为快乐。甘，甘美，快乐。

【译文】

节卦　象征节俭。举行祭祀大典，如果以节俭为苦事因而不肯节俭，不可占问。

初九　足不出内院，没有灾祸。

九二　足不出前院，会有凶险。

六三　度日不知节俭，则会导致嗟叹伤情，不过并没有灾祸。

六四　安于节俭，亨通顺利。

九五　以节俭为乐事，可获吉祥，有所举动将会得到奖赏。

上六　以节俭为苦事而不肯节俭，占问会有凶险，但困厄将会自行消亡。

中孚卦第六十一

巽上
兑下
中孚①：豚鱼吉。利涉大川，利贞。②

初九　虞吉，有它不燕。③

九二　鸣鹤在阴，其子和之；我有好爵，吾与尔靡之。④

六三　得敌，或鼓，或罢，或泣，或歌。⑤

六四　月几望，马匹亡，无咎。⑥

九五　有孚挛如，无咎。⑦

上九　翰音登于天，贞凶。⑧

【注释】

①中孚：卦名。下兑上巽。象征诚信。　②豚鱼：豚和鱼。豚，小猪。豚和鱼是祭祀用的祭品。　③虞：安。它：别的，指事端。燕：通"晏"，安。　④阴：通"荫"。和：应和。好爵：美酒。爵，酒器，这里指酒。尔：你。靡：共享。　⑤得敌：遭遇强劲的对手。敌，对手。或：有的。罢：通"疲"。　⑥亡：丧失。　⑦挛如：见小畜卦注⑦。　⑧翰音：鸡鸣之

声。翰，古代祭祀宗庙，依礼，祭品中必有鸡，称翰。

【译文】

中孚卦　象征诚信。用豚和鱼祭祀祖先，可获吉祥。利于涉越大川巨流，利于占问。

初九　安守诚信之德则可获吉祥，但如果另有他求则不得安宁。

九二　鹤在树阴之下鸣叫，小鹤应声相和；我有美酒一爵，愿与你共享其乐。

六三　遭遇强劲的敌手，有时击鼓进攻，有时疲惫不前，有时悲愤饮泣，有时慷慨高歌。

六四　在既望之日，走失一匹良马，没有什么灾祸。

九五　胸怀诚信并系恋他人，没有灾祸。

上九　鸡鸣之声响彻天宇，占问将有凶险。

小过卦第六十二

震上
艮下　小过①：亨，利贞。可小事，不可大事。飞鸟遗之音，不宜上，宜下，大吉。②

初六　飞鸟以凶。③

六二　过其祖，遇其妣；不及其君，遇其臣。无咎。④

九三　弗过防之，从或戕之，凶。⑤

九四　无咎。弗过遇之，片厉，必戒。勿用，永贞。⑥

六五　密云不雨，自我西郊，公弋取彼在穴。⑦

上六　弗遇过之，飞鸟离之，凶，是谓灾眚。⑧

【注释】

①小过：卦名。下艮上震。象征小有过错。　②飞鸟遗之音：鸟飞去以后，其鸣遗音犹在。　③以：与，带来。凶：凶兆。　④过：越过。祖：祖父。妣（bǐ）：祖母。　⑤从或戕（qiāng）之：放纵自己就有被人杀害的危险。从，通"纵"。戕，害。　⑥弗过遇之：不要过分求进而强求遇合。　⑦公弋（yì）取彼在穴：王公射鸟，在穴中找到了鸟。弋，带绳子的箭，射中猎物可以拉回。　⑧离：网罗；这里用作动词，捕捉。

小过卦　象征小有过错。亨通顺利，利于占问。可以做寻常小事，不可做军国大事。飞鸟过去以后，其鸣遗音不绝，此时不宜向上强飞，而宜于向下安栖，大吉大利。

初六　飞鸟带来凶兆。

六二　越过祖父，而与祖母相见；不到君王那里，而与臣仆接触，没有灾祸。

九三　不肯严加防范，就有遭人杀害的危险，会有凶险。

九四　没有灾祸，不过分求进而强与他人遇合。有所举动便有危险，必须加以警戒。占问长久之事，筮得此爻暂不可采取行动。

六五　浓云密布却不降雨，云气从自己城邑的西郊升起，王公打猎射中了一只飞鸟，追到一个洞穴才在里边找到它。

上六　不过分求进而强与他人遇合，这样有如飞鸟容易被射中、捕获，十分凶险，这就是灾祸。

既济卦第六十三

≡≡ 坎上
≡≡ 离下　既济①：亨，小利贞。初吉，终乱。

初九　曳其轮，濡其尾，无咎。②

六二　妇丧其茀，勿逐，七日得。③

九三　高宗伐鬼方，三年克之，小人勿用。④

六四　繻有衣袽，终日戒。⑤

九五　东邻杀牛，不如西邻之禴祭实受其福。⑥

上六　濡其首，厉。

【注释】

①既济：卦名。下离上坎。象征事功已成。济，渡河，引申为成功。　②曳（yè）：拖拉。尾：车尾。　③茀（fú）：泛指妇人首饰。　④高宗伐鬼方：殷高宗讨伐鬼方。高宗，殷代中兴帝王，名武丁。鬼方，殷代我国西北边境上的落部。　⑤繻（rū）有衣袽（rú）：华服将变成破衣。繻，彩色丝帛，这里指华服。袽：破衣。　⑥禴祭：详见萃卦注④。这种祭祀礼仪比较简单。

【译文】

既济卦　象征事功已成。亨通顺利，利于占问小事。最初吉祥，最终危乱。

初九　拖拉着车轮前行，水打湿了车尾，并无灾祸。

六二　妇人丢失了首饰，不必寻找，七日之内自会失而复得。

九三　殷高宗兴兵讨伐鬼方部落，历时三年才打败了它，事关重大，不可任用小人。

六四　华服行将变成破衣，应当终日戒备以防灾祸。

九五　东方邻国杀牛举行盛大祭祀，不如西方邻国只举行比较简朴的祭祀那样实受天福。

上六　水沾湿了车头，将有危险。

未济卦第六十四

离上
坎下　未济①：亨。小狐汔济，濡其尾，无攸利。②

初六　濡其尾，吝。

九二　曳其轮，贞吉。

六三　未济，征凶。利涉大川。

九四　贞吉，悔亡。震用伐鬼方，三年有赏于大国。③

六五　贞吉，无悔。君子之光，有孚，吉。④

上九　有孚，于饮酒，无咎。濡其首，有孚，失是。⑤

【注释】

①未济：卦名。下坎上离。象征事功未成。　②汔（qì）：接近。　③震用：动用，指兴兵征战。震，动。大国：指殷商，又称大邦，大殷。　④光：光辉。　⑤孚：通"浮"，罚。

【译文】

未济卦　象征事功未成。小狐狸渡河接近成功，却沾湿了尾巴，没有好处。

初六　沾湿了尾巴，将有艰难之事发生。

九二　向后拖拉轮而不使猛进，占问可获吉祥。

六三　事功未成，急于求进，会有凶险。但利于涉越大川巨流。

九四　占问可获吉祥，困厄将会消亡。兴兵讨伐鬼方部落，三年获胜而受
　　　到大殷国的封赏。

六五　占问可获吉祥，不会遭遇困厄。君子的光辉在于忠诚信实，具有这
　　　种美德十分吉祥。

上九　因为饮酒无度而受到责罚，没有灾祸。醉酒乱志，泼酒淋湿脑袋，
　　　将要受到责罚，因为失去了正道。

传　文

文言传^①

乾　文　言

"元"者善之长也，"亨"者嘉之会也，"利"者义之和也，"贞"者事之干也。^②君子体仁足以长人，嘉会足以合礼，利物足以和义，贞固足以干事。^③君子行此四德者，故曰："乾：元、亨、利、贞。"

【注释】

①《文言传》：《易传》之一。共有两篇，分别解说乾卦和坤卦的要旨精义，因此前一篇称《乾文言》，后一篇称《坤文言》。又省称《文言》。文言，文饰，即说明、阐发。另一种说法是，卦辞爻辞为周文王所制，《文言传》为假托文王之言以专解乾坤二卦的卦辞、爻辞。②长：尊长。嘉：美好。会：会合。义：宜。干：根本。　③体仁：以仁为体。

【译文】

元始，是各种良善事物的尊长；亨通，是各种美好的事物的会合；有利，是各种适宜时机的和谐；贞固，是处理各种事宜的根本。君子把仁爱之心作为行事的根本依凭，完全堪称众人的尊长；寻求美好事物的会合，完全符合礼仪的要求；施利给其他事物，完全符合道义的准则；坚持贞固节操，完全能够妥善处理各种事务。君子就是施行这四种美德的人，所以才说："乾卦象征天的元始，亨通，和谐有利，贞正坚固。"

初九曰"潜龙勿用"，何谓也？^①子曰："龙，德而隐者也。^②不易乎世，不成乎名，遯世无闷，不见是而无闷，乐则行之，忧则违之，确乎其不可拔，潜龙也。③"

九二曰"见龙在田，利见大人"，何谓也？子曰："龙德而正中者也。④庸言之信，庸行之谨，闲邪存其诚，善世而不伐，德博而化。⑤《易》曰'见龙在田，利见大人'，君德也。"

九三曰"君子终日乾乾，夕惕若，厉，无咎"，何谓也？子曰："君子进德修业，忠信所以进德也，修辞立其诚，所以居业也。⑥知至至之，可与言几也；知终终之，可与存义也。⑦是故居上位而不骄，在下位而不忧。⑧故乾乾因其时而惕，虽危'无咎'矣。⑨"

九四曰"或跃在渊，无咎"，何谓也？子曰："上下无常，非为邪也。进退无恒，非离群也。⑩君子进德修业，欲及时也，故'无咎'。"

九五曰"飞龙在天，利见大人"，何谓也？子曰："同声相应，同气相求。⑪水流湿，火就燥，云从龙，风从虎，圣人作而万物睹⑫。本乎天者亲上，本乎地者亲下，则各从其类也。⑬"

上九曰"亢龙有悔"，何谓也？子曰："贵而无位，高而无民，贤人在下位而无辅，是以动而'有悔'也。⑭"

【注释】

①何谓也：这是《文言传》作者的设问之辞。下同。此句以下至篇终，从多方面依次阐释乾卦六爻爻辞及"用九"爻辞。下文"子曰"即孔子说。旧说《文言》系孔子所作，虽未必可信，但其中采用了孔子的某些观点却是真实的。　②隐者：隐居的人。　③不易乎世：不因不良世俗而改变节操。易，改变。乎，于，被。不成乎名：不求成名。遯世无闷：逃离世俗而不感到苦恼。遯，即遁，逃避。闷，苦闷，烦恼。不见是：不被。见，被。是，以……为是，即肯定。确：坚决，坚定。拔：动摇。　④正中：指九二居下卦之中位。　⑤庸：平常。信：诚信，即说到做到。闲：防止。善世：美好正大。世，大。伐：矜夸。化：感化。　⑥修辞：修饰言辞。居业：蓄积功业。居，积。　⑦知至至之：知道进取的目标是什么，就努力实现。至，达到，实现。前一个"至"为名词，指要达到的目标；后一个"至"为动词，达到，实现。下文"终终"类此。可与言几：即可与之言说幽微之事。之，代词，代君子。几，微，这里指征兆。下文"可与存义"类比。存，保全。义，宜。　⑧上位、下位：上位，指九三居下卦之上位；下位，指九三居上卦之下方。　⑨因：沿，随着。时：指一天中的各个时辰。⑩上下无常：与下文"进退无恒"互文，指九四处于可上可下，可进可退，变动无常之位。恒，常。　⑪同声相应，同气相求：意为同类的事物相互感应，彼此求合。声、气，这里是举此二者以概一切同类事物。　⑫作：振作，奋起。睹：见。　⑬本：出于，依存于。各从其类：各自依从其同类而发挥作用。　⑭贤人在下位而无辅：贤人，指下卦九三爻。三爻、上爻

为两阳，而两阳不应，所以说上九无"贤人"辅助。

　　初九爻爻辞说"巨龙潜伏在深渊，暂时不宜施展才能"，这句话是什么意思？孔子认为："这是比喻一种具有龙一样品德而隐居的君子。他不被污浊的世俗改变操守，不迷恋于成就功名；远离尘世不感到烦恼，所作所为不被世人称道也不感到苦闷；称心如意的事情就付诸实施，深以为忧的事情则决不去做，意志坚定而不可动摇，这就是潜伏的巨龙。"

　　九二爻爻辞说"巨龙出在田间，利于大德大才之人出世"，这句话是什么意思？孔子认为："这是比喻具有龙之品德的君子已经得到中正之道了。他谈吐平凡却能说到做到，行动平常却能严谨有度；凡邪妄之事都能防微杜渐而使中正之德更加充实，为世人做善事而从不自我矜夸，其中正之德广泛传播于人世，人人均受到感化。《易》书说'巨龙出现在田间，利于大德大才之人出世'，这句话是说大德大才之人虽然尚未居于君王之位，但是已经具备人君之德了。"

　　九三爻爻辞说"君子终日健行不息，时刻戒惕警惧，这样即使遇到危难也能免遭咎害"，这句话是什么意思？孔子认为："这是说明君子之所以终日健行不息，是在增进美德、营修功业。待人忠实守信，是增进美德的途径；说话出于诚心诚意，是积蓄功业的门道。看到有发展上升的征兆，就努力上进，这种人可以跟他商讨隐微之事；看到有走向终极的危险，就及时停止，这种人可以跟他合作共事，并能把事情处理得很适宜。这样就能居于上位而不骄傲，居于下位而不忧愁。所以才能终日健行不息，时刻戒惕警惧，即使遇到危难也能免遭祸害。"

　　九四爻爻辞说"巨龙伺机而动，有时腾跃上进，有时退处深渊，必无祸害"，这句话是什么意思？孔子认为："这是比喻处在这种境地的君子，或上升或下降，都根据具体情况而决定，不去做那种徒劳无益的邪枉之事；或上进居于尊位，或退下安守本位，都不是一成不变的，只是现在还没有决定离开在下的众人而上升。君子增进美德，营修功业，都是在等待时机以便及时进取，所以才说必无祸害。"

　　九五爻爻辞说"巨龙飞上云天，宜于发现大德大才之人"，这句话是什么意思？孔子认为："俗话说：'同类的声音相互感应，同类的气息相互求合。水向湿处流动，火向干处燃烧，浮云伴着龙吟而出，山风和着虎啸而生。圣人振作而勉力治世，则万民仰视而天下归附。'可见，依存于天者其性亲上，依存于地者其性亲下，一切事物都是各自依从其同类而发挥作用。"

上九爻爻辞说"巨龙飞升至极点，必遭困厄"，这句话是什么意思？孔子认为："这是比喻某种人身份尊贵而没有实位，地位崇高却失去民众，虽有贤人居于下位，但贤人不去辅助他，所以他一旦轻举妄动就有困厄。"

"潜龙勿用"，下也。"见龙在田"，时舍也。①"终日乾乾"，行事也。②"或跃在渊"，自试也。"飞龙在天"，上治也。③"亢龙有悔"，穷之灾也。乾元"用九"，天下治也。

【注释】

①舍：即舒，舒展。　②行事：从事某项事业。　③上治：最好的局面。治，太平，指安定的局面。

【译文】

"巨龙潜伏在水中，暂时不宜施展才能"，是由于地位低下微贱。"巨龙出现在田间"，是由于时势开始舒解。"终日健行不息"，是表明事业开始付诸实践。"有时腾跃上进，有时退处深渊"，是为了自我验证以使自己具有自知之明。"巨龙飞上云天"，是由于君子已经成为大德大才之人，并上居尊位而治理天下之民。"巨龙飞升至极点，终将有所悔恨"，是由于处于穷极之地却不知随机变通，必有灾难。天有元始之德而"用阳刚化为阴柔的老阳之数"即九这个数，是表明天下大治是势所必然。

"潜龙勿用"，阳气潜藏。"见龙在田"，天下文明。①"终日乾乾"，与时偕行。②"或跃在渊"，乾道乃革。③"飞龙在天"，乃位乎天德。④"亢龙有悔"，与时偕极。⑤乾元"用九"，乃见天则。⑥

【注释】

①文明：文采灿烂。　②与时偕行：追随时光向前发展。偕，一同。行，发展。　③乾道：天道。革：变化。　④位：意为尊居"天位"。　⑤极：尽，消亡。　⑥天则：大自然运动变化的规律。

【译文】

"巨龙潜伏在水中，暂不宜施展才能"，是说明阳气虽然已经生成但是尚未出现。"巨龙出现在田间"，是说明天下文采灿烂，前景光明。"终日健行不息"，是说明随着天时的变化而变化，不断发挥作用，从而使万物生生不息。"有时腾跃上进，有时退处深渊"，是说明天道发生变化，出现变革。"巨龙飞上云天"，则说明阳气盛旺正当天位，其造就万物之功已成，具备了天之美德。"巨龙飞升至极点，则有困厄"，是说明阳气随着时间条件的变化而达到了穷极之地，再不可能向前发展了。天有元始之德而"用阳刚化为阴柔的老阳之数"即九这个数，这是体现了大自然运行的法则。

乾"元"者，始而亨者也。"利贞"者，性情也。乾始能以美利利天下，不言所利，大矣哉！大哉乾乎！刚健中正，纯粹精也。[1]六爻发挥，旁通情也。[2]"时乘六龙"，以"御天"也。[3]"云行雨施"，天下平也。

君子以成德为行，日可见之行也。[4]"潜"之为言也，隐而未见，行而未成，是以君子"弗用"也。君子学以聚之，问以辩之，宽以居之，仁以行之。[5]《易》曰："见龙在田，利见大人"，君德也。九三重刚而不中，上不在天，下不在田，故乾乾因其时而惕，虽危"无咎"矣。[6]九四重刚而不中，上不在天，下不在田，中不在人，故"或"之。[7]"或"之者，疑之也，故"无咎"。夫"大人"者与天地合其德，与日月合其明，与四时合其序，与鬼神合其吉凶，先天而天弗违，后天而奉天时。[8]天且弗违，而况于人乎？况于鬼神乎？"亢"之为言也，知进而不知退，知存而不知亡，知得而不知丧。其唯圣人乎！知进退存亡而不失其正者，其唯圣人乎！

【注释】

①纯粹精：即纯粹之精。纯，不杂为纯。粹，不变为粹。此句指乾卦六爻均为阳爻，是阳气之精华。　②旁通：广泛会通。　③御天：驾驭大自然。　④行：指行动目的。　⑤辩：指通过论辩来辨疑决难。　⑥重刚而不中：初九、九二均为阳刚之爻，九三又为阳刚之爻，所以称重；易卦每卦只有二爻、五爻居中，而九三居三位，所以称"不中"。上不在天，下不在田：易卦六爻分天、地、人三才，上、五为天，四、三为人，二、初为地，而九三居天、地之间，所以称上不在天，下不在田。　⑦中不在人：九四与九三虽为人道，但人道之中，人下近于地，上远于天，而九四则下远于地，上近于天，不是人的正常处境，所以称"中不在人"。或：虚指代词，有时。　⑧先天：先于天象。这里指在自然界尚未出现变化时，就预先采取必要措施。后天：后于天象。

【译文】

乾卦中的"元始"，说明天的美德在于首创万物并使之亨通。"和谐有利，贞正坚固"，则是天的本性和真情。天一开始就用美善的利物之德去施利于天下，而自己却从来不居功夸耀它所施予的美善之利，这种美德是何等的伟大啊！伟大啊，天！刚强劲健，居中守正，通体不杂，始终不变，纯粹而又纯粹，堪称纯粹之精华。乾卦六爻一经发动，其变化就曲尽天地万物的情理；犹如顺着不同的时节驾起潜龙、现龙、惕龙、跃龙、飞龙、亢龙这六条巨龙，统御着整个天道的变化；行云降雨，普遍施予万物以泽惠，给天下带来太平。

　　君子应该以成就自己的品德为目的去做事，而且所做的事是每天显现于外，人人看得见的。而初九爻爻辞所说的"潜"，意思是君子的品德虽然已经具备，但还隐藏于内而未曾显现出来，说明其行为尚不足成就其品德，所以君子此时不能轻易施展才能。君子努力学习以积累知识，置疑问难以辨别是非，平日胸怀宽广以博学深藏，并能以仁爱之心去做事。《易》书说"巨龙出现在田间，利于大德大才之人出世"，这是说有这种大德大才的人虽然身居下位，但是已经具备了人君的美德。九三爻是多重刚爻重叠而成的，居于不中之位，上不能达于高天，下不能立于地面，所以要健行不息，时刻"戒惕警惧"，以便万一遇到危难也能"免遭祸害"。九四爻也是多重刚爻重叠而成的，居于不中之位，不仅上不能达于高天，下不能立于地面，而且中不能处于人境，所以强调"有时这样，有时那样"。强调"有时这样，有时那样"，是为了说明此时还存在诸多疑虑，需要审时度势，这样才能"免遭祸害"。九五爻爻辞所说的"大德大才之人"，其品德像天地一样化育万物，其圣明像日月一样光照天地，其行为像四时一样井然有序，其赐吉降凶像鬼神一样毫无私念。他先于天时而行动，天不背逆他；他后于天时而处事，则能尊奉天的变化规律。天尚且不背逆他，又何况鬼神呢？上九爻爻辞所说的"上升至极点"，是说明某些人只知道一味进取而不知道适时引退，只知道生存而不知道终将衰亡，只知道获得而不知道所得必失。在这方面，大概只有圣人才是明智的吧！深知进取与引退、生存与衰亡之间的关系，行为不会迷失正道的，大概只有圣人吧！

坤 文 言

　　坤至柔而动也刚，至静而德方。[①]后得主而有常，含万物而化光。[②]坤道其顺乎，承天而时行。[③]

　　积善之家必有余庆，积不善之家必有余殃。臣弑其君，子弑其父，非一朝一夕之故，其所由来渐矣。[④]由辩之不早辩也。[⑤]《易》曰："履霜，坚冰至"，盖言顺也。

"直"其正也，"方"其义也。⑥君子敬以直内，义以方外，敬义立而德不孤。⑦"直、方、大，不习无不利"，则不疑其所行也。

阴虽有美，"含"之以从王事，弗敢成也。⑧地道也，妻道也，臣道也，地道"无成"而代"有终"也。⑨

天地变化，草木蕃。天地闭，贤人隐。《易》曰："括囊，无咎无誉"，盖言谨也。

君子"黄"中通理，正位居体，美在其中而畅于四支，发于事业，美之至也。⑩

阴疑于阳必"战"，为其兼于无阳也，故称"龙"焉⑪。犹未离其类也，故称"血"焉。⑫夫"玄黄"者，天地之杂也，天玄而地黄。⑬

【注释】

①坤至柔而动也刚，至静而德方：此句是对六二爻要旨的阐释。由于六二爻是既中且正，是本卦卦主，所以这里首先对它加以解说。动也刚，指坤卦性虽至柔，但遇六则变为阳。方，这里是上承"动也刚"而言的，意为坤卦性虽至柔，但得阳而动，其德却能流布四方。方本作端方、正派讲，这里含有流布四方的意思。 ②常：常理。 ③时行：顺依四时变化而运行。 ④弑：下杀上，卑杀尊为弑。 ⑤由辩之不早辩：意为由于未能早日察觉而渐渐演化成的。辩，同"辨"，察觉，识别。 ⑥义：宜，指行为恰当、得宜。下文"义以方外"中的"义"同此。 ⑦德不孤：意思是美德广布，人人响应。 ⑧弗敢成：无成，即不以成功自居。⑨代：继。 ⑩"黄"中：黄为中和之色，六五爻性柔而居上卦中位。理：物理。支：通"肢"。 ⑪疑：类似，等同。嫌：嫌疑。 ⑫血：阴类物质。阳取象气，阴取象血，即所谓"阳气而阴血"。 ⑬玄黄：以"天地之杂也，天玄而地黄"解"玄黄"，不确。详见坤卦注⑧。

【译文】

大地性情极为柔顺，但是一旦变化却显得相当刚健；性情极为文静，但是一旦运行其美德却能够流布四方。"大地承奉天之施予而后主持生养万物"，乃常理所在；包容孕育万物而使之运化光大，乃是其本能。大地的德行多么柔顺啊，它承奉天道、顺依四时的变化而运行！

修善积德的家族，必然多喜庆；作恶损德的家族，必然多祸殃。臣子弑君王，儿子杀父亲，并非一朝一夕的缘故，这种大逆不道行为的因由早已渐渐萌生出来了！而所以如此，多是由于为君为父者未能及早明察真相。《易》书说

"天降薄霜，预示严寒将至"，这句话大概是说事物都是循沿积小成大，渐进至极的趋向而发展的吧。

"纵无边"，说明品德纯正；"横无涯"，说明行为得宜。君子庄敬不苟，以坦直作为内心修养，以方正进行对外接交，只要做到庄敬不苟、行为得宜，就能够使自己的美德广布而众人归依。君子能够"宽厚博大，即使不加人工修习，有所举动也无不顺利"，他的所言所行便都无可怀疑了。

阴柔在下者纵然具有美德，也只是"隐含不露"地用来"辅佐君王大业"，而且成功却不敢居功自傲。这就是所谓的地顺天的法则，妻从夫的法则，臣忠君的法则。地顺天的法则说明，"起初无所建树"是承继天之未终事业，而"最后则克尽臣职，得到好的结果"。

天地运行变化，草木就繁衍旺盛；天地闭塞不通，贤人就隐身匿迹。《易》书说"束紧囊口，可以免遭灾祸，但也不会获得美誉"，这句话大概是告诉人们处世要谨慎戒惧吧。

君子的美德好比"黄色"，中和柔润，通达物理；他身居正当的位置，美质蕴藏于内心，却畅流于四肢，发挥于事业，这才是美德的极致啊！

阴气旺盛到类似于阳气，双方必然相互冲突，《易》书作者担心人们误解坤卦没有阳爻，冲突不是阴阳交合，特意在爻辞中称述"巨龙"，以表明是盛极的阴气与衰极的阳气发生了你死我活的冲突。又因为阴气虽然发展至极顶已经类似于阳气，但毕竟还没有脱离其同类，为避免人们由于爻辞中称述"巨龙"而误解为阴气已经转化阳气，所以又特意在爻辞中称述"鲜血"。至于说鲜血的颜色为"青黄相杂"，这是为了表明这种颜色是天地阴阳的交互混合——天为青色，地为黄色啊。

彖辞上传①

乾　卦

　　大哉乾"元"，万物资始，乃统天。②云行雨施，品物流形。③大明终始，六位时成，时乘六龙以御天。④乾道变化，各正性命，保合太和，乃"利贞"。⑤首出庶物，万国咸宁。⑥

【注释】

　　①《彖辞传》：《易传》之一。随上经下经分为上下两篇，凡六十四节，即六十四卦每卦一节，分别解释各卦卦名和卦辞含义，揭示一卦要旨。又省称《彖传》。彖，读（tuàn），断，即论断一卦大义。　②元：元始，指元始之气，即阳气。资：取，凭借。统：领。天：大自然，即以天为形象的整个宇宙。　③品物：各类事物，即万物。品，众。流形：流散扩展而生成形体。　④大明：太阳。终始：往复运转。六位：即一卦六爻的初、二、三、四、五、上这六个爻位。时：按时。御：驾驭。　⑤乾道：天道。正：确定。性命：性质，属性。保合：保全。太和：阴阳二气的对立和谐。　⑥首：首领；首先。

【译文】

　　伟大啊，开创万物的阳气！万物凭借它才开始萌芽发生，它统领着整个宇宙。云朵纷飞，甘霖普降，宇宙万物因此而流布成形。光辉灿烂的太阳往复运转，乾卦六爻的六个爻位按照时序排列确定，犹如阳气按时序乘着六条巨龙起伏升降，以驾驭宇宙万物的运动变化。宇宙不停地运动变化，万物则在这种运动变化中各自确定本身的属性，并保全阴阳既对立又和谐的太和之气，以利于持守正固。总之，阳气乃是宇宙的本原，它开创万物，而成为万物之首，犹如国家君主居于万民之上，使天下万方都得到安宁。

坤　卦

　　至哉坤"元"，万物资生，乃顺承天。①坤厚载物，德合无疆。②含弘光大，品物咸"亨"。"牝马"地类，行地无疆，柔顺"利贞"。③"君子"攸行，"先迷"失道，"后"顺"得"常。"西南得朋"，乃与类行；"东北丧朋，"乃终有庆。④"安贞"之"吉"，应地无疆。

【注释】

①至：极，引申为崇高。　②无疆：空间无限和时间无极。　③地类：地上的一个物类。　④类：同类，即"朋"。庆：喜庆。

【译文】

崇高啊，与天共同开创万物的大地！万物凭借它生长，而它则顺从地禀承天的意向。大地宽厚而能容载万物，其德性与天相合而久长无极，辽远无疆。它含容一切于自身，并发扬光大以生成万物，使万物亨通畅达，繁茂生长。雌马是大地上的一个物种，它能在辽远无疆的大地上纵横驰骋，然而它的德性像大地一样柔顺，因而利于持守正固。君子前行，假若跃居人前，必然误入歧途从而偏离正道；只有追随人后顺从而行，才能觅得宇宙运动变化的常理。走向西南将得到同道，可以和伙伴共赴前方；走向东北则将丧失同道，但是最终也可以获得喜庆和福祥。安守正固的吉祥，正好符合大地的美德——长久无极，辽远无疆。

屯　卦

屯，刚柔始交而难生。①动乎险中，大"亨贞"。②雷雨之动满盈，天造草昧。③宜"建侯"而不宁。④

【注释】

①难：艰难。　②动乎险中：屯卦下震上坎，震为动，坎为险，所以是"动乎险中"。乎，于，在。　③雷雨：屯卦下震上坎，而震为雷，坎为雨。草昧：蒙昧。　④不宁：不可宁。宁，安宁。

【译文】

屯卦象征初生，犹如阳刚阴柔之气刚刚开始相互交合，艰难必然随之萌生。处在萌动和危险之中，尽管前景非常亨通却必须持守正固。雷雨将作，阴阳二气郁结交密充塞于天地之间，恰似大自然始创万物之时那种蒙昧的情状。

此刻应当及时封侯建国安定万邦，不可安然处之而无所作为。

蒙　卦

蒙，山下有险，险而止，蒙。①蒙"亨"，以亨行时中也。②"匪我求童蒙，童蒙求我"，志应也。③"初筮告"，以刚中也。④"再三渎，渎则不告"，渎蒙也。⑤蒙以养正，圣功也。⑥

【注释】

①山下有险，险而止，蒙：蒙卦下坎上艮，这里的山，指上艮，艮为山；险，指下坎，坎为险。这是以上下卦象解释卦名"蒙"。②以亨行时中也：这是说九二爻处下卦之中，沿亨通之道"怡蒙"而把握适中的时机，以此解释前边的"蒙，亨"之义。　③志应：指九二爻和六五爻阴阳相应，如师生志趣相应。　④刚中：指九二爻阳刚居中，喻幼童刚毅中正，以此释"初筮告"。　⑤渎蒙：这时对启蒙的亵渎。　⑥圣功：致圣之功。这是对"利贞"的解释。

【译文】

蒙卦象征童蒙，其情状犹如高山之下有险阻，遇险则止步不前。童蒙，"亨通顺利"，是说沿着亨通顺利之道施行启蒙，并把握住适中的时机。"不是我有求于年幼无知的人，而是年幼无知的人有求于我"，这样双方的志趣就能相应。"初次前来占筮，告诉他吉凶"，是因为幼童气质刚毅，行为中正。"接二连三地占筮，便是对占筮的亵渎，如此则不再告诉吉凶"，是因为他亵渎了启蒙，有违求教的初衷。启蒙是为了培养纯正的品质，而这正是造就圣人的功业。

需　卦

需，须也。险在前也，刚健而不陷，其义不困穷矣。①需，"有孚，光亨，贞吉"，位乎天位，以正中也。②"利涉大川"，往有功也。③

【注释】

①险在前也，刚健而不陷，其义不困穷矣：需卦下乾上坎；险，指上卦坎，坎为险；则健，指下卦乾，乾德刚健。义，宜。　②位乎天位，以正中也：指九五爻居于天位，得正而持中。　③利涉大川：利涉，指下卦乾，乾刚健，有利于涉险历难；大川，指上卦坎，坎为水。

藏典閣　中華藏書　易经　中国书店　四七七

【译文】

　　需卦的"需"，意思是"须"，而"须"有等待和需要两重含义。前方有"坎"的险阻，必须等待；乾性刚健，本不应不进，但为了等待有利时机，以免陷入危机，也要等待，它的意义是不致遭遇困穷。等待，"心怀诚信，光明亨通，占问可获吉祥"，是因为九五爻居于天位，而且处位正中。"利于涉越大川巨流"，是说有所举动将会获得成功。

讼　　卦

　　讼，上刚下险，险而健，讼。① 讼，"有孚窒惕中吉"，刚来而得中也。②"终凶"，讼不可成也。③ "利见大人"，尚中正也。④ "不利涉大川"，入于渊也。⑤

【注释】

　　①上刚下险，险而健：讼卦下坎上乾，刚、健，指上卦乾，乾德刚健；险，指下卦坎，坎为险。　②刚来而得中：九二爻阳刚而居中位。　③讼不可成：指上九爻"争讼"穷极，事功难成。　④尚中正也：指九五爻中正决讼而被崇尚。　⑤入于渊：指上下卦乾刚乘坎险，将有陷入深渊之危。

【译文】

　　讼卦象征争讼，阳刚居上，险陷居下，虽然面临危险而仍然健行不息，因而诉讼纷起。"心怀诚信，追悔警惧，持守中和之道而不偏不倚可获吉祥"，说明九二爻阳刚前来处险而保持适中。"始终强争不息则有凶险"，说明争讼穷极事功难成。"有利于大德大才之人出世"，是因为九五爻中正决讼而被崇尚。"不利于涉越大川巨流"，是因为乾刚乘坎陷将有陷入深渊之危。

师　　卦

　　师，众也；"贞"，正也。能以众正，可以王矣。① 刚中而应，行险而顺，以此毒天下，而民从之，"吉"又何"咎"矣。②

【注释】

　　①能以众正：能使众多部属持守正道。以，使。可以王矣：可以成就王业。王，用作动

词，称王。这是解释卦名。　②刚中而应：刚中，指九二爻阳刚居中；应，指九二爻上应六五爻，而六五爻为君王。行险而顺：师卦下坎上坤，险，指下卦坎；顺，指上卦坤。毒：造成灾害。这是解释卦义。

【译文】

师卦象征军队，师就是部属众多的意思；贞，是持守正固的意思。部属众多而能使之持守正道，就可以成就王业了。刚健居中处下又上应尊者，象征君王将兵权完全托付给统帅，统帅做难险之事而顺合正理，凭仗这些条件兴兵征战，尽管会给天下造成灾害，但是民众却甘愿追随之，这样便会十分吉祥，又哪里还会有什么灾祸呢？

比　卦

比，"吉"也；比，辅也，下顺从也。①"原筮，元永贞，无咎"，以刚中也。②"不宁方来"，上下应也。③"后夫凶"，其道穷也。④

【注释】

①下顺从也：比卦下坤上坎，下顺从，指在下群阴顺从于九五爻。这是解释卦名。　②以刚中也：指九五爻刚健居中。　③上下应也：上，指九五爻；下，指初、二、三、四诸爻。应，应合，感应。　④其道穷也：指上六处于卦终而"亲比"之道穷尽，说明为什么"后夫凶"。

【译文】

比卦象征亲近，亲则吉祥；所谓"比"，就是亲近即相亲相爱，相互辅助的意思，有如属下都能顺从尊上。"古人当年筮遇此卦，大吉大利，利于占问长久之事，没有灾祸"，是因为圣明的君王刚健而居中。"不安宁的事也会并行而至"，是由于上下五个阴爻都争着与惟一的阳爻九五相应合。"缓缓来迟者必有凶险"，是由于亲近之道至此已经穷尽，走投无路了。

小　畜　卦

小畜，柔得位而上下应之，曰小畜。①健而巽，刚中而志行，乃"亨"。②"密云不雨"，尚往也。③"自我西郊"，施未行也。④

【注释】

①柔得位而上下应之：柔，指六四爻；上下，指卦中五个阳爻。　②健而巽：小畜卦下乾上巽，健，指下卦乾；巽，顺，指上卦巽。刚中而志行：刚中，指九二爻，九五爻。志行，指上健下顺，且阳刚居中，其志能行。　③尚往也：指阳气还在上行之中，阴尚不足以蓄阳，所以未能成雨。　④施未行也：指阴阳二气交和之功刚刚施行，尚未充分施展。

【译文】

　　小畜卦象征小有积蓄，意为柔顺者六四爻居得其位而上下诸阳刚之爻皆与之应合，但力量尚不充分，所以称"小有积蓄"。由于上下刚健而又顺从，阳刚居中之九二、九五两爻志向自然可以畅行，所以必然"亨通顺利"。"浓云密布却不降雨"，是由于阳气还在上行之中，阴尚不足以蓄阳，雨未能成。"云气从我邑西郊升起"，是由于阴阳二气交和之功刚刚施行，尚未充分施展。

履　卦

　　履，柔履刚也。①说而应乎乾，是以"履虎尾，不咥人，亨。"②刚中正，履帝位而不疚，光明也。③

【注释】

①柔履刚：履卦下兑上乾，柔，指六三爻；刚，指上卦乾，乾性刚。履，行走。　②说而应乎乾：说，"悦"，指下卦兑，兑为悦。　③刚中正：指九五爻，既为阳爻又居阳位，既中且正，所以说"刚中正"。履帝位而不疚：帝位，指九五居君位。不疚，指九五爻阳爻居阳位而得正，位居上卦中央，处至尊至贵之位，登上君王之位自然不会愧疚。

【译文】

　　履卦象征谨慎行事，犹如柔小者小心谨慎地行走在刚大者之后。只要柔小者能以和悦的态度去应合、对待刚大者，即使碰到屁股摸不得的老虎，也不至于受到伤害，所以说"谨慎行走时踩住了老虎尾巴，老虎却不咬人，反而亨通顺利"。阳刚居中守正，登上君王之位，自然不会感到愧疚，因为具有光辉圣明的德行。

泰　卦

"泰，小往大来，吉，亨。"则是天地交而万物通也，上下交而其志同也。①内阳而外阴，内健而外顺，内君子而外小人。②君子道长，小人道消也。③

【注释】

①天地：泰卦下乾上坤，天，指下卦乾；地，指上卦坤。上下：上，喻君；下，喻臣。②内阳而外阴：内阳，指内卦乾卦，乾卦三阳爻；外阴，指外卦坤卦，坤封三阴爻。内健而外顺：内健，指内卦乾卦，乾卦三阳爻，其性刚健；外顺，指外卦坤卦，坤卦三阴爻，其性柔顺。内君子而外小人：内君子，指内卦乾卦，乾为阳，而阳为君子；外小人，指外卦坤卦，坤为阴，而阴为小人。　③君子道长，小人道消：这是总结上文，申明卦义。由纯阴的坤卦，变化为三阴三阳的泰卦，阳在内卦成长，将阴排斥到外卦，象征君子的声势在伸张，小人的声势在消退，必致天下通泰，即"吉祥"、"亨通"。

【译文】

泰卦象征通泰。"通泰是由于柔小者往外，刚大者来内，筮得此卦会获吉祥，亨通顺利。"这表明，天地阴阳交合，万物的生长必然畅通无碍；同理，君臣上下沟通，人与人之间的关系必然志同道合。此时，阳者居内而阴者居外，刚健者居内而柔顺者居外，君子居内而小人居外。这是一种君子声势在伸张，小人声势在消退的征象。

否　卦

"否之匪人，不利君子贞，大往小来。"则是天地不交而万物不通也，上下不交而天下无邦也。①内阴而外阳，内柔而外刚，内小人而外君子。小人道长，君子道消也。

【注释】

①无邦：与泰卦《象辞传》中"志同"含义相反，意思是人们之间志不同道不合，必然导致人离散而邦国乱。否卦的卦形和卦义与泰卦相反。

【译文】

否卦象征闭塞、阻隔。"阻隔的不是应该阻隔的人，筮得此卦不利于君子，因为此时刚大者往外，柔小者来内。"这表明，天地阴阳互不交合，万物的生长必然阻滞不通；同理，君臣上下互不沟通，天下必然离散混乱而不成邦国。此时，阴者居内而阳者居外，柔顺者居内而刚健者居外，小人居内而君子居外。这是一种小人声势在伸张，君子声势在消退的征象。

同 人 卦

"同人"，柔得位得中，而应乎乾，曰同人。①同人，曰"同人于野，亨，利涉大川"，乾行也。②文明以健，中正而应，"君子"正也。③唯君子为能通天下之志。④

【注释】

①柔得位得中：同人卦下离上乾，柔，指六二爻；得位得中，指六二爻阴爻居阴位，处下卦之中。乾：健，指九五爻。　②乾行：指六二爻得位得中应于乾又得乾刚济助。　③文明以健：文明指下卦离，离为火，为文德光明；健，指上升乾。中正而应：中正，指六二爻、九五爻位正居中。应，指六二爻、九五爻相互应和。　④唯君子为能通天下之志：这是总结上文，进一步申说卦辞中"利君子贞"的含义。

【译文】

同人卦象征人事和同。人事和同，是由于柔顺者处于正位，持守中道，并能上应刚健者，所以才能人事和同。人事和同，看重"在旷野之中与人和同亲近，亨通顺利，有利于涉越大川巨流"，这是由于刚健者同心前进，能够超越险阻。禀性文明而又刚健，行为中正而又能相互应和，这正是君子的纯正之德的体现。只有君子才能会通天下民众的意志，促成世界大同。

大 有 卦

"大有"，柔得尊位大中，而上下应之，曰大有。①其德刚健而文明，应乎天而时行，是以"元亨"。②

【注释】

①柔得尊位大中：大有卦下乾上离，柔，指六五爻；得尊，指六五爻得"五"位之尊，即得君王之位；大中，指六五爻居上卦之中，其德尊贵高大并持守中道。上下应之：上下，指

初、二、三、四和上五个阳爻；应之，意为此卦是一阴获五阳之应。　②刚健而文明：刚健，指下卦乾，乾性刚健；文明，指上卦离，离为火。天：指下卦乾，乾为天。时行：依四季的顺序而行动。

【译文】

大有卦象征富有。富有是由于柔顺者得处尊位，尊贵高大并持守中道，上下刚健者纷纷与之应和，一柔获五刚，所以称"富有"。其德性刚健而又文明，能够顺应天，依循四季的顺序而行动，所以"年丰人富，亨通顺利"。

谦　卦

谦，"亨"。天道下济而光明，地道卑而上行。[①]天道亏盈而益谦，地道变盈而流谦，鬼神害盈而福谦，人道恶盈而好谦。[②]谦，尊而光，卑而不可逾，"君子"之"终"也。[③]

【注释】

①天道下济而光明：谦卦下艮上坤。天道下济，指阳气下降，济生万物；光明，三光重耀而光明。这是指下卦艮。艮，乾的一阳来交于坤的上爻而成卦，有如日光阳气照射大地而一片光明。地道卑而上行：指上卦坤。坤，为地，地道卑顺而居下，正由于居下，才能使其阴气上行而交于天，否则，便不能上行。　②亏盈：使盈亏。益谦：使谦益。益，增。下文"害盈"、"福谦"结构同此。鬼神：这里指天地运动变化而造就万物的现象，即所谓"造化之迹"。鬼即死，神即生，鬼神即死死生生，生生死死。　③终：有二义：一为唯君子能始终持守谦德，二为君子终将因谦而得福。

【译文】

谦卦象征谦虚，而谦虚则"亨通顺利"。这是因为天道是阳气下降普济万物，光照大地而一片光明；地道是卑顺居下而阴气上升，使阴阳沟通。天道是使满盈亏损而给谦者补益，地道是改变满盈而充实谦者，鬼神之道是损害满盈而给谦者施福，人类之道则是憎恶满盈而喜好谦虚。谦者居于高位备受尊崇，其德更加光明，即使下处卑位，也不超越法度，只有谦谦君子才能始终持守谦虚美德，并终将因此而获得福泽。

豫　卦

豫，刚应而志行，顺以动，豫。[①]豫，顺以动，故天地如之，而况"建侯行师"乎？②天地以顺动，故日月不过，而四时不忒；圣人以顺动，则刑罚清而民服。③豫之时，义大矣哉。④

【注释】

①刚应而志行，顺以动：豫卦下坤上震，刚应而志行，指九四爻阳刚，与群阴相应而其志得行；顺以动，顺指下卦坤，坤德顺，动指上卦震，震为动。这是说明"豫"的含义。　②天地如之：天地的运行都像这样。之，代"顺以动"。　③过：错误。忒（tè）：差错。刑罚：这里兼含惩罚和奖赏两义。　④时：时间。大：宏大。

【译文】

豫卦象征欢乐，而欢乐是由于阳刚者与群阴相应而心志得以畅行，并能够顺应时机而行动，所以必然获得欢乐。欢乐，顺应时机而行动，有如天地的运行，天地尚且如此，更何况'授爵封侯，兴兵征战'呢？天地顺应时机而行动，所以日月运行才不会出差错，四季变化才不会出偏差；而圣人顺应时机而行动，就会赏罚分明而公正，万民心悦诚服。豫卦所显示的时间意义，实在宏大啊！

随　卦

随，刚来而下柔，动而说，"随"。①大"亨，贞，无咎"，而天下随时。②随时之义大矣哉。

【注释】

①刚来而下柔，动而说：随卦下震上兑，刚、动，指下卦震，震为阳卦，义为动；柔、说（悦），指上卦兑，兑为阴卦，义为悦。刚来而居于柔下，象征君王能礼下臣民，君王礼下臣民，臣民必然追随君王。　②天下殖时：天下万物适时追随。

【译文】

随卦象征追随，在卦中表现为阳刚谦居于阴柔之下，一旦有所举动，万物必然欣然而从，所以称为"追随"。大为"亨通"，"利于占问，没有灾祸"，于是天下万物都适时而追随之。追随必然适时，因为时机的价值十分巨大啊！

蛊 卦

蛊，刚上而柔下，巽而止，"蛊"。①蛊"元亨"，而天下治也。"利涉大川"，往有事也。"先甲三日，后甲三日"，终则有始，天行也。②

【注释】

①刚而柔下，巽而止：蛊卦下巽上艮，刚、止，指上卦艮，艮为阳卦，义为止；柔、巽（顺），指下卦巽，巽为阴卦，义为顺。　②终则有始：终了之后又会重新开始。有，又。天行：宇宙的运行规律。天，大自然。

【译文】

蛊卦象征拯弊治乱，在卦象上表现为阳刚居上而阴柔处下，万物顺从，其弊其乱必能得以整治，所以称"拯弊治乱"。拯弊治乱，"大为亨通"，于是天下就乱而复治。"利于涉越大川巨流"，是说天下混乱，正是向前迈进、大有作为的时机。"经过七日的观察思考，就会知道应该怎么去做"，是说混乱终结的时候太平就开始了，这是宇宙运行的规律。

临 卦

临，刚浸而长，说而顺，刚中而应。①大"亨"以下正，天之道也。"至于八月有凶"，消不久也。②

【注释】

①刚浸而长：刚，指初九爻和九二爻两爻；浸，渐。说而顺：临卦下兑上坤，说即悦，指下卦兑，兑为悦；顺，指上卦坤，坤为顺。刚中而应：刚中，指九二爻，此爻阳刚居下卦之中位。应，指九二爻上应六五爻。　②消不久：消而不久。

【译文】

临卦象征临察，在卦象上表现为阳刚之气正日渐增长，紧逼阴气，下临万物和悦而温顺，刚健居中且与尊上相互应和。最为"亨通"而且行为正当，是因为这正与天道一致。而"到了八月将有凶险"，则是由于阳气不会永远强大，此时已经接近消亡，其好景不长了。

观 卦

　　大观在上，顺而巽，中正以观天下。①观，"盥而不荐，有孚颙若"，下观而化也。②观天之神道，而四时不忒；圣人以神道设教，而天下服矣。③

【注释】

　　①大观在上，顺而巽，中正以观天下：观卦下坤上巽，大观、中正，指九五爻阳刚居中得正；顺，指下卦坤，坤为顺；巽，指上卦巽。"大观"意为以伟大的德行居于上，被万民瞻仰。　　②下观而化：在下者通过观仰而领受美好的教化。　　③神道：神妙的变化规律。忒：差错。

【译文】

　　观卦象征瞻仰，在卦象上表现为尊者以伟大的德行居于上位而被万民尊仰，这是由于尊者具备柔顺温和的美质和中和刚正的美行，以此展示于天下而令万民仰慕。"祭祀之前仅仅洗手自洁，并不进献酒食祭品，是因为有个头很大的俘虏作为人牲"，说明在下者看到在上者的盛德，从而领受了美好的教化而深受感动。仰观宇宙变化的神妙规律，就能理解四季运行毫无差错的原因；圣人效法宇宙变化的神妙规律，设立教化，天下万民欣然顺服。

噬 嗑 卦

　　颐中有物，曰噬嗑；噬嗑而"亨"。①刚柔分，动而明，雷电合而章。②柔得中而上行，虽不当位，"利用狱"也。③

【注释】

　　①颐：上下颚之间，即口腔。　　②刚柔分，动而明，雷电合而章：噬嗑卦下震上离，刚、动、雷，均指下卦震，震为阳卦，为动、为雷；柔、明、电，均指上卦离，离为阴卦、为明、为电。章，彰。　　③柔得中而上行，虽不当位：柔，指六五爻。六五爻阴爻居阳位，不当纯柔正位，却能刚柔相济——阴中含阳，所以"利用狱"。利用狱：利于施用刑罚。狱，刑罚。这是就六五爻进一步解释卦义。

【译文】

　　噬嗑卦象征刑罚，在卦象上表现为口中咬着食物，所以称噬嗑。由于咬合，而能把食物嚼碎，所以"亨通顺利"。刚柔先上下分开，然后交相咬合，动作有力而分明，犹如雷电交击而使咬合之理昭著彰显。此时柔顺者处于中道并能向上奋进，尽管不当纯柔之位却能刚柔相济，这对于施用刑罚是适宜的，所以说"利于施用刑罚"。

贲 卦

贲，"亨"，柔来而文刚，故"亨"；分刚上而文柔，故"小利有攸往"。[1]刚柔交错，天文也；文明以止，人文也。[2]观乎天文，以察时变；观乎人文，以化成天下。[3]

【注释】

[1]柔来而文刚：柔，指六二爻；刚，指九三爻。分刚上而文柔：刚，指上九爻；柔，指六五爻。文，文饰。　[2]天文：天的纹彩即形象，指日月星辰，阴阳变化等。文明以止：贲卦下离上艮，文明，指下卦离，离为火、为日；止，指上卦艮，艮为止。人文：人间的文采，指文章、礼仪。　[3]化成天下：教化天下，达到大治。

【译文】

贲卦象征文饰，筮得此卦"亨通顺利"，是由于阴柔前来文饰阳刚，所以"亨通顺利"；又显出阳刚居上文饰阴柔，所以"对柔小者有所举动有利"。阳刚与阴柔交相错杂，形成天象的斑斓文采；文理鲜明而止于礼仪，形成人间的斑斓文采。仰观日月星辰的变化，可以通晓四季变化的规律；俯察人间的伦常秩序，可以施行教化以达到天下大治。

剥 卦

"剥"，剥也，柔变刚也。[1]"不利有攸往"，小人长也。[2]顺而止之，观象也；君子尚消息盈虚，天行也。[3]

【注释】

[1]柔变刚，指卦中一阳在上，而五阴在下，一刚爻将被五柔爻所剥落。　[2]小人长：小人，指卦中五个阴爻；长，盛长。　[3]顺而止之：剥卦下坤上艮，顺，指下卦坤，坤为顺；止，指上卦艮，艮为止。君子：指卦中一阳即上九爻。消息：消亡与生长。盈虚：满盈与

亏虚。

【译文】

剥卦象征剥落，所谓"剥"，就是剥落的意思，具体而言，是指阴柔者改变了阳刚者的本质。"不宜有所举动"，是由于小人的声势盛长。此时应当顺依形势而停止行动，这从观察内外卦的卦象就可以得知；君子崇尚消亡与生长、满盈与亏虚互转之理，因为他深知这是宇宙运行的规律。

复　卦

复，"亨"，刚反；动而以顺行，是以"出入无疾，朋来无咎"。①"反复其道，七日来复"，天行也。"利有攸往"，刚长也。②复其见天地之心乎？③

【注释】

①刚反：即刚复。反，返。指卦下一阳即初九爻回复上升。动而以顺行：复卦下震上坤，动，指下卦震，震为动；顺，指上卦坤，坤为顺。　②刚长：指卦中阳刚日益增长。　③天地之心：指天地生生不息之心。

【译文】

复卦象征复归，复归"亨通顺利"，是由于阳刚在复苏返回；阳刚发动，顺依自然之理而向上畅行，所以"或出或入都无疾病，朋友前来也无灾祸"。"返转复归沿着一定的规律，只须七日就是一个来回"，这是宇宙的运行法则。"利于有所举动"，是由于阳刚在日益增长。从复归之道中，大概可以看出天地化育万物而生生不息的意志吧？

无　妄　卦

无妄，刚自外来而为主于内，动而健，刚中而应，大"亨"以正，天之命也。①"其匪正有眚，不利有攸往"，无妄之往何之矣？天命不祐，行矣哉？②

【注释】

①刚自外来而为主于内：无妄卦下震上乾，即乾为外卦、震为内卦，刚、外，指乾卦居外卦；主于内，指震卦居内卦。动而健：动，指震卦；健，指乾卦。刚中而应：指九五爻阳刚居

中而下应六二爻。 ②无妄之往何之矣：这是个设问句，探问无妄之"往"意义何在。行矣哉：还能够有所行动吗？

【译文】

无妄卦象征不妄为，在卦象上表现为阳刚者从外部前来而成为内部的主宰，有所举动便强健有力，并且刚正居中而又应和于下；此时最为"亨通顺利"，有利于持守正道，而上天的使命正是如此。"不持守正道必有灾异，不利于有所举动"，那么不妄为的所谓"举动"是什么意义上的"举动"呢？违背正道，将得不到上天的佑助，这样还能够有所举动吗？

大 畜 卦

大畜，刚健笃实，辉光日新其德。① 刚上而尚贤，能止健，大正也。② "不家食，吉"，养贤也。③ "利涉大川"，应乎天也。④

【注释】

①刚健笃实：大畜卦下乾上艮，刚健，指下卦乾刚劲健强；笃实，指上卦艮静止充实。 ②刚上而尚贤：刚上，指上九爻；尚贤，喻上九爻刚大居上而能礼贤于下。能止健：止，抑止，规范，指上卦艮，艮为止；健，指下卦，乾为健。大正：至大的正道。 ③养贤：蓄养贤才。 ④应乎天：与天道相应即一致。

【译文】

大畜卦象征大有积蓄，在卦象上表现为刚健笃实者积蓄不已，使其才德积蓄于内而光辉焕发于外，而且日进一日，日有所新。阳刚者处居上位而尊崇贤才，能够规范健强者的行为，这是最大的正道。"不求食于家，而食禄于朝，会获吉祥"，说明蓄养贤才将有后用。"利于涉越大川巨流"，是由于顺应天理，可以克服各种险难。

颐 卦

颐，"贞吉"，养正则吉也。① "观颐"，观其所养也；"自求口实"，观其自养也。②天地养万物，圣人养贤以及万民，颐之时，大矣哉。③

【注释】

①养正：养而正，即颐养而遵循正道。　②观其所养：指观察颐养的客观条件。观其自养：指观察颐养的主观条件。实：食，食物。　③以及万民：以之及于万民。之，代"养贤"。时：适时。这里的"时"就是上文说的颐养的正道。

【译文】

颐卦象征颐养，"占问会获吉祥"，是说只有遵循正道而颐养才能获得吉祥。"观察事物的颐养现象"，是观察获得养育的客观条件；应当明白，能不能用正道"自谋口中食物"，是观察养生之道正确与否的方法。天地养育万物，圣人养育贤才并以此遍及于万民，可见，适时颐养，其道理太宏大了啊！

大 过 卦

"大过"，大者过也；"栋桡"，本末弱也。①刚过而中，巽而说，行。②"利有攸往"，乃"亨"。大过之时，大矣哉。

【注释】

①大者过：指卦中刚大者即阳爻超过阴爻。本末弱：指卦中首尾两端即初爻和上爻为阴爻，其性柔弱。　②刚过而中：刚、中，指九二爻、九五爻阳刚居中。巽（顺）而说（悦）：大过卦下巽上兑，巽，即顺，指下卦巽，巽义顺；说即悦，指上卦兑，兑为悦。

【译文】

大过卦象征大有过越，所谓"大有过越"，是指刚大者大大超过了柔小者；"大梁弯曲"，说明首尾两端十分柔弱。阳刚过甚而超越了中正的限度，阴柔弱小温顺而和悦，更可以使阳刚有所举动。由于阳刚可以有所行动，所以"利于有所举动"，并且"亨通顺利"。大有过越之时最为艰难，不可不戒惧审慎啊！

坎 卦

"习坎"，重险也，水流而不盈。①行险而不失其信，"维心，亨"，乃以刚中也，"行有尚"，往有功也。②天险不可升也，地险山川丘陵也，王公设险以守其国，险之时用，大矣哉。

【注释】

①重险：坎卦下坎上坎，坎为险重险。指卦中上下坎两"险"相重。水流而不盈：如水流陷穴而不能盈满。水，指上下两坎，坎为水。　②行险而不失其信：指九二爻和九五爻阳刚居中，为行险不失信之象。刚中：亦指九二爻和九五爻阳刚居上下坎之中。　③险之时用，大矣哉：这是总结"天险"、"地险"、"王公设险"，赞美险难因时而用功效巨大。

【译文】

坎卦象征险陷，所谓"习坎"，意思就是重重险难，就像水流进入陷穴而不见盈满。行走在险难之中而不失信实，两颗"刚毅之心紧紧系恋在一起"，通力共济险难，前景必然"亨通顺利"，是由于阳刚居中而不偏不倚；"行事必获奖赏"，是由于行动取得了功效。天道的险难高远而无法超越，地道的险难如山川丘陵也难以越过，而国君王侯则效法天地设置关卡、修筑城池，人为地制造险难以守护疆土，可见险难因时而用，其功效是多么的巨大啊！

离　卦

"离"，丽也，日月丽乎天，百谷草木丽乎土。①重明以丽乎正，乃化成天下；柔丽乎中正，故"亨"，是以"畜牝牛吉"也。②

【注释】

①丽：附丽，附着。此四句是解释卦名"离"的含义。　②重明以丽乎正：离卦下离上离，重明，指上下卦均为离，离为火。丽乎正，指两个阴爻即六二爻和六五爻均在上下卦之内。柔丽乎中正：柔，指六二爻和六五爻，二者均柔顺居中处正。

【译文】

离卦象征附丽，所谓"离"，意思就是附丽；其情状有如日月附丽于天上，百谷草木附丽在地面。光明相重而又附丽于正道，就能够化育生成天下万物；柔顺着附丽于适中方正之处，前景必然"亨通顺利"，所以"畜养母牛会获吉祥"。

象辞下传

咸　卦

"咸"，感也；柔上而刚下，二气感应以相与。① 止而说，男下女，是以"亨，利贞，取女吉"也。② 天地感，而万物化生；圣人感人心，而天下和平。观其所感，而天地万物之情可见矣。

【注释】

①柔上而刚下：咸卦下艮上兑，柔上，指上卦兑，兑卦为阴卦；刚下，指下卦艮，艮卦为阳卦。相与：相亲。　②止而说（悦）：指下卦艮，艮为止、为悦。男下女：即男在女之下。男，指下卦艮，艮为少男；女，指上卦兑，兑为少女。

【译文】

咸卦象征感应，所谓"感"，意思就是交相感应；具体而言，是说阴柔往上而阳刚来下，阴阳二气交相感应，两相亲和。交感之时，一者稳重而知适可而止，一者乐观而能欢快欣悦，犹如英俊少男下求纯情少女，双方相互感应而一见钟情，所以"亨通顺利，利于占问，娶此女为妻，可获吉祥"。天地交感，而使万物化育生长；圣人感化人心，而使天下安和太平。观察这类"交感"现象，天地万物化育生长的情状就可以明白了。

恒　卦

"恒"，久也。刚上而柔下，雷风相与，巽而动，刚柔皆应，恒。① "亨，无咎利贞"，久于其道也。② 天地之道恒久而不已也；"利有攸往"，终则有始也。日月得天而能久照，四时变化而能久成，圣人久于其道，而天下化成。观其所恒，而天地万物之情可见矣。

中華藏書

四书五经·最新校勘精注今译本

中国书房

【注释】

①刚上而柔下：恒卦下巽上震，刚上，指上卦震，震为阳卦，其性刚；柔下，指下卦巽，巽为阴卦，其性柔。雷风相与：雷，指上卦震，震为雷；风，指下卦巽，巽为风。与：济助。巽而动：巽即顺，指下卦翼，巽为顺；动，指上卦震，震为动。刚柔皆应：指卦中六爻阴阳都能相应。　②道：这里意为正道，规律。

【译文】

恒卦象征恒久，所谓"恒"，意思就是恒久。此卦阳刚居上而阴柔处下，雷乘风而行，风因雷而强，二者常相济助，先须逊顺，尔后方可行动；阳刚阴柔均相应和：这一切，都是天地之间恒常持久之理的表征。"恒久，亨通顺利，必无灾祸，利于占问"，是由于永久持守正道。天地的运行规律，是永远变化而不会止息；"利于有所举动"，是由于终了之后又会重新开始。日月顺承天道而能永久光照天下，四季往复变化而能永久生成万物，而圣人永久持守正道，就能教化天下万民，从而形成美好的伦常秩序。观察这类"恒久"现象，天地万物化育生长的情状就可以明白了！

遯　　卦

"遯，亨"，遯而亨也；刚当位而应，与时行也。①　"小利贞"，浸而长也。②遯之时，义大矣哉。

【注释】

①刚当位而应：遯卦下艮上乾，刚，指九五爻；当位，指九五爻阳爻居阳位、尊位。与时行：顺应时势而行。行，这里特指退避。　②浸而长：因浸润扩展而成长壮大。浸，浸润。长，增长。

【译文】

遯卦象征退避，"退避，亨通顺利"，意思是必须先行退避尔后方可致亨通顺利；这在卦象上表现为阳刚者处正居尊而能与在下者相互应和，并顺应时势及早退避。"利于柔小者占问"，是由于柔小的阴气正在浸润扩展而成长壮大。可见，对于退避来说，顺应时势，意义是多么重大啊！

大 壮 卦

"大壮",大者壮也;刚以动,故壮。① "大壮,利贞",大者正也。② 正大,而天地之情可见矣。③

【注释】

①大者壮:大者盛壮。《易》例,阳大阴小,卦中初、二、三、四爻四阳盛长,所以称大者盛壮。刚以动:大壮卦下乾上震,刚,指下卦乾,乾性刚;动,指上卦震,震为动。 ②大者正:意为刚大者不但要大而且还要正。 ③正大,而天地之情可见:古人认为,天地化生万物不偏不倚,其德既大且正,所以称"正大"可见"天地之情"。

【译文】

大壮卦象征刚大盛壮,而"刚大盛壮",指的是刚大者声势强大盛壮;其气质刚健而又能奋动,所以称"盛壮"。 "刚大盛壮,利于占问",是由于刚大者不但要刚大而且还要端正。只要持守端正刚大的态度,天地化育万物的端正刚大的精神就可以明白了!

晋 卦

"晋",进也,明出地上。① 顺而丽乎大明,柔进而上行,是以"康侯用锡马蕃庶,昼日三接"也。②

【注释】

①明出地上:晋卦下坤上离,明,指上卦离,离为火、为日,所以"明";地,指下卦坤,坤为地。 ②顺而丽乎大明:顺,指下卦坤,坤性顺;丽乎大明,指下卦离,因为离既有"附丽"之义,又有"大明"之象。柔进而上行:柔,指六五爻;上行,指六五爻上进而居尊位。

【译文】

晋卦象征进长,所谓"晋",意思就是进长,其情状就像光明一步一步出现在地面上。由于在下者顺从而又附丽于在上者的宏大光明,以柔顺之德不断进长而向上直行并得居尊位,所以才能"像尊贵的公侯得到天子赏赐的众多车马,并在一天之内蒙受三次接见"。

明 夷 卦

明入地中，明夷。①内文明而外柔顺，以蒙大难，文王以之。②"利难贞"，晦其明也，内难而能正其志，箕子以之。③

【注释】

①明入地中：明夷卦下离上坤，明，指下卦离，离为火、为日，所以称"明"；地，指上卦坤，坤为地。　②内文明而外柔顺：内文明，指内卦即下卦离；外柔顺，指外卦即上卦坤。文王以之：周文王就是用这种方法渡过危难的。这是以周文王被商纣囚于羑里蒙难之例说明卦义。以，用。　③内难：箕子乃纣王叔父，被纣王囚禁，所以称"内难"。箕子：见经文明夷卦注⑥。

【译文】

明夷卦象征光明受损，有如光明隐入地下。内含文明美德，外呈柔顺情态，这样才能承受巨大的危难，当年周文王就是用这种方法度过大难而安全脱险的。"宜于牢记艰难，持守正道"，是由于遭遇危难时能隐晦自身的锋芒，即使蒙受自己人加给的灾难也能持守光明正大的心志，殷朝的贤臣箕子就是用这种方法固守正道的。

家 人 卦

家人，女正位乎内，男正位乎外；男女正，天地之大义也。①家人有严君焉，父母之谓也。父父，子子，兄兄，弟弟，夫夫，妇妇，而家道正；正家而天下定矣。②

【注释】

①女正位乎内，男正位乎外：家人卦下离上巽，女，指六二爻，此爻阴爻居内卦处阴位，所以称"女正位乎内"；男，指九五爻，此爻阳爻居外卦处阳位，所以称"男正位乎外"。②正家而天下定：这是说明"正家"与"定天下"的关系，即定天下要先从正家做起。

【译文】

家人卦象征一个家庭，在家里女子主内为正当之位，男子主外为正当之位；男女居位都正当合礼，乃是天地之间阴阳关系的根本法则。一家人必须有严正的君长，这里的君长就是父母。父亲尽到父亲的责任，儿子尽到儿子的责任，兄长尽到兄长的责任，幼弟尽到幼弟的责任，丈夫尽到做丈夫的责任，妻子尽到妻子的责任，家道就端正了；而只要端正了家道，天下万民之间的伦常秩序自然也就确定了。

睽　卦

　　睽，火动而上，泽动而下；二女同居，其志不同行。①说而丽乎明，柔进而上行，得中而应乎刚，是以"小事吉"。②天地睽而其事同也，男女睽而其志通也，万物睽而其事类也。睽之时用，大矣哉。

【注释】

　　①火动而上，泽动而下：睽卦下兑上离，火，指上卦离，离为火；泽，指下卦兑，兑为泽。上、下，二者反对，含"睽违"之义。二女同居，其志不同行：二女，指下卦兑为少女，上卦离为中女；同居，共处。此二句是说"二女"共处，长大后必各有其志，归趋不一。　②说而丽乎明：说即悦，指下卦兑，兑为悦；丽乎明，指上卦离，离为附丽，为火，为日，即为明。柔进而上行，得中而应乎刚：柔、中，指六五爻柔顺而中正；刚，指九二爻。

【译文】

　　睽卦象征违逆隔膜，在卦象上表现为火焰燃烧而炎上，泽水流动而润下；又表现为两个女子共处一室，其志向不同而行动各异。但是此时欣悦附丽于光明，以柔顺之道求进而向上直行，并且居处适中而又应和于阳刚者，所以"占问小事可获吉祥"。天与地上下违逆，但其化育万物的道理却是相同的；男女阴阳违逆，但交感求合的心志却是相通的；天下万物形态违逆、情志隔膜，但禀受天地阴阳之气的情状却是相似的。而这种违逆隔膜只要因时而用，其功效也是巨大的啊！

蹇　卦

　　"蹇"，难也，险在前也；见险而能止，知矣哉！①蹇"利西南"，往得中也；"不利东北"，其道穷也。②"利见大人"，往有功也；当位"贞吉"，以正邦也。③蹇之时用，大矣哉。

【注释】

①险在前也；见险而能止，知矣哉：蹇卦下艮上坎，险，指上卦坎，坎为险；止，指下卦艮，艮为止。知，智，明智。　②往得中：行事适中、合宜。其道穷：行事路困途穷。　③正邦：整顿家邦。正，端正，整顿。

【译文】

蹇卦象征艰难，所谓"蹇"，意思就是行事艰难，因为险境在前，行动必定艰难；遇到险境而能及时止步，才是明智的啊！行事艰难之时，"出行宜于向西南方向去"，因为这样才适中合宜；"不宜于向东北方向走"，因为这样会陷入穷途。"有利于大德大才之人出世"，是因为渡过险境不是常人所能做到的，只有大德大才之人才能当此重任并建功立业；居处于适当位置"持守正道，可获吉祥"，是因为渡过险境可以整治家邦。可见，艰难一旦发生，只要因时利用，其意义还是巨大的啊！

解　卦

解，险以动，动而免乎险，解。①"利西南"，往得众也；"其来复吉"，乃得中也；"有攸往，夙吉"，往有功也。②天地解而雷雨作，雷雨作而百果草木皆甲坼。③解之时，大矣哉。

【注释】

①险以动，动而免乎险：解卦下坎上震，险，指下卦坎，坎为险；动，指上卦震，震为动。　②众：众庶之地；指西南，西南象征众庶之地。　③天地解而雷雨作，雷雨作而百果草木皆甲坼（chè）：雷，指上卦震，震为雷；雨，指下卦坎，坎为雨；甲，指植物果实的外壳；坼，裂，引申为绽开。

【译文】

解卦象征舒解险难，犹如身处险境而能奋然行动，从而摆脱险难，避免落入险境，这就叫做舒解险难。舒解险难时，"利于西南之地"，是因为到了那里必然获得众人济助；"返回原地安居其所可获吉祥"，是因为这样才适中合宜；"如果有所举动就及早前往，可获吉祥"，是因为前往必能建功立业。天地舒解之后，雷雨就会兴起；雷雨发作，各种草木的种子就会绽裂萌芽。可见，舒解险难的时间因素，太重要了！

损　卦

损，损下益上，其道上行。①损而"有孚，元吉，无咎，可贞，利有攸往。曷之用？二簋可用享"。二簋应有时，损刚益柔有时，损益盈虚，与时偕行。②

【注释】

①损下益上：损卦下兑上艮，上卦艮为阳卦能止于上，下卦兑为阴卦能悦而顺之，所以称"损下益上"。上行：向上奉献。　②损益盈虚：即减损或增益，盈满或亏虚。偕行：同行。

【译文】

损卦象征减损，意思是减损于下，增益于上，减损增益的法则是卑下者对尊上者有所奉献。减损之时，"胸怀诚信之心，大吉大利，没有灾祸，可以占问，宜于有所举动。用什么来体现减损之道呢？用两筐淡食祭祀神灵、奉献尊者就足够了"，但两筐淡食的进献必须应合时势。总之，减损刚大者而增益柔小者，要适时而行，无论减损还是增益，盈满还是亏虚，都要顺依时势，随着时势的发展而进行。

益　卦

"益"，损上益下，民说无疆；自上下下，其道大光。①"利有攸往"，中正有庆；"利涉大川"，木道乃行。②益动而巽，日进无疆；天施地生，其益无方。③凡益之道，与时偕行。

【注释】

①损上益下，民说无疆：益卦下震上巽，损上益下，指巽为阴卦而居上，震为阳卦而居下，巽逊顺而不违震。说，悦。下下：向下。前"下"为动词；后"下"为方位名词，指下方。　②中正：指九五爻阳爻居阳位。木道：木舟渡水之途。木，指上卦巽为本，木可以造舟，所以"木"即木舟。　③益动而巽：动，指下卦震，震为动；巽，意为逊顺，指上卦巽，巽义顺。天施地生：指天施予的泽惠和地化生的万物。无方：万方。方，方所，即地方。

【译文】

益卦象征增益，意思是减损于上，增益于下，万民因为身受其惠而欢快欣悦无止无休；从尊上者施惠于卑下者，这种惠民的道义必然大放光芒。"利于有所举动"，是由于尊上者刚中纯正而必将大获吉祥；"宜于涉越大川巨流"，是由于木舟渡水其河道顺遂通畅。增益时卑下者兴动而尊上者逊顺，泽惠就能日日增多而广大无疆，犹如上天行云施雨而降下泽惠，大地承受泽惠而化生万物，天地所施化育之益遍及万方。可见，增益的规律，是顺依时势，随着时势的发展而进行。

夬　卦

夬，决也，刚决柔也；健而说，决而和。[①]"扬于王庭"，柔乘五刚也；"孚号有厉"，其危乃光也；"告自邑不利即戎"，所尚乃穷也；"利有攸往"，刚长乃终也。[②]

【注释】

①刚决柔：刚，指卦中五个阳爻；柔，指卦中一个阴爻。健而说：夬卦下乾上兑，健，指下卦乾，乾义健；说即悦，指上卦兑，兑为悦。　②柔乘五刚：柔，指卦中一阴即上六爻；刚，指卦中五阳。乘，乘凌。《易》例，凡阴爻居阳爻之上，谓之"乘"，即阴柔欺凌阳刚；反之，则不称"乘"。尚：崇尚。

【译文】

夬卦象征决断，夬意思就是决断，具体而言，就是阳刚君子果决地制裁阴柔小人；这样，刚健君子才能欢快欣悦，通过果决的制裁导致众物谐和。"在君王的朝廷之上发表言论"，是由于一个阴柔小人肆意乘凌五个阳刚君子；"竭诚疾呼将有危险"，是提醒人们时时警惧戒惕才能光大决断之道；"告诫自己封邑的人众，此时不宜于立即兴兵征战"，是由于如果崇尚武力从而滥行兵事会使决断之道陷入穷途；"利于日后有所举动"，是由于阳刚君子日益盛长，最终必将战胜阴柔小人。

姤　卦

姤，遇也，柔遇刚也。[①]"勿用取女"，不可与长也。[②]天地相遇，品物咸章也；刚遇中正，天下大行也。[③]姤之时，义大矣哉！

【注释】

　　①柔遇刚：姤卦下巽上乾，柔，指初六爻这个阴爻；刚，指二、三、四、五、上这五个阳爻。　　②不可与长：不可与之长久相处。之；代上文"女"。　　③天地：指阴阳二气。品物：各类事物。品，类。章：彰。刚遇中正：刚，指九五爻，此爻位居上卦之中，阳爻处阳位，所以是遇中处正。

【译文】

　　姤卦象征相遇，姤意思就是相遇，具体而言，指阴柔遇到阳刚，而相应相合。"不宜娶此女为妻"，是由于不可与行为不端的女子长久相处。然而天地阴阳二气相互遇合毕竟是正常现象，因此只要双方相遇，万物的化育生长就能昭然显现出来；阳刚遇中处正，其理想抱负必将畅行于天下。可见，相遇的时间因素十分重要！

萃　卦

　　萃，聚也；顺以说，刚中而应，故聚也。①"王假有庙"，致孝享也；"利见大人，亨"，娶以正也；"用大牲吉，利有攸往"，顺天命也。②观其所聚，而天地万物之情可见矣！

【注释】

　　①顺以说：萃卦下坤上兑，顺，指下卦坤，坤为顺；说，即悦，指上卦兑，兑为悦。刚中：指九五爻阳刚居上卦中位。　　②致孝享：向祖先表达孝意和诚心。致，表达。享，奉献。

【译文】

　　萃卦象征会聚，萃，意思就是会聚；具体而言，指物性和顺而欣悦，阳刚居尊处上能够持守中道并应合于下，所以就能广聚众物。"君王来到宗庙祭祀祖先"，这是对祖先表达孝敬之意，奉献诚信之心；"利于大德大才之人出世，亨通顺利"，是由于大德大才之人主持会聚必能持守正道；"用大牲祭祀，必获吉祥，利于有所举动"，是告诫人们会聚必须顺从天命。观察会聚现象，天地万物的情状就可以明白了！

升　卦

　　柔以时升，巽而顺，刚中而应，是以大"亨"。[①]"用见大人勿恤"，有庆也；"南征吉"，志行也。[②]

【注释】

　　①柔以时升：柔，指上下卦均为阴卦；以，因。巽而顺：升卦下巽上坤，巽，即逊和，指下卦巽，巽义顺，顺在这里是逊和的意思；顺，指上卦坤，坤义顺。刚中以应：刚中，指九二爻阳刚居中；应，上应尊者即六五爻。　　②庆：庆祥，喜庆。

【译文】

　　升卦象征上升，在卦象上表现为循沿阴柔之道适时上升，逊和而又柔顺，阳刚居中而又能向上应合于尊者，所以最为"亨通"。"利于大德大才之人出世，不必有什么忧虑"，是由于此时上升必有喜庆；"向南方兴兵征战，必获吉祥"，是由于上升的志向可以如愿畅行。

困　卦

　　困，刚掩也[①]。险以说，困而不失其所"亨"，其唯君子乎![②]"贞大人，吉"，以刚中也；"有言不信"，尚口乃穷也。[③]

【注释】

　　①刚掩（yǎn）：困卦下坎上兑，而坎为阳卦，兑为阴卦，阳下而阴上，呈阳刚被遮而不能伸之象。掩，通"掩"。　　②险以说：险，指下卦坎，坎为险；说即悦，指上卦兑，兑为悦。　　③刚中：指九二爻和九五爻阳刚居中。尚口：崇尚多言巧辩。口，指言说，论辩。

【译文】

　　困卦象征困穷，这是由于阳刚被阴柔遮蔽而志向不能施展。身处险境而仍然欢快欣悦，说明虽然困穷仍然不放弃所持守的理想，追求"亨通顺利"的前景，这大概只有君子才能如此吧！"占问，大德大才之人可获吉祥"，是因为阳刚君子具有居中守正的美德；身处困境"即使有言相说也不被相信"，是因为崇尚多言巧辩不唯于事无补，反而会使自己更加困穷。

井 卦

巽乎水而上水，井；井养而不穷也。^①"改邑不改井"，乃以刚中也；"汔至亦未繘井"，未有功也；"羸其瓶"，是以凶也。^②

【注释】

①巽乎水而上水：井卦下巽上坎，巽即顺，指下卦巽，巽义顺；水，指上卦坎，坎为水。
②刚中：指九二爻和九五爻，此二爻阳刚而分别处于上下卦之中位。

【译文】

井卦象征水井，在卦象上表现为顺沿水性向下挖掘而引水向上，开出的便是水井；井以水养人而汲取不尽。"村镇变动而水井不能迁移"，是由于君子具有阳刚居中守正的美德；"水将枯竭也无人淘井"，则无法实现井水养人的功用；"毁坏水瓶"，便无法打水，所以凶险。

革 卦

革，水火相息；二女同居，其志不相得，曰革。^①"己日乃孚"，革而信之；文明以说，大"亨"以正；革而当，其"悔"乃"亡"。^②天地革而四时成；汤武革命，顺乎天应乎人。^③革之时，大矣哉！

【注释】

①水火相息：革卦下离上兑，水，指上卦兑，兑为泽，泽有水；火，指下卦离，离为火。息，长。二女同居：二女，指上下卦，上卦兑为少女，下卦离为中女。同居，共处。　②文明以说：文明，指下卦离，离为火，为日；说即悦，指上卦兑，兑为悦。　③汤武革命：指商汤灭夏桀，周武灭商纣。

【译文】

革卦象征变革，在卦象上表现为水火相克相长而交互转化；两个女子共处一室，双方志向不合终将发生变化，这就谓之变革。"时至己日，再下定变革的决心"，变革起来才能得到众人的信从；凭借文明的美德从事变革而使众人悦服，变革的宏图才能大为"亨通"，并使变革纳入正道；变革方式稳妥得当，一切"困厄"将会"消亡"。天地变革而导致四季形成；商汤和周武变革天命，灭亡桀纣，既顺依天理又应合民心。可见，变革的时间因素十分重要！

鼎　卦

鼎，象也；以木巽火，亨饪也。① 圣人亨以享上帝，而大亨以养圣贤。② 巽而耳目聪明，柔进而上行，得中而应乎刚，是以"元亨"。③

【注释】

①以木巽火，亨饪也：鼎卦下巽上离，木，指下卦巽，巽为木；巽，顺从；火，指上卦离，离为火。亨，通烹，煮。下文两个"亨"字同此。　②享：祭享。养，奉养。　③巽而耳目聪明：巽，逊顺，指下卦巽；聪明，指上卦离，离为火、为日。柔进而上行，得中而应乎刚：柔进、得中，指六五爻，此爻上行居尊，得处中位；刚，指九二爻。

【译文】

鼎卦象征鼎器，鼎卦卦体的形状像烹煮食物的鼎器；把木柴放进火里燃烧，就是烹煮食物的情状。圣王烹煮食物祭享天帝，并大量烹煮食物供养众多的圣人、贤才。烹煮食物供养圣贤是为了让他们逊顺地辅佐圣王，从而使圣王耳聪目明；此时圣王凭着谦柔的美德向前进取并向上直行，高居中位却能向下应合刚健的圣贤，所以才"大为亨通顺利"。

震　卦

震，"亨"。"震来虩虩"，恐致福也；"笑言哑哑"，后有则也。① "震惊百里"，惊远而惧迩也；出可以守宗庙社稷，以为祭主也。②

【注释】

①恐：恐惧戒惕。则：法则，法度。　②迩（ěr）：近。出：指君王外出。守宗庙社稷，以为祭主：震卦下震上震，震有"长子"之象，君王外出，长子可以留守朝廷执掌权柄，充当祭主。

【译文】

震卦象征震动，震动可致"亨通顺利"。"雷霆骤响，震得万物惊恐惶惧”，是因为警惧戒惕能够获得福祥；“尔后却又谈笑风生”，是因为警惧戒惕之后能使后来的行为谨守法则。“雷声惊闻百里”，表明无论远近都惊恐惶惧；此时即使君王出巡在外，有长子守护宗庙社稷，成为祭祀大典的主祭人。

艮　卦

“艮”，止也。时止则止，时行则行；动静不失其时，其道光明。①艮其止，止其所也。②上下敌应，不相与也，是以“不获其身，行其庭，不见其人，无咎”也。③

【注释】

①时：指一定的时间、时机。　②艮其止，止其所也：艮卦下艮上艮，这里是就艮卦上下卦卦体的主爻解释艮为止之义。艮卦主爻为九三爻和上九爻，这两个刚爻居上下艮体之上，都是止其所当止之地。　③上下敌应，不相与：这是就艮卦六爻上下不相应解释艮为止之义。卦中六爻，初六爻对六四爻，六二爻对六五爻，九三爻对上九爻为刚对刚、柔对柔，都属相敌而不相应关系。敌应，敌对。

【译文】

艮卦象征抑止，艮就是抑止的意思。在一定的时候，应该抑止就要适时抑止，应该前行就要及时前行；或动静，举止适当而不违误时机，这样抑止之道就会光辉灿烂。艮卦的卦义是抑止，其法则是抑止要适得其所。卦中六爻上下都是相互敌对，而不是相互亲近，所以就造成“使整个身子不能动弹，在庭院里行走而见不到人，却没有灾祸”。

渐　卦

渐之进也，“女归吉”也。①进得位，往有功也；进以正，可以正邦也。②其位，刚得中也；止而巽，动不穷也。③

【注释】

①渐之进：逐渐向前行进。之，用作动词，去，往，引申为前行。　②进得位，往有功也；进以正，可以正邦也：这是举九五爻为例，说明“渐进”而能“得位”、“得正”，可以“建功”、“正邦”，因为九五爻阳爻居中处尊，因而既“得位”又“得正”。　③其位，刚得

中：渐卦下艮上巽，二至五诸爻均居正得位，这里所谓"其位，刚中"是特意指明上文称"得位"专指九五爻。止而巽，动不穷：此卦下卦为艮，艮为止，上卦为巽，巽为顺，卦象静止而又和顺，如此而动，是渐进，所以不会导致困穷。

【译文】

渐卦象征渐进，犹如"女子出嫁循礼而渐行，才会吉祥"。渐进可以获得尊崇的地位，是由于有所举动必能立业建功；渐进而持守正道，又可以端正家邦。渐进而得居尊位，是由于具有阳刚中和的美德；而只要处静不躁、谦逊和顺地逐渐前行，就不会陷入困穷之境。

归 妹 卦

归妹，天地之大义也。天地不交，而万物不兴；归妹，人之终始也。[①]说以动，所归妹也；"征凶"，位不当也；"无攸利"，柔乘刚也。[②]

【注释】

①人之终始也：人类社会终而复始地生息繁衍。 ②说以动：归妹卦下兑上震，这里的说即悦，指下卦兑，兑为悦；动指上卦震，震为动。所归妹：即可归妹。所，可。位不当：指卦中二、三、四、五诸爻，此四爻均不当位。柔乘刚：指六三爻阴柔乘凌九二爻阳刚。

【译文】

归妹卦象征少女出嫁，这是人间天经地义的大事。如果天与地阴阳不相交合，那么万物就无从产生；因此，少女出嫁是人类终而复始生生不息的前提。欢快欣悦而奋动不止，正是少女出嫁的时机；而"向前进发必有凶险"，是由于居不当位；"没有什么好处"，是由于阴柔乘凌于阳刚之上。

丰 卦

"丰"，大也；明以动，故丰。[①]"王假之"，尚大也； "勿忧，宜日中"，宜照天下也。日中则昃，月盈则食；天地盈虚，与时消息，而况于人乎？况于鬼神乎？[②]

【注释】

①明以动：丰卦下离上震，这里的明指下卦离，离为火、为日；动指上卦震，震为动。

②昃（zè）：太阳偏西。食：蚀。消息：消亡与生长。息，长。

【译文】

　　丰卦象征丰厚盛大，丰就是丰厚盛大的意思；太阳光芒万丈而万物奋动生长，所以能获得丰厚盛大的成果。"举行祭祀大典，君王亲自到宗庙主祭"，是由于王者崇尚宏大的美德；"无须忧虑，宜于在太阳居中时开祭"，表明要想保持丰厚盛大就应当让自己的盛德之光普照天下。太阳正居中天必将向西偏斜，月亮盈盛圆满必将向缺亏蚀；天地万物既有丰盈之时，也有亏虚之日，一切都会伴随一定的时间而死死生生、生生死死，又何况人类呢？何况鬼神呢？

<h1 style="text-align:center">旅　卦</h1>

　　旅，"小亨"，柔得中乎外而顺乎刚，止而丽乎明，是以"小亨，旅，贞吉"也。①旅之时义，大矣哉！②

【注释】

　　①柔得中乎外而顺乎刚：旅卦下艮上离，这里的柔，指六五爻，此爻以阴柔居外卦之中，所以称"柔得中乎外"，又上承上九爻，所以称"顺乎刚"。止而丽乎明：止，指下卦艮，艮为止；丽乎明，指上卦离，离为丽、为明。　②义，意义。

【译文】

　　旅卦象征外出旅行，外出旅行之所以"小有亨通顺"，是由于柔小者在外居于适中之位而又顺从刚大者，能止其所当止，并依附具有光明正大美德的人，所以说"小有亨通顺利，外出旅行，占问可获吉祥"。可见，外出旅行的时间意义，十分重大！

<h1 style="text-align:center">巽　卦</h1>

　　重巽以申命。①刚巽乎中正而志行，柔皆顺乎刚，是以"小亨，利有攸往，利见大人"。②

【注释】

　　①重巽以申命：巽卦下巽上巽，这里的重巽指巽卦上下卦皆为巽，意为上下关系顺；申命

意为三令五申下达命令。　②刚巽乎中正：刚，指九五爻；巽，顺；中正，指九五爻居尊而阳刚中正。柔皆顺乎刚：柔，指初六爻和六四爻；刚，指卦中四个阳爻。

【译文】

巽卦象征顺从，卦象表明上下关系和顺，这时正宜于三令五申下达命令。这是由于阳刚尊者以其中正美德使阴柔卑者顺从而得以畅行其志；阴柔都能顺从阳刚，所以"柔小者亨通顺利，宜于有所举动，利于大德大才之人出世"。

兑　卦

"兑"，说也。^①刚中而柔外，说以"利贞"，是以顺乎天而应乎人。^②说以先民，民忘其劳；说以犯难，民忘其死。^③说之大，民劝矣哉！^④

【注释】

①说：通"悦"，欣悦，欢乐。下同。　②刚中而柔外：兑卦下兑上兑，这里的刚中，指九二爻和九五爻，此二爻阳刚居中；柔外，指六三爻和上六爻，此二爻阴柔处外。　③先民：这里蒙后省略一"劳"字，完整的说法应为"先于民而劳"。犯难：即赴难。劝：勉，努力。

【译文】

兑卦象征欣悦，兑就是欢乐、欣悦的意思。卦中阳刚居中而阴柔处外，令人欢乐、欣悦而"利于占问"，所以正当的欢乐、欣悦既顺依天理又应合人情。阳刚君子在欢乐、欣悦之时只要勇于身先民众承受劳苦，民众必能任劳忘苦；只要勇于奔赴危难不避艰险，民众必能舍生忘死。可见，欢乐、欣悦的意义十分宏大，可以使民众都努力奋发！

涣　卦

涣，"亨"，刚来而不穷，柔得位乎外而上同。^①"王假有庙"，王乃在中也；"利涉大川"，乘木有功也。^②

【注释】

①刚来而不穷，柔得位乎外而上同：涣卦下坎上巽，这里的刚指九二爻；来而不穷，指九二爻阳刚来居下卦而与初六爻、六三爻和六四爻诸阴交往却未陷入困穷；柔指六四爻；得位乎

外而上同，指六四爻阴爻居阴位当位居于上卦，上承九五爻和上九爻两阳而与之心志协同。②王乃在中：王，喻九五爻居位正中，处九五尊位。乘木有功：乘木，指上卦巽，巽为木，和下卦坎，坎为水，上巽下坎如木舟行于水上；有功，以"乘木"即木舟行于水上喻聚合人力共度险难。

【译文】

涣卦象征涣散，意思是江河之冰到了春天又化为水，占得此卦之所以"亨通顺利"，是由于阳刚者前来居处于阴柔之中而自身却未陷入困穷，而阴柔者则在外获得正位，并向上与阳刚者心志协同，从而使阴阳二气虽然涣散却心聚神通。"举行祭礼大典，君王亲自来到宗庙祭祀祖先"，是由于君王聚合人心居正处中；"利于涉越大川巨流"，是由于乘坐木舟渡河能够同心协力涉越险难，从而获得成功。

节　卦

节，"亨"，刚柔分而刚得中。①"苦节，不可贞"，其道穷也。②说以行险，当位以节，中正以通。③天地节而四时成；节以制度，不伤财，不害民。④

【注释】

①刚柔分而刚得中：节卦下兑上坎，这里的刚指上卦坎，坎为阳卦；柔指下卦兑，兑为阴卦；刚得中，指九二爻和九五爻，这两个阳爻分别居于上下卦之中。　②其道穷：指上九爻穷极于上。　③说以行险，当位以节，中正以通：说，即"悦"，指下卦兑，兑为悦；险，指上卦坎，坎为险；当位，指六四爻和九五爻，此二爻阴得阴位、阳得阳位，所以称"得位"；中正，指九五爻，此爻阳居阳位且在上卦之中，因而居中处正，所以称"中正"。　④制度：本义为典章制度，这里引申为尺度，分寸。

【译文】

节卦象征节制，而占得此卦必致"亨通顺利"，是由于阳刚与阴柔分别居于上下而区分得非常清楚，且阳刚又获得中正之道。"举行祭祀大典，如果以节制为苦事因而不肯节制，则不可占问"，因为节制之道至此已经穷极不通了。穷极不通便有险难。如果能够欢乐欣悦地趋险赴难，并持守中正，也会畅通无碍。天地的运行正是由于有一定的节制，才使四季得以形成并严整有序；而节制又要有法度，这样才能既不浪费资财，又不伤害民众。

中　孚　卦

"中孚"，柔在内而刚在中；说而巽，孚乃化邦也。① "豚鱼吉"，信及豚鱼也；"利涉大川"，乘木舟虚也；中孚以"利贞"，乃应乎天也。②

【注释】

①柔在内而刚在中：中孚卦下兑上巽，这里的柔指六三爻和六四爻；刚指九二爻和九五爻。从此卦整体看，两个阴爻正居卦体之内，呈内虚至诚之象；从上下卦象，两个阳爻分别居于上下卦之中，呈中实有信之象。这是对卦名"中孚"的解释。说而巽：说，即"悦"，指下卦兑，兑为悦；巽，即"顺"，指上卦巽，巽义顺。化邦：教化或感化家邦。　②乘木舟虚：木舟，指上卦巽，巽为木，而木可以造舟。又，下卦兑为泽，泽有水，而水可以行舟，与上卦巽相合，有乘坐木舟渡河之象。虚，也指木舟：一、木中虚而成舟；二、"中孚"卦的卦形呈外实中虚之象而如舟。

【译文】

中孚卦象征内心诚信，在卦象上表现为柔顺者处内而谦虚至诚，刚健者居外而中实有信；遂使在下者欢乐欣悦，在上温文和顺，共同以诚信之德教化家邦。"用豚和鱼祭祀祖先，可获吉祥"，是说诚信之德已经达到豚和鱼身上，连它们也具有诚信之德；"利于涉越大川巨流"，说明只要持守诚信之德，无论遇到什么危难，都能像乘坐木舟涉越江河那样畅行无碍；只要胸怀诚信"占问便有利"，是因为能够应合天道的中正美德。

小　过　卦

小过，小者过而"亨"也；过以"利贞"，与时行也。柔得中，得以"小事"吉也；刚失位而不中，是以"不可大事"也。① 有"飞鸟"之象焉："飞鸟遗之音，不宜上，宜下，大吉"，上逆而下顺也。②

【注释】

①柔得中：小过卦下艮上震，柔得中指六二爻和六五爻分别处于下卦和上卦之中。刚失位而不中：指九三爻和九四爻，九三爻不中，九四爻失位不正。此句意为九三爻和九四爻一者"不中"，一者"失位"。　②上逆下顺：上逆，指六五爻柔居上而乘刚；下顺，指六二爻阴处下而承阳。

【译文】

小过卦象征小有过越，意思是做事稍有过越，才能反归于正，从而亨通顺利；有所过越"利于占问"，说明奉行此道需要适当的时机。柔顺者居中不偏，所以"做寻常小事"可获吉祥；而刚健者或居位不正或不能持中，所以"不可以做军国大事"。卦中有"飞鸟"的喻象："飞鸟过去以后，其悲鸣遗音不绝，此时不宜于向上强飞，而宜于向下安栖，这样才有大吉大利"，是由于向上强飞违背中正之道，而向下安栖则顺应中正之道。

既 济 卦

既济"亨"，小者亨也。"利贞"刚柔正而位当也。① "初吉"，柔得中也；"终"止则"乱"，其道穷也。②

【注释】

①刚柔正而位当：既济卦下离上坎，卦中六爻，阳刚阴柔均当位，即阳爻居阳位，阴爻居阴位。　②柔得中：指六二爻柔顺居中。"终"止则"乱"：意为终结之后而停止不前，必将导致大乱。止，停止不前。

【译文】

既济卦象征事功已成，"亨通顺利"，但这只是较小的亨通顺利。"利于占问"，是由于卦中六爻阳刚阴柔均持守正道而居处妥当。"归初吉祥"，是由于阴柔者持中不偏；事业"终结"之后停止不前必将导致"大乱"，是由于这时成就事功之道已经穷极不通了。

未 济 卦

未济，"亨"，柔得中也。① "小狐汔济"，未出中也；"濡其尾无攸利"，不续终也。②虽不当位，刚柔应也。③

【注释】

①柔得中：未济卦下坎上离，柔得中指六五爻，阴爻居上卦中位。　②未出中：指九二爻，此爻居下卦中位，未能出险。险，指下卦坎，坎为险。不续终：指初九爻居于下位，因力

量虚弱而未能持续前进至于终极。 ③虽不当位，刚柔应也：指卦中六爻均不当位，即阳爻居阴位，阴爻居阳位，却刚柔有应。

【译文】

未济卦象征事功未成，事功未成也"亨通顺利"，是由于柔顺者能够持守中道。"小狐狸渡河接近成功"，表明尚未脱出险境之中；"沾湿了尾巴，则没有什么好处"，说明成就事功的努力未能持续至终。卦中六爻虽然居位均不适当，但是阳刚阴柔都相和相应。

象辞上传①

乾　卦

天行健，君子以自强不息。

"潜龙勿用"，阳在下也。

"见龙在田"，德施普也。②

"终日乾乾"，反复道也。③

"或跃在渊"，进"无咎"也。

"飞龙在天"，"大人"造也。④

"亢龙有悔"，盈不可久也。

"用九"，天德不可为首也。⑤

【注释】

①《象传》：《易传》之一。随上下经分为上下两篇，主旨在于解释各卦卦象及各爻爻象。又分为《大象传》和《小象传》：解释卦象者为《大象传》，每卦一则，凡六十四则；解释爻象者为《小象传》，每爻一则，凡三百八十六则。《大象传》的体例，是先解释每卦上下相重之大旨，再从重卦卦象中推衍出切近人事的象征意义，文辞多以"君子"的言行、品德为喻。《小象传》的体例，则是根据每爻的内容性质、处位特点，论断爻义吉凶利弊的缘由。象，形象；象征。　②普：普遍，广泛。　③反复道：反复行道。　④造：为，作。　⑤天德：阳刚之德。不可为首：不可以有终极之时，否则便会刚去柔来。首，终。

【译文】

高天的运行强劲而刚健，君子具有高天的美德，因此能够奋发自强，健行不息。

"巨龙潜伏在深渊，暂时不宜施展才能"，表明阳气初生居位低下，尚无力进取。

"巨龙出现在田野"，表明德业昭著，正在普施天下。

"终日健行不息"，表明反复行道以求进而上升。

中华藏书

四书五经·最新校勘精注今译本

中国书店

"有时腾跃上进，有时退处深渊"，表明审时而进"必无灾祸"。

"巨龙飞上云天"，表明"大德大才之人"已经振作奋起，大展雄才。

"巨龙飞升至极顶，必遭困厄"，表明已经上升到穷极之地，不可能长久存在下去。

"用九之数"，表明高天的德业不可以有终极之时。

坤　卦

地势坤，君子以厚德载物。

"履霜坚冰"，阴始凝也；驯致其道，至"坚冰"也。①

"六二之动"，"直"以"方"也；"不习无不利"，地道光也。②

"含章可贞"，以时发也；"或从王事"，知光大也。③

"括囊无咎"，慎不害也。

"黄裳元吉"，文在中也。④

"龙战于野"，其道穷也。

"用六永贞"，以大终也。⑤

【注释】

①驯致其道：顺行其中的法则。驯，顺。　②光：光芒，光辉。　③章：通"彰"，这里指刚美的光彩。指六三爻阴柔居阳位，内含刚美而不外露。此时：根据一定时机。以，因，根据。知：通"智"，智慧。　④文：温文，指温文之德。　⑤终：终结，归宿。

【译文】

大地的气度厚实而和顺，君子具有大地的气度，因此能够增厚美德，容载万物。

"天降薄霜，预示严寒将至"，表明阴气已经开始凝聚；只要顺依其中的法则而行，"严寒必然到来"。

"六二"爻的变动，"纵向无边"而"横向无涯"；"即使不加修习也无所不利"，是由于大地的美德光辉灿烂。

"蕴含彰美的阳刚之德，占问之事均可实行"，表明应当根据一定时机奋发有为；"有时辅佐君王大业"，那是由于智慧光辉而宏大。

"紧束囊口，可以免遭灾祸"，表明谨慎行事才能避免祸患。

"穿着黄色裙裳，大吉大利"，表明以温文美德持守中道。

"巨龙在田野里厮杀"，表明已经发展到穷极之地。

"用六之数，利于占问长期之吉凶"，表明最终以返回刚大为其归宿。

屯　卦

云雷，屯；君子以经纶。①

虽"磐恒"，志行正也；以贵下贱，大得民也。②

"六二"之难，乘刚也；"十年乃字"，反常也。③

"即鹿无虞"，以从禽也；"君子舍"之，"往吝"，穷也。

"求"而"往"，明也。

"屯其膏"，施未光也。

"泣血涟如"，何可长也？④

【注释】

①云雷，屯：屯卦上卦为坎，坎为云；下卦震，震为雷。云在雷上，将雨而未雨，雨初生成，所以坎、震为"屯"。经纶：经纶天地，这里比喻治国。　②以贵下贱：《易》例，阳为贵、阴为贱，初九阳爻处于诸阴之下，所以说"以贵下贱"。　③乘刚：《易》例，阴在阳上称"乘"。乘，乘凌，侵凌。这里指六二爻乘凌于初九爻之上。反常：返归于常。反，通"返"。　④何可长：指上六爻虽因不明时变而徒致伤悲，但随着大局进一步亨通，必将恍悟自变，释然无忧，所以其忧不会久长。

【译文】

乌云翻滚，雷声轰鸣，象征雨之初生；君子观此卦象和卦名，便在功业初创之时努力经纬纷纭，治理天下大事。

尽管徘徊流连，而其心志行为仍能保持端正；以尊贵之身而下处卑位，可以大得民心。

"六二"爻行动艰难、迟迟不前，是由于阴柔乘凌于阳刚之上；"再过十年才宜嫁人"，是由于借助外力才得以摆脱困境而返归常道。

"追捕山鹿没有虞人做向导"，只能跟着野兽奔跑，结果一无所获；"君子与其继续追逐，不如舍弃不追"，因为"一意前往追逐，必将遭遇艰难"，表明穷追不舍将导致困穷。

"有求于下"而"前往"，表明具有自知之明。

"囤积膏泽"，表明积泽不施，其德行尚未来得及发扬光大。

"泪水涟涟，伤心而归"，表明这种情状是不能够长久持续下去的啊！

蒙　卦

山下出泉，蒙；君子以果行育德。①

"利用刑人"，以正法也。②

"子克家"，刚柔接也。③

"勿用取女"，行不顺也。④

"困蒙"之"吝"，独远实也。⑤

"童蒙"之"吉"，顺以巽也。⑥

"利"用"御寇"，上下顺也。⑦

【注释】

①山下出泉，蒙：蒙卦上卦为艮，艮为山；下卦为坎，坎为水。泉水出山，渐成江河，此时有如"童蒙"初启，所以艮坎为"蒙"。　②正法：以正为法。　③刚柔接：指九二爻与六五爻上下应合。　④行不顺：指六三爻阴爻居阳位，且下乘九二爻。　⑤独远实：指六四爻独自远离阳刚。实为阳，初六爻、六三爻和六五爻皆近阳，惟六四爻远阳。　⑥顺以巽：顺而逊。以，而。巽，义为逊，谦逊。　⑦上下顺：相互顺应，彼此和谐。

【译文】

高山之下流出涓涓泉水，象征"童蒙"渐渐开启；君子观此卦象和卦名，受到启发，果断而坚决地修洁自己的行为以培育美善之德。

"宜于树立楷模以启发人"，是为了让人遵循正确的法则。

"儿辈有家室"，表明阳刚阴柔上下应接。

"不宜娶此女为妻"，是由于行为不能顺合礼仪。

"被年幼无知之人所困扰"并进而陷入"艰难"之境，是由于独自远离阳刚蒙师而无人施行教化。

"年幼无知之人正受启发"，之所以"必获吉祥"，乃是由于对师长恭顺谦逊。

"利于"采用"防御贼寇的和缓方式"，是说施教时应该上下情志顺通，意气和谐。

需　卦

云上于天，需；君子以饮食宴乐。①

"需于郊"，不犯难行也；

"利用恒无咎"，未失常也。②

"需于沙"，衍在中也；虽"小有言"，以"终""吉"也。③

"需于泥"，灾在外也；自我"致寇"，敬慎不败也。④

"需于血"，顺以听也。⑤

"酒食贞吉"，以中正也。⑥

"不速之客来，敬之终吉"，虽不当位，未大失也。⑦

【注释】

①云上于天，需：需卦上卦为坎，坎为云，云生雨，雨即水；下卦为乾，乾为天。云集于天，待时降雨，所以坎、乾为"需"。宴乐：安乐。晏即"晏"，安乐。　②未失常：未曾违背常理。常，这里指恒常之理。　③衍在中：此句是说九二爻阳刚居中，犹如水流在河中漫延，不可躁进。衍，漫延。　④灾在外：指九三爻尚有险难在身外。"险难"指上卦坎，坎为险。　⑤顺以听："听"与"顺"义近互文。此句是说六四爻柔，能顺而听命以上行。　⑥中正：指九五爻阳爻居于阳位而居中处正。　⑦位不当：上六爻阴爻居阴位，本当其位，但由于已经上达极顶，遂致进退无路，使之虽居于最高位，却等于无位，所以称"位不当"。

【译文】

阴云聚于高天而待时降雨，象征"等待"；君子观此卦象和卦名，便知道应当等待时机以饮食颐养身体，以安乐陶冶性情。

"在郊野中等待"，表明不向险难之地贸然前行；"宜于持之以恒，必无灾祸"，是由于这样没有违背常理。

"在沙滩上等待"，是由于水流在沙滩中漫延，不可躁急轻进；尽管"略有口舌是非"，但是坚持至终也能获得"吉祥"。

"在泥泞中等待"，是由于尚有灾祸在身外；自己不慎"招致贼寇到来"，就会自取其咎，表明处于此时此地惟有恭谨审慎才能避免失败。

"在血泊中等待"，是说应当顺处静待，听命于时势的安排。

"在酒食宴享中等待，占问会获吉祥"，是由于居中得正。

"不速之客来访，只要以礼敬之，最终将获吉祥"，表明尽管处位不当，却未必会遭受重大损失。

讼　卦

天与水违行，讼；君子以做事谋始①

“不永所事”，讼不可长也；虽“小有言”，其辩明也。

“不克讼归逋”，窜也；自下讼上，患至掇也。②

“食旧德”，从上“吉”也。③

“复即命，渝”，“安贞”，不失也。

“讼元吉”，以中正也。

以讼受服，亦不足敬也。④

【注释】

①天与水违行，讼：讼卦上卦为乾，乾为天；下卦为坎，坎为水。中国古人直观自然，见天上日月星辰均由东向西转，地上江河之水均自西向东流，二者方向相反，相互违背对立，有冲突争斗之象，所以称讼卦卦义为“天与水违行”。　②窜：伏窜，即躲藏。自下讼上，患至掇：下，指九二爻；上，指九五爻。此二爻不相应，所以有争讼之象。患至掇，指九二爻“患至”是咎由自取。掇，拾，这里引申为“自取”。　③从上：指六二爻阴柔承乾卦阳刚。　④以：因。

【译文】

天向西转，水往东流，二者相互背道而行，象征“争斗”；君子观此卦象和卦名，悟出做事应当预谋其初，以杜绝争斗的根源。

“不为争斗之事纠缠不休”，是说争斗不可长久持续下去；尽管“略有口舌是非”，但是通过争辩是非最终得以辩明。

“争斗失利，返回以后就应当逃避”，这是为了躲藏起来；卑下者与尊上者争斗，祸患临头完全是咎由自取。

“安享旧日俸禄”，表明顺从尊上可获吉祥。

“回心归于正理，改变争斗初衷”，“安守正道”，便无损失。

“审断争斗，判明是非曲直，大吉大利”，是由于尊上者断案持中守正。

此爻表明因争斗而得到华服之赏，并不值得尊敬。

师　卦

地中有水，师；君子以容民畜众。①

"师出以律"，失律凶也。

"在师中吉"，承天宠也；"王三锡命"，怀万邦也。②

"师或舆尸"，大无功也。

"左次无咎"，未失常也。

"长子帅师"，以中行也；"弟子舆尸"，使不当也。

"大君有命"，以正功也；"小人勿用"，必乱邦也。③

【注释】

①地中有水，师：师卦上卦为坤，坤为地；下卦为坎，坎为水，所以称"师"为"地中有水"。师，众的意思。古人认为地中最"众"之物为水，所以用"水"解释师卦卦义。　②承天宠：指九二爻与六五爻有应。天，指六五爻。　③正：定，评定。

【译文】

大地之中蕴藏着丰富的水源，象征"军队"；君子观此卦象和卦名，便广泛地容纳和蓄养民众。

"军队出征，必须遵依号令而行动"，是由于军纪败坏必有凶险。

"统率军队出征打仗，持守中道而不偏不倚，可获吉祥"，是因为这样可以受到君王的宠爱；"君王多次颁布诏命，奖赏其功"，是由于君王怀有平治天下的宏大志向。

"士兵时而用大车载运尸体归来"，表明一点战功也没有建树。

"军队驻扎在左方准备随时撤退，可以免遭灾祸"，因为这样做没有违背用兵的通常之道。

"长子率师征战"，表明做事居中不偏；"次子用大车载尸而归"，这是因为用人不当。

"天子颁布诏命"，是为了论功行赏；"不要重用小人"，因为一旦重用小人必将使国家陷入战乱之中。

比　卦

　　地上有水，比；先王以建万国，亲诸侯。①

　　比之"初六"，"有它吉"也。

　　"比之自内"，不自失也。

　　"比之匪人"，不亦伤乎？

　　"外比"于贤，以从上也。

　　"显比"之"吉"，位正中也；舍逆取顺，"失前禽"也；"邑人不诫"，上使中也。

　　"比之无首"，无所终也。②

【注释】

　　①地上有水，比：比卦上卦为坎，坎为水；下卦为坤，坤为地。古人认为水性下渗，与地相亲无间，所以用"地上有水"解释比卦卦义。　②首：首领。

【译文】

　　大地之上到处有水，象征"亲近"；先王观此卦象和卦名，便分封土地以建立众多国邦，亲近各国诸侯。

　　从"初六"爻就开始亲近居上位者，因为"纵然发生意外情况，仍然吉祥"。

　　"从内部亲近居上位者"，这并不自失正道。

　　"所亲近的人并非应当亲近者"，这是一件可悲的事情。

　　"从外部亲近"贤者，这是顺从居上位者。

　　"光明正大地亲近"，"可获吉祥"，是由于居位守正持中；舍违逆而取顺从，有如"任凭前方的禽兽逃逸"；"邑人并不惧怕"，这是由于居上位者令居下位者持守中道。

　　"亲近而找不到首领"，表明最终无处归附。

小　畜　卦

　　风行天上，小畜；君子以懿文德。①

"复自道"，其义"吉"也。②

"牵复"在中，亦不自失也。③

"夫妻反目"，不能正室也。④

"有孚惕出"，上合志也。⑤

"有孚挛如"，不独富也。

"既雨既处"，"德"积"载"也；"君子征凶"，有所疑也。⑥

【注释】

①风行天上，小畜：小畜卦上卦为巽，巽为风；下卦为乾，乾为天，风飘于天空，微畜而未下行，有"小畜"之象，所以用"风行天上"解释小畜卦卦义。懿（yì）：美好；此处用作动词，使……美好。　②义：宜，指行为适宜。　③不自失：指九二爻不失阳德。　④正室：正，规正，使……正室，家室，家庭。　⑤上合志：指六四爻上承九五爻。　⑥疑：类似，等同。此"疑"即《坤文言》中"阴疑于阳必战"之"疑"。

【译文】

和风在天上徐徐地吹拂，力量正在蓄积而尚未壮大，象征"小有蓄积"；君子观此卦象和卦名，便自我修养，使自己的道德文章更加美善。

"复归自身道行"，表明行为适宜，可获吉祥。

"被外界牵连而复归自身道行"，并居守中位，表明不自失阳刚之德。

"夫妻反目为仇而离异"，是由于不能使自己的家室归于正道。

"胸怀诚信，排除惊惧"，是由于与尊者志气相合。

"胸怀诚信并系恋他人"，表明不独享富足。

"天上降下大雨，大雨不久又停止"，表明"阳德"已经"积满"；"君子如果出征，必有凶险"，表明经过积聚，阴气已经与阳气均衡，双方将要发生对抗。

履　卦

上天下泽，履；君子以辩上下，定民志。①

"素履"之"往"，独行愿也。②

"幽人贞吉"，中不自乱也。

"眇能视"，不足以有明也；"跛能履"，不足以与行也；"咥人"之"凶"，位不当也；"武人为于大君"，志刚也。

"愬愬终吉"，志行也。

"夬履贞厉"，位正当也。

"元吉"在上，大有庆也。③

【注释】

①上天下泽，履：履卦上卦为乾，乾为天；下卦为兑，兑为泽。天在上，泽居下，符合上下常理，不可逾越，有执礼之象，所以称"履"。辩：通"辨"。定：定正，即端正。　②独：专，指专心。　③大有庆：指上九爻履道大成，上下皆有喜庆。

【译文】

上是天而下是泽，上下有别而尊卑分明，象征循礼而"谨慎行走"；君子观此卦象和卦名，便辨别上下名分，端正民众遵礼的心志。

"衣着质朴无华，谨慎行走"而"有所举动"，表明专心奉礼的意愿。

"安适恬淡之人占问可获吉祥"，是由于自身居中循礼。

"目盲偏要观看"，但不能明辨事物；"足跛偏要行走"，但不能外出远行；"老虎咬人""凶险"异常，因为居位不当；勇武之人为天子效命，因为志向刚强。

"内心保持戒惧，最后总能获得吉祥"，因为有遵礼而行的志念。

"决然前行而不顾一切，占问以防危险"，是由于居位正当。

高居上位，"大吉大利"，表明有大的喜庆。

泰　卦

天地交，泰；后以财成天地之道，辅相天地之宜，以左右民。①

"拔茅征吉"，志在外也。②

"包荒得尚于中行"，以光大也。

"无往不复"，天地际也。

"翩翩不富"，皆失实也；"不戒以孚"，中心愿也。③

"以祉元吉"，中以行愿也。

"城复于隍"，其命乱也。

【注释】

①天地交，泰：泰卦上卦为坤，坤为地；下卦为乾，乾为天。天地上下颠倒，形不可交而

气可交，呈通泰之象，所以用"天地交"解释泰卦卦名。后：君王。财：通"裁"，裁制。左右：治理。　②志在外：志在上进。　③失实：即不富有。实，富实。

【译文】

　　高天与大地相互交合，阴阳二气沟通无碍，象征"通泰"；君王观此卦象和卦名，便构拟出天地交通之道，协理天地化生之事，以治理天下万民。

　　"拔除茅草，兴兵征战可获吉祥"，表明志在向外进取。

　　"有包容大川的胸怀"，"能够辅佐持中不偏的君王"，是由于德行光明正大。

　　"不能总是向上而不复返"，因为处在天地交接之际，转化不可避免。

　　"往来翩翩，举止轻浮，不与其邻人共同富有"，表明上卦都失去了富实；"不以诚信之念相互告诫"，表明诸阳内心都有应下的意愿。

　　"因居此位而获得福泽，大吉大利"，是由于有居中不偏并将去应下的意愿。

　　"城墙倾斜在城河之中"，表明发展前景已经错乱，即将发生转化。

否　卦

　　天地不交，否；君子以俭德辟难，不可荣以禄。①

　　"拔茅贞吉"，志在君也。

　　"大人否亨"，不乱群也。②

　　"包羞"，位不当也。

　　"有命无咎"，志行也。

　　"大人"之"吉"，位当也。

　　"否"终则"倾"，何可长也。

【注释】

　　①天地不交，否：否卦上卦为乾，乾为天；下卦为坤，坤为地。天在上而地在下，本属正常，但在《易经》作者看来却属异常，所以称"天地不交"，并以此解释否卦卦义。辟：通"避"。　②不乱群：指九五爻不可应六二爻，不然便陷入小人之群而导致正邪混乱。群，这里指群小。

【译文】

　　高天与大地不相交合，阴阳二气阻隔不通，象征"闭塞"；君子观此卦象和卦名，便以节俭美德避开危难，不去追求荣耀，谋取利禄。

"拔除茅草，占问必获吉祥"，是因为志在辅佐君王。

"大德大才之人反其道而行之，亨通顺利"，是由于不为群小所惑乱。

"被包容而居下，终将招致羞辱"，是由于居位不当。

"君王颁布诏命，必无灾祸"，表明志向可以施行。

"大德大才之人""可获吉祥"，是由于居位正当。

"闭塞"终极必然导致"开通"，是因为闭塞的状态不会永久保持下去。

同 人 卦

天与火，同人；君子以类族辨物。①

出门"同人"，又谁"咎"也。

"同人于宗"，"吝"道也。

"伏戎于莽"，敌刚也；"三岁不兴"，安行也？②

"乘其墉"，义"弗克"也；其"吉"，则困而反则也。③

"同人"之"先"，以中直也；"大师相遇"，言相"克"也。

"同人于郊"，志未得也。

【注释】

①天与火，同人：与，亲和。同人卦上卦为乾，乾为天；下卦为离，离为火。天在上，火炎上，两相亲和，所以用"天与火"解释同人卦卦义。类族："类"和"族"都是同类的意思，而"类"在这里用作动词，意为归类。　②安：疑问代词，怎么。　③义：通"宜"。反则：复返正道。反，返。则，法则。

【译文】

高天在上，烈火在地上熊熊向上燃烧，双方相互亲和，象征"人事和同"；君子观此卦象和卦名，便依类认识人类群体，辨析宇宙万物，以识异而求同。

刚走出大门就能"与人亲近和同"，自然不会有谁危害他。

"与宗族内部的人亲近和同"，这是招致"艰难"之门。

"在林莽之中预设伏兵"，是由于前面有强敌；"三年也不敢兴兵出战"，是由于不能贸然行动。

"高据城头之上"，是由于此时宜与敌方亲近和同，因而不能发动进攻；

"可获吉祥"，则是由于困穷不通时能够复归正道。

"与人亲近和同"，"起先失声痛哭"，表明中正坦直；"大军出征告捷，各路兵马相遇会师"，因为打败了强敌。

"在城邑郊外与人亲近和同"，表明与人亲近和同的志向最终未能实现。

大 有 卦

火在天上，大有；君子以遏恶扬善，顺天休命。①

大有"初九"，"无交害"也。

"大车以载"，积中不败也。

"公用亨于天子"，"小人"害也。

"匪其彭无咎"，明辩晢也。②

"厥孚交如"，信以发志也；"威如"之"吉"，易而无备也。③

大有"上"吉，"自天佑"也。

【注释】

①火在天上，大有：大有卦上卦为离，离为火为日；下卦为乾，乾为天。古人认为火高在天，是五谷丰收之象，所以用"火在天上"解释大有卦卦义。　②辩：通"辨"。晢（zhé）：明，这里是明智的意思。　③信：诚信，忠信。易：简易。

【译文】

烈火高烧在天空，必使五谷丰登，象征"富有"；君子观此卦象和卦名，便抑恶扬善，以顺应上天的美命。

"初九"爻就有大有之象，是由于"与人交往而不涉及利害"。

"用大车运载资财"，表明只有处在正中之位才不会招致危败。

"王公按时向天子进献贡品"，表明小人当此大任会招致祸害。

"富有过人而不自骄，则无灾祸"，因为具有审时度势从而好自为之的智慧。

"胸怀诚信以与上下交接"，这是要以自己的诚信之心来启发他人的诚信之志；"威严自显"而"吉祥"，表明居位得当，即使行为平易而无所戒备，也能使他人畏服。

大有卦"上九"爻之所以吉祥，是由于有来自于上天的保佑。

谦　卦

地中有山，谦；君子以裒多益寡，称物平施。①

"谦谦君子"卑以自牧也。②

"鸣谦贞吉"，中心得也。

"劳谦君子"，万民服也。

"无不利㧑谦"，不违则也。③

"利用侵伐"，征不服也。

"鸣谦"，志未得也；可"用行师"，"征邑国"也。

【注释】

①地中有山，谦：谦卦上卦为坤，坤为地；下卦为艮，艮为山。山高而地卑，山居于地，有高能谦卑之象，所以用"地中有山"解释谦卦卦义。裒（póu）：取。益：增。称（chēng）：衡量。　②牧：管理，这里引申为制约。　③则：法则。

【译文】

大地之上有高山，山崇高而地卑下，山却能谦居地上，象征"谦虚"；君子观此卦象和卦名，便取多而补寡，权衡万物之贫富以公平地施予。

"君子谦而又谦"，表明用谦卑来制约自己。

"谦虚美名传扬在外，占问必获吉祥"，是由于内心纯正才博得如此名声。

"君子有功而不骄"，万民对他都服膺。

"发挥、扩大谦虚美德，无所不利"，此举并不违背谦虚之道。

"利用征伐加以惩治"，表明要用征伐去惩治骄横不驯者。

"谦虚美名传扬在外"，表明此时志向尚未完全实现；可以"兴兵征战"，是说只宜于讨伐四邻小国。

豫　卦

雷出地奋，豫；先王以作乐崇德，殷荐之上帝，以配祖考。①

"初六鸣豫"，志穷"凶"也。

"不终日贞吉"，以中正也。

"盱豫有悔"，位不当也。

"由豫大有得"，志大行也。

"六五贞疾"，乘刚也；"恒不死"，中未亡也。

"冥豫"在"上"，何可长也！

【注释】

　　①雷出地奋，豫：豫卦上卦为震，震为雷；下卦为坤，坤为地。"雷出地奋"有欢乐之象，所以以此解释豫卦卦义。殷：盛大，隆重。荐：献。配祖考：与祖考共同享受祭祀。配，配享，即与其他神灵共同享受祭祀。祖考，指祖先的神灵。

【译文】

　　雷声轰鸣而震动大地，大地感应而振奋兴动，象征"欢乐"；先王观此卦象和卦名，便创作礼乐以赞美功德，举行隆重的典礼祭祀上天，并请祖先的神灵一起共享。

　　"初六爻因喜好欢乐而闻名"，是说欢乐的志趣已经穷极，因而将有凶险。

　　"不需一日就悟出过分欢乐之患"，是由于居中持正。

　　"媚眼向上以求宠爱之乐，必遭困厄"，是由于居位不当。

　　"众人依靠它而得到欢乐，大有所获"，表明其进取之志已经得以畅行。

　　"六五爻占问疾病的吉凶"，表明阴柔乘凌阳刚已经自取危难；"长久健康而不致死亡"，是由于持中之志未曾消亡。

　　"已经养成盲目纵情作乐恶习"又高居"上位"，欢乐不能长久保持下去。

随　　卦

泽中有雷，随；君子以向晦人宴息。①

"官有渝"，从正"吉"也；"出门交有功"，不失也。

"系小子"，弗兼与也。

"系丈夫"，志舍下也。

"随有获"，其义"凶"也；"有孚在道"，"明"功也。

"孚于嘉吉"，位正中也。

"拘系之"，上穷也。

【注释】

①泽中有雷，随：随卦上卦为兑，兑为泽；下卦为震，震为雷。雷震于泽中，泽随雷而动，为"随"之象，所以用"泽中有雷"解释随卦卦义。晦：晚。宴：通"晏"，安。

【译文】

大泽之中响着雷声，雷响使泽水随之翻动，象征"追随"；君子观此卦象和卦名，便随着太阳运行在傍晚入室安息。

"馆舍发生变化"，表明追随正道"可获吉祥"；"出门与人交往必能成功"，表明做事没有过失。

"倾心依附柔顺的小人"，表明不能同时与多方亲和。

"倾心依附刚大的丈夫"，表明志在舍弃在下的小人。

"追随别人而有所获"，从卦义看确有凶险；"心怀诚信，合乎正道"，这是明察事理的功效。

"把诚信施予美善之人，可获吉祥"，是由于居位正中不偏。

"遭到拘禁"，是由于位居极上，追随之道已经穷尽。

蛊　　卦

山下有风，蛊；君子以振民育德。①
"干父之蛊"，意承"考"也。②
"干母之蛊"，得中道也。
"干父之蛊"，终"无咎"也。
"裕父之蛊"，往未得也。
"干父用誉"，承以德也。③
"不事王侯"，志可则也。

【注释】

①山下有风，蛊：蛊卦上卦为艮，艮为山；下卦巽，巽为风。风行山下，遇山折回则草木被摧毁，有弊乱之象，所以用"山下有风"解释蛊卦卦义。　②考：指先辈。　③承以德：即"以德承"。

【译文】

山下狂风劲吹，风遇山折回而把草木摧毁，象征"救弊治乱"；君子观此卦象和卦名，便振济百姓，化育民德。

"匡正父辈的过失"，表明意在继承先辈的德业。

"匡正母辈的过失"，表明已经掌握中和之道。

"匡正父辈的过失"，是由于这样做最终不会有灾祸。

"姑息父辈的过失"，是由于虽有所举动却没有掌握救弊治乱之道。

"匡正父辈的过失而受到称誉"，是由于以美德继承先辈的德业。

"不为王侯效命"，表明高洁的心志值得效法。

临　卦

泽上有地，临；君子以教思无穷，容保民无疆。①

"咸临贞吉"，志行正也。

"咸临吉无不利"，未顺命也。②

"甘临"，位不当也；"既忧之"，"咎"不长也。

"至临无咎"，位当也。

"大君之宜"，行中之谓也。

"敦临"之"吉"，志在内也。③

【注释】

①泽上有地，临：临卦上卦为坤，坤为地；下卦为兑，兑为泽。地高泽低，有高低相临之象，所以用"泽上有地"解释临卦卦义。　②未顺命：这是对于"至于八月有凶"而言的。"八月有凶"是天命，不可抗拒，九二爻并没有顺从这个天命，所以说"未顺命也"。命，这里指君命。　③内：这里指家邦或国邦。

【译文】

沼泽之上有大地，地高泽低而高低相临，象征"临察"；君子观此卦象和卦名，便花费百般心思教化百姓，凭借光大的德行包容、保护万民。

"胸怀感化之心下临百姓，占问可获吉祥"，是由于心志、行为都很端正。

"胸怀感化之心下临百姓，必获吉祥而无所不利"，这是由于并未顺承君命。

"凭着甜言蜜语下临百姓"，是由于居位不当；"已经忧惧自己的过失并加以改正"，表明"灾祸"不会久长。

"亲自下临百姓"，表明居位正当。

"知道自己身为天子应当做什么"，是说应当奉行中和之道。

"敦厚宽仁地下临百姓"而"可获吉祥"，是由于心志一直系恋着国邦。

观　卦

风行地上，观；先王以省方观民设教。①

"初六童观"，"小人"道也。

"阉观女贞"，亦可丑也。②

"观我生进退"，未失道也。

"观国之光"，尚"宾"也。

"观我生"，观民也。

"观其生"，志未平也。③

【注释】

①风行地上，观：观卦上卦为巽，巽为风；下卦为坤，坤为地。风行地上，万物可见，有观仰之象，所以用"风行地上"解释观卦卦义。省方：即省察万方。　②丑：不庄重。　③平：灭，泯灭。

【译文】

和风终日在大地上吹来吹去，万物日日可见可感，象征"瞻仰"；先王观此卦象和卦名，便省视天下万方，以观察民情，设施教化。

"初六爻像幼童一样瞻仰景物"，这是小人的浅薄之举。

"暗中偷偷地瞻仰盛景，利于女子占问"，但这个闺中女子的举止毕竟有欠庄重。

"观察同姓之国的民情，可以知道如何施政"，表明未曾违背治国之道。

"观察一国的风土人情"，表明该国能以礼对待嘉宾。

"观察同姓之国的民情"，这是为了通过观察民情来审度自己的施政之道。

"观察异姓之国的民情"，表明平治天下的心志未曾泯灭。

噬　嗑　卦

电雷，噬嗑；先王以明罚勅法。①

"屦校灭趾"，不行也。

"噬肤灭鼻"，乘刚也。

"遇毒"，位不当也。

"利艰贞吉"，未光也。

"贞厉无咎"，得当也。②

"何校灭耳"，聪不明也。

【注释】

①电雷，噬嗑：噬嗑卦上卦为离，离为电；下卦为震，震为雷。雷电交击，相互咬合，声威可怖，有刑罚之象，所以用"电雷"解释噬嗑卦卦义。勑（chì）：通"敕"，正的意思。②当：正当，妥当。

【译文】

雷电交击，相互咬合，象征"刑罚"；先王观此卦象和卦名，便修明刑罚，整饬法令，用刑威治理天下。

"脚上戴上木枷，枷伤了脚趾"，表明不再行犯罪之举。

"像咬柔软的皮肤一样容易用刑，伤了罪犯的鼻子"，表明阴柔乘凌阳刚必受严惩。

"中毒"，是由于居位不当。

"利于占问艰难之事，可获吉祥"，表明治狱之道尚未光大，应当继续努力。

"占问虽然有危险之兆，但是没有灾祸"，是由于治狱符合正道，举措得当。

"戴上木枷伤了耳朵"，是由于怙恶不悛太欠聪明。

贲　卦

山下有火，贲；君子以明庶政，无敢折狱。①

"舍车而徒"，义弗乘也。

"贲其须"，与上兴也。

"永贞"之"吉"，终莫之陵也。②

"六四"当位，疑也；"匪寇婚媾"，终无尤也。

“六五”之“吉”，有喜也。

“白贲无咎”，上得志也。③

【注释】

　　①山下有火，贲：贲卦上卦为艮，艮为山；下卦为离，离为火。山下有火，山上草木因火生辉，为文饰之象，所以用“山下有火”解释贲卦卦义。庶政：众多的政务。庶，多。　　②陵：通“凌”，凌辱。　　③上得志：上九爻为此卦的主爻，其志在于成贲，贲之道既有文又有质，始则质以文为饰，终则文饰复归于质，至此贲道已成，所以说“上得志也”。

【译文】

　　烈火熊熊，在山下燃烧，山上草木在火光的照耀下焕发出异彩，象征“文饰”；君子观此卦象和卦名，便修明各项政务，但是不敢依据文饰之辞审断狱讼。

　　“弃车徒步而行”，是由于没有乘车之理。

　　“修饰尊长的美须”，表明要与上邻相互修饰。

　　“占问长久之事”，“可获吉祥”，表明自始至终不受凌辱。

　　“六四”爻当位得正，而心中却有疑惧；“前方来者并非贼寇，而是聘求婚配的佳偶”，表明最终也无怨尤。

　　“六五”爻的“终将获得吉祥”，表明日后必有喜事。

　　“用白色装饰，必无灾祸”，表明居位最上者实现了文饰以质为重的志趣。

剥　　卦

　　山附于地，剥；上以厚下安宅。①

　　“剥床以足”，以灭下也。

　　“剥床以辨”，未有与也。②

　　“剥之无咎”，失上下也。

　　“剥床以肤”，切近灾也。

　　“以宫人宠”，终无尤也。

　　“君子得舆”，民所载也；“小人剥庐”，终不可用也。③

【注释】

　　①山附于地，剥：剥卦上卦为艮，艮为山；下卦为坤，坤为地。山本来在地上，不说山在

地上，而说"山附于地"，是由于山经过风雨长期侵蚀，终于崩倾而委附于地。用"山附于地"解释剥卦卦义，道理就在这里。　②与：助，这里指辅佐者。　③载：通"戴"。

【译文】

高山经过风雨侵蚀，崩裂倒塌而委附于地，象征"剥落"；尊上者都观此卦象和卦名，便加厚基础，安实房屋。

"剥蚀大床先损及床腿"，是说"凶"的原因在于损坏下部基础。

"剥蚀大床已经损及床头"，表明没有找到辅佐者。

"虽然处在剥蚀之中，却没有灾祸"，是由于被剥蚀者失去了上下的人等的支持。

"剥蚀大床已经损及床身"，是说灾祸已经临近。

"引导宫中妃嫔承受君王的宠爱"，表明最终也没有怨尤。

"君子摘食硕果将会得到大车运载"，表明君子为百姓所拥戴；"小人摘食硕果将会剥落房屋"，表明小人终究不可重用。

复　卦

雷在地中，复；先王以至日闭关，商旅不行，后不省方。①

"不远"之"复"，以修身也。

"休复"之"吉"，以下仁也。

"频复"之"厉"，义"无咎"也。

"中行独复"，以从道也。

"敦复无悔"，中以自考也。②

"迷复"之"凶"，反君道也。③

【注释】

①雷在地中，复：复卦上卦为震，震为雷；下卦为坤，坤为地。地为阴，雷在地中震动，阳气复生，有复归之象，所以用"雷在地中"解释复卦卦义。至日：这里指冬至日。关：门阙。后：君。　②考：考察。　③反：违背。

【译文】

沉雷在地中震动，阳气渐渐复生，象征"复归"；先王观此卦象和卦名，便在微阳初兴的冬至那天闭门休闲静养，客商和游子都不再外出远行，连君王也不省视天下。

　　"行而不远"就适时"复返"，目的是为了修洁自身。

　　"高高兴兴地复返"而"必获吉祥"，是由于能够向下亲近仁人。

　　"频繁地复返"虽然"会有危险"，但是从情势上看还不至于有什么灾祸。

　　"居中行正，独自复返"，目的在于遵从正道。

　　"敦厚诚信地复返，不会遭遇困危"，是由于居中不偏并能反省自身。

　　"误入迷途又不知复返"，"必遭凶险"，是由于君王的所作所为违反为君之道。

无 妄 卦

　　天下雷行，物与，无妄；先王以茂对时育万物。[①]

　　"无妄"之"往"，得志也。

　　"不耕获"，未富也。

　　"行人得"牛，"邑人灾"也。

　　"可贞无咎"，固有之也。

　　"无妄"之"药"，不可试也。[②]

　　"无妄"之"行"，穷之灾也。

【注释】

　　①天下雷行，物与，无妄：无妄卦上卦为乾，乾为天；下卦为震，震为雷。雷行天下，声传百里，无物不受其震动，万物都应声复苏，所以用"天下雷行，物与"解释无妄卦卦义。与：应。茂：盛。对时：应合天时。对，配合，应合。　②试：用。

【译文】

　　雷声在天下震响、散播，万物都受其震动，无不应声复苏，象征"不妄为"；先王观此卦象和卦名，便用天下行雷般的强大威势来应合天时，养育万物。

　　"不妄为却有所作为"，是说进取之志必然实现。

　　"既不耕耘也不期望收获"，表明不能致富。

　　"路人顺手牵走"耕牛，表明"邑中人家将遭受缉捕之祸"。

　　"可以占问，没有灾祸"，表明固守不动才能免遭灾祸。

"患了意想不到的疾病"，"无须用药治疗而自会痊愈"，表明有病不可胡乱用药。

虽"不妄为"，但"若有举动"，将因时穷难通而遭遇灾祸。

大 畜 卦

天在山中，大畜；君子以多识前言往行，以畜其德。①

"有厉利已"，不犯灾也。

"舆说辐"，中无尤也。

"利有攸往"，上合志也。

"童牛之牿"，有喜也。

"六五"之"吉"，有庆已。

"何天之衢"，道大行也。②

【注释】

①天在山中，大畜：大畜卦上卦为艮，艮为山；下卦为乾，乾为天。天为至大之物，却藏蓄在山中，有积蓄殊大之象，所以用"天在山中"解释大畜卦卦义。识（zhì）：记。前言往行：前代圣贤的言行。　②道：这里指蓄德之道。

【译文】

广大无际的天包容在山谷之中，象征"大有积蓄"；君子观此卦象和卦名，便多方记取前贤的嘉言，效法往圣的美行，以蓄聚美善品德。

"有危险，宜于暂时停止前行"，是说不可冒着灾祸行事。

"车身与车轴分离"，是说居中而不躁进不会招致过失。

"宜于有所举动"，表明与居上位者意志相合。

"在无角的小牛头上拴一根横木"，是说小牛不会伤人或自伤，值得欣喜。

"六五"爻"可获吉祥"，是说凶性已除，将有喜庆。

"何其畅通的通天大道"，表明蓄德之道大得施行。

颐 卦

山下有雷，颐；君子以慎言语，节饮食。①

"观我朵颐"，亦不足贵也。

"六二征凶"，行失类也。

"十年勿用"，道大悖也。[2]

"颠颐"之"吉"，上施光也。

"居贞"之"吉"，顺以从上也。

"由颐厉吉"，大有庆也。

【注释】

①山下有雷，颐：颐卦上为艮，艮为山；下卦为震，震为雷。雷在山下震动，声音遇山而止，一动一止，有口嚼食物颐养之象，所以用"山下有雷"解释颐卦卦义。　②悖：违背。

【译文】

震雷在山下响动，声音遇山而止，一动一止，如口嚼食，象征"颐养"；君子观此卦象和卦名，便谨慎言语以修德，节制饮食以养身。

"观看我隆起的两腮"，表明一味求食不值得尊重。

"六二"爻"兴兵征战必有凶险"，是由于前行遇不到同伴。

"十年之内不可施展才能"，是由于与颐养之道大相背逆。

"两腮不停地颠动"，"可获吉祥"，是由于居上位而能下施光明。

"占问居处之事"，"可获吉祥"，表明应当顺行向上依赖居上位者的阳刚之德。

"从两腮看虽有危险，但仍会获得吉祥"，是说万民均能得到颐养，所以大有喜庆。

大 过 卦

泽灭木，大过；君子以独立不惧，遁世无闷。[1]

"藉用白茅"，柔在下也。

"老夫女妻"，过以相与也。

"栋桡"之"凶"，不可以有辅也。

"栋隆"之"吉"，不桡乎下也。

"枯杨生华"，何可久也？"老妇士夫"，亦可丑也！

"过涉"之"凶"，不可"咎"也。

①泽灭木，大过：大过卦上卦为兑，兑为泽；下卦为巽，巽为木。泽木是滋养木者，水涨却灭了木，实在太过分，所以用"泽灭木"解释大过卦卦义。

【译文】

大泽水涨，淹没了树木，象征"大有过越"；君子观此卦象和卦名，便独立自持并无所畏惧，决然遁世而毫不苦闷。

"用洁白的茅草铺地以陈放祭品"，表明柔顺居下，行为敬谨。

"年迈老汉娶了个年轻娇妻"，表明虽行为过分，但尚能与人亲和。

"大梁弯曲"而"必有凶险"，是由于不能再加木辅之。

"大梁隆起"而"可获吉祥"，是由于大梁不再向下弯曲。

"枯槁的杨树开出新花"，生机怎么能维持长久呢？"年迈的老太婆嫁了个年轻的美丈夫"，这一举动也太不庄重。

"盲目过河，大水淹没了头顶"而"凶祸已成"，不可再加责难，因为责难也没有什么益处。

坎　　卦

水洊至，习坎；君子以常德行，习教事。①

"习坎入坎"，失道"凶"也。

"求小得"，未出中也。

"来之坎坎"，终无功也。

"樽酒簋贰"，刚柔际也。

"坎不盈"，中未大也。

"上六"失道，"凶三岁"也。

【注释】

①水洊（jiàn）至，习坎：坎卦上下卦均为坎，坎为水，重坎有水流连续不断之象，所以用"水洊至"解释坎卦卦义。洊，再，重。常：用作动词，使……常。习：修习，实践。教事：政教事务。

【译文】

水流不断，连连而至，象征"重重险难"；君子观此卦象和卦名，便恒久地保持美德善行，反复修习政教事务。

"面临重重险难又落入陷穴深处"，表明违背履险之道"必有凶险"。

"从小处谋求脱险虽能得逞"，但是尚未逃出险境。

"来来去去都处在险难之中"，表明最终难成履险之功。

"一樽薄酒，两筐淡食"，表明阳刚与阴柔相互交接。

"陷穴尚未满盈"，表明虽然居中，但是平险功业尚未光大。

"上六"爻违背履险正道，所以"凶险将持续三年"。

离　　卦

明两作，离；大人以继明照于四方。①

"履错"之"敬"，以辟"咎"也。②

"黄离元吉"，得中道也。

"日昃之离"，何可久也！

"突如其来如"，无所容也。

"六五"之"吉"，离王公也。

"王用出征"，以正邦也；"获匪其丑"，大有功也。

【注释】

①明两作，离：离卦上下卦均为离，离为日，日生明，离又上下接连，有附丽之象，所以用"明两作"解释离卦卦义。两：连续。　②辟：通"避"。

【译文】

太阳一天又一天接连升起，象征"附丽"；大德大才之人观此卦象和卦名，便连续不断地用光辉之德照耀四方。

"办理事务谨慎郑重"而"态度恭敬"，目的是为了避免灾祸。

"黄色附着于物，大吉大利"，是由于获得了居中不偏之道。

"太阳将要落山，一次又一次悬附在西天"，这种情状不能保持长久。

"不孝之子突然返回家中"，表明外边无处容身。

"六五"爻的"吉祥",是由于臣下依附于王公。

"君王用兵出征",是为了端正国邦从而平治天下;"捕获的即使不是其同伙",也立了大功。

象辞下传

咸 卦

山上有泽，咸；君子以虚受人。①

"咸其拇"，志在外也。

虽"凶居吉"，顺不害也。

"咸其股"，亦不处也；志在"随"人，所"执"下也。②

"贞吉悔亡"，未感害也；"憧憧往来"，未光大也。

"咸其脢"，志末也。

"咸其辅颊舌"，滕口说也。③

【注释】

①山上有泽，咸：咸卦上卦为兑，兑为泽；下卦为艮，艮为山。山气向上，泽水向下，山泽通气，相互感应，所以用"山上有泽"解释咸卦卦义。 ②处：安居不动。下：自卑居下。
③滕：通"腾"，水滔滔流动的样子，这里是形容说话滔滔不绝。

【译文】

高山之上有大泽，山气向上，泽水向下，山泽通气，象征"感应"；君子观此卦象和卦名，便以若谷的虚怀广纳众人的教益，以此去与他人相互感应。

"交相感应在脚的大拇指"，表明感应之志在于向外发展。

"虽有凶险，但居家不出可获吉祥"，表明顺依正道并与之感应，就可以免遭祸害。

"交相感应在大腿"，表明不能居家静处；志在"盲目追随"他人，表明所抱的志向不高，甘居人下。

"占问可获吉祥，困厄将会消亡"，是由于志在行正，从而免遭祸害；"心意不定，思绪不绝"，表明感应之道尚未光大。

"交相感应在脊背"，表明感应之志不够远大。

"交相感应在面颊和口舌"，表明感应之道已成，双方感情非常和谐，因而说起知心话来滔滔不绝。

恒　卦

雷风，恒；君子以立不易方。①

"浚恒"之"凶"，始求深也。

"九二悔亡"，能久中也。

"不恒其德"，无所容也。

久非其位，安得"禽"也？

"妇人贞吉"，从一而终也；"夫子"制义，从妇"凶"也。②

"振恒"在上，大无功也。

【注释】

①雷风，恒：恒卦上卦为震，震为雷；下卦为巽，巽为风。雷风相与，是自然界的恒常关系，所以用"雷风"解释恒卦卦义。立不易方：树立持之以恒的观念。方，道。　②制义：裁制即决断事理。义，理。

【译文】

雷动而风行，雷风相与是宇宙之间恒常不变的现象，象征"恒久"；君子观此卦象和卦名，树立持之以恒的观念。

"有所追求，持续得过于恒久"而凶险，表明开始所求过深，将遭凶祸。

"九二"爻"困厄消亡"，是由于能够持之以恒坚守中正之道。

"不能持之以恒地保持美德"，将无处容身。

长久地居于不当之位，打猎怎么能捕得"禽兽"呢？

"占问妇人之事，可获吉祥"，是由于依附一个丈夫而终身不渝；"男人"则应当决断事理，若像妇人那样则必有凶险。

高高在上"动摇不安，变化无常"，不会取得多大功效。

遯　卦

天下有山，遯；君子以远小人，不恶而严。①

“遯尾”之“厉”，不往何灾也？

“执用黄牛”，固志也。

“系遯”之“厉”，有疾惫也；“畜臣妾吉”，不可大事也。

“君子好遯，小人否”也。

“嘉遯贞吉”，以正志也。

“肥遯无不利”，无所疑也。

【注释】

①天下有山，遯：遯卦上卦为乾，乾为天；下卦为艮，艮为山。天喻君子，山比小人，天远离山，为君子避小人，有君子遁世之象，所以用“天下有山”解释遯卦卦义。

【译文】

高天之下立着大山，天远高山，象征“退避”；君子观此卦象和卦名，便疏远小人，但又不能露出憎恶之情，只得庄严立身，自甘退避。

“退避不及，落在后边”而“必有危险”，但若不前往，又有什么灾祸呢？

“被黄牛皮绳捆绑”，是为了加强辅佐时事的意志。

“心中有所系恋，迟迟不能适时退避”而“必有危险”，表明将染上疾患，疲惫不堪；“畜养臣仆和侍妾可获吉祥”，是说奴仆只能做侍疾之类小事，而不可担当治国大事。

“君子虽然心怀恋情，但是已经适时退避，小人却做不到”。

“选择最佳时机适时退避，占问可获吉祥”，是由于心志端正。

“高飞远走，彻底退避，无所不利”，表明已经毫不犹豫，无所系恋。

大 壮 卦

雷在天上，大壮；君子以非礼弗履。①

“壮于趾”，其“孚”穷也。

“九二贞吉”，以中也。

“小人用壮，君子用罔”也。

“藩决不羸”，尚往也。

“丧羊于易”，位不当也。

“不能退，不能遂”，不详也；“艰则吉”，咎不长也。②

①雷在天上，大壮：大壮卦上卦为震，震为雷；下卦乾，乾为天。雷主动，天主健，动而健，有盛壮之象，所以用"雷在天上"解释大壮卦卦义。　②详：周详，周到。

【译文】

震雷响彻天际，声威刚健而气势雄壮，象征"刚大盛壮"；君子观此卦象和卦名，便遵守礼制，凡是非礼的事情都不去做。

"脚趾盛壮"，表明其诚信之德已经穷尽。

"九二"爻"占问可获吉祥"，是由于阳刚居中。

"小人恃盛壮以逞刚强，君子则虽然盛壮而不妄用。"

"藩篱抵开了裂口而羊角却被缠绕"，表明利于有所举动以求进取。

"在田边丢了羊"，是由于居位不当。

"既不能后退，也不能前进"，是由于处事不周；"经受艰苦磨难则可获吉祥"，表明灾祸不会久长。

晋　卦

明出地上，晋；君子以自昭明德。①

"晋如摧如"，独行正也；"裕无咎"，未受命也。

"受兹介福"，以中正也。

"众允"之，志上行也。

"鼫鼠贞厉"，位不当也。

"失得勿恤"，往有庆也。

"维用伐邑"，道未光也。

【注释】

①明出地上，晋：晋卦上卦为离，离为日；下卦为坤，坤为地。日出于地，而升于天，有上进之象，所以用"明出地上"解释晋卦卦义。

【译文】

太阳从地面出现，一直上升到高空，象征"进长"；君子观此卦象和卦名，便修明自身，使自己德行更加光辉。

"进长一开始就受到阻碍"，表明此时应当独行正道以得胜获吉；"宽容处之则无灾祸"，是由于尚未领受大命。

"将要承受宏大的福泽"，是由于居中守正。

"众人都信任他"，是由于他立志向上行进。

"如身无一技之长的大鼠，占问必有危险"，是由于居位不当。

"无须为得失而忧虑"，表明有所举动必有喜庆。

"宜于征伐邑国以建功立业"，是由于进长之道尚未光大。

明 夷 卦

明入地中，明夷；君子以莅众，用晦而明。[①]

"君子于行"，义"不食"也。

"六二"之"吉"，顺以则也。

"南狩"之志，乃大得也。

"入于左腹"，获心意也。

"箕子"之"贞"，"明"不可息也。

"初登于天"，照四国也；"后入于地"，失则也。[②]

【注释】

①明入地中，明夷：明夷卦上卦为坤，坤为地；下卦为离，离为日。日入地中，光明消失，有光明受损之象，所以用"明入地中"解释明夷卦卦义。莅：临。晦：藏。 ②四方：指四方各诸侯国。则：法则，法度。

【译文】

光明隐入大地之中而消失无遗，象征"光明伤损"；君子观此卦象和卦名，来到众人之中，隐而不露，从而使自己的德行显得更加光辉。

"君子匆匆出行"，表明君子为了隐匿而无暇顾及饮食。

"六二"爻"可获吉祥"，是由于德性柔顺，遵循法则。

"到南郊狩猎"的志向，将导致大有所得。

"退处左方腹地"，是为了观察内中情状。

"像箕子那样佯狂自保"而"持守正贞之道"，表明其美德并没有泯灭。

"起初登临天上"，是由于美德光照四方诸国；"最终坠落地下"，是由于违背法度而沉沦没落。

家 人 卦

风自火出，家人；君子以言有物，而行有恒。①

"闲有家"，志未变也。

"六二"之"吉"，顺以巽也。

"家人嗃嗃"，未失也；"妇子嘻嘻"，失家节也。②

"富家大吉"，顺在位也。⑤

"王假有家"，交相爱也。

"威如"之"吉"，反身之谓也。

【注释】

①风自火出，家人：家人卦上卦为巽，巽为风；下卦为离，离为火。此卦内卦为火而外卦为风，内火外风，有如家事自内传扬到外，所以用"风自火出"解释卦义。 ②失：通"佚"，即佚乐。佚，逸。 ③在位：指居尊位者。

【译文】

大风从熊熊燃烧的烈火中生出，象征"一个家庭"；君子观此卦象和卦名，说话必切合实情，做事必持之以恒，以教育家人。

"持家能够预防不测之灾"，表明在志向尚未改变的时候就预加防范。

"六二"爻"可获吉祥"，是由于柔顺而又谦逊。

"家人经常受到家长严厉训斥"，表明不敢纵情逸乐；"妇人孩子终日嬉闹调笑"，则是由于持家有失礼法。

"家富多财，大吉大利"，是由于能够顺承尊者。

"君王驾临其家"，是由于家人之间相亲相爱。

"心存诚信，威严持家""必获吉祥"，是说尊者能反躬自省，严于律己。

睽 卦

上火下泽，睽；君子以同而异。①

"见恶人"，以辟"咎"也。

"遇主于巷"，未失道也。

"见舆曳"，位不当也；"无初有终"，遇刚也。

"交孚无咎"，志行也。

"厥宗噬肤"，"往"有庆也。

"遇雨"之"吉"，群疑亡也。[②]

【注释】

①上火下泽，睽：睽卦上卦为离，离为火；下卦为兑，兑为泽。火性炎上，泽性即水性润下，上下相违，有违逆隔膜之象，所以用"上火下泽"解释睽卦卦义。　②亡：消亡，消失。

【译文】

上面是火而下面是泽，火炎上而泽润下，象征"违逆隔膜"；君子观此卦象和卦名，便观察研究事物，综合其中之同而分析其中之异。

"谦谨地对待与自己对立的恶人"，是为了避免"灾祸"。

"在小巷中不期而遇碰见主人"，表明没有偏离正道。

"看见大车拖拖拉拉艰难行进"，表明居位不当；"起初历尽艰辛，最终将有美好结局"，表明最终必将与阳刚遇合。

"胸怀诚信之心与人交往没有灾祸"，表明志向正在践行。

"他与宗族之人一同吃肉"，表明有所举动必有喜庆。

"遇到大雨"，"可获吉祥"，是由于种种疑虑已经消除。

蹇　卦

山上有水，蹇；君子以反身修德。[①]

"往蹇来誉"，宜待也。

"王臣蹇蹇"，终无尤也。

"往蹇来反"，内喜之也。

"往蹇来连"，当位实也。

"大蹇朋来"，以中节也。

"往蹇来硕"，志在内也；"利见大人"，以从贵也。

【注释】

①山上有水，蹇：蹇卦上卦为坎，坎为水；下卦为艮，艮为山。山险峻，水阻难，有山而

且山上有水，为艰难之象，所以用"山上有水"解释蹇卦卦义。

【译文】

高山之上积有大水，险峻难行，象征"行事艰难"；君子观此卦象和卦名，遇到艰难便反省自身，努力修美品德。

"有所举动虽然艰难，归来却能获得美誉。"

"君王的臣子历尽艰险奔走济难"，表明最终不会招致过失。

"外出遭遇艰难，很早就返回家园"，是由于此行胜利，内心欢喜。

"外出遭遇艰难，返回时却有车可坐"，是由于居位恰当切实。

"行事十分艰难，友朋纷纷前来相助"，是由于具有中正气节。

"外出遭遇艰难，归来可建大功"，表明志在联合内部共同济难；"利于大德大才之人出世"，是由于附从尊贵的君王。

解　卦

雷雨作，解；君子以赦过宥罪。①

刚柔之际，义"无咎"也。

"九二贞吉"，得中道也。

"负且乘"，亦可丑也；自我致戎，又谁咎也？

"解而拇"，未当位也。

"君子有解"，"小人"退也。

"公用射隼"，以解悖也。②

【注释】

①雷雨作，解：解卦上卦为震，震为雷；下卦为坎，坎为雨。雷雨兴起，草木复苏，有舒解之象，所以用"雷雨作"解释解卦卦义。　②悖：悖逆，引申为叛乱。

【译文】

春雷兴动，喜雨普降，草木复苏，嫩芽萌生，象征"舒解"；君子观此卦象和卦名，便赦免过错，宽恕罪恶。

阳刚与阴柔相互交接应合，依理而论自然没有灾祸。

"九二"爻"占问可获吉祥"，是由于居中不偏从而有所收获。

"身负重物而乘车出行"，表明行为有欠庄重；由于自身失德而招致兵戎之灾，这又是谁的过错呢？

"像解开被缚的拇指一样摆脱小人的纠缠"，表明居位尚未正当。

"君子被缚又得以解脱"，"小人"必将退缩不前。

"王公用利箭射杀大雕"，表明叛乱已经平息。

损　卦

山下有泽，损；君子以惩忿窒欲。[①]

"己事遄往"，尚合志也。[②]

"九二利贞"，中以为志也。

"一人行"，"三"则疑也。

"损其疾"，亦可"喜"也。

"六五元吉"，自上佑也。

"弗损益之"，大得志也。

【注释】

①山下有泽，损：损卦上卦为艮，艮为山；下卦为兑，兑为泽。泽低山高，有泽自损以崇山之象，所以用"山下有泽"解释损卦卦义。惩：止。窒：塞。　②遄（chuán）：迅速。

【译文】

高山之下有深泽，两相对比，犹如深泽自损而增加山之崇高，象征"减损"；君子观此卦象和卦名，便抑制愤怒，堵塞邪念，以自损不善，修美品德。

"停下自己的事情，赶快去协助别人"，表明与居上位者心志相合。

"九二"爻"利于占问"，是由于把持守中道作为自己的志向。

"一人独行能够专一求合"，"三人同行"，则会相互猜疑，不能齐心协力。

"减轻疾病"，也会有"可喜的结果"。

"六五"爻的"大吉大利"，是来自上天的佑助。

"不要减损，而要增益"，将会大得人心。

益　卦

风雷，益；君子从见善则迁，有过改。[①]

"元吉，无咎"，下不厚事也。[②]

"或益之"，自外来也。

"益用凶事"，固有之也。

"告公从"，以益志也。

"有孚惠心"，"勿问"之矣；"惠我德"，大得志也。

"莫益之"，偏辞也；"或击之"，自外来也。

【注释】

①风雷，益：益卦上卦为巽，巽为风；下卦为震，震为雷。风烈雷疾，雷猛风怒，有相互增益之象，所以用"风雷"解释益卦卦义。　②下：指下民，庶民。厚：后。

【译文】

风雷相交，彼此济助，象征"增益"；君子观此卦象和卦名，见到善行就倾心追求，有了过错则立即改正。

"大吉大利，没有灾祸"，是由于庶民争先而来，奋力做事。

"有人进献"，表明所受之益是从外部不招自来。

"把增益用于救助凶险之事"，这是固有的品性。

"得到王公的信从"，表明能以增益天下之志去亲和王公。

"胸怀诚信仁爱之心"，不用占问就知道十分吉祥；"天下人必将以仁爱之心报答我的仁爱之德"，表明可以大展抱负。

"没有人增益于他"，这是一种见识不广的说法；"有人攻击他"，这是从外部不招自来的灾祸。

夬　卦

泽上于天，夬；君子以施禄及下，居德则忌。①

"不胜"而"往"，"咎"也。

"有戎勿恤"，得中道也。

"君子夬夬"，终"无咎"也。

"其行次且"，位不当也；"闻言不信"，聪不明也。

"中行无咎"，中未光也。

"无号"之"凶"，终不可长也。

【注释】

①泽上于天，夬：夬卦上升为兑，兑为泽；下卦为乾，乾为天。泽水上于天，水满溃决将倾泻而下导致洪水滔天，所以用"泽上于天"解释夬卦卦义。

【译文】

　　大泽水满而巨浪滔天，象征"决断"；君子观此卦象和卦名，施福降禄给下民，而如果积蓄德惠而不施，则必遭下民憎恶。

　　"不能取胜"而"贸然前往"，会招致灾祸。

　　"发生战事也不必忧虑"，表明得助于居中慎行之道。

　　"君子决然前行"，是由于最终也不会有灾祸。

　　"行走趑趄难进"，是由于居位不当；"听了别人的话而不相信"，是由于无法辨明真情。

　　"居中行正而无灾祸"，表明此时中正之道尚未光大。

　　"不必大哭小叫"，"凶险终究难于逃避"，表明高居上位终究不会久长。

姤　卦

　　天下有风，姤；后以施命诰四方。①

　　"系于金柅"，柔道牵也。

　　"包有鱼"，义不及"宾"也。

　　"其行次且"，行未牵也。

　　"无鱼"之"凶"，远民也。

　　"九五含章"，中正也；"有损自天"，志不舍命也。

　　"姤其角"，上穷"吝"也。

【注释】

　　①天下有风，姤：姤卦上卦为乾，乾为天；下卦为巽，巽为风。风行天下，无物不遇，有相遇之象，所以用"天下有风"解释姤卦卦义。后：君王。

【译文】

　　和风在高天之下吹来吹去，什么东西都会遇到，象征"相遇"；君王观此卦象和卦名，便发布诏命，诰谕四方。

　　"紧紧系在铜车闸上"，表明此时必须持守柔顺之道，接受阳刚牵制。

　　"厨房有鱼"，从卦义上看不宜用来招待"宾客"。

　　"行走趑趄难进"，表明未曾牵制外物。

"厨房无鱼""必然惹出凶险之事",表明远离下民从而失去了民心。

"九五"爻"含藏彰美之德",是由于居中守正;"必有喜庆自天而降",是由于心志没有违背天命。

"走入空荡荡的角落",表明居位极高而导致处境艰难。

萃　卦

泽上于地,萃;君子以除戎器,戒不虞。①

"乃乱乃萃",其志乱也。

"引吉无咎",中未变也。

"往无咎",上巽也。

"大吉无咎",位不当也。

"萃有位",志未光也。

"赍咨涕洟",未安上也。

【注释】

①泽上于地,萃:萃卦上卦为兑,兑为泽;下卦为坤,坤为地。泽水满盈高出地面,随时都有决溃之险,只得筑坝聚水,形成会聚之象,所以用"泽上于地"解释萃卦卦义。除:修理。

【译文】

大泽高出地面,因而必须筑坝聚水,象征"会聚";君子观此卦象和卦名,便修整兵器,以防不测之灾。

"行动慌乱而与他人妄聚",表明心志迷乱。

"迎来吉祥,没有灾祸",表明居中行正的心志没有改变。

"有所举动没有灾祸",是由于能够向上顺从强者。

"大吉大利,没有灾祸",表明居位仍不甚妥当。

"会聚而适得其位",表明志向尚未光大。

"咨嗟哀叹并痛哭流涕",是由于不能安居极高之位。

升　卦

地中生木,升;君子以顺德,积小以高大。①

"允升大吉"，上合志也。

"九二"之"孚"，有喜也。

"升虚邑"，无所疑也。

"王用亨于岐山"，顺事也。

"贞吉升阶"，大得志也。

"冥升"在上，消不富也。

【注释】

①地中生木，升：升卦上卦为坤，坤为地；下卦为巽，巽为木。"地中生木"，是萌芽上长之象，所以用来解释升卦卦义。

【译文】

大地之中生出树木，象征"上升"；君子观此卦象和卦名，便顺行美德，积累小善以成就宏大的功业。

"不断进长上升，大吉大利"，表明上升顺合居于上位者的心意。

"九二"爻的诚信美德，将会带来喜庆。

"上升顺利，一直升入空虚的城邑"，表明心中没有疑虑。

"君王来到岐山祭祀神灵"，是为了顺从尊上者以建立功业。

"占问可获吉祥，沿着台阶步步上升"，表明上升的心志已经完全实现。

"夜间还要继续上升"，进入极位，表明必将衰弱，不能保持富盛。

困 卦

泽无水，困；君子以致命遂志。①

"入于幽谷"，幽不明也。

"困于酒食"，中有庆也。

"据于蒺藜"，乘刚也；"入于其宫，不见其妻"，不祥也。

"来徐徐"，志在下也；虽不当位，有与也。②

"劓刖"，志未得也；"乃徐有说"，以中直也；"利用祭祀"，受福也。

"困于葛藟"，未当也；"动悔又悔"，"吉"行也。③

【注释】

①泽无水，困：困卦上卦为兑，兑为泽；下卦为坎，坎为水。水在泽下，泽中无水，自然

干枯困穷，所以卦名为困。　②有与：有外物赞助。　③"吉"行：行则"吉"。

【译文】

　　泽水下渗，泽中无水，象征"困穷"；君子观此卦象和卦名，便竭尽全力实现自己的崇高志向。

　　"退处幽暗的山谷"，是由于无处容身，只得暂居幽暗不明之地。

　　"吃醉了酒"，表明持守中道便有喜庆。

　　"困坐在蒺藜之上"，是由于阴柔乘凌阳刚；"退回自己的家里，却见不到婚配之日"，这很不吉祥。

　　"缓缓而来"，表明心志在于求下；尽管居位不当，但是只要谨慎行事，志向也能实现。

　　"施用割鼻断足之刑治理众人"，表明志向未能实现；"慢慢脱离危险"，是由于持守刚中正直之道；"宜于举行祭祀"，这样为了承受神灵降下的福泽。

　　"被葛藟所缠绕"，表明居处高位尚未妥当；"有所举动便感到后悔，于是赶快悔悟"，前行可获吉祥。

井　卦

　　木上有水，井；君子以劳民劝相。①

　　"井泥不食"，下也；"旧井无禽"，时舍也。

　　"井谷射鲋"，无与也。

　　"井渫不食"，行"恻"也；求"王明"，"受福"也。

　　"井甃无咎"，修井也。

　　"寒泉"之"食"，中正也。

　　"元吉"在"上"，大成也。

【注释】

　　①木上有水，井：井卦上卦为坎，坎为水；下卦为巽，巽为木。"木上有水"，可以滋养自身，有井水养人之象，所以用来解释井卦卦义。劳民：为民而劳。劝：勉。相：相互。

【译文】

　　树木之上有水渗出，象征"水井"；君子观此卦象和卦名，便尽心尽力为百姓操劳，并劝勉众人相互济助。

"井底污泥淤积，井水已经不能食用"，表明德性卑下；"井枯树死，飞鸟再不来栖息"，表明暂时被外物舍弃。

"枯井井底小鱼来往窜游"，表明无物与之相应相亲。

"枯井已经淘净仍然无人取水食用"，表明此举不被理解"令人凄恻悲伤"；期盼"君王圣明"，是为了与之共享福泽。

"水井正在整修，没有灾祸"，表明此时只能淘洗而不能食用。

"洁净的寒泉之水""可供食用"，表明已经具有中正美德。

"高居上位"而"大吉大利"，表明治井之功已经告成。

革　卦

泽中有火，革；君子以治历明时。①

"巩用黄牛"，不可以有为也。

"己日革之"，行有嘉也。

"革言三就"，又何之矣！

"改命"之"吉"，信志也。②

"大人虎变"，其文炳也。

"君子豹变"，其文蔚也；"小人革面"，顺以从君也。

【注释】

①泽中有火，革：革卦上卦为兑，兑为泽；下卦为离，离为火。泽与火不相容，有变革之象，所以用"泽中有火"解释革卦卦义。历：历法。　②信：通"伸"，施展。

【译文】

大泽之中有烈火，水火不容必致变化，象征"变革"；君子观此卦象和卦名，便拟制历法以明辨四季的变化。

"用黄牛皮绳牢牢拴住，以免轻举妄动"，表明不可轻率地实行变革。

"到了己日断然实行变革"，表明努力实行变革必获卓越功效。

"变革必须慎重行事，经过多次计议才能采取行动"，是由于实行变革不能过于激进。

"断然变革天命，实行改朝换代"，"可获吉祥"，表明变革之志已经得以施展。

　　"大德大才之人在变革之际气度像老虎那样威猛"，表明其美德文采焕然昭彰。

　　"君子在变革之际行动像豹子那样迅捷"，表明其美德文采蔚然清朗；"小人也改变了昔日的面目"，这是为了顺从君王的变革弘愿。

鼎　卦

　　木上有火，鼎；君子以正位凝命。①
　　"鼎颠趾"，未悖也；"利出否"，以从贵也。
　　"鼎有实"，慎所之也；"我仇有疾"，终无尤也。②
　　"鼎耳革"，失其义也。③
　　"覆公㑦"，信如何也！④
　　"鼎黄耳"，中以为实也。
　　"玉铉"在"上"，刚柔节也。

【注释】

　　①木上有火，鼎：鼎卦上卦为离，离为火；下卦为巽，巽为木。"木上有火"，为烹煮食物之象，正合鼎卦卦义。凝：严守。　②之：动词，去，往。　③义：宜，适当。　④信如何：信如之何。信，信任。

【译文】

　　木柴燃烧，火焰灼灼，象征"鼎器"在烹煮食物；君子观此卦象和卦名，便端正自己的居位，严守使命，恭谨履职。

　　"大鼎颠倒，其足向上"，这样未必违背情理；"宜于倾倒无用之物"，表明应当上从尊者。

　　"鼎中盛满食物"，表明应当谨慎前行；"我的配偶身患疾病"，表明我最终不会有灾祸。

　　"大鼎失去了鼎耳"，表明居位失当。

　　"王公的美食倾倒出来"，表明大臣不值得信任！

　　"大鼎配上黄色鼎耳"，表明居中可以获得实利。

　　"玉制的鼎耳吊环"高居"上位"，表明阳刚能用阴柔加以调节。

震　卦

洊雷，震；君子以恐惧修省。①

"震来虩虩"，恐致福也；"笑言哑哑"，"后"有则也。

"震来厉"，乘刚也。

"震苏苏"，位不当也。

"震遂泥"，未光也。

"震往来厉"，危行也；其事在中，大"无丧"也。

"震索索"，中未得也；虽"凶""无咎"，畏邻戒也。

【注释】

①洊（jiàn）雷，震：震卦上下卦均为震，震为雷。洊，再，重。两震相重，则一雷未过而一雷又起，雷声应和雷声而有震动不已之象，所以用"洊雷"解释震卦卦义。

【译文】

雷声轰鸣，连连而起，震天动地，象征"震动"；君子观此卦象和卦名，便惶恐警惧、自我戒惕，以修身省过、增益美德。

"雷霆骤响震得万物惊恐惶惧"，表明警惧戒惕能够得到福泽；"尔后又谈笑风生"，表明惊恐惶惧过后便能遵循法则。

"雷霆骤响，必有危险"，是由于阴柔乘凌于阳刚之上。

"雷霆震动，惶惶不安"，是由于居位不当。

"雷霆震动，惊慌失措而坠入泥沼之中"，表明阳刚之德尚未光大。

"雷霆震动，上下往来都有危险"，表明应当提防危险，谨慎前行，只要能够持守中道，便"无重大损失"。

"雷霆震动，索索发抖"，表明未能居位适中；虽然"必有凶险"，但是"没有灾祸"，是由于近邻所受的震动使之感到恐惧而预先有所戒备。

艮　卦

兼山，艮；君子以思不出其位。①

"艮其趾"，未失正也。

"不拯其随"，未退听也。

"艮其限"，危"熏心"也。

"艮其身"，止诸躬也。②

"艮其辅"，以中正也。

"敦艮"之"吉"，以厚终也。

【注释】

①兼山，艮：艮卦上下卦均为艮，艮为山。兼山，两山重叠。一山即能阻止，两山更能阻止，所以用"兼山"解释艮卦卦义。出：超越。位：本分。　②躬：自身。

【译文】

两座大山重叠，阻遏万物前进，象征"抑止"；君子观此卦象和卦名，便抑止内心邪欲恶念，使自己的所思所虑都不超越本分。

"抑止脚趾而不让起步"，表明尚未违背正道。

"无法举步追随应该追随的人"，表明既不能前行，又不能退回原地听从抑止之命。

"抑止腰胯的运动"，表明危险"像烈火烧灼，使人心忧如焚"。

"抑止上身，使之不得妄动"，表明能够自我抑止。

"抑止面颊使其不得妄言"，表明能够居中守正。

"以敦厚的美德抑止邪欲恶念"，"必获吉祥"，是由于宽厚的美德能够保持至终。

渐　卦

山上有木，渐；君子以居贤德善俗。①

"小子"之"厉"，义"无咎"也。

"饮食衎衎"，不素饱也。

"夫征不复"，离群丑也；"妇孕不育"，失其道也；"利用御寇"，顺相保也。②

"或得其桷"，顺以巽也。

"终莫之胜吉"，得所愿也。

"其羽可用为仪吉"，不可乱也。

【注释】

①山上有木，渐：渐卦上卦为巽，巽为木；下卦为艮，艮为山。"山上有木"，日渐高大，有渐进之象，所以用"山上有木"解释渐卦卦义。　②群丑：同类。丑，类。

【译文】

山上有树木，逐年生长，日渐高大，象征"渐进"；君子观此卦象和卦名，便逐渐增进贤德，改良风俗。

"幼童所遭遇的危险"，从卦义上看"没有什么灾祸"。

"安享饮食和乐欢快"，表明不是只享俸禄不尽臣职。

"丈夫出征一去不再复返"，表明离远其同类；"妻子虽然身怀有孕却无颜生子"，是由于有失妇道；"利于防御贼寇"，表明应当使夫妇关系和顺相保。

"有的落在木椽之上"，表明温顺而又谦和。

"外物最终不能取胜"却"可获吉祥"，是由于实现了自己的愿望。

"羽毛美丽异常，可以用于仪饰"，表明洁美的志向不会迷乱。

归　妹　卦

泽上有雷，归妹；君子以永终知敝。①

"归妹以娣"，以恒也；"跛能履吉"，相承也。

"利幽人之贞"，未变常也。

"归妹以须"，未当也。

"愆期"之志，有待而行也。

"帝乙归妹"，"不如其娣之袂良"也；其位在中，以贵行也。

"上六无实"，"承"虚"筐"也。

【注释】

①泽上有雷，归妹：归妹卦上卦为震，震为雷；下卦为兑，兑为泽。震卦为阳卦，兑卦为阴卦，上震下兑，有阳动于上，阴悦而从之之象，此象犹为女嫁于男，正合归妹卦卦义。

【译文】

大泽之上响着震雷，泽水随雷欣然而动，象征"嫁出少女"；君子观此卦象和卦名，便永远谨守夫妇之道，并预先察知其中的隐患。

"少女出嫁，妹妹从嫁作侧室"，这是婚嫁的恒常之道，"跛足者奋发前行，可获吉祥"，这是为了顺从丈夫而与之相亲。

"利于安恬幽居之人占问"，表明并未改变严守贞操的恒常之道。

"少女出嫁，姐姐从嫁作侧室"，表明行为不当。

"少女出嫁一再延期"的心志，在于待机而行。

"帝乙嫁女"，"其服饰反而不如从嫁妹妹的服饰华贵"；表明位尊而守中，以高贵的身份践行谦卑之道。

"上六阴柔虚中无实"，犹如"手捧"空空的"食筐"。

丰　卦

雷电皆至，丰；君子以折狱致刑。①

"虽旬无咎"，过旬灾也。

"有孚发若"，信以发志也。

"丰其沛"，不可大事也；"折其右肱"，终不可用也。

"丰其蔀"，位不当也；"日中见斗"，幽不明也；"遇其夷主"，"吉"行也。

"六五"之"吉"，"有庆"也。

"丰其屋"，天际翔也；"阒其户，阒其无人"，自藏也。

【注释】

①雷电皆至，丰：丰卦上卦为震，震为雷；下卦为离，离为电（火）。既有雷又有电，"雷电皆至"，威与明俱备，足见其"丰"，正合丰卦卦义。

【译文】

隆隆的雷声和闪闪的电光一齐大作，声威与光明俱备，象征"非厚盛大"；君子观此卦象和卦名，便效法雷之威和电之明审断狱讼，动用刑罚。

"尽管双方势均力敌，却没有灾祸"，表明双方势力一旦失去均衡则必有灾祸。

"必怀诚信之心消除猜疑"，表明应当通过诚信之德施展自己的志向。

"丰厚幔帐以遮蔽光明"，表明不可承当重任；"折断了右臂"，表明终究不能施展才干。

中華藏書

四书五经·最新校勘精注今译本

中国书店

五五八

"丰厚遮蔽光明的幔帐"，表明居位不当；"正午出现满天星斗"，表明此时幽暗而不见光亮；"遇到自己的同类"，表明此时"吉祥"因而宜于前行。

"六五"爻的"吉祥"，表明必有"喜庆"。

·"丰厚房屋"表明居位最高如在天际飞翔；"对着窗户向室内窥视，里边阒无一人"，表明主人自己躲藏起来了。

旅　卦

山上有火，旅；君子以明慎用刑，而不留狱。①

"旅琐琐"，志穷"灾"也。

"得童仆贞"，终无尤也。

"旅焚其次"，亦以伤矣；以旅与下，其义"丧"也。

"旅于处"，未得位也；"得其资斧"，"心"未"快"也。

"终以誉命"，上逮也。②

以"旅"在"上"，其义"焚"也；"丧牛于易"，终莫之闻也。

【注释】

①山上有火，旅：旅卦上卦为离，离为火；下卦为艮，艮为山。火在山上，其势不长，有外出旅行不会久长之象，所以用"山上有火"解释旅卦卦义。　②上逮：逮上，即达到尊位。逮，及，到。

【译文】

山上燃着烈火，火势必不能久长，象征"行旅"；君子观此卦象和卦名，便明智而审慎地施用刑罚，而不让诉讼者久留狱中。

"外出旅行，出门就猥猥琐琐，举止不定"，表明意志薄弱，将会自招灾祸。

"得到童仆的忠心侍奉"，表明终将无所怨尤。

"客店失了大火"表明旅人受到了伤害；把童仆看成无家可归的"旅人"，那么童仆逃跑也是合乎情理的。

"旅行受到阻碍"，表明未得适当之位；虽然后来"幸得钱财之助，利斧之防"，但是"内心仍然不快"。

"最终还是获得美誉并承受封爵之命"，表明终于上升到了尊位。

作为"旅人"却高居上位，依理而论必然招致"住宅被焚"之灾；"在田边丢失了耕牛"，表明最后也无人过问、怜恤旅人。

巽　卦

随风，巽；君子以申命行事。①

"进退"，志疑也；"利武人之贞"，志治也。

"纷若"之"吉"，得中也。

"频巽"之"吝"，志穷也。

"田获三品"，有功也。

"九五"之"吉"，位正中也。

"巽在床下"，上穷也；"丧其资斧"，正乎"凶"也。

【注释】

①随风，巽：随，接连相随。巽卦上下卦皆为巽，巽为风。上下都是风，风风相随，顺而又顺，正切合巽卦顺从之义。

【译文】

和风吹着和风前后连连相随，象征"顺从"；君子观此卦象和卦名，便申明政令，处理政事。

"进进退退，犹豫不前"，表明心志犹疑，茫然无措；"利于勇武之人占问"，是为了用他调整犹疑的心志。

"勤勉忙碌"的"吉祥"，来自于得中守正。

"一而再，再而三地顺从他人"，"做事必遇艰难"，是由于意志不够坚强。

"打猎时捕获三种禽兽"，表明有功将受嘉奖。

"九五"爻的"吉祥"，来自于居位端正，行为持中。

"顺从过分而卑居床下"，表明位居极上走入穷途；"丧失了钱财之助和利斧之防"，表明应当以持守正道来预防凶险。

兑　卦

丽泽，兑；君子以朋友讲习。①

“和兑”之“吉”，行未疑也。

“孚兑”之“吉”，信志也。

“来兑”之“凶”，位不当也。

“九四”之“喜”，有庆也。

“孚于剥”，位正当也。

“上六引兑”，未光也。

【注释】

①丽泽，兑：丽泽，即“连泽”。丽，连。兑卦上下卦皆兑，兑为泽。泽性润，“离泽”，泽与泽相连，相互浸润，有互益而欣悦之象，所以用“丽泽”解释兑卦卦义。

【译文】

两泽相连，交相浸润，象征“欣悦”；君子观此卦象和卦名，便与良朋益友讲求道理，修习学业。

“和颜悦色待人接物”的“吉祥”，来自于行为端正，无人疑忌。

“心怀诚信，面带喜色”的“吉祥”，来自于心志信实。

“前来献媚以求欣悦”的“凶险”，是由于居位不当。

“九四”爻“可获喜庆”，是由于有喜庆之象。

“施诚取信给损伤正道者”，是由于自身却居位正当！

“引诱他人与自己共相欢悦”，表明健康的欣悦之道尚未光大。

涣　卦

风行水上，涣；先王以享于帝，立庙。①

“初六”之“吉”，顺也。

“涣奔其机”，得愿也。

“涣其躬”，志在外也。

“涣其群元吉”，光在也。

“王居无咎”，正位也。

“涣其血”，远害也。

【注释】

①风行水上，涣：涣卦上卦为巽，巽为风；下卦为坎，坎为水。水凝结而为冰，风吹冰而

冰块融化、离散，所以"风行水上"正合涣卦卦义。

【译文】

和风在水面吹拂，象征"涣散"；先王观此卦象和卦名，便通过祭礼上天来建立宗庙，维系民心。

"初六"爻的"吉祥"，来自于顺承上邻。

"大水流散急忙奔向几案，以祭告神灵乞求佑助"，表明愿望已经实现。

"大水冲击及自身"，表明心志在于向外寻求发展。

"大水冲散了众人，大吉大利"，表明德行光明正大。

"疏散君王聚积的财富以济助天下万民，必无灾祸"，表明身居尊位而行为端正。

"消除忧虑"，是为了避开祸害。

节　　卦

泽上有水，节；君子以制数度，议德行。①

"不出户庭"，知通塞也。

"不出门庭凶"，失时极也。②

"不节"之"嗟"，又谁"咎"也！

"安节"之"亨"，承上道也。

"甘节"之"吉"，居位中也。

"苦节贞凶"，其道穷也。

【注释】

①泽上有水，节：节卦上卦为坎，坎为水；下卦为兑，兑为泽。这是用上下卦卦象解释全卦卦义。数度：礼数法度。　②极：中。

【译文】

大泽之上又有大水，象征"节俭"；君子观此卦象和卦名，便制定礼法作为行事准则，审评道德行为，使得任用得宜。

"足不出内院"，表明深知道路通则可行、塞则须止的道理。

"足不出前院，必有凶险"，是由于丧失了适当的时机。

"度日不知节俭"而"导致嗟叹伤情"，这又是谁造成的"灾祸"呢！

"安于节俭"而"亨通顺利"，是由于能够顺承尊上之道。

"以节俭为乐事可获吉祥"，是由于居位中正。

"以节俭为苦事而不肯节俭，占问必有凶险"，表明节俭之道已经困穷不通。

中 孚 卦

泽上有风，中孚；君子以议狱缓死。①

"初九虞吉"，志未变也。

"其子和之"，中心愿也。

"或鼓或罢"，位不当也。

"马匹亡"，绝类上也。②

"有孚挛如"，位正当也。

"翰音登于天"，何可长也！

【注释】

①泽上有风，中孚：中孚卦上卦为巽，巽为风；下卦为兑，兑为泽。风在泽上吹拂，什么地方都能吹到，犹如诚信施于天下，处处都能得其泽惠，所以用"泽上有风"解释中孚卦卦义。 ②绝类上：即绝类而上。绝，离开，脱离。类，同类。

【译文】

大泽之上吹拂着和风，象征"内心诚信"；君子观此卦象和卦名，便以诚信之德审断狱讼，宽缓死罪。

"初九"爻"安守诚信之德可获吉祥"，表明不欲他求的心志未曾改变。

"小鹤应声相和"，这是发自内心的意愿。

"有时击鼓进攻，有时疲惫不前"，表明居位不当。

"走失一匹良马"，是为了离开同类而上承尊者。

"胸怀诚信并不系恋他人"，是由于居位正当。

"鸡鸣之声响彻天宇"，这种虚声鸣叫怎么能保持长久呢！

小 过 卦

山上有雷，小过；君子以行过乎恭，丧过乎哀，用过乎俭。①

"飞鸟以凶"，不可如何也。

"不及其君臣"，不可过也。

"从或戕之"，"凶"如何也！

"弗过遇之"，位不当也；"往厉必戒"，终不可长也。

"密云不雨"，已上也。

"弗遇过之"，已亢也。

【注释】

①山上有雷，小过：小过卦上卦为震，震为雷；下卦为艮，艮为山。雷震于山，虽然超出地面但是尚未及于天宇，其声只是稍稍过越正常，所以称"小过"。

【译文】

高山顶上有震雷在轰鸣，象征"小有过越"；君子观此卦象和卦名，使自己行止稍过恭敬，居丧稍过悲哀，花费稍过节俭。

"飞鸟带来凶险的兆头"，这是自招灾祸，谁也无可奈何。

"不到君王那里"，表明臣下不可超过尊上。

"将要遭人杀害"，表明凶险是何等严重！

"不要过分求进而强与他人遇合"，是由于居位不当；"有所举动便有危险，必须加以警戒"，表明不会长久无灾。

"浓云密布却不降雨"，表明已经高居上位。

"不过分求进强与他人遇合"，是由于已经上升到了极顶。

既 济 卦

水在火上，既济；君子以思患而豫防之。①

"曳其轮"，义"无咎"也。

"七日得"，以中道也。

"三年克之"，惫也。

"终日戒"，有所疑也。

"东邻杀牛"，"不如西邻"之时也；"实受其福"，吉大来也。

"濡其首"，何可久也！

【注释】

①水在火上，既济：既济卦上卦为坎，坎为水；下卦为离，离为火。"水在火上"，是煮食之象；食成养人，性命得济，为既济之象，所以此卦称"既济"。豫：预。

【译文】

水在火上煮，食成可养人，人的性命因此可以得济，象征"事功已成"；君子观此卦象和卦名，在事功告成之后还思虑可能出现的祸患，并采取措施加以防范。

"拖拉着车轮前行"，从卦义上看本来就没有灾祸。

"七日之内自会失而复得"，是由于持守中道。

"历时三年才打败了它"，表明已经到了疲惫不堪的地步。

"终日戒备以防灾祸"，表明有所疑惧。

"东方邻国杀牛举行盛大祭祀"，"不如西方邻国只举行比较简朴的祭祀"，表明西方邻国祭祀非常适时；"实受天福"，表明吉祥将要接连而至。

"水沾湿了脑袋"，表明事功告成之后若不审慎行事，功业便不能保持长久。

未 济 卦

火在水上，未济；君子以慎辨物居方。①

"濡其尾"，亦不知极也。

"九二贞吉"，中以行正也。

"未济征凶"，位不当也。

"贞吉悔亡"，志行也。

"君子之光"，其晖"吉"也。

"饮酒濡首"，亦不知节也。

【注释】

①火在水上，未济：未济卦上卦为离，离为火；下卦为坎，坎为水。"火在水上"，不能煮

食，因而不能济物养人，为"未济"之象。

【译文】

　　火在水上，不能煮食，无法济物养人，象征"事功未成"；君子观此卦象和卦名，便审慎地分辨万物，使之各居适当的位置，以成就万事。

　　"水沾湿了尾巴"，表明太不知道慎守中道。

　　"九二"爻"占问可获吉祥"，是由于持中行正。

　　"事功未成，急于求进必有凶险"，表明居位不当。

　　"占问可获吉祥，困厄将会消亡"，是由于正在践行求济之志。

　　"君子的光辉"，喻示光耀焕发蕴含着吉祥。

　　"让酒沾湿了脑袋"，这样也太不知道节制自己的行为了！

系辞上传①

第　一　章

天尊地卑，乾坤定矣。②卑高以陈，贵贱位矣。③动静有常，刚柔断矣。④方以类聚，物以群分，吉凶生矣。⑤在天成象，在地成形，变化见矣。⑥

是故刚柔相摩，八卦相荡。⑦

鼓之以雷霆，润之以风雨；日月运行，一寒一暑。⑧乾道成男，坤道成女。⑨

乾知大始，坤作成物。⑩

乾以易知，坤以简能。⑪

易则易知，简则易从。易知则有亲，易从则有功。有亲则可久，有功则可大。可久则贤人之德，可大则贤人之业。⑫

易简，而天下之理得矣；天下之理得，而成位乎其中矣。⑬

【注释】

①《系辞传》：《易传》之一。传文对《易经》经文的各个方面作了全面的分析和阐释，发《易》义之精微，示读《易》之范例，是一篇早期的《易》义通论。由于篇幅较长，分为"上传"和"下传"两篇。系辞，有二义：一指卦辞和爻辞，一指《易传》中的《系辞传》。"系辞"二字是系属或联系之辞的意思。　②尊：高。卑：下。③以：已。陈：列。位：这里用作动词，意为各居其位。　④常：指一定的规律。断：分。　⑤方：道，即思想观念。物：具体事物，与"方"相对。　⑥象：表象，指天上之日月星辰。形：形体，指地上之万物。见：通"现"，显现。　⑦摩：迫击。荡：推动。　⑧鼓：鼓动。这四句是说明天上物象的阴阳变化。　⑨乾道成男，坤道成女：这两句是说明地面形体的阴阳变化。　⑩知：为，作。大始：即太始，最初创始。成物：生成万物。　⑪易：平易。知：知晓。简：简约。能：功能。

⑫易则易知，简则易从……可大则圣人之业：这八句是阐发乾坤"易"、"简"之理，最后归结于人事，说明若能效法此道，即可造就贤人的"德"、"业"。⑬成位：确定位置。中：适中。

　　天尊贵而居高，地卑下而居低，而乾卦象征天，坤卦象征地，这样乾卦为首而坤卦为次的位序也就确定了。卑下与尊贵的位序一经排列，万物便各居其位。天的动和地的静有恒常的状态，阳刚阴柔的性质因而就判然分明。天下万事万物都以类别相同而聚合，以群体相异而区分，吉利和凶险就在这样的同与异的矛盾之中产生了。悬在天上的事物呈现出的是虚空的表象，处于地面的事物呈现的是实在的形体，这样，事物的变化就能从象与形上显现出来。

　　所以刚柔才会相互冲突迫击而生成八卦，八卦又会相互推动重叠而生成六十四卦。

　　比如雷与霆相互鼓动，风与雨相互滋润；日与月相互推动，寒与暑一往一来。又如乾道运行构成男性，坤道运行构成女性。

　　乾的作为体现于万物的最初创始，坤的作为体现为顺承于乾的万物生成。

　　乾的作为以平易而为人所知，坤的作为以简约而显其功能。

　　平易就容易为人知晓，简约就容易使人顺从。容易知晓则有人亲近，容易顺从则能够建功。有人亲近则处世就能长久，建功立业则立身就能宏大。而处世长久是贤人的美德，立身宏大是贤人的事业。

　　懂得乾德平易和坤德简约，就能掌握天下的道理；而掌握天下的道理，就能遵循这些道理而居处适中合宜的地位。

第　二　章

　　圣人设卦观象，系辞焉而明吉凶，刚柔相推而生变化。①

　　是故吉凶者，失得之象也；悔吝者，忧虞之象也；变化者，进退之象也；刚柔者，昼夜之象也。②六爻之动，三极之道也。③

　　是故君子所居而安者，《易》之序也。④

　　所乐而玩者，爻之辞也。⑤是故君子居则观其象，而玩其辞；动则观其变，而玩其占，是以"自天佑之，吉无不利"。⑥

【注释】

　　①设卦观象：观象设卦，即观察宇宙物象而创设六十四卦。系辞：在六十四卦和三百八十四爻之下分别系以卦辞、爻辞。刚柔：这里指阳爻和阴爻。　②悔：困厄，困苦。吝：艰难。虞：即忧，愁。　③三极：即天、地、人三才。　④《易》之序：这里指六爻在卦中的位次。

⑤玩：玩味，细细体会。　⑥居：指平日居处。动：有所行动。占：占筮，占卦。自天佑之，吉无不利：这是"大有"卦上九爻的爻辞。

【译文】

圣人观察宇宙物象而创设六十四卦，并在各卦各爻之下都写出文辞用来表示吉兆和凶兆，卦中刚爻柔爻相互推动而产生无穷的变化。

所以卦辞和爻辞中的吉和凶，都是行事或失或得的征象；悔、吝，都是忧虑愁苦的征象；变革转化，都是权衡进退的征象；刚爻柔爻都是白昼阳气盛旺、黑夜阴气盛旺的征象。而六爻的运动不居，则容涵着上至于天、下至于地、中至于人的道理。

所以君子能够居处安稳，正切合《易》所体现的一定位序。

君子所喜欢并玩味的，是六爻的爻辞。所以君子平日居处就观察六爻刚柔、进退、得失、忧虑之象，并且玩味其文辞；有所行动就观察六爻的刚柔变化，并且玩味所占得的爻辞以决定如何趋吉而避凶。因此，君子才能获得"从天上降下的佑助，吉祥而无所不利"。

第 三 章

爻者，言乎象者也。①爻者，言乎变者也。②吉凶者，言乎其失得也；悔吝者，言乎其小疵也；无咎者，善补过也。③

是故列贵贱者，存乎位；齐小大者，存乎卦；辨吉凶者，存乎辞；忧悔吝者，存乎介；震无咎者，存乎悔。④是故卦有小大，辞有险易。⑤辞也者，各指其所之。⑥

【注释】

①象：象辞，这里指卦辞。　②爻：这里指爻辞。　③小疵：小有弊病。疵，病。　④存：在。位：这里指爻位。齐：正，确定。介：纤介，细小。震：警惧。悔：悔悟。　⑤险：指凶险之辞。易：指吉利之辞。　⑥之：到，这里指所趋所避的方向。

【译文】

象辞即卦辞，是总说一卦象征意义的文辞。而爻辞，则是分述各爻运动变化的文辞。卦辞和爻辞中的吉、凶，是说明行事或得或失的文辞；悔吝，是说明行事小有弊害的文辞；无咎，是说明善于补过救失的文辞。

所以，排列尊贵、卑贱象征的，在于爻位；确定柔小、刚大象征的，在于卦体；辨别吉利、凶险象征的，在于卦辞爻辞；而忧念于悔、吝象征的，在于预防细微的弊害；戒惧于无咎象征的，在于内心悔悟。因此，卦体中既有柔小之阴爻也有刚大之阳爻，卦辞爻辞中的兆辞既有险难之辞也有平易之辞。卦辞和爻辞，是分别指示趋避方向的。

第 四 章

《易》与天地准，故能弥纶天地之道。①

仰以观于天文，俯以察于地理，是故知幽明之故。②原始反终，故知死生之说。③精气为物，游魂为变，是故知鬼神之情状。④

与天地相似，故不违。⑤知周乎万物而道济天下，故不过。⑥旁行而不流，乐于知命，故不忧。⑦安土敦乎仁，故能爱。⑧

范围天地之化而不过，曲成万物而不遗，通乎昼夜之道而知，故神无方而《易》无体。⑨

【注释】

①准：准则，范式。弥纶：概括，包罗，容涵。道：规律。 ②天文：即天象。地理：地形。幽明：这里是无形和有形的意思。幽，暗。故：此为句末的"故"，是事理的意思。 ③原：推究，推求。反：反求。 ④精气：阴阳凝聚之气，即下文的"神"。游魂：魂气游散所生的变异，即下文的"鬼"。 ⑤相似：等同。不违：指不违背天地的自然规律。 ⑥周：广泛。道：这里用作动词，意为用道。济：济助。过：偏失。 ⑦旁：广泛。流：溢，泛滥。乐天：顺应自然。 ⑧安土：安然居处，即随遇而安，无所求取。敦：敦厚。 ⑨范围：这里用作动词，意思是包括。化：化育。过：逾越，过分。曲：曲尽细密。昼夜：阴阳。知，智，智慧。神：神妙，指道的变化异常神妙。方：方所，处所。体：形体。

【译文】

《易》书的创作与天地相类比并以天地为基准，所以能够概括并容涵天地运行变化的规律。

《易》书的作者仰视而观察天上日月星辰的文采，俯瞰而审视地面山川原野的理致，所以既能够知晓其中幽隐无形的规律，也能知晓其中显明可见的道理。他们既推究事物的初始，又反求事物的终结，所以能够知晓事物生生死死的规律。他们既考察精气凝聚成为物形的情况，又考察气魄游散导致变化的过程，所以知晓鬼神的真实情状只不过是阴阳变化一往一来、一屈一伸。

这样，《易》书就具有与天地相似的功能，它的一切都不违背天地的法则。它周知万物，并揭明其中蕴含的阴阳之道以济助天下，所以没有任何错失。而通晓《易》理的人，则能够广泛应付事物的万般变化而无任何滥用之处，所以都顺其自然、知其命数，而无忧无虑。他们随遇而安、无所求取，并以敦厚之心施行仁爱，所以能够泛爱众人。

《易》书能够概括天地之间的一切变化之道而无所逾越，曲尽自然规律之妙以助成万物而无所遗弃，通晓昼夜的阴阳转化之道而富有智慧，所以说和万物变化的神妙异常、没有一定的处所一样，《易》书也没有固定不变的形体。

第 五 章

一阴一阳之谓道，继之者善也，成之者性也。[①]

仁者见之谓之仁，知者见之谓之知，百姓日用而不知，故君子之道鲜矣！[②]

显诸仁，藏诸用，鼓万物而不与圣人同忧，盛德大业至矣哉！[③]

富有之谓大业，日新之谓盛德。[④]生生之谓易；成象之谓乾，效法之谓坤；极数知来之谓占，通变之谓事，阴阳不测之谓神。[⑤]

【注释】

①一阴一阳：阴变阳，阳变阴。继：承继。成：生成。性：本性，属性。 ②知：前两个通"智"，后一个意为知道。鲜：少。③诸：之于。鼓：鼓动。同忧：即忧同。至：极。 ④富有：指物无不备。日新：指变化不息。 ⑤生生：阴阳转化相生。易：指变易的思想。成象：成天之象。效法：效地之形。法，即形。极数：极尽大衍之数，指揲蓍成卦。占：占卦。通变：即变通，变化开通。

【译文】

阴转化为阳，阳转化为阴的运动变化，叫做道。承袭阴阳之道并加以发扬光大而始创万物的，就是良善；呈现阴阳之道并能够柔顺持守而生成万物的，就是本性。

仁者发现阴阳之道中蕴含着仁爱的特性，就把它称为仁，智者发现阴阳之道中蕴含着智慧的特性，就把它称为智，双方各执一端因而各有一偏，说明众人天天利用阴阳之道，却不知道它究竟是什么东西，所以就连那些堪称君子的人，能够认识阴阳之道者，也很稀少啊！

而《易》书的德业是盛大的，其德性表现为指导众人的行动并给人们指示吉凶悔吝的仁爱，其功能则潜藏于人们对筮卦的日常应用之中，它在无思无为中鼓动化育万物，内中忧乐与圣人有思有为的劳神费力大不相同。其美德之隆盛和功业之伟大，真是无以复加啊！

这里所谓的伟大功业，就是《易》书万物皆备而极为富有；所谓的隆盛美德，就是《易》理变化不息而日日更新。阴阳互转而生生不息叫做变易；卦体成为天的象征的叫做乾，卦体成为地的象征的叫做坤；极尽蓍数而预知未来的叫做占卦，通转变化而造就万物叫做事业，阴阳互转而微妙莫测叫做神妙。

第 六 章

夫《易》，广矣，大矣！以言乎远则不御，以言乎迩则静而正，以言乎天地之间则备矣！①

夫乾，其静也专，其动也直，是以大生焉。②夫坤，其静也翕，其动也辟，是以广生焉。③

广大配天地，变通配四时，阴阳之义配日月，易简之善配至德。

【注释】

①不御：不止。御，止。迩：近。正：通"证"，验证。备：全，无所不备。 ②专：通"抟"，团。 ③翕（xī）：闭。辟：开。

【译文】

《易》道是何等的广博与宏大啊！它的广博与宏大，涉及远处则没有止境而无边无际，涉及近处则专注于一身即可得到验证，涉及天地万物之间则应有尽有而无所不备啊！

象征天的乾，它宁静居处的时候呈现为团圆形，而勃兴奋动的时候则直遂不挠，所以产生出刚大的气魄；象征地的坤，它宁静居处的时候呈现为闭合状，而勃兴奋动的时候则开张展布，所以产生宽柔的气质。

刚大的气魄和宽柔的气质可以与天地的刚健和柔顺德性相匹配，变化通转的特性可以与四时的运行规律相匹配，阴阳互转的意义可以与日月轮回的情状相匹配，平易简约的美善原理可以与圣人的至高无上的品德相匹配。

第 七 章

子曰："《易》，其至矣乎！夫《易》，圣人所以崇德而广业也。知崇礼卑，崇效天，卑法地，天地设位，而《易》行乎其中矣。①成性存存，道义之门。"②

【注释】

．①知崇礼卑：意为智慧之可贵在于崇高，礼节之可贵在于谦卑。知，智。　②存存：存而又存，即不断涵养蕴蓄。

【译文】

孔子说："《易》书，是至善至美的啊！《易》书，是圣人用来增高德行，扩大功业的一部书。智慧是宝贵的，其宝贵之处在于崇高；礼仪是宝贵的，其宝贵之处在谦卑。崇高是仿效天，谦卑是取法地，而天地创设了上下尊卑的位序和等级，《易》书之道就在天地之间变化通行。圣人利用《易》书成就美善的德性，并反复涵养蕴蓄，从而找到了通向当然之理（道）和合宜之事（义）的门径。"

第 八 章

圣人有以见天下之赜，而拟诸其形容，象其物宜，是故谓之象。圣人有以见天下之动，而观其会通，以行其典礼，系辞焉以断其吉凶，是故谓之爻。①

言天下之至赜，而不可恶也；言天下之至动，而不可乱也。②拟之而后言，议之而后动，拟议以成其变化。③

"鸣鹤在阴，其子和之；我有好爵，吾与尔靡之。"④子曰："君子居其室，出其言，善则千里之外应之，况其迩者乎？居其室，出其言，不善则千里之外违之，况其迩者乎？言出乎身，加乎民；行发乎迩，见乎远。言行，君子之枢机。⑤枢机之发，荣辱之主也。言行，君子之所以动天地也，可不慎乎？"

"同人，先号咷而后笑"。⑥子曰："君子之道，或出或处，或默或语，二人同心，其利断金；同心之言，其臭如兰。"⑦

"初六，藉用白茅，无咎"。⑧子曰："苟错诸地而可矣，藉之用茅，何咎之有？⑨慎之至也。夫茅之为物薄，而用可重也。慎斯术也以往，其无所失矣。"⑩

"劳谦，君子有终，吉。"⑪子曰："劳而不伐，有功而不德，厚之至也。⑫语以其功下人者也。⑬德言盛，礼言恭。谦也者，致恭以存其位者也。"

"亢龙有悔。"⑭子曰："贵而无位，高而无民，贤人在下位而无辅，是以动而有悔也。"

“不出户庭，无咎。”⑮子曰：“乱之所生也，则言语以为阶。⑯君不密，则失臣；臣不密，则失身；几事不密，则害成。是以君子慎密而不出也。”⑰

子曰：“作《易》者其知盗乎？《易》曰：‘负且乘，致寇至。’⑱负也者，小人之事也；乘也者，君子之器也。小人而乘君子之器，盗思夺之矣！上慢下暴，盗思伐之矣！慢藏诲盗，冶容诲淫。⑲《易》曰：‘负且乘，致寇至。’盗之招也。”

【注释】

①见：通“现”，发现。赜（zé）：幽深难见，这里指深奥的道理的意义。象：象征。下句的“象”指易象。会通：会合变通。典礼：典常，规范。典，常。　②恶：厌恶。乱：错乱。　③拟：即上文的“拟诸形容”。言：指言说《易》理。议：指审议物情。动：指揭示变动规律。　④鸣鹤在阴，其子和之；我有好爵，吾与尔靡之：这是中孚卦九二爻爻辞。　⑤枢机：机要。枢，门轴。机，弩机。　⑥同人，先号咷而后笑：这是同人卦九五爻爻辞。　⑦出处：二者相对，出指出仕任职，处指隐退居家。利：锋利。金：金属。臭：气味，这里指芳香之气。　⑧初六，藉用白茅，无咎：这是大过卦初六爻爻辞。　⑨错：放置。　⑩斯：这。术：方法。　⑪劳谦，君子有终，吉：这是谦卦九三爻爻辞。　⑫伐：矜夸。不德：不自居有德。　⑬下人：谦卑而甘居人下。　⑭亢龙有悔：这是乾卦上九爻爻辞。　⑮不出户庭，无咎：这是节卦初九爻爻辞。　⑯阶：阶梯，这里是导引或起因的意思。　⑰几：微，这里是机密的意思。出：出口，即说出来。　⑱负且乘，致寇至：这是解卦六三爻爻辞。　⑲慢藏：轻慢地收藏。冶容：妖冶地打扮。

【译文】

圣人发现了天下幽隐难见的道理，觉得它们非常复杂，就模拟其形态而设卦分类，并分别采用合宜的形象表达出来，这就叫做象。圣人发现了天下万物的运动变化，觉得它们非常散乱，就观察其阴阳会合交通之处，从万变中提炼出不变的常理规范，并写出文辞加以说明，用来论断发展变化的结局是吉是凶，这就叫做爻。

象能说明天下幽隐难见的复杂道理，有了象之后，人们就不再厌恶它复杂了；爻能说明天下万物散乱的运动变化，有了爻之后，人们就不再觉得它散乱了。学《易》的人，也应该在模拟卦象之后才述说其中的道理，在审议爻辞之后才根据其中揭示的吉凶采取行动，通过模拟和审议来实现自己的运动变化。

中孚卦九二爻说：“鹤在树阴下鸣叫，小鹤应声相和；我有美酒一爵，愿与你共享其乐。"孔子解释说:"君子平居家中,发表言论,他的言论只要是美善的,就是远在千里之外的人也会闻风响应,何况近处的人呢?平居家中,发表言论,他的言论如果不美不善,就是远在千里之外的人也会违逆背离,何况近处的人呢?言论是自身发出的,却能够影响百姓;行为是近处发生的,远方的人却能够看见。可见,言论和行为,犹如君子门上的门轴和弩上的扳机,作用很大;门轴的旋转和扳机的扳动,决定着将要降临的是荣光或是耻辱。言论和行为,是君子用来鼓动天地万物的手段,难道能够不慎重吗?"

同人卦九五爻说:"与人和同亲近,起先失声痛哭,尔后又放声大笑。"孔子解释说:"君子处世待人的准则,是无论奔走在外面还是静处于家中,无论沉默不语还是发表言论,都要力求两人意气投合,以形成一股锋利得可以切玉断金的力量;而意气投合的言论,其气味就像兰草那样芬芳。"

大过卦说:"初六,用洁白的茅草铺地以陈放祭品,没有灾祸。"孔子解释说:"假若直接把祭品陈放在地上,本来就没有什么不可,现在又铺上一层洁白的茅草,还会有什么灾祸呢?这样做,简直慎重到了极点了。茅草这种东西,本来是微不足道的,却可以用来陈放祭品,发挥重大作用。只要能够继续用这种慎重的态度办理所有的事情,就一定不会有什么过失。"

谦卦九三爻说:"勤劳而谦虚,君子如果有始至终保持这种美德,必获吉祥。"孔子解释说:"勤劳而不自我夸耀,有功而不居德自傲,真是敦厚到了极点了。这里说的是那些有功而能谦居人下的人啊。道德讲究的是隆盛,礼节讲是恭谨。谦虚的要旨,就是通过致力恭谨而保持其地位。"

乾卦上九爻说:"巨龙飞升至极顶,会遭困厄。"孔子解释说:"虽然身份尊贵,但是由于高高在上而失去了根基,使自己实际上失去了权位;虽然地位崇高,但是由于接触不到下层,使自己实际上失去了百姓;贤明的人由于身居下位而无法辅佐他,所以轻举妄动会遭困厄。"

节卦初九爻说:"足不出内院,没有灾祸。"孔子解释说:"动乱的产生,往往是由于言语不慎。君王说话不慎守机密,就会失去臣子;臣子说话不慎守机密,就会招致杀身之祸;办事之初不慎守机密,就会危及事情的成功。所以君子应该慎守机密,而不应该把机密泄露出去。"

孔子说:"创作《易》书的人,大概都很了解盗贼的情况吧?《易》书解卦六三爻说:'身背重物而乘车出行,必然招致盗贼前来打劫。'身背重物,本来是身份卑贱的小人的事情;而出行乘坐的华丽的大车,是身份高贵的君子的车具。小人乘坐君子的车具,盗贼自然要思谋夺取它啊!君上傲慢无礼,臣下骄横暴虐，盗贼必然思谋侵伐其国啊！不去严密地收藏财物，就等于引人行窃；妖冶地打扮容姿，就等于诱人淫荡。《易》书说：'身背重物而乘车出行，必然招致盗贼前来打劫。' 这句话是说盗贼都是人们自己招引来的呀。"

第 九 章

天一地二，天三地四，天五地六，天七地八，天九地十。天数五，地数五，五位相得而各有合[①]天数二十有五，地数三十，凡天地之数五十有五。此所以成变化而行鬼神也。

大衍之数五十，其用四十有九。[②]分而为二以象两，挂一以象三，揲之以四以象四时，归奇于扐、以象闰。[③]五岁再闰，故再扐而后挂。[④]

乾之策二百一十有六，坤之策百四十有四。[⑤]凡三百有六十，当期之日。[⑥]二篇之策，万有一千五百二十，当万物之数也。[⑦]

是故四营而成易，十有八变而成卦，八卦而小成。[⑧]引而伸之，触类而长之，天下之能事毕矣。[⑨]

显道神德行，是故可与酬酢，可与佑神矣。[⑩]子曰："知变化道者，其知神之所为乎！"[⑪]

【注释】

①天数：阳数，即奇数一、三、五、七、九。《易经》以奇为阳。地数：阴数，即偶数二、四、六、八、十。《易经》以偶为阴。五位相得各有合：五个奇数、五个偶数分别累计相加，各得出一个和数，即：$1+3+5+7+9=25$，$+4+6+8+10=30$。　②大衍之数五十，其用四十有九：此句以下三段是讲述《易经》筮法。大衍之数，即占筮之数。大，广泛。衍，推演。数，蓍草之数。五十，应为五十五。其用四十有九：只用四十九。有，又。大衍之数本为五十五，所以只用四十九，是由于揲蓍时要去掉六枚以象征一卦的六爻之数。　③象两：象征天地两仪。两，天地两仪。挂一：即从所分的两部分中抽取一策夹在左手无名指与小指之间。象三：象征天、地、人三才。揲（shé）：用手成束地分数蓍策。以四：以四为一束。象四时：象征春、夏、秋、冬四季。归奇于扐以象闰：把揲到最后剩余的策数依次夹在无名指与中指、中指与食指之间，以象征闰月。奇，余数。扐（lè）：夹在手指之间。闰，闰月。　④五年再闰：五年之中有两次闰月。再，两，两次。再扐而后挂：揲蓍时是先揲数右边一份，余策夹在左手指之间，再揲数左边一份，余策夹在右手指之间，所以称"再扐"。以上四个环节即"分二"、"挂一"、"揲四"、"归奇"是一次推演变化，这四个环节就是下文所谓的"四营"。构成一卦须推演三次，每卦六爻，$6×3=18$，这就是下文所谓的"十有八变"。　⑤乾之策二百一十有六：乾卦六爻每爻皆为老阳九，策数是三十六，以六爻乘三十六得二百一十六，即：$36×6=$

216，这就是乾卦共得的策数。策，指竹签或蓍草作的筹码。坤之策百四十有四：坤卦六爻每爻皆为老阴六，策数是二十四，以六乘二十四得一百四十四，即：$24 \times 6 = 144$，这就是坤卦共得的策数。　⑥凡三百有六十，当期之日：乾卦二百一十六策加坤卦一百四十四策得三百六十策，即：$216 + 144 = 360$，正是一年三百六十天之数。期（jī），一周年。　⑦二篇之策，万有一千五百二十，当万物之数：《易经》上经、下经两部分六十四卦，阴爻阳爻各一百九十二，阳爻乘以三十六，阴爻乘以二十四，其和为一万一千五百二十，即：$192 \times 36 + 192 \times 24 = 11520$，这个数略等于万物之数。　⑧八卦而小成：指九变而为一个三画卦，得八卦之一；由于八卦仅仅象征天、地、山、泽、水、火、风、雷之类简单事物，所以是易道小成。　⑨引而申之：意为引申推演，十八变而成六画的六十四卦，这是易道大成。毕：完，这里是概括无余的意思。　⑩显道神德行：这句话是说《易》的功用，意思是能显彰幽微的自然规律，并把人身上的德行神妙地表现出来。显、神在这里都是动词。酬酢（zuò）：应对。佑神：佑助神灵。佑，助。　⑪神之所为：自然规律的作用。神，这里指自然规律，亦即上文的"变化之道"。

【译文】

天的数字象征为一、三、五、七、九这五个奇数，地的数字象征为二、四、六、八、十这五偶数。五个奇数和五个偶数分别累计相加，各得一个和数。五个天数之和为二十五，五个地数之和为三十，而天地的象征数字累计相加共为五十五。五十五这个数字，就是《易》书用来广泛推演天地万物的运动变化的规律，使众人在天地万物之间神奇地畅行无碍的占卦工具。

广泛推演占卦之数，是用五十根蓍策表示的，实际操作起来只用其中的四十九根。把四十九策任意分为左右两份以象征天地两仪，从中取出一策夹在左手小指间以象征天地人三才，四策一束四策一束地揲算蓍策以象征四季，把右边一份揲算剩余的蓍策夹在左手无名指间以象征闰月，而闰月在五年中要出现两次，于是再把左边一份揲算剩余的蓍策夹在左手中指间而后另起一卦，如此反复揲算。

乾卦在蓍数中体现为二百一十六策，而坤卦则为一百四十四策，乾坤两卦共计三百六十策，这相当于一年的三百六十天。《易》书上经下经六十四卦的蓍数则为一万一千五百二十策，这相当于万物之数。

这样经过以上四个步骤，就得出一个《易》卦卦形，其中每十八变形成一卦，而每九变出现的八卦则为《易》道的小成之象。如此引申推演，构成六十四卦；遇到相应的事类则发挥三百八十四爻的象征意义；而有了六十四卦、三百八十四爻，天下所能取法的事理就完全包括无遗了。

《易》书能够彰显出幽隐的阴阳之道，并能够神奇地成就众人的美德善行，运用《易》道既可以应付万物，又可以佑助阴阳互转以完成其神妙之功。所以孔子说："通晓变化之道的人，大概也通晓阴阳互转的神妙功用吧！"

第 十 章

《易》有圣人之道四焉：以言者尚其辞，以动者尚其变，以制器者尚其象，以卜筮者尚其占。

是以君子将有为也，将有行也，问焉而以言，其受命也如响，无有远近幽深。遂知来物。①非天下之至精，其孰能与于此？②

参伍以变，错综其数，通其变，遂成天地之文；极其数，遂定天下之象③。非天下之至变，其孰能与于此？

《易》无思也，无为也，寂然不动，感而遂通天下之故。非天下之至神，其孰能与于此？

夫《易》，圣人之所以极深而研几也。④惟深也，故能通天下之志；惟几也，故能成天下之务；惟神也，故不疾而速，不行而至。⑤子曰"《易》有圣人之道四焉"者，此之谓也。

【注释】

①受命如响：承受问筮者的蓍命，如响之应声。响，回声。无有远近幽深：无论未来之事还是目前之事，也无论幽暗不明之理还是深奥难懂之理。　②精：精深。与：及，达到。　③参伍：即天数五——一、三、五、七、九与地数——二、四、六、八、十两相掺杂，也就是上文所谓的"五位相得而各有合"。伍，五。错综：交错综合。文：文采。"文"与下文的"象"互文，二者是一回事。　④极深：穷究深奥之理。极，这里用作动词，穷究。研几：精研事物细微的变化。　⑤疾：急。

【译文】

《易》书含有圣人之道的四个方面，即：论事说明，变动不息，取象制器，问卜决疑；而人们的需求各有不同，因此用《易》论事说理者崇尚卦辞爻辞，有所行动者崇尚阴阳的变化，取象制器者崇尚卦象爻象，问卜决疑者崇尚占卦原理。所以君子将有所作为，有所行动，以问筮之辞询问吉凶时，《易》书就能如响之应声一样承受问筮者的蓍命，所问的无论是未来之事还是目前之事，也无论是幽暗不明之理还是深奥难懂之理，都能知其未来是吉是凶。由此可见，《易》书若不是天下至精至密的书，怎么能够做到这一点呢？

中国书店

天数五奇和地数五偶两相掺杂，交错综合而得出大衍之数五十五，推演此数能够会通天地的变化，而形成象征天地相通的六爻掺杂的种种文采；穷究其著数，而设定象征天下万物的六十四卦卦象。由此可见，《易》书若不是天下最善于变化的书，怎么能够做到这一点呢？

《易》书之道不是苦思冥想出来的，而是自然无为所得，它看上去寂然不动，一行筮法却能感应阴阳变化而会通天下万事。由此可见，《易》书若不是天下最为神妙的书，怎么能够做到这一点呢？

《易》书，是圣人用来穷究幽深事理和精研细微征兆的书。唯其穷究幽深事理，所以才能会通天下的心志；唯其精研细微征兆，所以才能成就天下的事务；唯其神妙莫测，所以才能不需躁急而万事速成，不需行动而万理自至。孔子认为“《易》书含有圣人之道的四个方面”，这里所说的，正是孔子的意思。

第十一章

子曰：“夫《易》，何为者也？夫《易》，开物成务，冒天下之道，如斯而已者也。”① 是故圣人以通天下之志，以定天下之业，以断天下之疑。

是故蓍之德，圆而神；卦之德，方以知；六爻之义，易以贡。② 圣人以此洗心退藏于密，吉凶与民同患；神以知来，知以藏往。③ 其孰能与于此哉！古之聪明睿智，神武而不杀者夫！④

是以明于天之道，而察于民之故，是兴神物以前民用。⑤ 圣人以此斋戒，以神明其德夫！⑥

是故阖户谓之坤；辟户谓之乾；一阖一辟谓之变，往来不穷谓之通；见乃谓之象；形乃谓之器；制而用之谓之法；利用出入、民咸用之谓之神。⑦

是故《易》有太极，是生两仪，两仪生四象，四象生八卦，八卦定吉凶，吉凶生大业。⑧

是故法象莫大乎天地；变通莫大乎四时；县象著明莫大乎日月；崇高莫大乎富贵；备物致用，立成器川为天下利，莫大乎圣人；探赜索隐，钩深致远，以定天下之吉凶，成天下之亹亹者，莫大乎蓍龟。⑨

是故天生神物，圣人则之；天地变化，圣人效之；天垂象，见吉凶，圣人象之；河出图，洛出书，圣人则之。⑩ 《易》有四象，所以示也；系辞焉，所以告也；定之以吉凶，所以断也。⑪

①开物成务：揭开物理，判定事体。务，事。冒：概括，包容。 ②蓍：蓍草，本指占筮的工具，这里指揲蓍。德：德性。圆而神：圆通而神妙。方而知：方正而智慧。知，智。易以贡：变易而告人吉凶。易，变。贡，告。 ③洗：通"先"。退藏于密：退藏到密静之处。知来：预知未来。藏往：蕴含往昔。 ④睿知：智慧。睿，目光远大。知，智。神武而不杀：武而必杀，但武至于神则不必用杀伐之威而民众自服。神武，武而仁。 ⑤兴：起。神物：指著占。前：导，引导。 ⑥斋戒：修洁自戒。 ⑦阖户：闭门。阖，合。辟户：开门。辟，开。器：器用，器物。制：裁制。法：法则。出入：反复使用。咸：都。 ⑧太极：即太一，指天地阴阳未分时的混沌状态。两仪：天地。四象：这里指少阳、老阳、少阴、老阴。在蓍数上体现为七、九、八、六，在时令上象征春、夏、秋、冬。 ⑨法：效法。县：通"悬"。探赜索隐：即探索赜隐。钩深致远：钩取深奥之道理，推及事物以达到远大目的。致，达到。亹亹（wěi wěi）：勤勉的样子。蓍龟：蓍占和龟卜。 ⑩神物：指上文蓍龟。则之：以之为法则。之，代蓍龟。河出图，洛出书：河，黄河。图，传说中的"龙马"身上图像。洛，洛水。书，传说中的"神龟"背上的纹象。古代传说，圣人效法"河图"作八卦，效法"洛书"作"九畴"。 ⑪四象：这里指少阴、老阴、少阳、老阳。

【译文】

孔子说："《易》书是做什么用的呢？《易》书本来是开启智慧，成就事务，概括天下万事万物的法则的书，其功用不过如此而已。"所以圣人用《易》书会通天下的心志，确定天下的事业，判断天下的疑惑。

因此，蓍数的性质，运转不定而阴阳变化莫测；《易》卦的性质，固定不动而集中了人类的智慧；六爻的意义，则能概括阴阳变化而预告吉凶。圣人在卜卦之先就用蓍数与卦爻把自己的思想贮藏到隐秘之处，与民众共为吉凶而忧虑；而蓍数的神奇能够预知未来是吉是凶，卦爻的智慧能够包容过去的知识经验。除非《易》书，谁能够做到这一点呢？只有古代聪明智慧、英明远见，具有神奇武功而又不滥施刑杀的人，才能如此啊！

所以说，《易》书能够洞明自然的法则，并且体察民众的事理，利用神奇的蓍数和卦爻去引导民众趋吉避凶。圣人在占卦之前一定要修洁自戒，正是为了彰显《易》书功德的神明啊！

由于这个缘故，所以圣人认为：用门户来作比喻，门户关闭叫做坤，门户开放叫做乾，而这一关一开就叫做变化；关来开去、变化无穷，就叫做会通；变化呈现出来，就叫做形象；形象成为形体，就叫做器物；裁制器物以供人使用，就叫做效法；器物适于反复使用，民众也都在天天用它，可是却不知其所以然，则叫做神奇。

《易》书有这样的思想：宇宙之间最先有太极，太极变化产生八卦，八卦断定吉凶，吉凶既定而趋吉避凶就能造就出盛大的事业。

可以取象效法的东西，没有比天地更大的；能够变化会通的东西，没有比四季更大的；能够显示光辉而高悬的形象，没有比日月更大的；尊崇高尚，没有比富有显贵更大的；具备众物以供民众使用，创成器具以便利天下民众的功业，没有比圣人更大的；探研求索幽隐难见之理，钩取搜罗深处、远方之物，用来断定天下的吉凶，助成天下民众勤勉有为的神通，没有比蓍占与龟卜更大的。

所以，上天才生出神奇的蓍草和灵龟，供圣人取法，创立占卦；天地出现四季变化，供圣人仿效，制定历法；天空垂悬天象，显示吉凶的征兆，供圣人模拟，制造天象仪器；黄河出现龙图，洛水出现龟书，供圣人取法，创立八卦。《易》书有四象，是用来显示运动变化的；在卦爻之下写出文辞，是用来报告吉凶的；文辞中拟出吉凶的占辞，是用来断定得失的。

第十二章

《易》曰："自天佑之，吉无不利。"子曰："佑者助也。天之所助者，顺也；人之所助者，信也。履信，思乎顺，又以尚贤也，是以'自天佑之，吉无不利'也。"

子曰："书不尽言，言不尽意。①"然则圣人之意，其不可见乎？子曰："圣人立象以尽意，设卦以尽情伪，系辞焉以尽其言，变而通之以尽利，鼓之舞之以尽神。②"

乾坤，其《易》之缊邪？③乾坤成列，而《易》立乎其中矣；乾坤毁，则无以见《易》；《易》不可见，则乾坤或几乎息矣。④

是故形而上者谓之道，形而下者谓之器，化而裁之谓之变，推而行之谓之通，举而错之天下之民谓之事业。⑤

是故夫象，圣人有以见天下之赜，而拟诸其形容，象其物宜，是故谓之象。圣人有以见天下之动，而观其会通，以行其典礼，系辞焉以断其吉凶，是故谓之爻。⑥极天下之赜者，存乎卦；鼓天下之动者，存乎辞；化而裁之，存乎变；推而行之，存乎通；神而明之，存乎其人；默而成之，不言而信，存乎德行。

【注释】

①书不尽言，言不尽意：书面文字不能完全表达人的言语，言语也不能完全表达人的思想。　②情伪：真情和虚情。鼓之舞之：这是占筮时的动作。　③缊：通"蕴"，精蕴。邪：通"耶"，疑问语气词，吗。　④见：通"现"。几：几乎，接近。息：止息。　⑤形而上：指超越事物的现象、形体的抽象的思想观念，即"道"。形，事物的现象、形体。形而下：指表现为现象、形体的事物的具体的物质形态，即"器"。举：拿。错：放置。　⑥是故谓之爻：从"圣人有以见天下之赜"至"是故谓之爻"与第八章重出。重出是为了呼应上文并引起下文。

【译文】

《易》书中说："从天上降下的佑助，吉祥而无所不利。"孔子解释说："佑助，就是帮助的意思。上天所帮助的人，是顺依正道的人；人所帮助的人，是忠实诚信的人。这种人，能够履行诚信并时刻想着顺依正道，又能尊崇贤人，所以'从天上降下佑助，吉祥而无所不利'。"

孔子说："书面文字不能完全表达出人的言语，而言语也不能完全表达出人的思想。"那么圣人的思想难道就无法表达了吗？孔子就此解释说："圣人创立象征之法用来尽行表达自己的思想，设制六十四卦用来尽行反映万物的真情和假意，在卦爻之下写出文辞用来尽行表达他的言语，并变化会通以尽行施利于万物，欢快地摆弄著策用来尽行发挥《易》书之道的神奇功用。"

乾卦和坤卦，是《易》书的精蕴所在吧？乾卦和坤卦排列在《易》卦之首时，《易》书的阴阳变化之道就已经确立在其中了，如果乾卦和坤卦的阴阳变化一旦告终，《易》书的生命也就结束了；反过来说，《易》书的生命一旦结束，乾卦和坤卦的阴阳变化也就差不多要止息了。

所以说，居于形体之上思想观念叫做法则，居于形体之下的物质形态叫做事物；两者相互作用，交感化育并彼此塑造，叫做变化；顺沿变化加以推广，使之旁行于外叫做会通；把这些道理施行于天下民众，让他们使用，叫做事业。

因此，所谓象，是圣人发现了天下幽隐难见的道理，觉得它们非常复杂，就模拟其形态而设卦分类，并分别采用合宜的形象表达出来，所以叫做象。圣人发现了天下万物的运动变化，觉得它们极为散乱，就观察其阴阳会合交通之处，从万变中提炼出不变的常理规范，并系属文辞加以说明，用来论断发展变化的结局是吉是凶，所以叫做爻。穷极天下幽隐难见道理的，在于卦形的象征；鼓起天下振作奋动的，在于卦辞爻辞的精义；促使万物相互作用，交感化育并彼此塑造的，在于变动；顺沿变化加以推广，使之旁行于外的，在于会通；使《易》书的阴阳互转之道神奇而显明的，在于用《易》占筮的人；学习《易》道默然潜修而能有所成就，不言不语而所思所为能与《易》道暗合的，在于美善的德行。

系辞下传

第　一　章

八卦成列，象在其中矣；因而重之，爻在其中矣；刚柔相推，变在其中矣；系辞焉而命之，动在其中。①

吉凶悔吝者，生乎动者也；刚柔者，立本者也；变通者，趣时者也。②

吉凶者，贞胜者也；天地之道，贞观者也；日月之道，贞明者也；天下之动，贞夫一者也。③

夫乾，确然示人易矣；夫坤，隤然示人简矣④。爻也者，效此者也；象也者，像此者也⑤。

爻象动乎内，吉凶见乎外；功业见乎变，圣人之情见乎辞。

天地之大德曰生；圣人之大宝曰位；何以守位曰仁；何以聚人曰财；理财正辞，禁民为非曰义。⑥

【注释】

①成列：按照一定的顺序加以编排，使之各列其位。象：这里指万物之象。"八卦成列，象在其中"，是说八卦是《易经》用来象征万物的基本卦形。因而重之：即因之而重之，意为根据八卦重成六十四卦。之，代词，代八卦。刚柔：指刚爻和柔爻，即阳爻和阴爻。推：推移变化。命：告。动：这里指变动规律。　②生乎动：生于动，从变动中产生。乎，于。立本：确立一卦之根本，"根本"在这里指《易经》所揭示的阴阳变化之道。趋时：趋向适宜的时机。　③吉凶者，贞胜者：卦辞爻辞所揭示的或吉或凶的发展趋势，在于说明立身端正即可获胜，立身不正必将致败。这里的"胜"意为逢凶化吉。"败"意为得吉转凶。贞，正。贞观：即贞而被观，意为守正则受人崇仰。观，瞻仰。贞明：即正则明。贞夫一：即正于一。一，专一。　④确：坚确，刚健之状。隤（tuí）：通"颓"，柔顺之状。　⑤此：这两个"此"指代乾坤所示之理。　⑥生：化生万物。大宝：重宝，珍宝。这里是以"宝"喻下面的"位"。

【译文】

八卦排成序列，各种卦象都蕴涵在其中了；根据八卦重叠而成八八六十四卦，三百八十四爻都包括在其中了；而刚爻柔爻相互推动，阴阳变化的规律都体现在其中了；在卦爻之下系属文辞而昭告吉凶，适时变动的法则都呈示在其中了。

吉利、凶险、困厄、艰难，都是从六爻的变动中产生的；阳刚之爻和阴柔之爻的相互对立、相互依存，是确立一卦的根本因素；而变化会通，则是随着时间的转移而转移的。

或吉利或凶险的发展趋势，说明居于正位就能获胜；天地的阴阳之道，说明居于正位就受崇仰；日月的交替之道，说明居于正位就会明亮：总之，天下的一切运动变化说明，万物都应该专一守正。

乾即天的特征是坚确刚健，昭示于人的是平易；坤即地的特征是宽厚，昭示于人的是简约。所谓爻，就是仿效乾坤所显示的变化；所谓象，就是模拟乾坤所显示的情态。

爻和象的变化发生于卦内，而吉利和凶险的趋势则体现于卦外；功业的成败体现于吉利凶险的变动，而圣人的情怀体现于卦辞爻辞的论断。

天地的宏大德业，就是化生万物；圣人的珍宝重器，就是权位；而保持权位的办法，就是施行仁政以得人；而得人的办法，就是创造财物的富民；以正道经营财务，端正立辞即颁布制度法令，禁止民众胡作非为，使其行为合于事理之宜，就是道义。

第 二 章

古者包牺氏之王天下也，仰者观象于天，俯者观法于地，观鸟兽之文与地之宜，近取诸身，远取诸物，于是始作八卦，以通神明之德，以类万物之情。[①]

作结绳而为网罟，以佃以渔，盖取诸离。[②]

包牺氏没，神农氏作，斲木为耜，揉木为耒，耒耨之利，以教天下，盖取诸益。[③]

日中为市，致天下之民，聚天下之货，交易而退，各得其所，盖取诸噬嗑[④]。

神农氏没，黄帝、尧、舜氏作，通其变，使民不倦；神而化之，使民宜之。[⑤]《易》穷则变，变则通，通则久。[⑥]是以"自天佑之，吉无不利"。黄帝、尧、舜垂衣裳而天下治，盖取诸乾坤。[⑦]

刳木为舟，剡木为楫，舟楫之利，以济不通，致远以利天下，盖取诸涣。[⑧]

服牛乘马，引重致远，以利天下，盖取诸随。⑨

重门击柝，以待暴客，盖取诸豫。⑩

断木为杵，掘地为臼，臼杵之利，万民以济，盖取诸小过。⑪

弦木为弧，剡木为矢，弧矢之利，以威天下，盖取诸睽。⑫

上古穴居而野处，后世圣人易之以宫室，上栋下宇，以待风雨，盖取诸大壮。⑬

古之葬者，厚衣之以薪，葬之中野，不封不树，丧期无数，后世圣人易之以棺椁，盖取诸大过。⑭

上古结绳而治，后世圣人，易之以书契，百官以治，万民以察，盖取诸夬。⑮

【注释】

①包牺氏：古代传说中的中国原始社会早期部落首领。又作伏牺，亦称牺皇。"牺"又作"羲"。王：动词，称王，为王。宜：指适于存在的种种事物。近取诸身，远取诸物：这是《易经》的取象途径和方法的两个方面：一是从近处选取人身作为象征，二是从远处选取物象作为象征。诸，之于。类：依类归纲。德：这里是性质的意思。　②作：发明。罟（gǔ）：网的别称。佃：即田，田猎。取诸离：离卦下离上离，其卦形☲☲为☰（以下重卦卦形均沿反时针方向旋转90度），其象为目，而目即孔，所以说网"取诸离"。其实按上文"近取诸身，远取诸物"的说法，应为离取诸网。其他各卦均应如此理解。　③没（mò）：死亡。神农氏：古代传说中的中国原始社会早期部落首领。通常认为此即炎帝。斫（zhuó）：砍削。耜（sì）：上古农具耒耜的下部。耒（lěi）：上古农具耒耜的曲柄。耒耨（ròu）：耘田。　④日中为市：中午举办集市。致：招来。交易：贸易。退：散去。噬嗑卦象征"咬合"，上卦离为日，下卦震为动，恰如"日中"而集市兴动，而且"交易"与"咬合"含义相通，所以说"取诸噬嗑"。

⑤黄帝、尧、舜：都是古代传说中的中国原始社会部落首领。神而化之：即变而化之。使民宜之：让民众利用而感到适宜。　⑥穷则变，变则通，通则久：这是对阴阳变化规律的说明。这个变化规律就是：事物发展到穷极即顶点必然发生变化，变化则能通达，通达则能长久发展下去。　⑦垂衣裳：创制衣裳，垂（传）示天下。衣裳，上体之服为衣，下体之服为裳，衣居上象天，裳居下象地。　⑧刳（kū）：剖开而挖空。剡（yǎn）：砍削。楫（jí）：桨。济：渡过。涣卦下坎上巽，而坎为水，巽为木，呈上木下水之象，犹如舟行水面，所以说"取诸涣"。　⑨服：驾。随卦下震上兑，而震为动，兑为悦，犹如牛马在下奔驰，驾乘者居上而欢悦，所以说"取诸随"。　⑩重门：多层屋门。击柝（tuò）：敲梆警戒。柝，打更用的梆子。待：防御。暴客：盗贼。豫卦下坤上震，其卦形为☳☷，而震为雷，坤为地，有设置的重门，并在夜间敲梆巡行示警之象，所以说"取诸豫"。　⑪杵（chǔ）：一端粗一端细的圆木棒，用来在臼里捣掉谷皮使之成米。济：成，指舂米成食。小过卦下艮上震，其卦形为☳☶，而震为动，艮为止，上下配合，一动一止，犹如杵臼舂米，所以说"取诸小过"。　⑫弦木：上弦于木。弧：

弓。矢：箭。睽卦下兑上离，而兑为小木，离为矢，有弓矢之象，所以说"取诸睽"。　⑬易：改变。宇：墙壁。大壮卦下乾上震，而乾为健，震为动，犹如风雨动于上，而宫室强于下，所以说"取诸大壮"。　⑭厚衣之以薪：用厚厚的柴草盖住尸体。衣，盖。薪，柴草。中野：即野中，荒野之间。不封不树：即不堆土为坟，也不植树为记。封，堆土为坟。树，动词，种植。丧期无数：上古习俗，服丧无一定期限，即丧礼未经制定。棺椁（guǒ）：古代棺木，内层称棺，外层称椁。大过卦下巽上兑，而巽为木，引申为棺椁，兑为泽，引申为穴坑，犹如棺埋土中，所以说"取诸大过"。　⑮书契：契刻文字。契，锲，刻。夬卦下乾上兑，而乾为金，兑为木，犹如以刀刻木，所以说"取诸夬"。

【译文】

古代圣人伏牺氏治理天下的时候，他仰面观察天上的星象，俯身观察大地的形状，观察飞禽走兽毛皮的纹理，以及适宜生存在地上的种种事物，采取就近援取人身器官、致远援取各类物形的方法，用人身器官和各类物形作为象征，创作出八卦，通过八卦通晓万物神奇莫测的性质，类比概括万物多姿多彩的情态。

伏牺氏采用结绳方法制作出罗网，用来打猎捕鱼，这大概是从离卦的卦象中得到了启示。

伏牺氏死亡，神农氏继起，他砍削树木制成了犁头，揉弯木棍制成了犁柄，用这种农具翻土耘田而得五谷之利，并把它教给天下民众，这大概是从益卦的卦象中得到了启示。

神农氏规定日当中午举办集市，招来天下民众，聚集天下货物，相互交换之后而各自归去，人人都获得所需物品，这大概是从噬嗑卦的卦象中得到了启示。

神农氏死亡，黄帝、唐尧、虞舜先后继起，他们通晓事物变化规律，会通前代的器物、制度并加以改变，促使民众进取不懈；在实际使用中又进一步加以变化，使其功用更加神妙，让民众使用起来更加便利。《易》书的阴阳互转规律，是事物发展到极点就会出现变化，变化之后事物发展的道路就能畅通，发展道路畅通之后事物则会长久地发展下去。所以，才能像大有卦上九爻爻辞所说的，得到"从上天降下的佑助，吉祥而无所不利"。黄帝、唐尧、虞舜又创制了衣裳，并将这种服制传示天下，使天下大治，这大概是从乾卦和坤卦中得到了启示。

他们挖空木心制成舟船，削制木棍制成船桨，舟船和船桨的用处，是用来渡过难以通行的江河，能够到达远方而给天下提供便利，这大概是从涣卦中得到了启示。

他们驾牛骑马，拖运重物到达远方，给天下提供便利，这大概是从随卦中得到了启示。

他们设置多重屋门并深夜敲梆警戒，以防备盗贼行窃，这大概是从豫卦中得到了启示。

他们砍断木头做成捣杵，挖掘地面做成舂臼，捣杵和舂臼的用处，是用来舂米为食，使万民都有饭吃，这大概是从小过卦中得到了启示。

他们揉弯木条并系上皮弦制作成弓，削尖树枝制作成箭，弓箭的用处，是用来威服天下，这大概是从睽卦中得到了启示。

远古时代，人们或居住在洞里，或散处在旷野中，后代的圣人建造房屋从而改变了过去的居住方式，上有栋梁下有墙壁，可以用来防风避雨，这大概是从大壮卦中得到了启示。

古时候，埋葬死人，只是用厚厚的柴草盖住尸体，掩埋在荒野之中，既不堆坟墓也不种树木作为标记，而且还没有一定的居丧期限，后代的圣人创制棺椁从而改变了过去的丧葬习俗，这大概是从大过卦中得到了启示。

远古时代，人们结绳记事来治理事务，后代的圣人发明刀刻文字，从而改变了过去的结绳记事，百官用它来记事治民，万民用它来察考往事，这大概是从夬卦中得到了启示。

第 三 章

是故《易》者，象也；象也者，像也。①象者，材也；爻也者，效天下之动者也。②是故吉凶生而悔吝著也。③

【注释】

①象：形象；象征。像：似，相似。　②彖：这里特指彖辞即卦辞。材：材德。效：仿效。　③著：显示。

【译文】

所以《易》书的表达方式，就是象征；而所谓象征，就是模拟外物的形象以比喻某种意义。所谓彖辞，就是总说一卦才德的文辞；而所谓六爻，则是效法天下万物运动变化的符号。因此，"吉利"和"凶险"之辞产生于《易》

书之内，而"困厄"和"艰难"之事则显现于《易》书之外。

第 四 章

阳卦多阴，阴卦多阳，其故何也？①阳卦奇，阴卦偶，②其德行何也？阳一君而二民，君子之道也；阴二君而一民，小人之道也。③

【注释】

①阳卦多阴，阴卦多阳：八卦之中除乾卦☰为纯阳卦和坤☷为纯阴卦之外，其余六卦也有阳卦和阴卦之分，即：阳卦为震☳、坎☵、艮☶，这三卦均为一阳二阴，所以称"阳卦多阴"；阴卦为巽☴、离☲、兑☱，这三卦均为一阴二阳，所以称"阴卦多阳"。　②阳卦奇，阴卦偶：这是对上问的回答，说明多阴而称阳是因为阳卦的卦画一奇二偶而以一奇为主；多阳而称阴是因为阴卦的卦画二奇一偶而以一偶为主。奇、偶，指爻的画数，阳"爻"一画，称奇；阴"爻"两画，称偶。　③阳一君而二民，君子之道也；阴二君一民，小人之道：《易经》以阳为君，阴为臣，所以阳卦一阳二阴，犹如一君统二民，君主事，臣奉君，为"君子之道"；而阴卦则是二阳一阴，犹如二君争一民，二君相互争斗，一民兼事二主，为"小人之道"。

【译文】

阳卦中阴爻占多数，而阴卦中则阳爻占多数。这是什么缘故呢？因为阳卦以一奇为主，而阴卦则以一偶为主。那么阳卦阴卦的实质是什么呢？阳卦意味着一个君主统治两个小民，象征君主事，小民侍奉君主，是君子之道；而阴卦则意味着两个君主争夺一个小民，象征二君相互争斗，一民兼事二君，是小人之道。

第 五 章

《易》曰："憧憧往来，朋从尔思。"①

子曰："天下何思何虑？天下同归而殊涂，一致而百虑，天下何思何虑！"②

"日往则月来，月往则日来，日月相推而明生焉。寒往则暑来，暑往则寒来，寒暑相推而岁成焉。③往者屈也，来者信也，屈信相感而利生焉。"

"尺蠖之屈，以求信也；龙蛇之蛰，以存身也。④精义入神，以致用也；利用安身，以崇德也。⑤过此以往，未之或知也；穷神知化，德之盛也。"

《易》曰："困于石，据于蒺藜，入于其宫，不见其妻，凶。"⑥

子曰："非所困而困焉，名必辱；非所据而据焉，身必危。既辱且危，死期将至，妻其可得见邪？"

《易》曰："公用射隼，于高墉之上，获之，无不利。"⑦

子曰："隼者禽也，弓矢者器也，射之者人也。君子藏器于身，待时而动，何不利之有？动而不括，是以出而有获，语成器而动者也。"⑧

子曰："小人不耻不仁，不畏不义，不见利不劝，不威不惩。⑨小惩而大诫，此小人之福也。⑩《易》曰'履校灭趾，无咎'，此之谓也。"⑪

"善不积，不足以成名；恶不积，不足以灭身。小人以小善为无益，而弗为也，故恶积而不可掩，罪大而不可解。《易》曰：'何校灭耳，凶'。"

子曰："'危者，安其位者也；亡者，保其存者也；乱者，有其治者也。⑫是故君子安而不忘危，存而不忘亡，治而不忘乱。是以身安而国家可保也。《易》曰：'其亡其亡，系于苞桑'。"⑬

子曰："德薄而位尊，知小而谋大，力小而任重，鲜不及矣。⑭《易》曰'鼎折足，覆公𫗧，其形渥，凶'，⑮言不胜其任也。"

子曰："知几其神乎？⑯君子上交不谄，下交不渎。⑰其知几乎？几者，动之微，吉之先见者也。君子见几而作，不俟终日。⑱《易》曰'介于石，不终日，贞吉'，⑲介如石焉，宁用终日？⑳断可误矣！君子知微知彰，知柔知刚，万夫之望。㉑"

子曰："颜氏之子，其殆庶几乎？㉒有不善，未尝不知；知之，未尝复行也。《易》曰'不远复，无祗悔，元吉'。"㉓

"天地絪缊，万物化醇；男女构精，万物化生。㉔《易》曰'三人行，则损一人；一人行，则得其友'，㉕言致一也。"

子曰："君子安其身而后动，易其心而后语，定其交而后求；君子修此三者，故全也。㉖危以动，则民不与也；惧以语，则民不应也；无交而求，则民不与也：莫之与，则伤之者至矣。㉗《易》曰'莫益之，或击之，立心勿恒，凶'。"㉘

【注释】

①憧憧往来，朋从尔思：这是咸卦九四爻爻辞。　②涂：通"途"。　③岁：年。　④尺蠖（huò）：昆虫名，即中国北方所谓的步曲。信：通"伸"。蛰（zhé）：动物冬眠时潜伏土中或藏于穴中不食不动的状态。　⑤精义：精研道义。　⑥困于石，据于蒺藜，入于其宫，不见其妻，凶：这是困卦六三爻爻辞。　⑦公用射隼，于高墉之上，获之无不利：这是解卦上六爻

爻辞。　⑧括：阻塞。语：说。成器：具备现成的器物。　⑨不畏：不畏正理。不义：不行道义。劝：勤勉。惩：戒惕。　⑩小惩而大诫：受到轻微的惩罚而获得重大的训诫。惩，罚。　⑪履校灭趾，无咎：这是噬嗑卦上九爻爻辞。　⑫危者，安其位者：今日之倾危，来自往日之安乐于位。这是讲今"危"与昔"安"的关系。下文"亡"与"存"、"乱"与"治"类此。　⑬其亡其亡，系于苞桑：这是否卦九五爻爻辞。　⑭鲜不及：指很少有不及祸的。鲜，少。　⑮鼎折足，覆公𫗰，其形渥，凶：这是鼎卦九四爻爻辞。　⑯知几：看事物变化的苗头。　⑰谄：谄媚。渎：轻慢。　⑱俟：等待。⑲介于石，不终日，贞吉：这是豫卦六二爻爻辞。　⑳宁：岂。　㉑断：断然。望：仰望，景慕。　㉒颜氏之子：即颜渊，名回，字子渊，孔子的学生。殆：大概。庶几：接近于，差不多。　㉓不远复，无祗悔，元吉：这是复卦初九爻爻辞。　㉔天地絪缊（yīnyùn），万物化醇：天地阴阳二气交融密结，化成万物的形体。絪缊，又作氤氲，烟或气很盛的样子。醇，凝厚。男女：阴阳两性。构：交合。精：精气。　㉕三人行，则损一人；一人行，则得其友：这是损卦六三爻爻辞。　㉖易：平和。交：交谊。求：求助。全：人已两全。　㉗与：协同；给予。"危以动，则民不与也"中的"与"是协同的意思，"无交而求，则民不与也"中的"与"是给予的意思，"莫之与"中的"与"兼以上二义。伤：伤害。　㉘莫益之，或击之，立心勿恒，凶：这是益卦上九爻爻辞。

【译文】

　　《易》书咸卦"九四"爻说："心意不定，思绪不绝，友朋最终会顺依你的想法。"

　　孔子认为："天下的事物何须如此深入思考，何须如此多方谋虑呢？天下的事物虽然千千万万，沿着不同道路运动变化，但是最终都会归向于一个共同的目标；人们的思考谋虑虽然千条万条，但是最终都要归结为一个统一的观念。天下的事物何须如此深入思考，何须如此多方谋虑啊！"

　　举例说吧：有太阳向西方落下就有月亮从东方升起，有月亮向西落下就有太阳从东方升起，正是由于太阳和月亮如此交互推移光明才得以产生；有寒冷季节归去就有炎热季节前来，有炎热季节归去就有寒冷季节前来，正是由于寒冷季节和炎热季节如此交互推移而年岁才得以形成。它们之间的关系是有一往就有一来，有一来就有一往。而所谓"往"，就是屈而退缩；所谓"来"，就是伸而进展。正是由于有退缩和进展的交互感应，万事万物的惠泽才得以常生。

　　"尺蠖小虫的退缩其体，是为了求得进展；巨龙长蛇的冬眠潜伏，是为了保存其自身。众人精研事物的义理而进到神妙的境地，是为了践行运用；便利施用，安处身心，是为了增益美德。超过这种境界再向前发展，或许就不知道该为何行动了；但是却知道穷极神妙的义理，通晓奇异的变化，是美德的最为隆盛的境界。"

《易》书困卦"六三"爻说："被乱石阻挡而道路困穷不通，居外在蒺藜之上；而退回自己家里又不能见婚配之日，会有凶险。"

孔子认为："在不当困穷的地方遭遇困穷，其名声必然遭到危害。名声既蒙受耻辱，人身又遭到危害，死亡便即将到来，还哪有可能见到婚配之日呢？"

《易》书解卦"上六"爻说："王公用利箭射杀高城上的大雕，一箭射中，无所不利。"

孔子认为："大雕，是飞禽；弓箭，是兵器；用箭射杀大雕的，是人。君子身上预先藏着利器，等到一有合适时机就采取行动，哪会有什么不利呢？采取行动而灵便自如，所以外出必有所获。这说明，无论干什么，都是预先置备好工具然后再采取行动。"

孔子曾说："小人不知羞耻、不讲仁义，不畏真理、不行道义，不看到实际利益就不勤勉做事，不看到刑威就不戒惕过失。对于小人来说，给点轻微的惩罚就是告诫他不要犯重大过失，这等于是赐福给他。因此，《易》书噬嗑卦'初九'爻才说'脚上戴上木枷伤了脚趾，没有灾祸'，这番话说的就是这个意思。"

孔子曾说："不积累善行，就不足以成就美名，同理，不积累恶行，也不足以断送其身。小人认为行小善得不到什么好处因而不屑于去做，认为行小恶无伤大体而不愿意戒除，因此，恶行越积越多而无法掩盖，罪过越积越重而难以解救。因此，《易》书噬嗑卦'上九'爻才说：'肩上戴上木枷枷伤了耳朵，会有凶险'。"

孔子曾说："凡是出现倾危之象的，都曾经无所事事安居其位；凡是招致灭亡的，都曾经自以为能永保长存；凡是产生祸乱的，都曾经自觉得万事太平。因此，君子安居而不忘倾危，生存而不忘灭亡，太平而不忘祸乱，这样，自身才能够久安而国家才可以永存。因此《易》书否卦'九五'爻才说，'将要灭亡啊，将要灭亡！但是如果把自己拴在根扎得很深的桑树上，则会安然无恙。'"

孔子曾说："才德粗疏而居高位，见识短浅而谋大事，力量微弱而当大任，这样很少有不招致祸乱的。因此《易》书鼎卦'九四'爻才说：'大鼎难承重荷而折断了足，王公的美食都倒了出来，鼎身沾满污物，必有凶险。'这里说的正是力不胜任的情状。"

孔子曾说："察觉事物出现的某种苗头，就能预知神妙的变化啊！君子与尊上者交往不阿谀奉承，与卑下者交往不高傲轻慢，就可以预知事物出现的苗头了吧？所谓苗头，乃是事物变化的微小征候，吉凶祸福隐约显现出来的先兆。君子发现事物出现的苗头就立即行动，决不等到明天。因此《易》书豫卦'六二'才说：'德性坚贞超过磐石，不等一天终了就悟出过分欢乐之患，占问可获吉祥。'既然具有超过磐石的坚贞德性，何须等一天终了才能悟出事理呢！当时就能立即悟出。君子察觉隐微的苗头就能预测明显的结局，知道阴柔的功能也知道阳刚的效用，这才是万人所仰望的杰出人物啊！"

孔子曾说："颜渊这位贤弟子，他的德性大概接近完美了吧？"一有不善的先兆，没有不察觉的；一旦察觉不善，就不曾再次重犯。这就是《易》书复卦'初九'爻所说的：'行而不远就适时复返，没有造成大的悔恨，大吉大利。'

"天地的阴阳二气缠绵交密，万物化育醇厚；男女两性交合精华，万物化育出生。因此，《易》书损卦'六三'爻才说：'三人同行，由于难于同心协力必将有一人离去；一人出行，由于专一求合，则可得到友朋。'这里说的正是阴阳相求必须专注致一。"

孔子曾说："君子先安定自身然后才有所行动，先平和内心然后才发表言论，先确定交往对象然后才求益于人；君子由于能够修养成这三种美德，因此才会于人于己都有补益。自身危乱而急于行动，百姓就不追随他；内心疑惧而发表言论，百姓就不响应他；没有交往对象而有求于人，百姓就不援助他，而一旦没有人援助他，那么伤害他的人就来了。因此《易》书益卦'上九'爻才说：'没有人增益他，就会有人攻击他，再加自己立身不恒，会有凶险。'"

第 六 章

子曰："乾坤其《易》之门邪？[①]"乾，阳物也；坤，阴物也。阴阳合德，而刚柔有体，以体天地之撰，以通神明之德。[②]其称名也，杂而不越，于稽其类，其衰世之意邪？[③]

夫《易》，彰往而察来，而微显阐幽。[④]开而当名辨物，正言断辞则备矣。[⑤]其称名也小，其取类也大，其旨远，其辞文，其言曲而中，其事肆而隐。[⑥]因贰以济民行，以明失得之报。[⑦]

【注释】

①乾坤其《易》之门：《易经》把乾坤两卦比拟为《易经》的门户，门户一开一关为一昼

一夜，象征阴阳一往一来，运动变化永无止境，从而产生了八卦和六十四卦，借以说明乾坤两卦在《易经》中的重要地位和作用。　②体：形体；体现。"刚柔有体"中的"体"是体现的意思。撰：作为。　③其：指代卦辞爻辞。"其衰世之意邪"中的"其"是表猜测的代词。称述：指称述的物名。越：逾越。于：发语词。稽：考察。类：事类。　④微显：即显微，显现细微之事。阐幽：阐明幽深之理。　⑤开：开列。当（dàng）名：使名义恰当。辨物：使物象明辨。正言：使言语周正。断辞：使措辞果断。备：义理详备。　⑥文：文采。中（zhòng）：中肯。肆：放纵。隐：指道理深奥。　⑦因：借助，运用。贰：指乾坤两卦所蕴含的阴阳转化之理。报：应，应验，显应。

【译文】

孔子说："乾卦和坤卦，应该是《易》书的门户吧？"乾卦，代表阳性事物；坤卦，代表阴性事物：阴阳二者是对立的。但是阴阳二者又是统一的，乾卦和坤卦中的刚柔两种爻画就是阴阳统一的具体形体。通过刚爻柔爻可以体现天地运动的作为，可以通晓神妙变化的性质。乾卦和坤卦的卦辞爻辞称述的象征物名，尽管繁杂却未逾越天地的作为和神妙的变化的范围；可是考察《易》书中其他各卦的卦辞爻辞，多有忧患危惧之言，它们所流露的，或许是作者身处衰危之世的忧惧之情吧？

《易》书的功能，主要在于彰显往日的是非，明察未来的吉凶，并且显现细微之事，阐发幽隐理。它开列各卦卦名，所命卦名无不恰当，从而能够辨别它们所代各类事物；而且言语周正即准确有度，措辞果断即吉凶分明：如此，天下万物万理都具备了。卦辞爻辞所称述的物名虽然较小，但是它们被选取过来类比的却都是大事，而且它们的意义都十分深远，它们的修辞都富有文采，它们的言语曲折委婉而切中义理，它们的叙事无边无际，而且所叙述的任何事件中都蕴涵着幽深的哲理。因此，借助乾坤两卦所蕴涵的哲理，可以用来济助民众的行动，并能够显示或得或失的报应。

第 七 章

《易》之兴也，其于中古乎？①作《易》者，其有忧患乎？

是故履，德之基也；谦，德之柄也；复，德之本也；恒，德之固也；损，德之修也；益，德之裕也；困德之辨也；井，德之地也；巽，德之制也。②

履，和而至；谦，尊而光；复，小而辨于物；恒，杂而不厌；损，先难而后易；益，长裕而不设；困，穷而通；井，居其所而迁；巽，称而隐。③

履以和行，谦以制礼，复以自知，恒以一德，损以远害，益以兴利，困以寡怨，井以辨义，巽以行权。④

【注释】

①兴：兴起。中古：指上古殷周之际。　②柄：柯柄，把柄，引申为依凭。修：修养。裕：扩充。辨：辨别。制：裁断。　③履：礼。至：施加予人。小而辨于物：辨析事物的微小征兆。设：这里意为虚设。称而隐：称心而不显其迹。　④以：用。制礼：从礼，即从礼而行。制，从。自知：自觉。一：专一。这里用作使动词，使专一。权：衡量，引申为裁断。

【译文】

《易》书的兴起，大概在殷商末世的中古时代吧？创作《易》书的人，大概怀有忧患之心吧？

或许正是因为如此，作者才拟制以下各卦，表达他们的情怀：履卦，象征树立德行的基础；谦卦，象征施展德行的依凭；复卦，象征遵循德行的根本；恒卦，象征巩固德行的前提；损卦，象征修养德行的途径；益卦，象征提高德行的方法；困卦，象征检验德行的尺度；井卦，象征谨守德行的处所；巽卦，象征评判德行的规范。

履卦的命意，在于教人和顺有礼并施礼于人；谦卦的命意，在于教人谦敬虚心以博得众人尊崇并光在自身；复卦的命意，在于教人善于根据隐微的征兆去辨别事物的发展趋势是吉是凶；恒卦的命意，在于教人在善恶混杂之中要恒久守德而永不倦怠；损卦的命意，在于教人明白开始自损私欲之难而后成德美之易；益卦的命意，在于教人要增益善念美行以提高德行，而不要虚伪造作；困卦的命意，在于教人学会经受困穷的考验而不改变节操，作到身穷而道通；井卦的命意，在于教人安守节操并施德于人；巽卦的命意，在于教人学会处理事务得心应手而不露行迹。

履卦之道，可以用来教人学会和顺行事；谦卦之道，可以用来教人学会从礼而动；复卦之道，可以用来教人学会自我省察得失；恒卦之道，可以用来教人学会坚守节操始终如一；损卦之道，可以用来教人学会自损私欲而远离祸害；益卦之道，可以用来教人学会增益善念美行而广兴福利；困卦之道，可以用来教人学会守节不移而毫无怨尤；井卦之道，可以用来教人学会滋养万物并明辨道义；巽卦之道，可以用来教人学会顺依规律而灵活裁断。

第 八 章

《易》之为书也，不可远，①为道也屡迁，变动不居，周流六虚，上下无常，刚柔相易，不可为典要，唯变所适。

其出入以度，外内使知惧。②又明于忧患之故，无有师保，如临父母。③

初率其辞，而揆其方，既有典常。④苟非其人，道不虚行。⑤

【注释】

①远：离。迁：变迁，变化。周流：普遍流动。六虚：指六爻。一卦六位，虽有阴阳之分，但无标记，所以称六虚。为：当成。典要：常法。典，常。适：从，往。　②出入：即下文的"外内"，二者互文。度：法度。　③师保：古代负责教育贵族子弟的师长，即《礼记·文王世子》篇中说的"入则有保，出则有师"里的"师"和"保"。　④率：循。辞：卦辞爻辞。揆：揣度。方：方向。典常：规律。　⑤苟：假若。其人：指贤人，即深明《易经》之道之人。道：指《易经》的道。虚行：凭空推行或流行。

【译文】

《易》书作为一部蕴涵着人生哲学的著作，一时一刻也不能背离，它所体现的规律，在于屡经推移，而变动不止，这种变动遍及卦体周身，畅流于六爻之间，上下往来没有定则，刚柔变化相互更易，不可从中求取常法加以遵循，只有变化是其未来走向。

《易》书之道教人当出入行藏之际遵守出入的法度而无所逾越，使人处于内外隐现之时知晓内外之得失而有所戒惧。又可教人深明忧患产生的缘由，使人即使没有师长的教诲，也如同有父母在身边而能受到保护。

这样，行事之初遵循《易》书卦辞爻辞的命意，考虑行动的方式，就把握住行事的规律。假若不是深明阴阳变化规律的贤人，《易》书之道对他来说也只不过是一派空言而已。

第 九 章

《易》之为书也，原始要终以为质也。①六爻相杂，唯其时物也。②

其初难知，其上易知，本末也。③初辞拟之，卒成之终。④若夫杂物撰德，辨是与非，则非其中爻不备。⑤

噫！亦要存亡吉凶，则居可知矣。⑥知者观其象辞，则思过半矣。⑦

二与四同功而异位，其善不同：二多誉，四多惧，近也。⑧柔之为道，不利远者；其要无咎，其用柔中也。⑨三与五同功而异位：三多凶，五多功，贵贱之等也。⑩其柔危，其刚胜邪？⑪

【注释】

①原：推论。要：探求。为：组成，画成。质：体，指卦体。　②时物：时代和事物。卦代表一个时代，爻代表这个时代的一个事物。　③初：初爻，即下文的"本"——一卦之本。上：上爻，即下文的"末"——一卦之末。　④辞：爻辞。卒：完结，指上爻爻辞。终：意为卦义最终形成。　⑤若夫：发语词，无义。杂物：刚柔物象错杂。撰：具列。是与非：指爻位中不中，正不正，当不当，应不应，比不比。中爻：指二、三、四、五。爻备：完备，指完全领略一卦卦义。　⑥噫：感叹词。居：指平居无为。　⑦知：通"智"。象辞：指卦辞。　⑧二与四同功而异位：二爻和四爻，其功用相同，但居位不同。功，功能，指阴阳功能。二爻和四爻均居阴位，同具阴柔功能。其善不同：二爻和四爻分处内卦和外卦，其美善各不相同。二多誉：二爻处下守中，所以多誉。从六十四卦二爻爻辞看，也多半是"誉"。四多惧，近也：四爻接近君位（五位），所以多惧。从六十四卦四爻爻辞看，也多半是"惧"。　⑨柔之为道，不利远者；其要无咎，其用柔中：二爻居于阴位，所以称"柔"；二爻又居于下卦中位，所以称"柔中"。全句是说二爻虽然远离五爻因而不利，但是无咎，因为它居于下卦中位而得中。

⑩三与五同功而异位：三爻和五爻，其功用相同，但爻位不同。功，功能，指阴阳功能。三爻和五爻均居阳位，同具阳刚功能。三多凶，五多功，贵贱之等：三爻居于下卦为贱，五爻居于上卦为贵。全句是说三爻处于贱位，又居于下卦之终，所以多凶；五爻处于贵位，又居于上卦之中，所以多功。从六十四卦爻辞看，三爻也多半是凶，所以称"三多凶"，五爻也多半有功，所以称"五多功"。　⑪其柔危，其刚胜：这是对三、五两个位次的总说，意思是阴柔居这两个阳位则能胜任，但也不是绝对的，所以才用疑问语气。

【译文】

《易》书作为一部探求事物发展规律的著作，向前追溯以推论事物的初始，而后预测以探求事物结局，从而构成代表一个时代的一卦的卦体。而各卦六爻刚柔相互错杂，一爻只是代表特定时代的一个具体事物。

初爻的意义难以理解，上爻的意义则易于知晓，因为前者反映的是事物产生的本始，因而难知全貌，而后者反映的却是事物发展的末尾因而易知全貌。初爻难知，其爻辞也就如此比拟撰述；上爻易知，其爻辞也就如此定其所终。至于错杂各种物象揭示阴阳德性，从而判别是非吉凶，假若没有中间四爻，条件就不够完备。

是啊！只要明了中间四爻的意义，也就求得了事物存亡吉凶的规律，如此，即使平居无为，也能预知事物存亡吉凶的结局。其实，对于聪明智慧的人来说，只要读读卦辞，一卦的意义也能理解大半。

二爻和四爻，具有相同的阴柔功能，却分别居于下卦和上卦，所以位次不同，因而两者象征的利害得失之义也各不相同：二爻处下居中多获美誉，四爻处上居下多含危惧——这是因为它靠近"五"这个君王之位的缘故。阴柔之道，不利于处居远离君位者；而二爻居阴位，却反而能多获美誉，这是因为《易》书之道最讲不偏不倚以免遭祸害，而二爻的功用正好是阴柔和守中。三爻与五爻，具有相同的阳刚功能，却分别居于下卦和上卦，所以位次不同，因而两者象征的利害得失之义也各不相同：三爻处下卦之极多见凶险，五爻处尊居中多有功勋，这是因为它们所处的位次有贵有贱等级不同。总的说来，大概是阴柔居三、五阳位就有危难，阳刚处三、五阳位正称其位吧？

第 十 章

《易》之为书也，广大悉备：有天道焉，有人道焉，有地道焉。[1]兼三才而两之，故六；六者非它也，三才之道也。[2]道有变动，故曰爻；爻有等，故曰物；物相杂，故曰文；文不当，故吉凶生焉。[3]

【注释】

[1]广大悉备：意为《易》之道广大而完备。悉，全，都。 [2]兼三才而两之：兼三才，指三画的八卦兼含天地人三才的象征；两之，意为三画的八卦两两相重而成六画的六十四卦，各卦也兼含三才的象征意义。 [3]道有变动，故曰爻：意为六爻仿效《易经》的阴阳变动之道。爻有等，故曰物：意为六爻有上下、贵贱不同等级，呈现不同的实物形象。物，这里指有上下、贵贱等级的六爻本身，其实物形象为"—"和"- -"。文：文明，条理，次序。文不当：意为六爻位次有当与不当之别，阳爻居于阳位，阴爻居于阴位，为当；阳爻居于阴位，阴爻居于阳位，为不当。

【译文】

《易》书作为一部探求宇宙万物发展变化规律的著作，所揭示的规律既广泛重大，又详尽完备：既含有天的规律，也含有地的规律，还含有人的规律。兼合三画的八卦中的天地人三才的象征两两相重，就产生了六画的六十四卦；六画，没有别的意思，也是象征天地人三才及其关系。《易》书之道主变动，模拟变动情状的六个符号，就叫做六爻；而六爻又有上下位次，以"－"和"－－"两个实体形象作为标志，就叫做物象；阴阳物象交错间杂，变化有致，就叫做文理；交错间杂的结果，有的适当而有的不当，于是吉利和凶险就产生了。

第十一章

《易》之兴也，其当殷之末世，周之盛德邪？当文王与纣之事邪？[①]是故其辞危。[②]危者使平，易者使倾；其道甚大，百物不废。[③]惧以终始，其要无咎，此之谓《易》之道也。[④]

【注释】

①当文王与纣之事：文王，姬姓，名昌，殷末周族首领。纣，即帝辛，名受，殷代最后一位君主。此句仍是推测《易经》成书的时间。 ②其辞危：意为《易经》作者身处两代交替之世，所以所拟的卦辞爻辞多有危言。辞，指卦辞爻辞。 ③平：安乐。与下文的"易"互文，都是安乐的意思。倾：倾覆。 ④以：于。要：要旨，指卦辞爻辞的要旨。

【译文】

《易》书的兴起，大概是在殷商走向末世，周族德业日趋隆盛的时候吧？具体而言，大概是在文王臣事纣王期间吧？也许正是因为如此，所以其卦辞爻辞多含危惧警戒之义。畏惧戒惕可以获得安乐，而常怀安乐则必将导致危亡；其中的道理内涵非常广泛，万事万物无所不有、无所不包。自始至终称说危惧戒惕，重点在于教人免遭祸害，这就是《易》书所揭示的规律。

第十二章

夫乾，天下之至健也，德行恒易以知险；夫坤，天下之至顺也，德行恒简以知阻。[①]

能说诸心，能研诸虑，定天下之吉凶，成天下之亹亹者。[②]

是故变化云为，吉事有祥；象事知器，占事知来。[③]

天地设位，圣人成能，人谋鬼谋，百姓与能。[④]

八卦以象告，爻彖以情言，刚柔杂居，而吉凶可见矣！[⑤]

变动以利言，吉凶以情迁，是故爱恶相攻而吉凶生，远近相取而悔吝生，情伪相感而利害生。⑥凡《易》之情，近而不相得则凶；或害之悔且吝。⑦

将叛者其辞惭，中心疑者其辞枝，吉人之辞寡，躁人之辞多，诬善之人其辞游，失其守者其辞屈。⑧

【注释】

①恒易：经常变化。恒，常。易，变。以：而。至顺：最为柔顺。简：简静。阻：险阻。②说：通"悦"。研：揣摩。心、虑：指占筮者的内心世界。"能研诸虑"一句中曾衍出"侯之"二字，成"能研诸侯之虑"，不通，今删。 ③云为：言动。 ④成能：成功，指创成《易经》。人谋鬼谋：意为谋人事，谋鬼神，并沟通人神之谋。与能：参与运用《易经》之道。 ⑤爻象：指卦辞爻辞。情：情态。 ⑥利：含有"利"与"不利"二义。攻：矛盾，冲突。取：求取。情伪：真情和假意。 ⑦不相得：指爻与爻之间应该相应相比而未相应相比。或害之：承上，说偶或"凶"得以免，最终也会遭伤害。 ⑧叛：背实弃信。惭：通"惭"。枝：散乱。诬：毁谤。善：指善人。游：虚浮不定。守：操守。屈：由于理亏而言语闪烁，支吾其辞。

【译文】

乾，是天下最为刚健的性质的象征，这种性质表现为德行，是永恒地变化而不静止，唯其如此，才能察知天下的凶险之事而不轻进；坤，是天下最为柔顺的性质的象征，这种性质表现为德行，是永恒地静止而不运动，唯其如此，才能知天下的险阻之事而能戒惧。研读《易》书，知险而不轻忽，知阴而能戒备，就能免于忧患，便会心情愉悦，精研深思，通过占筮，判定天下万事的吉凶得失，促使天下之人求吉趋利而勤勉不懈。

因此，人们根据《易》书的阴阳变化之道说话做事，都可以得到祥和的吉兆；乃至通过观察各卦所拟取的物象就能知道器物制作的方法，通过占筮就能知道未来之事。

天地定位于上下，却不能告人吉凶，而圣人则模拟天地上下对立统一而设爻立卦，以成就天地所不能成就之事，这样，有了事情，在先跟人谋划之后，还能进行占筮，再谋求鬼神的启示，这一切，连寻常民众也能参与其中。

八卦是以卦形象征表达义理的，而卦辞爻辞则是以拟取事物的情态陈述卦义的，因此刚爻柔爻交错间杂居于六位，吉凶之理就豁然可见了。

六爻变化运动，总的趋势是无所不利，而究竟是吉是凶，则以其变化运动的具体情态为转移。因此，阳爻遇阴爻或阴爻遇阳爻则相求相爱而必然产生吉利之兆，而阳爻遇阳爻或阴爻遇阴爻则相敌相恶而必然产生凶险之兆，刚柔相求却不求而彼此疏远则必然产生困厄之兆，刚柔不求却有求而彼此亲近则必然产生艰难之兆，爻与爻之间真诚相互感应必然有利，虚假相互感应则必然有害。总而言之，《易》书各爻所拟取的事物情态，两相亲近而未相亲近就有凶险，要不就是受到外来的伤害，也难免遇到困厄和艰难。

《易》书所拟取的事物情态，是多种多样的。这里不妨以人说话的情态作个比喻：将要撒谎行骗的人，说话必然惭愧惶惑；心怀疑虑的人，说话必然散乱无序；良善贤明的人，说话必然寡言少语；心气浮躁的人，说话必然唠叨不休；毁谤良善的人，说话必然游移不定；丧失操守的人，说话必然支吾其辞。

说卦传①

第 一 章

　　昔者，圣人之作《易》也，幽赞于神明而生蓍。②

　　参天两地而倚数。③

　　观变于阴阳而立卦，发挥于刚柔而生爻，和顺于道德而理于义，穷理尽性以至于命。④

【注释】

　　①《说卦传》：《易传》之一。传文首先追溯《易经》的作者用蓍衍卦的历史，其次申说八卦的两种方法，最后集中谈明八卦的取象特点，揭示八种基本物象及象征意义，并把众多象例一一罗列出来，是一篇很有哲学深度的六十四卦推演纲要。　　②圣人：这里指伏牺、文王。幽：隐，深。赞：助。神明：神妙而显明的变化，这里指大自然的造化。蓍：筮法。因为筮法以蓍草为工具，所以行筮成卦也称蓍或揲蓍。　　③参天两地：即天地两参。倚数：立数。倚，立。天地两参而立数，即天数和地数两相掺杂而确立"大衍之数"。具体地说，就是天数五——一、三、五、七、九和地数五——二、四、六、八、十累计相加而两相掺杂，由此而确定"大衍之数"五十五。　　④观变于阴阳而定卦：此句是说"蓍"、"数"出现之后，就可以观察阴阳之变而画爻，定卦，经过揲蓍，"大衍之数"每三变而后得到七、八、九、六，而七、八、九、六分阴阳老少，根据阴阳老少就可以画出爻画，确定此卦是六十四卦中的哪一卦。发挥于刚柔而生爻：此句是说七、八、九、六之数已得，阴阳老少既明，从而就可以发挥爻画的作用了。七、九为少阳和老阳，得七、九均画阳爻即刚爻；八、六为少阴和老阴，得八、六均画阴爻即柔爻。和顺于道德而理于义：此句是说以上"生蓍"、"倚数"、"生爻"、"定卦"的过程，既合于天道，且顺于人德，又不乱于处事之宜。理，这里用作动词，治理的意思。义：即宜。穷理尽性以至于命：此句是说穷尽了万物的至理和生灵的本性，从而就能最终达到通晓天命。性，性质。命，天命。

【译文】

　　从前，圣人创作《易经》的时候，凭借着精深的思虑并求助于神明的造化，创造出了用蓍草占卦的方法。

方法是把天数一、三、五、七、九和地数二、四、六、八、十两相掺杂，确定五十五这个大衍之数，再用大衍之数来揲蓍求卦。

观察天地阴阳变化的情状而运演推算，构成卦形；发挥卦中刚爻柔爻的作用而产生变化；以和谐顺从天理人道，运用合宜的方法治理天下；穷极万事的道理，尽究万物的本性，以至于通晓天命。

第 二 章

昔者圣人之作《易》也，将以顺性命之理。是以立天之道，曰阴与阳；立地之道，曰柔与刚；立人之道，曰仁与义。①兼三才而两之，故《易》六画而成卦。②分阴分阳，迭用柔刚，故《易》六位而成章。③

【注释】

①立人之道，曰仁与义：仁，即爱人之德，主于柔。义，即正大，主于刚。　②兼三才而两之，故《易》六画而成卦：详见《系辞下传》第十章注。　③分阴分阳，迭用柔刚，故《易》六位而成章：此句是说六爻的排列位次分阴阳，所居之位分刚柔，如此交错，蔚然成章。分阴分阳，指天地人三才之道又各分一阴一阳：初位为地之阳，二位为地之阴，三位为人之阳，四位为人之阴，五位为天之阳，上位为天之阴，两两构成对立统一，固定不变。迭用柔刚，指六爻刚柔在六位上是运动变化的，而不是固定不变的，所以称迭用。章，章法，文理。

【译文】

从前，圣人创作《易经》的目的，是要用它来协调万物的特性和命运生成、变化的规律。因此，就确定了如下的法则：天划分为阴与阳两个方面，地划分为刚与柔两个方面，人划分为仁与义两个方面，又兼合三画的八卦中的天地人三才而两两相重，所以《易经》就产生了六十四个六画的卦体。六画又分阴位和阳位，交替运用刚爻和柔爻，这样，《易经》的六十四个卦体都具备六个卦位从而蔚然成章。

第 三 章

天地定位，山泽通气，雷风相薄，水火不相射，八卦相错。①数往者顺，知来者逆，是故《易》逆数也。②

【注释】

①天地定位：指天在上而地在下。山泽通气：指山高泽低。雷风相薄：指雷和风相互迫击。薄，迫，逼近。水火不相射：水火不相容。射，射入。八卦相错：意为八卦相互错杂，既矛盾又和谐地联系在一起。八卦，即三画卦乾、坤、震、巽、坎、离、艮、兑，它们分别代表天、地、雷、风、水、火、山、泽八种物理现象。　②数往者顺：八卦可以顺推往事。数，这里用作动词，推算。往，往事。知来者逆：八卦还可以逆知未来。来，未来。《易》逆数：指《易经》的功用主要在于预知未来，而"逆数"能"知来"，所以说"《易》逆数"。

【译文】

乾卦象征天，坤卦象征地，天在上而地在下，这样乾卦和坤卦的位置就确定下来了。艮卦象征山，兑卦象征泽，山高而泽低，高低交流，沟通气息。震卦象征雷，巽卦象征风，雷动风吹，交相迫击。坎卦象征水，离卦象征火，水火相反而又相成。八卦就这样既冲突又和谐地错杂在一起。掌握了这种规律，要探究过去的历史，可以往后顺着推算，要预知未来的前景，可以向前逆着测知；而《易经》的主要功用是预测未来，所以它的推算方法是逆着推算。

第 四 章

雷以动之，风以散之，雨以润之，日以烜之，艮以止之，兑以说之，乾以君之，坤以藏之。①

【注释】

①烜（xuān）：晒干。说：通"兑"。

【译文】

震卦为雷，其功用是振奋鼓动万物；巽卦为风，其功用是散布流通万物；坎卦为水，其功用滋润万物；离卦为日，其功用是干燥万物；艮卦为山，其功用是抑止万物；兑卦为泽，其功用是欣悦万物；乾卦为天，其功用是主宰万物；坤卦为地，其功用是储藏万物。

第 五 章

帝出乎震，齐乎巽，相见乎离，致役乎坤，说言乎兑，战乎乾，劳乎坎，成言乎艮。①万物出乎震，震，东方也。②齐乎巽，巽，东南也；齐也者，言万物之絜齐也。③离也者，明也，万物皆相见，南方之卦也；圣人南面而听天下，向明而治，盖取诸此也。④坤也者，地也，万物皆致养焉，故曰致役乎坤。⑤兑，正秋也，万物之所说也，故曰说言乎兑。⑥战乎乾，乾西北之卦也，言阴阳相薄也。⑦坎者，水也，正北方之卦也，万物之所归也，故曰劳乎坎。⑧艮，东北之卦也；万物之所成终而所成始也，故曰成言乎艮。⑨

【注释】

①帝出乎震：帝为万物之主宰，它由震卦象征的东方升起。帝，中国古人心目中的大自然的主宰。齐：整齐，指万物齐生并长的状态。见：同"现"，显现，呈现，指万物生长旺盛，纷相呈现的状态。役：役使。说：通"悦"。言：助词，无义。战：按，指万物完成一年的生长使命而又将重新萌生。以上是总说。　②万物出乎震，震，东方也：引句是具体解释上文"帝出乎震"。自此句以下是分述。　③絜：即洁，新鲜。　④诸："之于"的合音。　⑤养：养育。　⑥正秋：即秋分。此时万物皆成熟。　⑦阴阳相薄：从方位上讲，乾卦在西北，而西北是阴地，乾以纯阳而居此，是阴阳相薄之象。　⑧归：藏，闭藏休息。　⑨成终成始：指万物皆新陈代谢终始相承，旧的生命结束了，新的生命又开始了，如此往复，生生不息，无穷无尽。

【译文】

主宰大自然生机的元气使万物萌芽发生于震，同生共长于巽，纷相呈现于离，致力用事于坤，成熟愉悦于兑，交配结合于乾，倦怠止息于坎，最终完成生长过程而又重新萌芽发生于艮。万物萌芽发生于震，是因为震卦象征太阳初升而普照万物的东方。齐生并长于巽，是因为巽卦象征万物顺畅生长的东北方；并生并长，是说万物的生长状态新清整齐。离卦，是光明的象征，光明使万物生长旺盛而纷相呈现；这是代表南方的卦，圣人坐北朝南而主宰天下，面向光明而治理政事，就是取法于这一卦。坤卦，是地的象征，万物都竭力从大地中获得滋养，所以上文才说致力事用于坤。兑卦，象征正秋时节，在这个时节，万物成熟愉悦，所以上文才说成万物成熟愉悦于兑。上文说万物交配结合于乾，是因为乾卦为象征阴方即西北方的卦，阴阳在这里交相迫击并且结合。坎卦，为水的象征，是代表正北方的卦，又是一个代表倦怠的卦，而万物既已倦怠自然必当归藏，所以上文说倦怠止息于坎。艮卦是象征万物终而复始的东北方的卦，万物至此完成一轮生长过程而又开始重新萌芽发生，所以上文说万物最终完成生长过程而又开始重新萌芽发生于艮。

第 六 章

神也者，妙万物而为言者也。^①动万物者，莫疾乎雷；桡万物者，莫疾乎风；燥万物者，莫熯乎火；说万物者，莫说乎泽；润万物者，莫润乎水；终万物始万物者，莫盛乎艮。^②故水火相逮，雷风不相悖，山泽通气，然后能变化，既成万物也。^③

【注释】

①妙万物：即妙育万物。　②桡：吹拂长养。熯（hàn）：燥热。　③逮：及。悖：背逆。

【译文】

所谓的大自然的神奇造化，是就它能够奇妙地化育万物而说的。鼓动万物者，以雷最为迅猛；吹拂万物者，以风最为疾速；干燥万物者，以火最为炽热；愉悦万物者，以泽最为和乐；滋润万物者，以水最为湿润；使万物最终完成的生长过程而又重新萌生者，以艮最为隆盛。所以水火性质虽然迥异却能够相互济成，雷风动态虽然迥异却不会相互违逆，山泽高低虽然迥异却能够相互沟通气息，然后大自然才能变动化育而创造出万物。

第 七 章

乾，健也；坤，顺也；震，动也；巽，入也；坎，陷也；离，丽也；艮，止也；兑，说也。^①

【注释】

①乾，健也：以下八句是分述八卦的象征意义。

【译文】

乾，表示刚健；坤，表示柔顺；震，表示奋动；巽，表示潜入；坎，表示险陷；离，表示依附；艮，表示止息；兑，表示愉悦。

第 八 章

乾为马，坤为牛，震为龙，巽为鸡，坎为豕，离为雉，艮为狗，兑为羊。①

【注释】

①乾为马：以下八句是举八种动物说明八卦拟物取象之例。雉，野鸡。

【译文】

乾为马象，坤为牛象，震为龙象，巽为鸡象，坎为猪象，离为雉象，艮为狗象，兑为羊象。

第 九 章

乾为首，坤为腹，震为足，巽为股，坎为耳，离为目，艮为手，兑为口。①

【注释】

①乾为首：以下八句是举人体八种器官讲明八卦拟物取象之例。

【译文】

乾为头象，坤为腹象，震为足象，巽为腿象，坎为耳象，离为目象，艮为手象，兑为口象。

第 十 章

乾天也，故称乎父；坤地也，故称乎母；震一索而得男，故谓之长男；巽一索而得女，故谓之长女；坎再索而得男，故谓之中男；离再索而得女，故谓之中女；艮三索而得男，故谓之少男；兑三索而得女，故谓之少女。①

【注释】

①乾天也，故称乎父：以下诸句是以人的家庭组成为喻，说明八卦含有父母及其所生三男三女之象。这是以乾坤为父母，以乾阳求合坤阴得男性，所以一索、再索、三索得震（☳，阳居初位）长男，坎（☵，阳居二位）中男，艮（☶，阳居三位）少男；以坤阴求合乾阳得女

性，所以一索、再索、三索得巽（☴，阴居初位）长女，离（☲，阴居二位）中女，兑（☱，阴居三位）少女。索，求，求合，指阴阳相求。

【译文】

乾，是天的象征，所以称为父；坤，是地的象征，所以称为母。父母阴阳互求，阳求合于阴而得男，阴求合于阳而得女：震是初次求合所得的男性，所以称为长男；巽是初次求合所得的女性，所以称为长女。坎是再次求合所得的男性，所以称为中男；离是再次求合所得的女性，所以称为中女。艮是三次求合所得的男性，所以称为少男；兑是三次求合所得的女性，所以称为少女。

第十一章

乾为天，为圜，为君，为父，为玉，为金，为寒，为冰，为大赤，为良马，为老马，为瘠马，为驳马，为木果。①

坤为地，为母，为布，为釜，为吝啬，为均，为子母牛，为大舆，为文，为众，为柄；其于地也，为黑。②

震为雷，为龙，为玄黄，为旉，为大涂，为长子，为决躁，为苍筤竹，为萑苇；其于马也，为善鸣，为馵足，为作足，为的颡；其于稼也，为反生；其究为健，为蕃鲜。③

巽为木，为风，为长女，为绳直，为工，为白，为长，为高，为进退，为不果，为臭；其于人也，为寡发，为广颡，为多白眼，为近利市三倍；其究为躁卦。④

坎为水，为沟渎，为隐伏，为矫輮，为弓轮；其于人也，为加忧，为心病，为耳痛，为血卦，为赤；其于马也，为美脊，为亟心，为下首，为薄蹄，为曳；其于舆也，为多眚，为通，为月，为盗；其于木也，为坚多心。⑤

离为火，为日，为电，为中女，为甲胄，为兵；其于人也，为大腹，为干卦，为鳖，为蟹，为蠃，为蚌，为龟；其于木也，为科上槁。⑥

艮为山，为径路，为小石，为门阙，为果蓏，为阍寺，为指，为狗，为鼠，为黔喙之属；其于木也，为坚多节。⑦

兑为泽，为少女，为巫，为口舌，为毁折，为附决；其于地也，为刚卤，为妾，为羊。⑧

【注释】

①圜：通"圆"。瘠马：瘦马。瘦马之骨是最强健之象。驳马：杂毛之马。木果：树木果实。木果形体皆为圆，而乾为圆，所以拟取木果象征乾。此节和以下七节是广泛列举八卦象之例，是本传的主体部分。　②布：流布，传播。釜：锅。均：平均。舆：车。文：文理。黑：地之正色为黑。　③玄黄：赤黑相杂之色。旉（fū）：花朵。涂，即"途"。苍筤（láng）竹：初生的幼竹。萑（huán）苇：芦苇。异（zhù）足：左后蹄白色。作足：蹄动长于奔驰。的颡（sǎng）：白头心。的，白。颡，额头，脑门。反生：指植物初生时先扎根往下生，再破土向上长。究：极。蕃鲜：指春天草木繁育旺盛。蕃，通"繁"。鲜，鲜明。　④绳直：准绳。工：工匠。不果：不果决。臭：各种气味的总称。　⑤沟渎：沟渠。矫輮：使曲者变直为矫，使直者变曲为輮。輮，通"揉"。为血卦：人有血如地有水，所以坎卦为血卦。亟心：心急。亟，通"急"。下首：低头，曳：拖拉，指奋力拖拉，以求脱险。多眚：劳损败坏，行路艰难。眚，灾。坚多心：木质坚硬而多刺，指枣棘之类。　⑥为干卦：离为火为日，而火、日皆有干燥作用，所以离卦为干卦。蠃（luǒ）：通"螺"。科上槁：树木中空其上枯槁。科，空。　⑦果蓏（luǒ）：木实为果，草实为蓏。阍（hūn）寺：阍人和寺人。阍人，守宫门者。寺人，宫中小臣。黔喙：指猛禽。黔，黑色。喙，鸟嘴。坚多节：木质坚硬而多节，指松柏之类。　⑧毁折：指庄稼成熟禾秆折断。附决：顺从裁决。刚卤（lǔ）：坚硬的碱地。卤，碱地。

【译文】

乾卦是天；天形圆，因而乾又为圆；天是主宰万物的君王，主宰家庭的父亲，因而乾又为君王和父亲；天刚健如玉，坚硬似金，因而乾又为玉为金；位于西北方向、时值秋冬的乾，象征寒冷和坚冰；纯阳的乾，是大红颜色；乾是健行的良马，健行既久又成为老马，成为多骨的瘦马，成为杂毛的驳马；乾还是树木的果实，因为乾为圆，而树木的果实都是圆形的。

坤卦是地；大地养育万物而有如万物之母亲，因而坤又为母亲；坤德遍布万物致养，因而为流布；坤阴中虚似锅；坤阴闭塞，因而又为吝啬；地道平均，滋养万物，因而又为平均；大地繁育万物，生生不已，因而坤又为小牛和母牛；大地顺载万物，因而物之色杂，文采斐然，因而坤又为灿然文采；万物众多，因而坤又为众多；大地性情柔顺，如任人把握的柄，因而坤又为把柄；大地土壤呈黑色，因而坤又为黑色。

震卦为雷；雷奋运如龙，因而震又为龙；震乃天地之杂物，而天玄地黄，因而震又为玄黄之色；震时值春天，春花开放必欣欣上动，因而震又为花朵；震有如万物生长的大道；震是六子女中的长男，性近乾父，因而又为长子；雷性好奋动，因而震又为刚决躁动；震又象征茂盛的青竹和芦苇。对于马来说，震为擅长嘶鸣的马，为左后蹄长着白毛的马，为前蹄腾举。震又为反生，为繁育鲜明。

巽卦为树木；巽性入，而无孔不入者唯有风，因而巽为风；巽是六子女中的长女，性近坤母，因而巽为长女；笔直可顺入，巧如风则见缝必入，因而巽又为笔直的准绳和手巧的工匠。巽风无色，因而为白；巽风吹远，因而为长；巽风至高无边，因而为高，巽风时常变向，因而为进退、为果决；风是气的流动，因而巽又为气。对于人来说，巽风吹落叶有如人的头发稀少，巽白有如人的眼白多；巽由乾初爻阳变阴而成，而乾为金玉，所以巽实获利三倍，因而巽又为获利三倍。巽风躁急，所以巽卦是一个躁卦。

坎卦为水；水流必有沟渠，因而坎为沟渠；水惯于隐伏于地下，因而坎又为隐伏；水性柔顺，可以任意变形，变曲为直、化直为曲，如弓似轮。对于人来讲，坎险难使人深以为忧，忧则必患心病，生耳病；人血似水，所以坎是一个血卦；人血色红，所以坎又为红色。对于马来讲，坎阳居中，似美丽的脊背，又似内心急躁；险难和劳苦使马垂头丧气，因而坎又为马头下垂，为马蹄磨薄而抬不起脚步，为艰难拖曳。对于大车来说，坎为多灾多难，又为通行无阻。坎为水，而月为水之精，因而坎为月；水隐伏如盗寇，因而坎又为盗寇。对于树木来说，坎刚居中，则象征树木中心坚硬而多生小刺。

离卦为火；日似火，电生火，因而离又为日与电；离是六子女中的中女；离刚爻在外，因而似甲胄，如刀枪。对于人来说，离阴气居中，如妇人有孕在身。离是火是日，因而它是一个干卦；离刚爻在外，似坚硬的外壳，因而此卦又为鳖、为蟹、为螺、为蚌、为龟。对于树木来说，离中心空虚，又象征腐朽中空的枯槁树木。

艮卦为山；山径斜路窄，碎石遍野，因而艮为斜径，为小路，为碎石。阙门高崇似山，因而艮又为门阙；艮阳在上，如地上的果实，因而艮又为果实。艮为止，而阍人和寺人都是禁止人出入的，因而此卦又为阍人、为寺人；艮为手，而手有指头，所以艮又为手指；狗牙、鼠牙与鸟嘴都尖锐、锋利，与艮卦卦形相似，因而又为狗、为鼠与猛禽。对于树木来说，艮刚爻在上，因而又象征坚硬而多节的松柏。

兑卦为泽；是六子女中的少女，因而又为少女；巫师用口祭告鬼神以求悦，因而兑又为巫师、为口舌。兑卦象征秋天，因而又如草木毁折，果实坠落。对于大地来说，泽干后必然结成硬碱土，因而兑又为刚硬的碱地。兑是少女，而少女性情柔顺，因兑又为温柔的姬妾和驯顺的羔羊。

序卦传①

上　经

　　有天地，然后万物生焉。盈天地之间者，唯万物，故受之以屯；屯者盈也，屯者物之始生也。②物生必蒙，故受之以蒙；蒙者，蒙也，物之稚也。③物稚不可不养也，故受之以需；需者，饮食之道也。饮食必有讼，故受之以讼。④讼必有众起，故受之以师；师者，众也。众必有所比，故受之以比；比者，比也。⑤比必有所畜也，故受之以小畜。物畜然后有礼，故受之以履。履而泰，然后安，故受之以泰；泰者，通也。物不可以终通，故受之以否。物不可以终否，故受之以同人。⑥与人同者，物必归焉，故受之以大有。有大者不可以盈，故受之以谦。有大而能谦，必豫，故受之以豫。豫必有随，故受之以随。以喜随人者，必有事，故受之以蛊；蛊者，事也。⑦有事而后可大，故受之以临；临者，大也。⑧物大然后可观，故受之以观。可观而后有所合，故受之以噬嗑；嗑者，合也。⑨物不可苟合而已，故受之以贲；贲者，饰也。⑩致饰然后亨则尽矣，故受之以剥；剥者，剥也。⑪物不可以终尽，剥穷上反下，故受之以复。复则不妄矣，故受之以无妄。⑫有无妄然后可畜，故受之以大畜。⑬物畜然后可养，故受之以颐；颐者，养也。不养则不可动，故受之以大过。⑭物不可以终过，故受之以坎；坎者，陷也。陷必有所丽，故受之以离；离者，丽也。

【注释】

　　①《序卦传》：《易传》之一。分析、解说《易经》六十四卦的编排次序，主旨在于揭示诸卦前后相承的意义。传文分两段：前段叙述上经卦次，后段叙述下经卦次。以精要的语言概括诸卦名义，或与卦义完全切合，或仅取卦义一端，目的在于揭示卦与卦之间的有机联系，而不在于全面阐发各卦的完整卦义。　②盈：充盈，充满。受：承继，承接。　③蒙：有二义：一指万物始生之后的幼稚状态，其意即萌；二为卦名。"物生必蒙"和"蒙也"中的蒙，指万物始生之后的幼稚状态；"故受之以蒙"和"蒙者"中的蒙，为卦名。　④饮食必有讼：意为人类一旦面临生活资料的分配问题，必然发生争斗。　⑤众有所比：意为凡事物众多必然有所

亲附。比，亲附。　⑥物不可以终否，故受之以同人：意为否则思通，通则人人同心同德，齐心协力，所以继否卦之后为同人卦。　⑦事：用事，侍奉，效力。"臣事君，子事父，妇事夫，弟子事师"中的事，就是这种意思。　⑧临者，大也：临本无大的含义，但是凡是临者，都是以上临下，以大临小，凡称临者，都是大者之事，所以才以大来解释临卦。　⑨噬嗑：以牙齿咬物在嘴里咀嚼。噬，咬。嗑，合。这里是偏取嗑义所以说"嗑者，合也"。　⑩苟：直情而行，其义与贲相对。贲：以礼饰情，即彼此相见首先互赠礼物。　⑪致饰然后亨则尽矣：文饰有嘉美亨通之道，然而文饰太过则反丧其质，导致有所不通。致，至，即过分致力。亨，通。　⑫妄：虚。　⑬可畜：这里含有蓄聚美德的意思。　⑭养：这里指充分颐养。

【译文】

有了天地之后，万物才开始产生，所以《易》书首先设立了象征天地的乾卦和坤卦。而最初充盈天地之间的，只有万物，所以接着是象征万物初成和满盈的屯卦；"屯"表示满盈，还表示万物开始萌生。事物初生之时必然蒙昧和幼稚，所以接着是象征蒙昧和幼稚的蒙卦。"蒙"就是蒙昧的意思，表示事物的幼稚状态。事物幼稚，不可不加以滋养，所以接着是象征需待的需卦，"需"所表示的是饮食之道。人类面临饮食问题，必然发生争斗，所以接着是象征争斗的讼卦。争斗必然引发众人的奋起，所以接着是象征兵众的师卦；"师"是士卒众多的意思。事物众多，必然有所亲附，所以接着是象征亲附的比卦；"比"是亲附的意思。亲附的结果，力量必然有所蓄积，所以接着是象征小有蓄积的小畜卦。在有所蓄积之后，需要用礼仪规范行为，所以接着是象征循礼而行的履卦。只要循礼而行就能导致通泰，通泰之后就会万事吉安，所以接着是象征通泰的泰卦；"泰"是通畅的意思。但是事物发展不可能永远通泰，所以接着是象征阻塞的否卦。不过事物发展也不可能永远阻塞，所以接着是象征和同于人的同人卦。与人和同者，万物必然纷纷前来归依，所以接着是大有所获的大有卦。大有所获者是不可以志得意满的，所以接着是象征谦虚的谦卦。大有所获而又能谦虚者，必然安乐，所以接着是象征安乐的豫卦。使民安乐，众人必然前来追随，所以接着是象征追随的随卦。以喜悦之心追随于人者，必然有所作为，所以接着是象征拯弊治乱的蛊卦；"蛊"含有治理的意思。只有有所作为，而后才能建立盛大的功业，所以接着是象征居高临下的临卦；"临"含有居高临下、处大临小的意思。功业盛大，而后才可能受人仰慕，所以接着是象征仰慕的观卦。受人仰慕，他人便与之相合而同，所以接着是象征相合的噬嗑卦；"嗑"是相合的意思。事物相合不能苟切交合，所以接着是象征文饰的贲卦；"贲"是文饰的意思。但是如若过分致力于文饰，事物通畅的发展道路就会达到尽头，所以接着是象征剥落的剥卦；"剥"是剥落的意思。不过事物也不可能永远处于穷途末路，剥落达到极点，事物又会由上返下，所以接着是象征反复的复卦。一旦复归正道就不会再胡作妄为，所以接着是象征不妄为的无妄卦。有了不胡作妄为的德行之后，就可以蓄积外物，所以接着是象征大有蓄积的大蓄卦。事物大有蓄积之后才可以施用于颐养，所以接着是象征颐养的颐卦；"颐"就是颐养的意思。得不到充足颐养就不可能振作兴动，所以接着是象征大为过甚的大过卦。但是事物也不可能永远过甚，因为过极必险，所以接着是象征险陷的坎卦；"坎"是险陷的意思。遭遇险陷必然要有所附丽，目的在于获得外援以消除险陷，所以接着是象征附丽的离卦；"离"就是附丽的意思。

下　　经

有天地，然后有万物；有万物，然后有男女；有男女，然后有夫妇；有夫妇，然后有父子；有父子，然后有君臣；有君臣，然后有上下；有上下，然后礼仪有所错。① 夫妇之道，不可以不久也，故受之以恒；恒者，久也。物不可以久居其所，故受之以遯；遯者，退也。物不可以终遯，故受之以大壮。物不可以终壮，故受之以晋；晋者，进也。进必有所伤，故受之以明夷；夷者，伤也。伤于外者，必反其家，故受之以家人。家道穷必乖，故受之以睽；睽者，乖也。② 乖必有难，故受之以蹇；蹇者，难也。物不可终难，故受之以解；解者，缓也。缓必有所失，故受之以损。损而不已，必益，故受之以益。益而不已必决，故受之以夬；夬者，决也。③ 决必有所遇，故受之以姤；姤者，遇也。④ 物相遇而后聚，故受之以萃；萃者，聚也。聚而上者谓之升，故受之以升。⑤ 升而不已必困，故受之以困。困乎上者必反下，故受之以井。井道不可不革，故受之以革。⑥ 革物者莫若鼎，故受之以鼎。主器者莫若长子，故受之以震；震者，动也。⑦ 物不可以终动，止之，故受之以艮；艮者，止也。物不可以终止，故受之以渐；渐者，进也。进必有所归，故受之以归妹。得其所归者必大，故受之以丰；丰者，大也。穷大者必失其居，故受之以旅。旅而无所容，故受之以巽；巽者，入也。⑧ 入而后说之，故受之以兑；兑者，说也。⑨ 说而后散之，故受之以涣；涣者，离也。⑩ 物不以终离，故受之以节。节而信之，故受之以中孚。有其信者必行之，故受之以小过。⑪ 有过物者必济，故受之以既济。物不可穷也，故受之以未济终焉。

【注释】

①错：通"措"，措置、安置的意思。　②穷：失节。乖：不顺。　③决：兼含溃决和清除二义。　④决必有所遇：意为决除邪恶必有喜遇。　⑤聚而上者谓之升：意为积小成大，成大则能上进，所以叫做升。　⑥井道不可不革：意为水井年久失修泥土淤积，井水秽不可食，因此必须不断淘治或另凿新井。　⑦主器者莫若长子，故受之以震：鼎除了是烹饪的食器之外，还是象征权力的法器，这里所谓"主器"就是取法器之义。震卦又有"长男"之象，因此称之为"长子"。　⑧旅而无所容，故受之以巽：巽卦含有顺则能入之义，因此当"旅而无所容"时便"受之以巽"。　⑨说：通"悦"，喜悦。　⑩说而后散之：意思是相合喜悦之后必有离散之日。　⑪有其信者必行之，故受之以小过：前卦中孚卦为信守"中"道之卦，而在中国古人看来，欲求中正必须过正，即所谓矫枉过正，因此中孚卦之后必然是小过卦。不过中国古人也知道太过还会导致不中不正，因此"过"不能大而只能小。

【译文】

有了天地之后，万物才开始产生；有了万物之后，男性和女性才开始分化；有了男性和女性之后，男人和女人才匹配成为夫妇；有了夫妇繁衍，然后才产生父子关系；有了父子之后，人类便越繁衍越多。这样就需要加以治理，于是才出现了君臣；有了君臣之义之后，又产生了上下尊卑的名分；有了上下尊卑的名分，人间的礼仪才逐渐形成。上述关系可以用阴阳两个概念加以概括，即事物分阴阳两性。有了阴阳两性，双方必然交相感应，所以接着是象征交感的咸卦。夫妇之道不可以不保持恒久，所以接着是象征恒久的恒卦；"恒"就是恒久的意思。事物不可能永久安居一处，所以接着是象征退避的遯卦，"遯"表示退避远去。不过事物也不能始终退避不进，所以接着是象征壮大兴盛的大壮卦。事物不可能治终安于壮盛而不再进取，所以接着是象征进长的晋卦；"晋"是进长的意思。前进过程中必然会受到损伤，所以接着是象征光明受损的明夷卦；"夷"是损伤的意思。在外遭受损伤之后，必然要返回家中求取精神慰藉，所以接着是象征一家之人的家人卦。一家之人假若至爱至亲而不加节制，家道就会陷入穷窘之中而事事乖违不顺，所以接着是象征乖违的睽卦；"睽"是乖违不顺的意思。事物处境乖违不顺，必然会有灾难，所以接着是象征灾难的蹇卦；"蹇"是灾难的意思。不过事物也不可能始终处于灾难之中，所以接着是象征舒解的解卦；"解"就是缓解的意思。缓解如果超过一定限度，必然招致损失，所以接着是象征减损的损卦。而不断减损一旦达到极点，必然有所增益，所以接着是象征增益的益卦。而不断增益一旦达到极点，必然决溃，所以接着是象征决断的夬卦；"夬"含有果断清除的意思。决除邪恶，必然有所新遇，所以接着是象征相遇的姤卦；"姤"就是相遇的意思。事物相遇之后就要会聚，所以接着是象征会聚的萃卦；"萃"就是会聚的意思。会聚能够导致上进，这种状况叫做上升，所以接着是象征上升的升卦。但是如果上升不止必然导致困窘，所以接着是象征困窘的困卦。困窘于上既久，必然返回于下，目的是求得安身之地，所以接着是象征水井的井卦。水井时间一长其水必然秽不可食，因而不能不变革淘洗，所以接着是象征变革的革卦。变革事物的性质，以鼎器最为有力——它能变生为熟，所以接着是象征鼎器的鼎卦。鼎器又是权力的表征，而主持鼎器者没有比长子更合适的了，所以接着是象征权威、具有长男之象的震卦；"震"是奋动的意思。但是事物不能永远奋动，应当适当抑止，所以接着是象征抑止的艮卦；"艮"就是抑止的意思。不过事物又不能始终抑止不进，所以接着是象征渐进的渐卦；"渐"就是渐进的意思。渐进必然有所归趋，所以接着是象征出嫁少女的归妹卦。事物一旦获得归趋之所，必然逐渐丰厚壮大，所以接着是象征丰厚壮大的丰卦；"丰"就是丰大的意思。丰厚壮大而达到极点，必然丧失安居之所，所以接着是象征行旅的旅卦。旅行在外而无处容身，必然顺从于人，以求容身之地，所以接着是象征顺从的巽卦；"巽"即顺，含有顺从则能入的意思。进入适宜的容身之地以后心中必然欣悦不止，所以接着是象征相合欣悦的兑卦；"兑"是欣悦的意思。有欣悦相合必然有忧戚离散，所以接着是象征离散的涣卦；"涣"就是离散的意思。事物不可能始终离散不止，所以接着是象征节制的节卦。节制之道必须用诚信加以持守，所以接着是象征心怀诚信的中孚卦。坚守诚信者必然要过为果决地实行其操持，所以接着是象征小有过越的小过卦。矫正物枉而小有过越者，功业必能成功，所以接着是象征功业已成的既济卦。但是事物的发展之道不能走向极端，所以接着设定象征功业未成的未济卦，以此作为六十四卦的终结。

杂卦传①

乾刚坤柔，比乐师忧；临、观之义，或与或求。②

屯见而不失其居，蒙杂而著。③

震起也，艮止也；损、益盛衰之始也。④

大畜时也，无妄灾也。⑤

萃聚而升不来也，谦轻而豫怠也。⑥

噬嗑食也，贲无色也；兑见而巽伏也。⑦

随无故也，蛊则饬也。⑧

剥烂也，复反也。⑨

晋昼也，明夷诛也；井通而困相遇也。⑩

咸速也，恒久也；涣离也，节止也。⑪

解缓也，蹇难也。⑫

睽外也，家人内也；否、泰反其类也。⑬

大壮则止，遁者退也。⑭

大有众也，同人亲也；革去故也，鼎取新也；小过过也，中孚信也。⑮

丰多故也，亲寡旅也；离上而坎下也。⑯

小畜寡也，履不处也。⑰

需不进也，讼不亲也。⑱

大过颠也；姤遇也，柔遇刚也。⑲

渐女归待男行也。⑳

颐养正也，既济定也㉑

归妹女之终也，未济男之穷也。㉒

夬决也，刚决柔也，君子道长，小人道忧也。㉓

【注释】

①《杂卦传》：《易传》之一。其取名为"杂"，乃是"杂糅众卦，错综其义"，即打乱《序卦传》所揭明的卦序，把六十四卦重新加以划分、编排，分成两两对举的三十二组，以精要的语言概括各卦卦旨。传中对举的两卦之间，其卦形或"错"（六爻相互交变；亦称"旁通"）或"综"（卦体相互倒置；亦称"反对"），其卦义多相反。这种"错"、"综"现象，是

六十四卦符号形式的重要特征，《杂卦传》对六十四卦如此划分、编排，揭示了事物往往在正相反对的因素相互作用下发展变化的规律，体现了《易经》在卦形结构上所反映出的朴素辩证观点。但传文中自大过卦以下八卦，不以相对之卦编排、解释，对此，易家多有异议，这是有道理的。　②刚：乾卦为天，为健，具有阳刚之美，故称刚。柔：坤卦为地，为顺，具有阴柔之美，故称柔。乐：比卦为亲密比附，故称乐。忧：师卦为兵众兴动，故称忧。与：临卦高临于众，须能施予。求：观卦俟人观仰，必有营求。或：无指代词，有的。　③见：通"现"，指生机呈现，如屯卦中一阳动于震下。不失其居：指屯卦中初九和九五两爻皆阳爻居阳位。杂：交错，指蒙卦中九二和上九两爻皆阳爻居阴位。著：明，指二阳处阴位而相杂成文。　④起：震卦由阳爻起始。上：艮卦以阳爻终止。盛衰之始：损及必益，益极必损，所以损卦和益卦是盛衰互转的开端。　⑤时：因时而畜，故能大畜。灾：即使"不妄为"有时也会飞来灾祸。　⑥聚：萃卦为聚集，故称聚。不来：升卦为上升，由于正在上升，所以下不来。来，还，下。轻：谦卦为谦虚，故轻。轻，轻己重人。怠：豫卦为喜悦，而喜悦至极容易懈怠。　⑦食：噬嗑卦是咬合为食，故称食。无色：贲卦以朴素自然为美，故称无色。见：兑卦为欣悦，故显现于外。见通"现"，显现。伏：巽卦顺从，故隐伏于内。　⑧无故：随卦为追随，而追随则不能心怀成见，故称无故。故，故旧，这里指成见。饬：蛊卦为整饬弊乱，故称饬。　⑨烂：剥卦为物熟而剥落，故称烂。反：复卦为烂熟之物又重生新芽，故称反。　⑩昼：晋卦为日出地上，故称昼。诛：明夷卦为日落地下，光明消灭，故称诛。诛，灭。通：井卦为取水不尽，故称通。遇：困卦义主困穷，行必受阻，故称遇。遇，抵挡的意思。　⑪速：咸卦为感应，而感应瞬间即可实现，故称速。久：恒卦为久长，故称久。离：涣散必离，故涣卦为离散。止：节卦为节制，故称止。止，制约的意思。　⑫缓：解卦为松懈舒缓，故称缓。蹇卦为坎坷艰难，故称难。　⑬外：睽卦为乖违于外，故称外。内：家人卦为和睦于内，故称内。反其类：否卦和泰卦的爻均为三阳三阴，但是阴阳颠倒，故否卦为阻塞而泰卦为畅通，恰反其类。　⑭止：大壮卦为强盛而知止，故称止。退：遁卦为时穷遁退，故称退。　⑮众：大有卦为还柔得众，故称众。同人卦为与人亲善，故称亲。去故：革卦为革除故旧，故称去故。取新：鼎为煮食不断取新，故称取新。过：小过卦为小有过越，故称过。信：中孚卦为心怀诚信，故称信。　⑯多故：丰卦为丰至极点而多事，故称多故。亲寡：旅卦为旅行在外亲朋稀少，故称亲寡。上：离卦为火焰炎上，故称上。下：坎卦为水势流下，故称下。　⑰寡：小畜为蓄积甚少，故称寡。不处：履卦为阴爻居阳位而未安处中道，故称不处。　⑱不进：需卦为险坎而不能躁进，故称不进。不亲：讼卦为争斗纷纭难以相亲，故称不亲。　⑲颠：大过卦为颠殒常理，故称颠。柔遇刚：姤卦为一阴遇五阳，故称柔遇刚。　⑳女归待男行：渐卦为女儿有待嫁给男人，故称女归待男行。　㉑养正：颐卦为养身持正，故称养正。定：即济卦为事成安定，故称定。　㉒女之终：归妹卦为女子终得依归之时，故称女之终。男之穷：未济卦为男子穷极行事之际，故称男之穷。　㉓刚决柔，君子道长，小人道忧：夬卦为处事决断，是阳刚决除阴柔，象征君子之道盛长，小人之道困窘。

【译文】

　　乾卦与坤卦是阴阳爻相反的"错卦"。乾卦六爻皆阳，充满阳刚之气；坤卦六爻皆阴，具有阴柔之德。比卦与观卦是卦形上下反对的"综卦"。比卦亲密比附，所以欣乐；师卦兵众兴动，战事将起，所以堪忧。临卦与观卦是"综卦"。临、观两卦，一者上临下是给予，一者下观上为营求。

屯卦与蒙卦是"综卦"。屯卦生机初现，虽然艰难，但是却不会失去安居之所；蒙卦启发愚昧虽然事物繁杂，但是却效果昭著。

震卦和艮卦是"综卦"。震卦由阳爻起始，象征奋动振起；艮卦以阳爻终止，象征稳静安止。损卦和益卦是"综卦"。损极必益，益极而损，所以损卦和益卦都是事物盛衰互转的起点。

大畜卦和无妄卦是"综卦"。大畜卦象征意欲大量蓄积，必须善于把握时机；无妄卦象征即使"不妄为"有时也会飞来灾难，蕴含谨防横祸之诫。

萃卦与升卦是"综卦"。萃卦会聚共同相处，而升卦上升却不返还。谦卦和豫卦是"综卦"。谦卦象征重人必然轻己，而豫卦象征欣悦过度必然导致怠惰。

噬嗑卦和贲卦是"综卦"。噬嗑卦是咬合如口进食；贲卦是修饰而不加色彩，以免掩去本质。兑卦和巽卦是"综卦"。兑卦阴爻在上，为欣悦外现；巽卦是阴爻在下，如顺从内伏。随卦和蛊卦既是"综卦"又是"错卦"。随卦象征处事毫无成见，蛊卦象征拯弊治乱。

剥卦和复卦是"综卦"。剥卦象征烂熟必然剥落，复卦象征重新复返正本。

晋卦和明夷卦是"综卦"。晋卦卦形上卦为离卦而离为日，下卦为坤卦而坤为地，日在地上象征白昼光明；明夷则恰好与晋卦相反，日入地下，象征光明消灭。井卦与困卦是"综卦"。井卦象征水取不尽而滋养广通，困卦象征上阴遮下阳而前途受阻。

咸卦和恒卦是"综卦"。咸卦感应神速，瞬间即通；恒卦恒心永长，历久不衰。涣卦和节卦是"综卦"。涣卦象征涣散必离，节卦象征节制而止。

解卦和蹇卦是"综卦"。解卦松懈舒缓，蹇卦坎坷艰难。

睽卦和家人卦是"综卦"。睽卦象征睽违离别在外，家人卦象征家人相聚在内。否卦和泰卦既是"综卦"又是"错卦"。否卦和泰卦都是三阳爻、三阴爻，但是阴阳正相颠倒：否卦三阴在下而三阳在上，泰卦三阴在上而三阳在下，二者象征相反的事类。

大壮卦和遁卦是"综卦"。大壮卦喻示强盛时应适可而止，遁卦喻示势穷时应当尽快退避。

大有卦和同人卦是"综卦"。大有卦以一阴爻而居君位，有还柔得众之义；同人卦则以一阴爻而居二得中，意为朋友相亲。革卦与鼎卦是"综卦"。革卦是革除故旧，鼎卦是烹食取新。小过卦与中孚卦是"错卦"。小过卦四阴爻、二阳爻，为阴稍多于阳；中孚卦中心虚空，为心怀诚信。

丰卦与旅卦是"综卦"。丰卦喻示丰大则多事，旅卦意为旅行在外则亲朋稀少。离卦和坎卦是"错卦"。离卦为火，火焰炎上；坎卦为水，水势流下。

小畜卦和履卦是"综卦"。小畜卦一阴在上养众阳而蓄力不足，所以称寡；履卦一阴在下居阳位而未居中道，所以称不足处。

需卦和讼卦是"综卦"。需卦上卦为险坎，所以不能躁进；讼卦下卦为水，上卦为天，水向下流，天水分离，象征争斗纷纭难以相亲。

大过卦颠殒常理；姤卦一遇五阳，为阴柔不期而遇阳刚之象。

渐卦如女子出嫁，等待男子礼备而成双。

颐卦象征养身持正，既济卦象征事成安定。

归妹卦象征女子终得归宿，未济卦象征男子走入穷途。

夬卦五阳共决上爻一阴，处事决断，象征君子之道盛长，小人之道困窘。

尚 书

【春秋】孔子

尚书序①

古者伏牺氏之王天下也②，始画八卦③，造书契④，以代结绳之政⑤，由是文籍生焉⑥。

伏牺、神农、黄帝之书⑦，谓之“三坟”⑧，言大道也⑨；少昊、颛顼、高辛、唐、虞之书⑩，谓之“五典”⑪，言常道也⑫。至于夏、商、周之书，虽设教不伦⑬，雅诰奥义⑭，其归一揆⑮，是故历代宝之⑯，以为大训⑰。八卦之说，谓之“八索”，求其义也。九州之志，谓之“九丘”。丘，聚也。言九州所有，土地所生，风气所宜，皆聚此书也。《春秋左氏传》曰：“楚左史倚相能读三坟、五典、八索、九丘”⑱。即谓上世帝王遗书也。

先君孔子生于周末⑲，睹史籍之烦文⑳，惧览之者不一㉑，遂乃定《礼》、《乐》㉒，明旧章㉓，删《诗》为三百篇㉔，约史记而修《春秋》㉕，赞《易》道以黜“八索”㉖，述职方以除“九丘”㉗。讨论坟典㉘，断自唐虞以下，讫于周㉙。芟夷烦乱㉚，剪截浮辞㉛，举其宏纲㉜，撮其机要㉝，足以垂世立教㉞；典、谟、训、诰、誓、命之文凡百篇，所以恢弘至道㉟，示人主以轨范也㊱。帝王之制，坦然明白，可举而行，三千之徒并受其义㊲。

及秦始皇灭先代典籍，焚书坑儒，天下学士逃难解散㊳，我先人用藏其家书于屋壁㊴。汉室龙兴㊵，开设学校，旁求儒雅㊶，以阐大猷㊷。济南伏生㊸，年过九十，失其本经，口以传授，载二十余篇。以其上古之书㊹，谓之《尚书》。百篇之义，世莫得闻。至鲁共王㊺，好治宫室，坏孔子旧宅以广其居，于壁中得先人所藏古文虞夏商周之书及传㊻、《论语》、《孝经》，皆科斗文字㊼。王又升孔子堂㊽，闻金石丝竹之音㊾，乃不坏宅，悉以书还孔氏。科斗书废已久，时人无能知者㊿，以所闻伏生之书考论文义，定其可知者为隶古定(51)，更以竹简写之，增多伏生二十五篇。伏生又以《舜典》合于《尧典》，《益稷》合于《皋陶谟》，《盘庚》三篇合一，《康王之诰》合于《顾命》，复出此篇，并序，凡五十九篇，为四十六卷。其余错乱摩灭(52)，弗可复知，悉上送官，藏之书府(53)，以待能者(54)。

承诏为五十九篇作传㉟，于是遂研精覃思㊱，博考经籍，采摭群言㊲，以立训传㊳。约文申义，敷畅厥旨㊴，庶几有补于将来㊵。

《书》序，序所以为作者之意㊶。昭然义见㊷，宜相附近㊸，故引之各冠其篇首，定五十八篇。既毕，会国有巫蛊事㊹，经籍道息㊺，用不复以闻㊻，传之子孙，以贻后代㊼。若好古博雅君子与我同志㊽，亦所不隐也㊾。

【注释】

①此序相传为西汉经学家孔安国所作。孔安国是孔子的后裔。　②伏牺氏：传说中的古代部落首领，三皇之一，即太昊。伏牺又作伏羲。王（wàng）：这里用作动词，统治。　③八卦：由阴爻（- -）和阳爻（一）两种基本符号组成的八种符号，即☰（乾）、☷（坤）、☳（震）、☶（艮）、☱（兑）、☴（巽）、☲（离）、☵（坎），各代表具有一定属性的若干事物。八卦两两相重，又演化出六十四卦，用来象征、概括宇宙万物的发展变化。八卦最初只是上古的记事符号，后来被用于卜筮，成了卜筮的工具，因而染上浓厚的巫术色彩。　④书契：文字。契，刻。　⑤结绳：用绳打结，以绳结的不同形状和数量记载事件，是文字产生以前的一种记事方法。　⑥由是：从此。是，此，这。文籍：文章典籍。　⑦神农：传说中的古代三皇之一，又称炎帝。黄帝：传说中的古代三皇之一，号轩辕氏。　⑧三坟：这里的"三坟"以及下文的"五典"、"八索"、"九丘"，都是传说中我国最古的书籍。坟，大。　⑨大道：关于天人关系的重大道理。　⑩少昊：黄帝之子。颛顼（Zhuān xū）：黄帝之孙，即高阳氏。高辛：黄帝的曾孙，即帝喾。唐：尧帝，即唐尧，属陶唐氏。虞：舜帝，即虞舜，属有虞氏。此五者即通常所谓的五帝。　⑪典：恒常。　⑫常道：恒常的道理，即普通的道理。⑬设教：设施教化。伦：类。　⑭雅诰：雅正的辞诰，泛指夏、商、周三代的文章。在《尚书》中，三代文章有诰、训、誓、命、歌、贡、征、范八类，这里是以诰概之。　⑮归：指归，即题旨。揆（kuí）：道理。　⑯是故：因此。宝：这里用作动词，意为"以……为宝"。　⑰训：准则。　⑱倚相：春秋时期楚国的左史。《左传·昭十二年》："左史倚相趋过，王曰：'良史也。……是能读三坟、五典、八索、九丘。'"　⑲先君：子孙对自己祖先的敬称。　⑳烦：烦琐。　㉑惧：担心。　㉒定：修编。　㉓旧章：指《礼》、《乐》、《诗》、《易》、《春秋》等典籍。　㉔三百篇：《诗》原有三千余篇，孔子整理时删去重复者，仅取三百零五篇。后世称三百，是取其整数。　㉕约：依据。　㉖赞：助之使其成。黜（chù）：废弃。　㉗职方：官名。《周礼·夏官》有职方氏，掌天下地图，主四方职贡。　㉘讨论：整理。　㉙讫（qì）：上。　㉚芟（shān）夷：削除。　㉛剪截：删减。　㉜宏纲：大纲。　㉝机要：要点。　㉞立教：立下施行教化的规范。　㉟所以：用来。以，用。恢弘：弘扬。　㊱示：拿出来让人看。轨范：规范，范例。　㊲三千之徒：指孔子的学生。据史籍记载，孔子有学生三千。　㊳解散：四处奔亡。　㊴用：于是。　㊵龙兴：新王朝兴起。　㊶旁求：广泛寻求。　㊷大猷：大道理。　㊸伏生：名胜，字子贱，汉代

济南人，秦时博士。汉文帝派晁错向伏生学《尚书》，因此时伏生已九十多岁，由其女儿口授二十余篇，此即今文《尚书》。㊹以：因。㊺鲁共王：又作鲁恭王。汉景帝之子，名馀。曾毁坏孔子故居，从夹壁中得古文《尚书》。㊻传（zhuàn）：解释经文的著作。㊼科斗文字：即蝌蚪文。我国的一种古代文字，头粗尾细，状如蝌蚪，因而得名。㊽升：登。堂：庙堂。㊾金石丝竹之音：指音乐。金，钟。石，磬。丝，琴。竹，管。㊿时人：当时（汉代）的人。知：识。(51)为隶古定：用隶书把古文字书写出来。隶书是当时通行的字体。(52)摩灭：磨灭，消失。摩，同"磨"。(53)书府：书库。(54)能者：指能够辨识的人。(55)承诏：秉承皇帝的诏令。(56)研精：精深探研。覃（tán）思：深入思考。(57)采摭（zhí）：搜罗，采纳。摭，拾取，摘取。(58)训传：指注文和传文。训，词义的解释。(59)敷畅：铺陈发挥。厥：其。旨：主旨。(60)庶几：或许。(61)序：叙述。(62)见：同"现"。(63)附近：附于正文。(64)会：碰上，适逢。巫蛊（gǔ）事：汉武帝晚年崇信巫术，听信术士江充诬指太子宫中有蛊气的谎言，发兵讨伐太子，太子被逼出走，后自杀身亡。这就是汉代历史上有名的"巫蛊事件"。蛊，毒虫。(65)息：断绝。(66)闻：指上奏朝廷，让皇帝闻知。(67)贻：留。(68)志：志向，志趣。(69)隐：隐蔽。

【译文】

古代伏牺氏统治天下的时候，开创性地绘制出八卦，构造出文字，用来替代结绳记事的方法去处理政务，从此文章典籍就产生了。

伏牺、神农、黄帝三皇时代的书籍，叫做"三坟"，它们讲的都是天人关系的重大道理；少昊、颛顼、高辛、唐尧、虞舜五帝时代的书籍，叫做"五典"，它们讲的则是治理天下的普通道理。到了夏、商、周三代，其书籍中那些对社会施行教育的内容虽然和三坟、五典不同，但是那些雅正辞诰的深奥含义，主旨与三坟、五典却是相同的，因此，历代都把它们看得很宝贵，认为它们是最高准则。演说八卦的，叫做"八索"，主旨是求索八卦的含义。记述九州的，叫做"九丘"。丘，是聚集的意思。"九丘"的内容是述说九州所辖的地域，土地所生长的物产，以及各地气候分别适宜什么植物、动物生长，以便确定各地的职责，这一切都汇集在这种书里。《春秋左氏传》说："楚国左史倚相能够阅读三坟、五典、八索、九丘。"这句话说的三坟、五典、八索、九丘就是上古帝王遗留下来的这些书籍。

我的祖先孔子生于周代末年，看到史籍中有一些烦琐的文字，担心后世阅读它们的人不能专心一意，于是就整理并编定《礼》、《乐》，使原有的篇章次序更加清楚；把《诗》删减为三百篇；依据历史记载整理《春秋》；完善

《易》的原理，而废弃了"八索"；阐述职方的职责，而排除了"九丘"。整理三坟、五典，时间断限，是从尧舜往下，到周代为止。删除烦琐杂乱的文字，削去虚浮不实的言辞，揭示其大纲，提取其要点，使之能够流传后世，让后人据以制定规范，施行教化；整理出典、谟、训、诰、誓、命各类文章共一百篇，用它们来弘扬那些根本道理，并为国君提供治理天下的范例。至此，帝王治理天下的法度，就明白地揭示出来，可以确立并实行了，我的祖先孔子的三千学生也都从中学到了很多道理。

到秦始皇毁灭先代的典籍，焚书坑儒的时候，天下学士为逃避这场劫难而四处奔亡，我的先人就把家中的书籍隐藏在住宅的夹墙之中。汉朝兴起之后，开设学校，广泛寻求博学高雅的儒士，以便阐发先代典籍的深奥含义。济南人伏生，当时已经年逾九十，由于失去了原有的经书，只得口头传授，而他能够口传的也只有二十多篇。这种书由于是上古时候的书，所以称为"尚书"。而这一百篇文章的要义，当时世上再没有什么人听说过。到鲁恭王的时候，由于喜欢修筑宫室，他拆毁了孔子的旧居，来扩大自己的住宅，在拆毁的墙壁中发现了我的先人隐藏的用古文字写的虞夏商周时代的书籍及其传文，另外还有《论语》、《孝经》，这些书籍所用的文字都是蝌蚪文字。后来，鲁恭王又登上孔子的庙堂，听到钟、磬、琴、管等乐器奏出的音乐，于是就不再毁坏孔子的旧居，并把那些书籍全部归还给孔家。由于蝌蚪文字已经废除很久了，所以当时的人没有谁能够看得懂。于是就用从伏生那里听到的书对这些蝌蚪文字加以考究，探讨其含义，确定其中可以认识的，然后改写成隶书，再用竹简刻出来；这部书比伏生口传的《尚书》多出了二十五篇。伏生把《舜典》合并在《尧典》之中，《益稷》合并在《皋陶谟》之中，《盘庚》三篇合并为一篇，《康王之诰》合并在《顾命》之中，后来又把这篇《康王之诰》从《顾命》中分出来，这样连同序文，一共五十九篇，编为四十六卷。其余错乱散失，不可理解的，全部上送官府，保存在官方的书库里，以等待能够读懂它们的人日后去研究。

我秉承皇上的诏令为这五十九篇经文作传解，于是便深思精研，广泛查考经书典籍，采纳名家说法，为它们写下传文。我用简约的文字申述经文含义，阐述发挥经文主旨，这样做或许会对将来有所帮助吧。

《尚书》的序文，是叙述各篇写作缘由的。意思都表达得清清楚楚，应该把它们和各篇正文放在一起，因此我便把它们拿过来分别放在相应篇章的前面，这样全书就定为五十八篇。编写完毕之后，适逢朝廷发生"巫蛊事件"，从事经籍整理的道路因此而断绝了，所以我没有再将我的传文上奏朝廷，只把它传给子孙，目的是留给后世。现在假若有爱好古代道德文章而又学问广博、志趣高雅的君子，与我的志向相同，我也愿意把我的传文拿出来与之交流，对于他们我是不会保密的。

虞夏书

尧典①

昔在帝尧，聪明文思②，光宅天下③。将逊于位④，让于虞舜，作《尧典》。

曰若稽古⑤，帝尧曰放勋，钦明文思安安⑥，允恭克让⑦，光被四表⑧，格于上下⑨。克明俊德⑩，以亲九族⑪。九族既睦，平章百姓⑫，百姓昭明。协和方邦，黎民于变时雍⑬。

乃命羲、和⑭，钦若昊天⑮，历象日月星辰⑯，敬授人时。分命羲仲，宅嵎夷⑰，曰旸谷⑱。寅宾出日⑲，平秩东作⑳。日中㉑，星鸟㉒，以殷仲春㉓。厥民析㉔，鸟兽孳尾㉕。申命羲叔，宅南交㉖，曰明都。平秩南讹㉗，敬致㉘。日永㉙，星火㉚，以正仲夏。厥民因㉛，鸟兽希革㉜。分命和仲，宅西，曰昧谷。寅饯纳日㉝，平秩西成㉞。宵中㉟，星虚㊱，以殷仲秋。厥民夷㊲，鸟兽毛毨㊳。申命和叔，宅朔方㊴，曰幽都。平在朔易㊵。日短㊶，星昴㊷，以正仲冬。厥民隩㊸，鸟兽氄毛㊹。帝曰："咨㊺！汝羲暨和㊻，期三百有六旬有六日㊼，以闰月定四时成岁㊽。允釐百工㊾，庶绩咸熙㊿。"

帝曰："畴咨若时登庸(51)？"

放齐曰(52)："胤子朱启明(53)。"

帝曰："吁！嚚讼，可乎(54)？"

帝曰："畴咨若予采(55)？"

欢兜曰(56)："都(57)！共工方鸠僝功(58)。"

帝曰："吁！静言，庸违(59)，象恭滔天(60)。"

帝曰："咨！四岳(61)：汤汤洪水方割(62)，荡荡怀山襄陵(63)，浩浩滔天(64)。下民其咨，有能俾乂(65)？"

佥曰(66)："於(67)，鲧哉(68)！"

帝曰："吁！咈哉(69)！方命圮族(70)。"

岳曰："异哉！试可乃已(71)。"

帝曰："往，钦哉⑫！"

九载，绩用勿成。

帝曰："咨！四岳：朕在位七十载⑬，汝能庸命，巽朕位⑭？"

岳曰："否德忝帝位⑮。"

曰："明明扬侧陋⑯。"

师锡帝曰⑰："有鳏在下⑱，曰虞舜。"

帝曰："俞⑲！予闻。如何？"

岳曰："瞽子⑳。父顽，母嚚，象傲㉑，克谐以孝烝烝㉒，乂不格奸。"

帝曰："我其试哉！"

女于时㉝，观厥刑于二女㉞。釐降二女于妫汭㉟，嫔于虞㊱。

帝曰："钦哉！"

【注释】

①本篇是追述帝尧事迹的史书。记述了禅让帝位，公议百官，并以东西南北四方与春夏秋冬四时相配等内容。第一自然段是序文；以下各篇类此。　②文：治理天下。思：虑事果断善谋。　③宅：充满。　④逊：退避。　⑤曰若：发语词，多用于追述往事的话语的开头。稽：考察。　⑥钦：敬事节用。明：明察。安安：温和。　⑦允：诚实。恭：恭谨。克：能够。让：推贤尚善。　⑧被：覆盖。四表：四方极远的地方。　⑨格：到达。⑩俊：才智高超。⑪九族：同姓九代。即高祖、曾祖、祖、父、己身、子、孙、曾孙、玄孙。　⑫平：分辨。章：彰，彰明。百姓：百官族姓。　⑬时：善。雍：和，和睦。　⑭羲、和：羲氏与和氏，传说中的世代掌管天地四时之官。　⑮若：遵循。昊（hào）：广大。　⑯历：推算。象：取法。⑰宅：居住。嵎（yú）：地名，相传在东海之滨。　⑱旸（yāng）谷：传说中日出之地。⑲寅：敬。宾：迎。　⑳平秩：辨别测定。作：始。　㉑日中：指春分这一天。这一天昼夜长短相等，所以称为日中。　㉒星鸟：星名。　㉓殷：确定。仲：四季中每季中间一个月份。㉔析：分开。　㉕孳尾：生育繁殖。　㉖交：四季转换开始的时间。　㉗讹：发动运转。　㉘致：到来。　㉙日永：指夏至这一天。这一天白昼最长，所以称为日永。永，长。　㉚星火：星名。　㉛因：就，这里的意思是就高地而居。㉜希革：羽毛稀疏。希，通稀。　㉝饯：送行。纳日：日落。　㉞西成：太阳西没的时刻。成，终。　㉟宵中：指秋分这一天。这一天昼夜长短相等，所以称为宵中。㊱星虚：星名。㊲夷：平，这里的意思是回到平地居住。㊳毛毨（xiǎn）：羽毛再生。毨，毛的更生整理。㊴朔方：北方。　㊵在：观察。易：变，这里指运行。　㊶日短：指冬至这一天。这一天白昼最短，所以称为日短。　㊷星昴（mǎo）：星名。㊸隩（yù）：内，这里指入室内居住以避寒。㊹氄（rǒng）毛：指新生出的柔软细毛。㊺咨（zī）：感叹词。㊻暨（jì）：和，与。㊼期（jī）：一周年。有：同"又"。㊽闰月：一个回归年的时间为 365 天 5 时 48 分 46 秒，农历把一年定为 354 天或 355 天，所余

时间约每三年积累成一个月，加在一年里，以补足天数，避免春夏秋冬四时错乱，这种办法，在历法上叫做闰月。㊾允：用。釐（lí）：理，整理，治理。百工：百官。㊿庶：众。熙：兴。(51)畴：谁。若：顺应。登：升。庸：用。(52)放齐：人名，尧帝的臣。(53)胤：后代。朱：指尧帝的儿子丹朱。启明：明达。(54)嚚（yín）：言语虚妄。讼：争辩。(55)采：事。(56)欢兜：人名，尧帝的臣。相传他与共工狼狈为奸，为当时的“四凶”之一。(57)都：语气词，表赞美。(58)共工：人名，尧帝的臣。相传为当时的“四凶”之一。方：同“旁”，广泛。鸠：同“纠”，聚集。僝（zhuàn）：显现。(59)静言：巧言。(60)滔天：对上天轻慢不敬。滔，轻慢。(61)四岳：四方诸侯。(62)汤汤（shāng shāng）：水流动的样子。割：害。(63)荡荡：水势大的样子。怀：包。襄：上。(64)滔天：这里是巨浪冲天的意思。(65)俾：使。乂（yì）：治理。(66)佥（qiān）：全，都。(67)於（wū）：语气词，表赞美。(68)鲧（gǔn）：人名，尧帝的臣，相传为夏禹之父。(69)咈（fú）：违背。(70)方命：放弃教命。方，同“放”。圮（pǐ）：毁坏。族：族类。(71)试可乃已：试用一下，不行就算了。(72)钦：敬。(73)朕（zhèn）：我。(74)巽（xùn）：履行。(75)否（pǐ）：鄙陋。忝（tiǎn）：辱没，常用来表示没有资格或不配怎么样。(76)扬：推举。侧陋：指地位卑微的人。(77)师：众。锡：同“赐”，意为赐言，即提议。古时下对上亦可言赐。(78)鳏（guān）：困苦。(79)俞：副词，表示应对中的肯定意味。(80)瞽（gǔ）：指舜的父亲乐官瞽瞍。瞽，盲人。(81)象：指舜之弟象。(82)烝烝（zhēng zhēng）：厚美。(83)女：动词，嫁女。时：同“是”，这。这里指代舜。(84)刑：这里是德行的意思。二女：相传尧有两个女儿，一名娥皇，一叫女英。(85)釐：这里的意思是命令。妫（guī）：水名。汭（ruì）：河弯。(86)嫔（pín）：嫁人为妇。

【译文】

从前唐尧为帝的时候，天性聪明睿智，治理天下多谋善断，因而他的光辉照耀天下。后来他打算退位，要把帝位禅让给虞舜。史官据此撰写出《尧典》。

查考古时传说，知道那时有一位帝王，他号称尧帝，名字叫放勋。他处理政务能够敬事节用，明察四方，思虑通达，宽厚温和，诚信恭谨，并且推贤尚善，因此，他的光辉照耀四方，及于天上地下。他能够提拔和重用才智出众、品德高尚的人，使亲族上下亲密无间，和睦相处。亲族和睦之后，他又考察百官的善恶，对善者加以表彰和奖励。辨明了百官的善恶，又努力协调各诸侯国之间的关系。这样，天下臣民的关系就友好和睦了。

在这种情况下，尧帝就向羲氏与和氏下达命令，要他们恭敬谨慎地遵循天道，推算日月星辰的运行理数，制定历法，把时令节气昭示臣民。并分别发出命令：要羲仲居住在东方的旸谷，恭敬地迎接日出，观察并测定太阳从东方升起的时刻。他把昼夜时间长短相等，南方鸟星在黄昏时出现在正南方这一天定为春分。这时节，人们都到田野里进行劳作，鸟兽都开始生育繁殖。羲叔居住在南方的明都，观察并测定太阳南移的情形，恭敬地迎接太阳南归。他把白昼时间最长，火星黄昏时出现在正南方这一天定为夏至。这时节，人们都迁居高处，鸟兽的羽毛都稀疏起来。羲和仲居住在西方的昧谷，恭敬送别落日，观察并测定日落的时刻。他把昼夜时间长短相等，虚星黄昏时出现在正南方这一天定为秋分。这时节，人们又返回平地居住，鸟兽都生出新羽毛。羲和叔居住在北方的幽都，观察并测定太阳北移的情形。他把白昼时间最短，昴星黄昏时出现在正南方这一天定为冬至。这时节，人们都居住在室内，鸟兽都长出了柔密的细毛。尔后，尧帝嘱咐说："啊！羲氏与和氏啊，一年的周期实际上是三百六十六天，要用设置闰月的办法将多出三百五十四天或三百五十五天的天数加在某一年中，以此确定春夏秋冬四季，从而构成一年；并据此规定百官的职责，把各种事情都能够兴办起来。"

尧帝说："啊！谁能顺应天时，可以提拔、重用呢？"

放齐说："您的儿子丹朱，因为他为人开明通达，可以担当重任。"

尧帝说："唉！他说话虚妄不实，又好与人争辩，怎么可以重用呢！"

尧帝又说："唉！谁能遵循我的法度处理政务呢？"

欢兜说："哦！唯有共工可以，因为他在团结众民方面已经取得了一定成效。"

尧帝说："哼！这个人花言巧语，阳奉阴违，别看他貌似谦恭，而实际上，他对上天都敢轻慢不敬。"

尧帝又说："啊！四方诸侯啊！滔滔的洪水正在到处肆虐，水势汹涌，包围了山岭，冲上了高冈，浩浩荡荡，狂浪蔽天。臣民们都在为此而叹息，有谁能治伏洪水，使人免受其害呢？"

众人异口同声答道："哦！还是让鲧来担当这个重任吧。"

尧帝说："哼！这个人违背天意，不遵守命令，祸害亲族。"

四方诸侯说："事实并非如此啊！还是让他试一试吧，如果确实不行，再罢免他。"

尧帝说："那么你就去吧，鲧！可是你一定要谨慎行事啊！"

结果，鲧治水九年，毫无成效。

尧帝说："啊！四方诸侯！我在位已经七十年了，你们有谁能够顺应天命，替代我登上帝位，治理天下呢？"

四方诸侯回答说："我们德行鄙陋，不配登上帝位，治理天下。"

尧帝说："可以在地位显赫的人中明察贤良，也可以在地位卑微的人中推荐贤良嘛。"

于是众人提议说："现在民间有一个处境困苦的人，名字叫虞舜，他可以承继帝位。"

尧帝说："是啊，我也听说过这个人。可是他究竟怎么样呢？"

四方诸侯说："他是乐官瞽瞍的儿子。他的父亲心术不正，他的母亲喜欢说谎，他的弟弟叫象，这个人非常傲慢，而舜却能和他们和睦相处。他用自己的孝行和美德感化家人，妥善处理与家人的关系；他的家人也都弃恶从善，不使自己沦于邪恶。"

尧帝说："那就让我试试看吧。"

于是尧帝决定把他的两个女儿嫁给舜，以便通过她们考察他的德行。尧帝命令他的两个女儿去到妫河河弯，在那里举行婚礼，嫁给虞舜为妻。尧帝说："你们都去恭谨勤勉地处理政务吧！"

舜　典①

虞舜侧微②，尧闻之聪明，将使嗣位③，历试诸难，作《舜典》。

曰若稽古，帝舜曰重华，协于帝④。浚哲文明⑤，温恭允塞⑥，玄德升闻⑦，乃命以位。慎徽五典⑧，五典克从⑨。纳于百揆⑩，百揆时叙⑪。宾于四门⑫，四门穆穆⑬。纳于大麓⑭，烈风雷雨弗迷⑮。

帝曰："格⑯！汝舜。询事考言⑰，乃言厎可绩⑱，三载。汝陟帝位⑲。"

舜让于德⑳，弗嗣。

正月上日㉑，受终于文祖㉒。在璇玑玉衡㉓，以齐七政㉔。肆类于上帝㉕，禋于六宗㉖，望于山川㉗，遍于群神。辑五瑞㉘。既月乃日㉙，觐四岳群牧㉚，班瑞于群后㉛。

岁二月，东巡守，至于岱宗㉜，柴㉝。望秩于山川㉞，肆觐东后。协时月正日㉟，同律度量衡㊱。修五礼、五玉、三帛、二生、一死贽㊲，如五器㊳，卒乃复㊴。

五月，南巡守，至于南岳，如岱礼。八月，西巡守，至于西岳，如初。十有一月，朔巡守㊵，至于北岳，如西礼。归，格于艺祖㊶，用特㊷。

五载一巡守，群后四朝㊸。敷奏以言㊹，明试以功，车服以庸㊺。

肇十有二州㊻，封十有二山㊼，浚川㊽。

象以典刑⁴⁹，流宥五刑⁵⁰，鞭作官刑，扑作教刑⁵¹，金作赎刑。眚灾肆赦⁵²，怙终贼刑⁵³。钦哉，钦哉，惟刑之恤哉⁵⁴！

流共工于幽州，放欢兜于崇山，窜三苗于三危⁵⁵，殛鲧于羽山⁵⁶，四罪而天下咸服。

二十有八载，帝乃殂落⁵⁷。百姓如丧考妣⁵⁸。三载，四海遏密八音⁵⁹。月正元日，舜格于文祖，询于四岳⁶⁰，辟四门，明四目，达四聪。

咨十有二牧⁶¹，曰："食哉，惟时柔远能迩⁶²。惇德允元⁶³，而难任人⁶⁴，蛮夷率服⁶⁵。"

舜曰："咨，四岳！有能奋庸熙帝之载⁶⁶，使宅百揆⁶⁷，亮采，惠畴⁶⁸？"

佥曰⁶⁹："伯禹作司空⁷⁰。"

帝曰："俞，咨！禹，汝平水土，惟时懋哉⁷¹！"

禹拜稽首⁷²，让于稷、契暨皋陶⁷³。

帝曰："俞，汝往哉！"

帝曰："弃，黎民阻饥⁷⁴，汝后稷⁷⁵，播时百谷⁷⁶。"

帝曰："契，百姓不亲，五品不逊⁷⁷，汝作司徒⁷⁸，敬敷五教⁷⁹，在宽。"

帝曰："皋陶，蛮夷猾夏⁸⁰，寇贼奸宄⁸¹，汝作士⁸²。五刑有服⁸³，五服三就⁸⁴；五流有宅⁸⁵，五宅三居⁸⁶：惟明克允！"

帝曰："畴若予工⁸⁷？"

佥曰："垂哉⁸⁸！"

帝曰："俞，咨！垂，汝共工⁸⁹。"

垂拜稽首，让于殳斨暨伯与⁹⁰。

帝曰："俞，往哉！汝谐⁹¹。"

帝曰："畴若予上下草木鸟兽⁹²？"

佥曰："益哉⁹³！"

帝曰："俞，咨！益，汝作朕虞⁹⁴。"

益拜稽首，让于朱、虎、熊、罴⁹⁵。

帝曰，"俞，往哉！汝谐。"

帝曰："咨！四岳，有能典朕三礼⁹⁶？"

佥曰："伯夷⁹⁷！"

帝曰："俞，咨！伯，汝作秩宗⁹⁸，夙夜惟寅⁹⁹，直哉惟清¹⁰⁰。"

伯拜稽首，让于夔、龙¹⁰¹。

帝曰："俞，往，钦哉！"

帝曰："夔！命汝典乐⑩，教胄子⑩，直而温，宽而栗⑩，刚而无虐⑩，简而无傲；诗言志，歌永言⑩，声依永，律和声，八音克谐，无相夺伦⑩，神人以和。"

夔曰："於⑩！予击石拊石⑩，百兽率舞。"

帝曰："龙，朕塈谗说殄行⑪，震惊朕师⑪，命汝作纳言⑫，夙夜出纳朕命，惟允！"

帝曰："咨！汝二十有二人，钦哉！惟时亮天功⑬。"

三载考绩，三考黜陟⑭，幽明庶绩咸熙⑮。分北三苗⑯。

舜生三十，征庸三十⑰，在位五十载，陟方乃死⑱。

【注释】

①本篇记述舜即帝位前能够经受住各种考验，即位后又勤政任贤，为民事鞠躬尽瘁的事迹。　②侧微：隐居民间，出身微贱。　③嗣：继承。　④协：协和一致。　⑤浚（jùn）：深邃。哲：智慧。　⑥允：确实。塞：充满。　⑦玄德：潜蓄不显于外的品德。　⑧徽：美，善。　⑨五典：指五常之教，即父义、母慈、兄友、弟恭、子孝。　⑩纳：赐予职权。百揆：百官事务。　⑪时叙：承顺。　⑫宾：迎接宾客。　⑬穆穆：和睦。　⑭大麓（lù）：官名，看守山林的官吏。　⑮迷：迷误。　⑯格：呼语，来。　⑰询：谋划。　⑱厎（zhǐ）：一定。　⑲陟（zhì）：登上。　⑳德：这里指有德之人。　㉑上日：吉日。　㉒终：指尧因年迈而禅让的帝位。文祖：尧的太庙。　㉓在：观察。璇玑玉衡：北斗七星。璇玑为魁，玉衡为杓。㉔齐：动词，排列。政：七项政事，即祭祀、班瑞（颁赐瑞玉）、东巡、南巡、西巡、北巡、归格艺祖（归来后到太庙祭祀）。　㉕肆：于是。类：祭礼名，是向上天报告帝位继承之事的祭礼。　㉖禋（yīn）：泛指祭祀。六宗：指天地与四季。古人认为"万物非天不覆，非地不载，非春不生，非夏不长，非秋不收，非冬不藏"，故称天地合四季为六宗。㉗望：祭礼名。祭祀山川之礼。　㉘辑：聚集。五瑞：作为诸侯信符的五种玉器。分五等：公，桓圭；侯，信圭；伯，躬圭；子，谷璧；男，蒲璧。　㉙既月乃日：选了吉月，又择吉日。月、日在这里均为动词。　㉚觐（jìn）：朝见天子为觐。牧：官长。　㉛班：同"颁"。后：诸侯国国君。㉜岱宗：东岳泰山。　㉝柴：祭祀名。其法为积柴加牲其上而烤之。　㉞秩：次序。　㉟协：确定。时：四季。正：确定。　㊱同：统一。律：古乐音律。度：丈尺。量：斗斛。衡：斤两。　㊲五礼：公、侯、伯、子、男五等礼节。五玉：五种玉器，即上文的五瑞。三帛：供垫玉用的赤、黑、白三种颜色的丝织品。二生：活羊羔和雁。生，即"牲"。一死：一只死野鸡。贽（zhì）：贽礼，即朝见帝王时进献的贡品。　㊳如：而。五器：即上文的五玉。　㊴卒：终，指礼毕。复：归还。　㊵朔：北方。　㊶格：列。艺祖：即上文的文祖。　㊷特：公牛。㊸四朝：在四岳朝见。　㊹敷奏：报告。　㊺庸：功劳。　㊻肇：开始。　㊼封：封土为坛。　㊽浚：疏通。　㊾象：刻，画。典刑：常用的刑罚。典，常。这句话的意思是把常用的刑罚刻画在器物上，以示警戒。　㊿流：流放。宥（yòu）：宽恕。五刑：指墨、劓（yì）、剕

(fèi)、宫、大辟五种刑罚。 (51)扑：古代学校用来惩戒学生的木棍，这里指扑刑。 (52)眚(shěng)：过失。 (53)怙（hù)：坚持。贼："则"的假借字。 (54)恤：谨慎。 (55)窜：逐，流放。三苗：古国名。三危：古地名。 (56)殛（jí)：流放。羽山：古地名。 (57)殂（cú）落：死亡。 (58)考：死去的父亲。妣：死去的母亲。 (59)遏：断绝。密：寂静。八音：金、石、丝、竹、匏、土、革、木八种乐器，这里泛指音乐演奏。 (60)询：商议，谋划。 (61)牧：长官。 (62)柔：安抚。能：善。迩（ěr)：近。 (63)惇（dūn)：厚。允：诚信。元：善。 (64)难(nàn)：疏远。任人：奸邪之人。任，佞。 (65)率：都。 (66)熙：光大。载：事。 (67)百揆：这里是官名，百官之长。 (68)亮：辅助。采：事。惠：助词，无义。畴：谁。 (69)佥（qiān)：都。 (70)司空：官名，三公之一，掌管土地。 (71)时：是，这，指上文所说的官职。懋：勉力，努力。 (72)稽（qǐ）首：叩头。 (73)暨（jì)：和，与。 (74)黎：众。阻：困。 (75)后：君长，这里用作动词，主持的意思。稷：官名，主管农业。 (76)时：同"莳"（shì)，栽种。(77)五品：指父、母、兄、弟、子。逊：和顺。 (78)司徒：官名，三公之一，主管教化。 (79)敷：施行。五教：即五品之教。 (80)猾：扰乱。夏：中国。 (81)寇：抢劫。贼：杀人。奸：外部的贼寇。宄（guǐ)：内部的奸佞。 (82)士：狱官之长。 (83)服：用。 (84)三：指三个远近不同的地方，即野、市、朝。 (85)五流：五种流刑。宅：处所。 (86)三居：远近各异的三个地方。 (87)若：善。工：掌管百工之官。 (88)垂：人名。 (89)共工：官名。 (90)殳斨（shū qiāng)：人名。伯与：人名。 (91)谐：同"偕"，一同。 (92)上下：指山陵和草泽。 (93)益：人名。 (94)虞：官名，管理山林之官。 (95)朱、虎、熊、罴（pí)：均为人名。 (96)典：主持。三礼：天事、地事、人事之礼。 (97)伯夷：人名。 (98)秩宗：官名，掌管祭祀礼仪之官。 (99)夙（sù)：早晨。寅：恭敬。 (100)直：正直。清：清明。 (101)夔（kuí）龙：人名。 (102)乐(yuè)：官名，掌管音乐之官。 (103)胄子：稚子。 (104)栗：战栗，这里是谨慎的意思。 (105)无：不，不要。 (106)永：同"咏"。 (107)夺：失去。伦：次序。 (108)於（wū)：感叹词。 (109)拊(fǔ)：轻轻敲击。石：乐器，即磬。 (110)堲（jí)：厌恶。殄（tiǎn)：贪婪。(111)师：众，这里指民众。 (112)纳言：官名，帝王的代言人。 (113)天功：天下大事。 (114)黜（chù)：罢免。陟(zhī)：提升。 (115)熙：兴盛。 (116)分北：分别。北，同"背"，别。 (117)征庸：征召、任用。 (118)陟方：这里指南巡衡山。方：方岳，即四岳。四岳乃四方之岳，故称方岳。相传舜时衡山一带的有苗作乱，舜南征有苗，死于苍梧之野。

【译文】

虞舜出身微贱，长期隐居于民间。后来尧帝听说他聪明睿智，便打算让他继承帝位。为此，尧帝曾多次用烦难的事情考验他。史官据此撰写出《舜典》。

查考古时传说，知道那时有一位帝王，他号称帝舜，名字叫重华，其圣明的风范跟尧帝完全一样。他深邃的智慧照耀四方，谦恭的美德溢满天地，这种潜蓄不露的高尚品德终于被朝廷闻知，于是朝廷就把他征召上去，授予相当的官职。首先，让舜推行日常教化；舜便教导臣民做到父义、母慈、兄友、弟恭、子孝，使臣民都严格遵从，而不违背人伦。尔后，让舜总理百官事务；舜把各种事务处理得井然有序。接着，让舜在明堂的四门接待四方来朝的宾客；而舜使四方宾客都能够友好相处。最后，又让舜担任守护山林的官职；舜尽职尽责，即使遭遇疾风暴雨，也不曾有过失误。

尧帝说："来吧，舜！我和你共同谋划政事，借此考察你的言论，觉得按你的主意办事一定会取得成功；这种考察已经三年了，现在你就登上帝位吧。"

舜却要把帝位让给有道德的人，不肯继承大位。

正月的一个吉日，在尧的太庙举行禅让大典，舜继承了帝位。即位后，舜观察了北斗七星的运行情况，列出七项政事；尔后又举行祭天大典，向上天报告他承继帝位之事。他怀着精诚之心祭祀天地和四时，叩拜山川和诸神；并搜集了五种圭玉，择定吉月吉日，接受四方诸侯的朝见，把这些圭玉作为信符颁发给他们。

当年二月，舜到东方进行巡视，抵达泰山之后，就举行祭祀大典，祭祀泰山；对于其余的山川，也按其地位的尊卑，一一进行祭祀。在这里，他还接受了东方诸侯的朝见。尔后，他根据观察天象所得到的结果，确定春夏秋冬四时的月份和每月的天数；统一音律和度量衡；制定公、侯、伯、子、男五等朝聘礼仪和与五等朝聘礼仪相应的五种玉质信符；规定诸侯朝见的贡品为赤、黑、白三种不同颜色丝织品，卿大夫的贡品是一只活羊羔和一只生雁，士的贡品则只是一只宰杀过的野鸡。等到朝见完毕后，这五种信符还要还给诸侯。

五月，舜到南方巡视，抵达南岳后，也举行了祭祀，礼仪跟祭祀泰山时一样。八月，舜到西方巡视，抵达西岳后，又举行祭祀，礼仪跟第一次出巡时一样。十一月，舜到北方巡视，礼仪跟祭祀西岳时一样。出巡归来后，他先到尧的太庙进行祭祀，祭品用的是一头牛。

从此以后，舜帝每五年出巡一次。在舜帝出巡过程中，诸侯分别在四岳朝见他，向他报告自己的政绩；舜帝也要全面考察诸侯施政的得失，并把车马衣物赏赐给有功绩的诸侯。

舜帝首次划定天下十二州的疆界，在十二州的名山之上封土设坛，供祭祀之用；舜还疏通了河道。

舜帝还在器物上刻画出五种常用刑罚的图样，以警戒臣民。规定用流放的办法从宽处罚触犯五刑的罪人，把鞭刑作为处罚官府犯罪官员的刑罚，杖刑作为处罚学校违犯礼仪者的刑罚；并规定了犯有罪行而向官府缴纳黄金可以免罪的赎刑。如果只是犯有过失，就予以赦免。如果犯了罪，并且罪行较重又不思悔改，则要严加惩处。不过，舜还规定，施用刑罚要慎重，再慎重。

在这种情况下，舜帝把共工流放到幽州，把欢兜流放到崇山，把三苗驱逐到三危，把鲧流放到羽山。四个犯有重罪者都受到了应得的惩罚，天下臣民无不心悦诚服。

舜承继帝位二十八年后，尧帝逝世了。臣民非常悲痛，像自己死了父母一样哀伤，三年间，举国上下停止奏乐，四海之内一片沉寂。守丧三年期满，在正月初一，舜帝来到尧的太庙，与四方诸侯共商国事。这时明堂四门洞开，宣布政教，让四方臣民看得明明白白，听得清清楚楚。

"啊，十二州的君长们！"舜帝说，"穿衣吃饭是天下臣民的一件大事啊，因此治理天下首先必须做到不违农时！对远方的臣民要安抚，对近处的臣民要爱护；对有道德的人要亲厚，对善良的人要信任，对奸邪的人要疏远。这样，连边远的外族都会对你们臣服。"

舜帝说："啊！四方诸侯！你们之中，有谁能够奋发努力，发扬光大先帝的业绩，出来总理百官，辅佐政事呢？"

四方诸侯一致答道："伯禹可以做司空。"

舜帝说："好啊！禹，你治理水土很有功劳，希望你更加努力，承担起这个重任！"

禹跪拜叩头，要把这个职务让给稷、契和皋陶。

舜帝说："你这种态度很好，不过还是你来担当这个重任吧！"

舜帝说："弃，现在人们都在忍饥挨饿，你主持农耕，去教导人们如何种田吧！"

舜帝说："契，现在百官之间关系很不友好，父母兄弟子女之间关系也不和顺，你做司徒吧，认真地对臣民施行五常之教，着重教导他们为人要宽仁厚道。"

舜帝说："皋陶，远方的外族不断袭扰我们中国，他们抢劫财物，行凶杀人，给我们造成外患和内忧。你担任狱官之长吧，用五刑惩罚那些违法犯罪的人。五刑各有不同的使用原则和方法，罪行严重者，押送到郊野行刑；罪行较轻者，分别情况押送到街市、朝廷行刑。流放也有五种，根据罪行轻重分别放逐到三种远近不同的地方。你可要明察案情，公正量刑啊。"

舜帝说："谁能够担任百工之长这个职务？"

四方诸侯一齐答道："让垂来担任吧！"

舜帝说："好啊！垂，你就担任百工之长吧。"

垂跪拜叩头，要把这个职务让给殳斨和伯与。

舜帝说："好了，去吧！让他们协助你负责这项事务吧。"

舜帝说："谁能够替我掌管山林川泽中的草木鸟兽呢？"

四方诸侯都说："让益去掌管吧！"

舜帝说："好吧！益，你来担任这个职务吧。"

益跪拜叩头，要把这个职务让给朱、虎、熊、罴。

舜帝说："好了，去吧！让他们协助你负责这项事务吧。"

舜帝说："啊！四方诸侯，有谁能够替我主持三礼呢？"

四方诸侯都说："伯夷可以！"

舜帝说："好吧！伯夷，你就担任祭祀礼官吧。不论是早晨还是晚上，祭祀时都要态度恭恭敬敬，心气端正清明。"

伯夷跪拜叩头，要把这个职务让给夔和龙。

舜帝说："好了，去吧！你们可要谨慎行事啊！"

舜帝说："夔啊！任命你担任乐官，去教导那些年轻人，要他们正直而温和，宽厚而谨慎，刚毅而不粗暴，谦敬而不傲慢。诗是表达人的思想情志的，歌则是咏唱表达思想情志的言语的，声调出自思想情志，音律则与声调相和谐。八种乐器合奏要和谐有致，秩序不能紊乱，这样神和人听了才会感到快乐，并由于快乐而导致人神关系和谐亲密。"

夔说："啊！让我敲起石磬，奏起乐曲，把那成群的野兽都感染得跳起来，舞起来吧！"

舜帝说："龙啊！我非常厌恶谗谤的言论和贪婪的行为，因为它们会使我的臣民惊恐不安。任命你担任纳言之官，不论时间早晚，都要及时下达我的命令，上报臣民的愿望和要求，而且必须真实无误！"

舜帝说："啊！你们二十二个人，履行职责时都要谨慎啊！要妥善地处理天下大事啊！"

舜帝每三年考察一次百官的政绩，考察三次之后，罢免了一批昏庸的官员，提拔了一批贤明的官员，这样，各项事业都兴盛起来了；同时，又对三苗分别加以处置。

舜三十岁时被征召任用，居官三十年后承继帝位，在位五十年，于南巡时在途中去世。

大　禹　谟①

皋陶矢厥谟②，禹成厥功③，帝舜申之④。作《大禹》、《皋陶谟》、《益稷》。

曰若稽古。大禹曰："文命敷于四海⑤，祗承于帝⑥。"曰："后克艰厥后⑦，臣克艰厥臣，政乃乂⑧，黎民敏德⑨。"

帝曰："俞！允若兹⑩，嘉言罔攸伏⑪，野无遗贤，万邦咸宁。稽于众，舍己从人，不虐无告⑫，不废困穷，惟帝时克。"

益曰："都，帝德广运⑬，乃圣乃神⑭，乃武乃文⑮。皇天眷命⑯，奄有四海为天下君⑰。"

禹曰："惠迪吉⑱，从逆凶，惟影响⑲。"

益曰："吁！戒哉！儆戒无虞⑳，罔失法度，罔游于逸㉑，罔淫于乐㉒。任贤勿贰，去邪勿疑，疑谋勿成㉓，百志惟熙㉔。罔违道以干百姓之誉㉕，罔咈百姓以从己之欲㉖。无怠无荒，四夷来王㉗。"

禹曰："於！帝念哉！德惟善政，政在养民。水、火、金、木、土、谷惟修，正德、利用、厚生惟和㉘，九功惟叙㉙，九叙惟歌㉚。戒之用休㉛，董之用威㉜，劝之以九歌，俾勿坏㉝。"

帝曰："俞！地平天成㉞，六府三事允治，万世永赖㉟，时乃功㊱。"

帝曰："格㊲，汝禹！朕宅帝位三十有三载，耄期倦于勤㊳。汝惟不怠，总朕师㊴。"

禹曰："朕德罔克，民不依。皋陶迈种德㊵，德乃降㊶，黎民怀之㊷。帝念哉！念兹在兹㊸，释兹在兹，名言兹在兹㊹，允出兹在兹㊺，惟帝念功。"

帝曰："皋陶，惟兹臣庶，罔或干予正㊻。汝作士㊼，明于五刑，以弼五教㊽。期于予治㊾，刑期于无刑，民协于中㊿，时乃功，懋哉㉑。"

皋陶曰："帝德罔愆㉒，临下以简，御众以宽㉓。罚弗及嗣㉔，赏延于世㉕。宥过无大㉖，刑故无小。罪疑惟轻，功疑惟重。与其杀不辜，宁失不经㉗。好生之德㉘，洽于民心㉙，兹用不犯于有司㉚。"

帝曰："俾予从欲以治，四方风动㉛，惟乃之休。"

帝曰："来，禹！降水儆予，成允成功㉒，惟汝贤。克勤于邦，克俭于家，不自满假㉓，惟汝贤。汝惟不矜㉔，天下莫与汝争能。汝惟不伐㉕，天下莫与汝争功。予懋乃德，嘉乃丕绩㉖，天之历数在汝躬㉗，汝终陟元后。人心惟危，道心惟微^⑥，惟精惟一，允执厥中。无稽之言勿听，弗询之谋勿庸。可爱非君？可畏非民？众非元后^⑥，何戴^⑦？后非众，罔与守邦？钦哉！慎乃有位^⑦，敬修其可愿^⑦，四海困穷，天禄永终^⑦。惟口出好兴戎^⑦，朕言不再。"

禹曰："枚卜功臣^⑦，惟吉之从。"

帝曰："禹！官占惟先蔽志^⑦，昆命于元龟^⑦。朕志先定，询谋佥同，鬼神其依；龟筮协从^⑦，卜不习吉^⑦。"

禹拜稽首固辞。

帝曰："毋！惟汝谐^⑧。"

正月朔旦^⑧，受命于神宗^⑧，率百官若帝之初。

帝曰："咨，禹！惟时有苗弗率^⑧，汝徂征^⑧。"

禹乃会群后，誓于师曰："济济有众，咸听朕命。蠢兹有苗^⑧，昏迷不恭，侮慢自贤，反道败德，君子在野，小人在位，民弃不保，天降之咎^⑧，肆予以尔众士，奉辞伐罪^⑧。尔尚一乃心力^⑧，其克有勋。"

三旬，苗民逆命^⑧。益赞于禹曰^⑨："惟德动天，无远弗届^⑨。满招损，谦受益，时乃天道。帝初于历山^⑨，往于田，日号泣于旻天^⑨；于父母，负罪引慝^⑨。祗载见瞽瞍^⑨，夔夔斋栗^⑨，瞽亦允若。至诚感神^⑨，矧兹有苗^⑨。"

禹拜昌言曰^⑨："俞！"班师振旅。帝乃诞敷文德^⑩，舞干羽于两阶^⑩。七旬，有苗格^⑩。

【注释】

①本篇是舜帝和大臣禹以及益、皋陶讨论政务的记录，记述尧帝的功绩和禹、益、皋陶的治国见解。　②矢：陈述。谟：谋略。　③成：陈述。　④申：重视。　⑤文命：文德之教。敷：遍布。　⑤祗（zhī）：恭敬。　⑦后：君王。艰：以……为艰。　⑧乂（yì）：治理。⑨敏：勤勉。　⑩兹：这。　⑪罔：无，不要。攸：所。　⑫无告：无处求告的人，指鳏寡孤独者。　⑬广：大。运：远。　⑭乃：语助词。圣：圣明。神：神妙。　⑮武：能平定祸乱。文：能经天纬地。　⑯眷：念。　⑰奄：覆，盖。　⑱惠：顺。迪：道理。　⑲影响：影随形，响应声，意思是君王要顺应天道，把当好君王视为难事。　⑳儆（jǐng）：戒备。虞：预料。　㉑逸：放纵。　㉒淫：过分。　㉓成：实现。　㉔熙：广。　㉕干：求。　㉖咈（fú）：违反。　㉗王：使……为王。　㉘正德：使德行正当。正，使……正。德，指父慈、子孝、兄友、弟恭、夫义、妇顺。利用：兴利除弊，提供物用。厚生：使人民丰衣足食。　㉙九功：上文的水、火、金、木、土、谷即下文所称的六府，和正德、利用、厚生即下文所称的三事，合六府三事，总称九功。叙：安排。　㉚歌：颂扬。　㉛休：美，这里指美德。　㉜董：监督，管理。　㉝俾（bǐ）：使。　㉞天：指自然界的万物。　㉟赖：利。　㊱时：代词，同"是"，这。乃：你的。　㊲格：呼语，来。　㊳耄（mào）：年迈。八九十岁年纪称耄耋。期：年迈。

百岁称期颐。 ㊴总：领，统帅。 ㊵迈：健行。种：分布。 ㊶降：遍及。 ㊷怀：归附。 ㊸兹：这。前者指代德行，后者指代皋陶其人。 ㊹名言：称言使之扬名，即称颂。 ㊺出：行。 ㊻或：有人。干：冒犯。正：同“政”。 ㊼士：官名。 ㊽弼：辅佐。五教：即君臣、父子、夫妇、长幼、朋友五品之教。 ㊾期于予治：希望助我治理政事。 ㊿中：中正。 (51)懋（mào）：鼓励。 (52)愆（qiān）：过失。 (53)御：驾驭。 (54)嗣（sì）：子孙。 (55)延：延续。世：后世。 (56)宥（yòu）：宽恕。过：过错。不知而犯的错误为过。下文的“故”则是明知故犯的错误。无大：不论多大。 (57)不经：不守正道之罪过。 (58)好（hào）：爱惜。生：生灵。 (59)洽：和谐，欢洽。 (60)有司：官府。 (61)风动：风吹草动，比喻纷纷响应。 (62)成允：说到做到。允，信实。 (63)自满假：即自满自假。假，浮夸。 (64)矜（jīn）：夸耀。 (65)伐：夸耀。 (66)丕：大。 (67)历数：即气数。躬：自身。 (68)道心：合乎道义之心。 (69)非：除非。 (70)戴：拥戴。 (71)慎乃有位：慎守你的职责。 (72)可愿：所愿。 (73)终：止。 (74)好：这里指善言。戎：战争。 (75)枚卜：占卜。古代用占卜选官，吉者入选。 (76)蔽：断定。 (77)昆：然后。元龟：大龟。元，大。 (78)龟筮（shì）：即龟甲和蓍草。二者均为古人占卜的工具。 (79)习：重复。 (80)谐：适合。 (81)朔：农历每月初一日。 (82)神宗：尧的宗庙。神字在这里表示尊敬和崇拜。 (83)有苗：一古代部族，又称三苗。有，名词词头，无义。率：遵。 (84)徂（cú）：往。 (85)蠢：骚动不安的样子。 (86)咎：灾。 (87)辞：指上文舜所说的“惟时有苗弗率，汝徂征”。 (88)一：动词，统一。 (89)逆：违，违背。 (90)赞：辅佐。 (91)届：到。 (92)帝初于历山：指舜当初曾在历山种田。 (93)旻（mín）天：天空。 (94)负罪：自己承担罪名。引：招来。慝（tè）：指邪恶的名声。 (95)载：侍奉。瞽叟：即瞽瞍，舜的父亲。 (96)夔夔（kuí kuí）：敬惧的样子。斋栗：庄敬的样子。 (97)諴（xián）：诚信。 (98)矧（shěn）：何况。 (99)拜受：敬拜之后再接受。昌言：美言。 (100)诞：广，广大。 (101)干：盾。羽：羽毛舞具，即翳。 (102)格：本义为到，这里是归顺的意思。

【译文】

皋陶陈述了自己的谋略，禹陈述了自己的功业，舜帝对他们的言论很重视。史官记录下他们之间的对话，撰写出《大禹谟》、《皋陶谟》和《益稷》。

查考古时传说，知道那时舜帝跟大臣禹和皋陶有过一番对话。大禹说：“将文德之教播扬于天下，是恭承尧舜二帝的风范。”又说：“如果君王能把做好君王视为畏途，臣子能把做好臣子看得十分艰难，那么国事就会治理好，臣民也都会勉力恭行德教了。”

舜帝说：“是啊！如果真是这样，那么那些良善的言论就不会被埋没，贤德的俊才就不会被遗弃在民间，万国也都会太平无事了。参考众人的言论，抛弃自己的错误想法，采纳别人的正确意见，不虐待孤苦无依的人，不嫌弃困窘贫穷的人，这些，只有尧帝才能做得到。”

益说：“啊！尧帝的德行气象广大而影响深远，多么圣明，多么神妙，施于武功能够平定祸乱，行于文治能够治国安邦。尧帝时时顾念上天之命，深知不可违误，便勤勉理政，终于拥有四海，而成为主宰天下的君王。"

禹说："遵从善道就会获得吉祥，依顺恶道就会招致凶险，吉与凶、善与恶之间，就如同影子之于形体，回音之于声响一样，彼此有一种因果关系。"

益说："噫！要多加警戒啊！要防备预料不到的事情，不要违反法度，不要纵情游玩，不要过分享乐。任用贤良不要三心二意，除去奸邪不要犹豫不决。把握不准的主意，不要去实行。考虑问题的时候，思路应当开阔。不要违背正道去谋求百姓的赞誉，不要违背百姓的意愿去满足自己的欲望。只要坚持正道，不怠惰，不荒疏，四方的异族就会前来归附，尊你为王。"

禹说："啊！舜帝，请你仔细思量思量益所说的这番话吧！所谓有德，就是能够妥善处理政事，而政事的根本则在于养活和教育百姓。水、火、金、木、土、谷这六件事固然应该治理，而端正人们的德行，为人们的物用提供便利，使人们的生活富足起来，这三件事也要同时办好。以上这九件事一定要办好；而一旦这九件事办好了，人民就会颂扬君王的德政。要用美好的德政劝诫众人，用严峻的刑罚督察众人，用九歌勉励众人，以确保君王的德政不致被败坏。"

舜帝说："你的意见非常正确！水土得到平治，万物顺利成长，六府三事都真正得到治理，使天下千秋万世永享其利，这都是你的功劳。"

舜帝说："你来吧，禹！我居帝位已经三十年，加上现在也已经年迈了，被这些辛劳的政务累得疲惫不堪。你处理政务从不怠惰，现在就来全权领导我的臣民吧。"

禹说："我的德行还不能胜任这一重任，再说，我来承当这一重任，百姓也不会服从我。而皋陶豪迈健行，他推行德政，使德教得以普及，因此民心都向着他。舜帝啊，这一点，您可要考虑啊！整天惦念着德政和德教的，是皋陶；不懈宣扬着德政和德教的，是皋陶；经常颂扬德政和德教的，是皋陶；而真正推行德政和德教的，也是皋陶。舜帝啊，您可千万不要忘了皋陶的功劳啊！"

舜帝说："皋陶！群臣和百姓，没有人敢于亵渎我的政教。你身为士官，精通五刑，并用五刑来辅助五品教化。你辅佐我处理政事，使用刑罚，是为了以后不再使用刑罚，使人们遵从正道，这都是你的功劳，你应当受到嘉奖啊！"

皋陶说："您身为帝王，德行完美，没有过失。您领导臣下简易不烦，治理百姓宽厚不苛，惩罚不株连子孙，赏赐却延及后代；不知而误犯的过失，无论多大都能宽恕，明知而故犯的罪错，无论多小都要惩罚。您论罪时，只要有可轻可重的疑难，就从轻处罚；赏功时，只要有可轻可重的疑难，就从重赏赐。您处罚时，与其枉杀没有罪过的人，宁可抛弃不守正道的人。您这种爱惜生灵的美德，已经深入人心，因此，人们都不会去冒犯自己的上司。"

舜帝说："你使我能够按照自己的意志治理国家，并得到四方响应，这是你的美德。"

舜帝说："你来吧，禹！上天降下洪水警告我们，你说到做到，完成了治水大业，这是你的功德。你为国家大事不辞辛劳，而居家生活却朴素节俭，并且不自我满足，不自相虚夸，这也是你的美德。你不夸耀自己的才干，因而天下人没有谁与你比量能力；你不夸耀自己的功绩，因而天下人没有谁与你争夺功劳。我称道你有大德，我褒奖你的大功，帝王继统的运数已经显应在你的身上，最终应当由你承继君王大位。现在正当权力更迭之际，人心险恶，不可揣测，道心幽昧，难以明察，只有精诚专一，实实在在地实行中正之道才是。没有根据的话不可轻易相信，没有征询过众人意见的主意不要轻易采纳。百姓所爱戴的不是君王吗？君王所畏惧的不是百姓吗？百姓失去了君王，还拥戴谁去治理国家呢？君王失去了百姓，还依靠谁去保卫国家呢？君王同百姓的关系应当非常密切，在这一点上，你可千万要谨慎啊！谨慎地履行你的职责，恭敬地从事你愿意从事的事业。如果天下的百姓都困苦贫穷，你的禄位就会永远终结。人们说话，既能口出善言而带来和平，也能口出恶言而引起战争，这一点你很清楚，我就不再多说了。"

禹说："还是对功臣逐一进行占卜，让占得吉兆的人承继您的帝位吧！"

舜帝说："禹啊！用官卜的方法进行占卜，问卜者应当在占卜之前定下意向，这样，大龟才会显示吉凶。现在我把帝位传与你的意向已经事先定下，征询众人的意见，大家的看法都和我相同，如果征询鬼神的意见，鬼神一定会依从人意；如果进行龟卜或蓍占，结果也会与人意一致。但是你要知道，吉兆不是会重复出现的。"

禹跪拜叩头，再三推辞。

舜说："不必推辞了！只有你才适合承继帝位。"

正月初一清晨，禹在尧帝的太庙受命承继帝位，他率领百官参加禅让大典，就像当初舜帝承继尧帝的帝位的时候那样。

舜说："唉，禹啊！三苗是不会遵守教命的，你去讨伐他们吧。"

于是，禹就调集各路诸侯，誓师说："众位君长，都要听从我的命令。蠢蠢欲动的三苗，昏乱糊涂，不恭不敬，侮慢中国，妄自尊大，违背正道，败坏德义，君子遭斥逐，小人受重用，百姓被抛弃，不能安居乐业，上天已降下灾祸来惩罚他们，因此，我率领众位，谨奉舜帝的旨意，讨伐有罪的三苗。希望你们能够同心协力，建立功勋。”

三十天之后，三苗继续违抗舜帝的命令。益帮助禹进行谋划，向禹献策说：“只有美德才能感动上天，有了美德，无论多远的人都会前来归附。自满会给自己招致损害，谦虚会使自己得到益处，这是上天指示的正道，不能违反。当年，舜帝在历山从事农耕，来往于田间，每天都对着上苍大哭号啕；对于不义的父亲和不慈的继母，他毫无怨言，宁可自己背负不孝的罪名，招来邪恶的名声。他恭敬地侍奉父亲瞽瞍，见了父亲，总是一副恭敬畏惧的样子；瞽瞍后来也确实因而和顺了。至和至诚的美德连神灵都能打动，又何况三苗呢！”

禹敬拜益，接受了他的这一美好建议，称赞说：“对呀！”于是，就撤回军队，整顿士兵。尔后，舜帝广泛施行文明德治，让士兵放下武器，拿起舞具盾和羽，在台阶前舞蹈。撤兵七十天后，三苗就归顺中国了。

皋　陶　谟①

曰若稽古。皋陶曰：“允迪厥德②，谟明弼谐③。”

禹曰：“俞，如何？”

皋陶曰：“都！慎厥身，修思永④。惇叙九族⑤，庶明励翼⑥。迩可远在兹。”

禹拜昌言曰⑦：“俞！”

皋陶曰：“都！在知人，在安民。”

禹曰：“吁！咸若时，惟帝其难之。知人则哲，能官人⑧；安民则惠，黎民怀之。能哲而惠，何忧乎欢兜？何迁乎有苗⑨？何畏乎巧言令色孔壬⑩？”

皋陶曰：“都！亦行有九德⑪。亦言其人有德。乃言曰：‘载采采⑫。’”

禹曰：“何？”

皋陶曰：“宽而栗⑬，柔而立⑭，愿而恭⑮，乱而敬⑯，扰而毅⑰，直而温⑱，简而廉⑲，刚而塞⑳，强而义㉑，彰厥有常㉒，吉哉㉓！”

“日宣三德，夙夜浚明有家㉔。日严祗敬六德㉕，亮采有邦㉖。翕受敷施㉗，九德咸事㉘，俊乂在官㉙，百僚师师㉚，百工惟时㉛。抚于五辰㉜，庶绩其凝㉝。”

“无教逸欲。有邦兢兢业业㉞，一日二日万几㉟。无旷庶官㊱，天工人其代之^㊲？天叙有典^㊳，敕我五典五惇哉^㊴。天秩有礼，自我五礼有庸哉^㊵。同寅协恭和衷哉^㊶。天命有德，五服五章哉^㊷。天讨有罪，五刑五用哉。政事懋哉懋哉。"

"天聪明^㊸，自我民聪明；天明畏，^㊹自我民明畏。达于上下，敬哉有土^㊺！"

皋陶曰："朕言惠，可厎行^㊻？"

禹曰："俞！乃言厎可绩。"

皋陶曰："予未有知，思曰赞赞襄哉^㊼。"

【注释】

①本篇是皋陶（gāo yáo）和禹讨论如何实行德政治理国家的会议记录，记述皋陶"慎身"、"知人"、"安民"的主张。　②迪：实行。　③谟：议谋。　④永：久。　⑤惇（dūn）：敦厚。叙：次序。　⑥明：贤明。励：勉力。翼：辅助。　⑦昌言：美言。　⑧人：这里指官吏。　⑨迁：放逐。　⑩巧言：花言巧语。令色：讨好谄媚的神情。令，美。孔：大。壬：奸佞。　⑪亦：大凡。九德：九种美德，即下文的"宽而栗，柔而立，愿而恭，乱而敬，扰而毅，直而温，简而廉，刚而塞，强而义"。　⑫载：试，验证。采采：事事，即从事种种事情。采，事。　⑬栗：谨慎警惧。⑭立：特立独行。⑮愿：老实厚道。⑯乱：治。⑰扰：顺。⑱温：和。　⑲简：大，宏大，远大。　⑳塞：实。　㉑义：良善。　㉒有常：这里指有常德的人。　㉓吉：善。　㉔浚（jùn）：恭敬。明：勉力。家：大夫封地。　㉕严：庄重。祗（zhī）：恭谨。　㉖亮：辅助。邦：诸侯封地。　㉗翕（xī）：聚合。　㉘事：任职。　㉙俊乂（yì）：这里指公卿。　㉚百僚：指大夫。师师：互相效法。　㉛百工：百官。工，官。时：善。　㉜抚：顺从。五辰：本指金、木、水、火、土五星，这里泛指天象。　㉝庶：众。凝：定，成就。　㉞兢兢：小心谨慎。业业：畏惧戒惕。　㉟一日二日：一天一天。万几：万端。　㊱旷：虚设。　㊲天工：天命之事。　㊳典：常，指常规，常法。　㊴敕（chì）：命令。㊵自：循。五礼：天子、诸侯、卿大夫、士、庶民的五级礼仪。庸：常。　㊶寅：敬。　㊷服：指礼服。章：同"彰"。　㊸聪明：耳敏为聪，目锐为明。　㊹明畏：明的意思是表彰好人，畏的意思是惩治坏人。　㊺有土：保存国土，这里指保持帝王的地位。　㊻厎（zhǐ）：一定。　㊼赞赞：努力辅佐的样子。赞，辅佐。襄：辅佐。

【译文】

查考古代传说，知道皋陶和禹曾在舜帝面前讨论过如何实行德政，除了要以治理国家的问题。

皋陶说："只有切实实行先王的德政，才能够使朝廷决策英明，群臣同心同德。"

禹说："是啊！可是怎样实行德政呢？"

皋陶说："啊！首先，要严以律己，坚持不懈地进行自我修养，提高自己的道德品行。同时，还要以宽厚的胸怀对待亲族的人，使大家也都贤明起来，勉力辅助您治理国家。要实行德政，就应当从这里做起；这就是所谓的由近及远的方法。"

听了这番精彩的议论，禹非常佩服，拜谢说："非常正确呀！"

皋陶说："啊！实行德政提高自身修养之外，还要知人善任，正确地选拔和使用官员，和关心百姓，安定民心。"

禹说："哎呀！要完全做到以上两点，恐怕连先帝也会感到困难。知人善任，会使自己显得明达睿智，而只有明达睿智，才能任人唯贤；安定民心，就会使自己受到人们爱戴，而只有受人爱戴，百姓才会怀念他。可是明达睿智、受人爱戴如尧、舜二位贤明的先帝，却还须提防欢兜这样的权臣，放逐三苗这样的部族，警惧那些巧言令色的大奸大佞，这又是为什么呢？"

皋陶说："啊！大凡良善行为，都来源于九种美德。因而检验某人是否具有某种美德，除了考察他的言论之外，往往还要对他说：'先去做些事情，验证一下吧'。"

禹问："那么，九种美德究竟是些什么样的品德呢？"

皋陶解释说："我说的九种美德是：既恢宏大度又小心谨慎，既温和文雅又特立独行，既忠厚诚实又严肃庄重，既卓有才识又敬业守勤，既柔顺驯服又刚毅果决，既正直耿介又和蔼可亲，既宏大豪放又严谨审慎，既刚正坦荡又认真务实，既强雄豪迈又仁义善良。应当树立和表彰那些持守这九种美德的贤人，因为这是一桩善政中的善政啊！"

"如果一个人每天都能在自己的所作所为中显示出他具有九种美德中的三种，而且一天到晚都能恭敬而努力地按照这些道德规范行事，那么他就可以做公卿。如果一个人每天都能庄重而恭谨地按照九种美德中的六种行事，那么他就能够辅佐天子而成为诸侯。如果天子能够九种美德并用，而普遍施行于国家政务，凡具有九种美德的贤人都授予一定的官职，那么，公卿便会恪尽职守，大夫便会互相学习，士便会努力办好自己职分内的事情，这样一来，所有的官员都会遵从天命行事，共同完成各项事业。"

"不要放纵私欲和贪图享乐。诸侯要兢兢业业地处理政务，因为时间一天接着一天，天下发生的事情有千种万种之多。不要虚设种种职位，因为职位是遵照天命设立的，人岂能代替上天滥设虚职？上天为人间规定君臣、父子、兄弟、夫妇、朋友之间的伦理秩序，并训诫我们要按照这种伦理秩序做到父义、母慈、兄友、弟恭、子孝，我们就应当遵从天命，使这种伦理秩序真诚、纯厚起来啊！上天为人间规定的尊卑不同的礼仪，是按照天子、诸侯、卿大夫、士、庶民这种贵贱等级排列的；五等礼仪确定之后，我们就有了可以永远遵循的准则。我们应该相互尊重，同心同德，齐心协力施行五礼啊！上天为了使有道德的人都能各称其职，各享其禄，又规定了天子、诸侯、卿大夫、士、庶民五等礼服，以分别表彰各种不同的德行。上天为了惩罚有罪的人，使之罪有应得，还规定了墨、剿、剕、宫、大辟五种刑罚，用来惩罚犯了不同罪行的人，这些刑罚，都应该认真执行。天命不可违，担任各种职务的人，要相互勉励，共同努力，把政务办好啊！"

"上天的神明和睿智，都是从臣民中听取意见、观察问题而得来的；上天表彰良善，惩治奸邪，都是根据臣民的意愿而决定的。上天的意志和臣下的心愿是相通的，作君王的，千万千万要谨慎啊！"

皋陶问道："我的这些主张，都能够实行吗？"

禹说："那是当然！你的这些主张，不仅能够实行，而且一定能够取得成功。"

皋陶最后说："其实我又懂得什么呢？我只不过每天都在想怎样勤勉辅佐君王，把国家治理好啊！"

益　稷①

帝曰："来，禹！汝亦昌言。"

禹拜曰："都！帝，予何言？予思日孜孜②。"

皋陶曰："吁！如何？"

禹曰："洪水滔天，浩浩怀山襄陵③，下民昏垫④。予乘四载⑤，随山刊木⑥。暨益奏庶鲜食⑦。予决九川，距四海⑧，浚畎浍距川⑨。暨稷播奏庶艰食⑩。鲜食⑪，懋迁有无化居⑫。烝民乃粒⑬，万邦作乂⑭。"

皋陶曰："俞！师汝昌言⑮。"

禹曰："都！帝。慎乃在位⑯。"

帝曰："俞！"

禹曰："安汝止⑰。惟几惟康⑱，其弼直⑲，惟动丕应⑳。徯志以昭受上帝㉑，天其申命用休㉒。"

帝曰："臣哉[23]，邻哉[24]！邻哉，臣哉！"

禹曰："俞！"

帝曰："臣作朕股肱耳目[25]。予欲左右有民[26]，汝翼[27]。予欲宣力四方，汝为。予欲观古人之象[28]，日，月、星辰、山、龙、华虫[29]，作会[30]；宗彝[31]，藻[32]、火、粉米[33]、黼[34]、黻[35]、絺绣[36]。以五采彰施于五色作服[37]，汝明[38]。予欲闻六律五声八音[39]，在治忽[40]，以出纳五言[41]，汝听。予违，汝弼，汝无面从[42]，退有后言[43]。钦四邻[44]。庶顽谗说[45]，若不在时[46]，侯以明之[47]，挞以记之[48]，书用识哉[49]，欲并生哉[50]。工以纳言[51]，时而飏之[52]，格则承之庸之[53]，否则威之[54]。"

禹曰："俞哉，帝光天之下，至于海隅苍生[55]，万邦黎献[56]，共惟帝臣。惟帝时举[57]，敷纳以言，明庶以功[58]，车服以庸[59]。谁敢不让，敢不敬应？帝不时敷[60]，同日奏，罔功[61]。"

帝曰："无若丹朱傲[62]，惟慢游是好，傲虐是作[63]，罔昼夜额额[64]，罔水行舟[65]，朋淫于家[66]，用殄厥世[67]。予创若时[68]。"

禹曰："娶于涂山[69]，辛、壬、癸、甲[70]，启呱呱而泣[71]，予弗子[72]，惟荒度土功[73]。弼成五服[74]，至于五千，州十有二师[75]，外薄四海，咸建五长[76]。各迪有功，苗顽弗即功[77]，帝其念哉。"

帝曰："迪朕德，时乃功惟叙。"

皋陶方祗厥叙[78]，方施象刑，惟明。

夔曰[79]："戛击鸣球[80]，搏拊琴、瑟以咏[81]。祖考来格[82]，虞宾在位[83]，群后德让[84]。下管鼗鼓[85]，合止柷敔[86]，笙镛以间[87]，鸟兽跄跄[88]，《箫韶》九成[89]，凤皇来仪[90]！"

夔曰："於！予击石拊石，百兽率舞，庶尹允谐[91]。"

帝庸作歌[92]，曰："敕天之命[93]，惟时惟几[94]。"乃歌曰："股肱喜哉！元首起哉[95]！百工熙哉[96]！"

皋陶拜手稽首飏言曰[97]："念哉，率作兴事[98]，慎乃宪[99]，屡省乃成，钦哉！"乃赓载歌曰[100]："元首明哉！股肱良哉！庶事康哉[101]！"又歌曰："元首丛脞哉[102]，股肱惰哉，万事堕哉！"

帝拜曰："俞，往钦哉！"

【注释】

①本篇是禹和舜讨论国计民生、君臣关系的谈话记录。益：舜时东夷部落的首领。稷：舜

时的农官，后又辅佐禹教民稼穑。　　②孜孜：努力不懈。　　③襄：上。　　④昏垫：沉没，陷落。　　⑤载：车船之类的交通工具。　　⑥刊：砍。　　⑦暨（jì）：和，与。奏：进，送。鲜食：新宰杀的鸟兽。　　⑧决：疏通。距：进，到。　　⑨畎浍（quǎn kuài）：田间的水渠。　　⑩艰食：百谷，粮食。由于当时水多，土地难以耕种，故称粮食为艰食。　　⑪懋（mào）：同"贸"。迁：交换。　　⑫化：同"货"。居：蓄，指积贮的财物。　　⑬烝（zhēng）民：百姓。烝，众多。粒：即"立"，安定。　　⑭作：始。　　⑮师：即斯，这。　　⑯在位：当权的人，这里指大臣。　　⑰止：举止。　　⑱惟：思，考虑。几：危险。康：安康。　　⑲直：这里指正直的人。　　⑳动：举动。丕：大。应：响应。　　㉑傒（xī）：等待。志：心志。昭：明，清醒。　　㉒其：将。申：重，再次。休：美。　　㉓臣：这里指禹。　　㉔邻：四邻，这里意为关系亲近。　　㉕股肱（gōng）：得力助手。股，大腿。肱，手臂。　　㉖左右：引导。有：名词词头，无义。　　㉗翼：辅佐。　　㉘象：图像。　　㉙华虫：雉，野鸡。以上六种为衣（上衣）上绘的图像。　　㉚会：绘，画。　　㉛宗彝：虎形图案。宗庙祭祀的礼器彝上绘有虎形图饰。　　㉜藻：水草。　　㉝粉米：白米。　　㉞黼（fǔ）：黑白相间的斧形图案。　　㉟黻（fú）：两个"弓"字相背的图案。以上六种为裳（下衣）上绣的图像。　　㊱绨（chī）：缝制。　　㊲采：通"彩"，颜料。　　㊳明：做好。　　㊴六律：古代音乐有十二种高低不同的标准音，叫十二律，为：黄钟、大吕、太簇、夹钟、姑洗、中吕、蕤宾、林钟、夷则、南吕、无射、应钟。十二律分为阴阳两类，单数者为阳律，称六律；双数者为阴律，称六吕。五声：五种高低不同的音阶，即宫、商、角、徵、羽。八音：八种乐器，即金、石、丝、竹、匏、土、革、木。金为钟，石为磬，丝为琴，竹为管，匏为笙，土为薰（xūn），革为鼓，木为柷敔（chù yǔ）。　　㊵在：察。治忽：治与乱，即国家治理的情况。忽，荒怠。　　㊶五言：各方面的意见。五，指东西南北中五方。　　㊷面从：当面听从。　　㊸后言：背后乱说。　　㊹四邻：这里指天子身旁的近臣，即左辅、右弼、前疑、后丞。　　㊺庶：众，多。顽：愚蠢。谗：说他人的坏话。　　㊻时：是，这。　　㊼侯：诸侯国国君。　　㊽挞（tà）：鞭打。记：令受挞者不忘惩罚。　　㊾书：刑书。识（zhì）：记录。　　㊿生：使……生。　　51工：官。　　52时：善。飏：同"扬"。　　53格：正。承：进。庸：用。　　54威：惩罚。　　55海隅（yú）：海内。隅，靠边沿的地方。苍生：黎民。　　56黎：众。献：贤，指贤人。　　57举：举用。　　58庶：试，考察。　　59庸：事功。　　60敷：分辨。　　61罔：无。　　62丹朱：尧的儿子。　　63虐（xuè）：同"谑"，嬉戏。作：为。　　64额额（è è）：船行不安的样子。　　65罔水：这里指水很浅。　　66朋：放。　　67用：因此。殄（tiǎn）：灭绝。厥：其。世：父子相继为世。　　68创：悲伤。　　69涂山：山名。这里指聚居于涂山的部落，即涂氓。　　70辛、壬、癸、甲：从辛日到甲日，共四天。传说禹婚后三日即外出治水。　　71启：禹的儿子。传说禹婚后二日启即降生。　　72子：爱抚。　　73荒：通"忙"。度：谋，考虑。　　74五服：五个服劳役的地区，即甸服、侯服、绥服、要服、荒服。详见《禹贡》注。　　75师：长官。　　76建五长：每五个诸侯国为一属，属设一长。　　77顽：抗拒。　　78叙：德。　　79夔（kuí）：人名，传说是舜时的乐官。　　80戛（jiá）：击，弹奏。鸣球：一种乐器，即玉磬。　　81搏拊：一种乐器，皮革制成，状如小鼓。　　82祖考：祖宗和先父的灵魂。祖，指颛顼。考，指尧。舜继尧，如子承父，故称尧为考。格：至，即降临。　　83虞宾：虞舜的宾客，这里指前代帝王的后裔。

⑭德：升，登堂。　⑮下：堂之下。管：竹制乐器。鼗（táo）：一种打击乐器，即小鼓。　⑯柷：一种打击乐器，状如方斗，于奏乐开始时击之。敔：一种打击乐器，状如伏虎，于奏乐结束时击之。　⑰镛（yōng）：大钟。　⑱跄跄（qiāng qiāng）：伴着乐曲有节奏跳舞的样子。　⑲《箫韶》：舜时乐曲名。九成：奏乐时乐曲变更九次而结束。　⑳凤凰：即凤凰，传说中的一种神鸟。仪：成双成对。　㉑尹：官。允：信，确实。　㉒庸：用，因此。　㉓敕：谨。㉔几：危险，这里意为警惧。　㉕起：奋发。　㉖熙：振作。　㉗拜手：一种跪拜礼。双膝下跪，两手拱合，俯首至手与心相平。　㉘率：循，顺。　㉙慎：诚。宪：法度。　㉚赓（gēng）：继续。　㉛康：安宁。　㉜丛脞（cuǒ）：烦琐。

【译文】

舜帝说："来吧，禹，你也发表发表自己的高见吧。"

禹拜谢说："啊！君王啊，我有什么可说呢？因为我每天所想的，只是如何孜孜不倦地努力处理好政事而已。"

皋陶说："哦！那么你究竟是如何处理政事的呢？"

禹说："洪水滔滔，巨浪接天，浩浩荡荡的大水包围了大山，漫上了丘陵，百姓都落在洪水里，被巨浪吞没了。我前后换乘四种车船，沿着山路砍伐树木做出路标，跟益一起把新宰杀的飞禽走兽送给百姓们吃。我率领民众疏通了九州的大河，把河水都导入大海；还疏通了田间的水渠，把渠水都导入大河。我还跟稷一起教会民众种粮食，把百谷送给百姓吃，并发展贸易，让百姓互通有无，交换余缺。这样，百姓们才得以安居乐业，众多的诸侯国才得到治理。"

皋陶听罢，赞扬说："好啊！你的这番话说得真好啊！"

禹对舜帝说："唉！君王啊，您应该审慎地履行您的职责。"

舜帝说："是啊！"

禹接着说："举止要安详稳健，而不要轻举妄动。如果您能够努力思危以求安定，起用正直的大臣来辅佐您，那么您一旦有什么举动，天下就会大力响应。您只要能够平心静气，心地澄明地等待上天降下天命，那么上天就会因您有这种美德而再次把美命托付给您。"

舜帝说："唉唉！由禹的这番话可以看出，大臣最亲近的人，就是我啊！而我最亲近的人，就是大臣啊！"

禹说："您说得很对呀！"

舜帝接着说："大臣应当是我的左膀右臂、耳朵眼睛。我要把百姓治理好，希望你辅佐我。我要竭尽全力把天下治理好，希望你辅佐我。我想再现古人衣服上图饰的形象，把日、月、星辰、山、龙、雉六种图像画在上衣上，把虎、藻、火、白米、黼、黻六种图像绣在下裳上，用五种颜料把五种色彩鲜明地显示出来，并做成礼服，希望你把这件事情做好。我想聆听六律严整、五音和谐的各类乐器演奏音乐，从乐曲所表达的喜怒哀乐情感中考察天下的治乱情况，听取各方的呼声，希望你也要听一听。如果我有什么过失，你要帮助我改正；你千万不要当面屈从我，背后却发泄对我的不满。我一定要恭敬地对待我身边的大臣。至于那些生性愚蠢而又好进谗言的人，如果他们不明白做臣下的道理，就请四方诸侯的君长们识破他们，用鞭打来警戒他们，并把他们的罪状书写在刑书上，让他们悔悟和改正，从而获得新生。做官的要采纳下面的意见，对的就加以肯定和表彰，好的就呈报上峰，以备采用。谁做到了这一点，就要提升、重用他；否则，就要惩罚他。"

禹说："好啊！君王，普天之下，以至于四海之内众多的百姓，诸侯国众多的贤人，都是您的臣子，您要善于选拔和任用他们。广泛地听取、采纳他们的意见，明察他们的成绩，并论功行赏，分别把车马、礼服赏给他们，以表彰他们的功德。如果您这样做了，那些不称其位的人，还有谁敢不让贤？谁敢不恭恭敬敬地遵从您的诏命？如果您不区别善恶，而良莠不分，即使天天选拔和任用人才，也只能是徒劳无功。"

舜帝说："你绝对不要让你的儿子学得像丹朱那样桀骜不驯，一味地偷懒贪玩，以调笑嬉戏为能事。他行为放荡，洪水治住后，他还让人用船载着他在浅水里推来拖去，供他玩耍。在家里他更是纵情声色，淫乱无度。他因此而断送了自己承继帝位的资格。我深为他这种下场感到悲伤。"

禹说："我娶了涂山氏的女儿，婚后第四天就外出治水去了；我离开家之前我的儿子启已经呱呱坠地，啼哭不止，我也顾不上去爱抚他，一心只想着治理水土。我辅佐君王开疆拓土，新开辟了五等服役纳贡的地区，范围一直延伸到距王城五千里的地方。每州设立十二位长官；从九州一直到四海边地，每五个诸侯国划为一个大区，设立一个诸侯长，让他们统筹服役纳贡事务。现在，只有三苗还在负隅顽抗，不肯服役纳贡，君王啊，您可一定要把这个问题放在心上！"

舜帝说："还是要用我们的德政去感化他们，只要因势利导，他们还是会归顺的。"

皋陶敬重这种德政，便把刑杀的图像铭刻在器物上，用来警戒那些违背这种德政的人。

夔说："敲起玉磬，擂起搏拊，弹起琴瑟，唱起歌来吧！纵情地观看吧！

尽兴地聆听吧！先王的魂灵降临了，先王的后裔、舜帝的宾客就位了，各位诸侯国君长也相互揖让着登上了庙堂。庙堂下吹起箫笛，敲起大鼓小鼓，演奏从击柷开始，而至击敔结束。笙和钟在堂下交替着演奏，装扮成飞禽走兽的舞队伴着乐曲的节奏跳了起来；韶乐演奏了九曲之后，装扮成凤凰的舞队也成双成对地跳起来啦！"

夔又说："啊！让我敲起石磬，为百兽舞队伴奏；百兽舞队都跳起来，各位长官也伴着乐曲一同跳起来吧！"

看着这种和乐的欢快场面，舜帝即兴作了一首诗："恭承天命而行事，定要居安而思危。"接着又唱道："大臣好快乐啊！君王好兴奋啊！百官好振作啊！"

皋陶跪拜叩头，说道："牢记君王的教导吧！遵循君王的教导，振兴百业，遵守法度，要谦恭谨慎啊！不断省察自己，事业就会成功，要谦恭谨慎啊！"尔后又以歌代言，唱道："君王多么圣明啊！大臣多么贤良啊！诸事多么安康啊！"又唱道："君王庸碌不得啊！大臣怠惰不得啊！如果君王庸碌，大臣怠惰，各种政事都会荒废啊！"

舜帝行礼答谢说："对啊！请你们各赴其任，谦恭谨慎地履行各自的职责去吧！"

禹　贡①

禹别九州②，随山浚川，任土作贡③。

禹敷土④，随山刊木⑤，奠高山大川。⑥

冀州既载⑦，壶口治梁及岐⑧。既修太原⑨，至于岳阳⑩。覃怀厎绩⑪，至于衡漳⑫。厥土惟白壤⑬，厥赋惟上上错⑭，厥田惟中中⑮。恒、卫既从⑯，大陆既作⑰。岛夷皮服⑱。夹右碣石⑲，入于河。

济、河惟兖州⑳。九河既道㉑，雷夏既泽㉒，灉、沮会同㉓，桑土既蚕㉔，是降丘宅土㉕。厥土黑坟㉖，厥草惟繇㉗，厥木惟条㉘。厥土惟中下，厥赋贞作㉙，十有三载乃同㉚。厥贡漆丝，厥篚织文㉛。浮于济、漯㉜，达于河。

海、岱惟青州㉝。嵎夷既略㉞，潍、淄其道㉟。厥土白坟，海滨广斥㊱。厥田惟上下，厥赋中上。厥贡盐、𫄨㊲，海物惟错㊳，岱畎丝、枲、铅、松、怪石㊴，莱夷作牧㊵，厥篚檿丝㊶。浮于汶㊷，达于济。

海、岱及淮惟徐州㊸。淮、沂其乂㊹，蒙、羽其艺㊺。大野既猪㊻；东原厎平[47]。厥土赤埴坟[48]，草木渐包[49]。厥田惟上中，厥赋中中。厥贡惟土五色[50]，羽畎夏翟[51]，峄阳孤桐[52]，泗滨浮磬[53]，淮夷蠙珠暨鱼[54]，厥篚玄纤缟[55]。浮于淮、泗，达于河[56]。

淮、海惟扬州[57]。彭蠡既猪[58]，阳鸟攸居[59]。三江既入[60]，震泽底定[61]。筱荡既敷[62]，厥草惟夭[63]，厥木惟乔[64]，厥土惟涂泥[65]。厥田惟下下，厥赋下上上错。厥贡惟金三品[66]，瑶、琨、筱荡，齿、革、羽、毛、惟木[67]。岛夷卉服[68]，厥篚织贝[69]，厥包桔、柚，锡贡[70]。沿于江、海，达于淮、泗。

荆及衡阳惟荆州[71]。江、汉朝宗于海[72]。九江孔殷[73]，沱、潜既道[74]，云土梦作乂[75]。厥土惟涂泥。厥田惟下中，厥赋上下。厥贡羽、毛、齿、革，惟金三品，杶、干、栝、柏[76]，砺、砥、砮、丹，惟箘、簬、楛[77]，三邦底贡厥名[78]，包匦菁茅[79]，厥篚玄纁玑组[80]，九江纳锡大龟[81]。浮于江、沱、潜、汉[82]，逾于洛，至于南河[83]。

荆、河惟豫州。伊、洛、瀍、涧既入于河[84]，荥波既猪[85]，导菏泽，被孟猪[86]。厥土惟壤，下土坟垆[87]。厥田惟中上，厥赋错上中。厥贡漆、枲、絺、纻[88]，厥篚纤纩[89]，锡贡磬错[90]。浮于洛，达于河。

华阳、黑水惟梁州[91]。岷、嶓既艺[92]，沱、潜既道，蔡、蒙旅平[93]，和夷底绩[94]。厥土青黎[95]。厥田惟下上，厥赋下中三错[96]。厥贡璆、铁、银、镂、砮、磬，熊、罴、狐、狸[97]，织皮。西倾因桓是来[98]。浮于潜，逾于沔[99]，入于渭[100]，乱于河[101]。

黑水、西河惟雍州[102]。弱水既西[103]，泾属渭汭[104]。漆沮既从[105]，沣水攸同[106]。荆、岐既旅[107]，终南、惇物[108]，至于鸟鼠[109]。原隰底绩[110]，至于猪野[111]。三危既宅[112]，三苗丕叙。厥土惟黄壤。厥田惟上上，厥赋中下。厥贡惟球、琳、琅玕[113]。浮于积石[114]，至于龙门西河[115]，会于渭汭。织皮昆仑、析支、渠搜[116]，西戎即叙[117]。

导岍及岐[118]，至于荆山，逾于河；壶口、雷首，至于太岳[119]；底柱、析城，至于王屋[120]；太行、恒山，至于碣石[121]，入于海[122]；西倾、朱圉、鸟鼠，至于太华[123]；熊耳、外方、桐柏，至于陪尾[124]；导嶓冢，至于荆山[125]；内方，至于大别[126]；岷山之阳，至于衡山，过九江，至于敷浅原[127]。

导弱水，至于合黎[128]，馀波入于流沙[129]。导黑水，至于三危，入于南海。导河积石，至于龙门，南至于华阴[130]，东至于砥柱，又东至于孟津[131]，东过洛汭，至于大伾[132]，北过降水[133]，至于大陆，又北播为九河[134]，同为逆河[135]，入于海。嶓冢导漾[136]，东流为汉；又东为沧浪之水[137]，过三澨[138]，至于大别，南入于江，东汇泽为彭蠡，东为北江¹³⁹，入于海。岷山导江，东别为沱¹⁴⁰，又东至于澧¹⁴¹，过九江，至于东陵¹⁴²，东迤北¹⁴³会于汇¹⁴⁴，东为中江¹⁴⁵，入于海。导沇水¹⁴⁶，东流为济，入于河，溢不荥¹⁴⁷，东出于陶丘北¹⁴⁸，又东至于菏，又东北会于汶，又北东入于海。导淮自桐柏，东会于泗、沂¹⁴⁹，东入于海。导渭自鸟鼠同穴¹⁵⁰，东会于沣，又东会于泾，又东过漆沮，入于河。导洛自熊耳，东北会于涧、瀍，又东会于伊，又东北入于河。

九州攸同，四隩既宅¹⁵¹，九山刊旅¹⁵²，九川涤源¹⁵³，九泽既陂¹⁵⁴，四海会同¹⁵⁵。六府孔修¹⁵⁶，庶土交正¹⁵⁷，厎慎财赋¹⁵⁸，咸则三壤成赋¹⁵⁹。中邦锡土姓¹⁶⁰："祗台德先¹⁶¹，不距朕行¹⁶²。"

五百里甸服¹⁶³：百里赋纳总¹⁶⁴，二百里纳铚¹⁶⁵，三百里纳秸服¹⁶⁶，四百里粟，五百里米。五百里侯服¹⁶⁷：百里采¹⁶⁸，二百里男邦¹⁶⁹，三百里诸侯¹⁷⁰。五百里绥服¹⁷¹：三百里揆文教¹⁷²，二百里奋武卫¹⁷³。五百里要服¹⁷⁴：三百里夷¹⁷⁵，二百里蔡¹⁷⁶。五百里荒服¹⁷⁷：三百里蛮¹⁷⁸，二百里流¹⁷⁹。

东渐于海¹⁸⁰，西被于流沙¹⁸¹，朔、南暨声教，讫于四海¹⁸²。禹锡玄圭¹⁸³，告厥成功。

【注释】

①本篇记述了大禹披九山、通九泽、决九河、定九州的功绩，和当时的政治制度、行政区划、山川分布、水土治理、贡赋等级等状况，是一部很有价值的地理著作。贡：贡赋。　②别：划分。　③任土：根据土地的肥瘠。　④刊：砍。　⑤奠：划定。　⑥冀州：禹所划分的九州之一，在今山西省、河北省一带。　⑦载：施工。壶口：山名，在今山西省吉县南部。⑧梁：山名，在今陕西省韩城县西部。岐：即"歧"，山的支脉。　⑨太原：今山西省太原一带，位于汾水上游。　⑩岳阳：太岳山南麓。岳，指太岳山，在今山西省霍县东部，汾水流经这里。阳，山南水北为阳。　⑪覃（tán）怀：地名，今河南省武陟县、沁阳县一带。厎（zhǐ）：获得。　⑫衡漳：衡即"横"，漳即漳水，由于"漳水横流入海"，故称横漳。漳水在覃怀之北。　⑬白壤：盐碱地。　⑭赋：赋税。上上：《禹贡》将土质和赋税分为九等，即上上、上中、上下三等，中上、中中、中下三等，下上、下中、下下三等。上上为第一等，余类推。　⑮错：错杂。　⑯恒：水名，在今河北省曲阳县，源出于恒山。卫：水名，有人认为就是滹沱河。从：顺河道入海。　⑰大陆：泽名，在今河北省钜鹿县西北部。作：动工治理。⑱岛夷：东方海岛上的夷族。夷，古代东方边远地区的民族。皮服：岛夷人进的贡品。　⑲夹：近。碣（jié）石：山名，在今河北省抚宁、昌黎二县县界。下句的"河"特指黄河。⑳济：水名，源出于今河南省济源县。兖（yǎn）州：地名，在今河北省、山东省交界处。㉑九河：黄河的九条支流。道：通"导"，疏通。　㉒雷夏：泽名，在今山东省菏泽市东北。㉓灉（yōng）：黄河支流，今已不存。沮：灉河的支流，今已不存。　㉔桑土：宜于种植桑

树的土地。　㉕降：下。宅：居住。　㉖坟：肥沃。　㉗繇（yáo）：茂盛。　㉘条：长，高。　㉙贞：下下等。　㉚作：耕作。　㉛篚（fěi）：圆形竹器。织文：带有花纹的丝织品。　㉜漯（tà）：水名，古代黄河支流。　㉝海：这里指渤海。岱：泰山。青州：山东半岛。　㉞嵎（yú）夷：地名。略：少。　㉟潍（wéi）：潍水。淄：淄水。二者均在今山东省。　㊱斥：盐碱地。　㊲绤（chì）：细葛布，即细麻布。　㊳错：多种多样。　㊴畎（quǎn）：山谷。枲（xǐ）：大麻的一种，不结籽。铅：这里指锡。　㊵莱夷：地名。　㊶檿（yǎn）：柞树，其叶可养蚕。　㊷汶：水名，源出今山东省莱芜县。　㊸海：这里指黄海。淮：指淮河。徐州：地名，在今江苏省、安徽省北部及山东省南部一带地方。　㊹沂：水名，源出于今山东省沂水县西北。乂（yì）：治，治理。　㊺蒙：山名，在今山东省蒙县西南。羽：山名，在今江苏省赣榆县西南。艺：种植。　㊻大野：指巨野泽，在今山东省巨野县。猪：即潴，水停聚的地方。　㊼东原：地名，在今山东省东平县一带地方。平：治，治理。　㊽埴（zhí）：黏性的。　㊾包：通“苞”，草木丛生。　㊿土五色：五色土，指青、黄、赤、白、黑五种不同颜色的土，为古代君王分封诸侯的用品。　51夏：大。翟（dí）：山雉，即野鸡，其羽毛可作装饰品。　52峄（yì）：山名，在今江苏省邳县。孤桐：桐树中的特优者。　53泗：水名，源出于今山东省泗水县。浮磬：指露出水面可以作磬的石头。　54蠙（pín）珠：蚌珠。　55玄：黑色。纤：细。缟：绢。　56达于河：河应为菏，即菏泽。这句话的意思是进入菏泽，再由济水而入黄河。　57海：这里指黄海。　58彭蠡（lǐ）：即今江西省境内的鄱阳湖，古称彭蠡泽。　59阳鸟：南方的岛屿。鸟，通“岛”。　60三江：指岷江、汉水、彭蠡。　61震泽：指太湖。　62篠（xiǎo）：小竹。荡（dàng）：大竹。　63夭：茂盛。　64乔：高大。　65涂泥：潮湿的泥土。　66金三品：金、银、铜三个等级的贡品。品，等级。　67瑶、琨：美玉。齿：象牙。毛：牦牛尾。　68岛夷：这里指东南沿海各岛的人。卉服：襄衣、草笠之类。卉，草的总称。　69织贝：带有贝纹图案的锦。　70锡：即“赐”，与“贡”同义。　71荆：山名，在湖北省南漳县。衡：即衡山，在今湖南省衡山县。　72江：特指长江。朝宗：诸侯朝见天子，春天朝见为朝，夏天朝见为宗。　73九江：指洞庭湖，因沅、渐、元、辰、叙、酉、澧、资、湘这九条江皆汇于此，故称九江。孔：大。殷：定。　74沱：水名，长江支流，在今湖北省枝江县。潜：水名，汉水支流，在今湖北省潜江县。　75云土梦：即云梦泽。《国语·楚语》注：“楚有云梦，徒其名也。”徒，通“土”。　76杶（chūn）：椿树。干：柘木。栝（guā）：桧（guì）柏。　77砺：粗磨刀石。砥：细磨刀石。砮（nǔ）：可以做箭镞的石头。丹：朱砂。箘簬（jùn lù）：一种细长的竹子。楛（hù）：木名，可做箭杆。　78名：这里指名产。　79甄（guì）：杨梅。菁茅：一种带刺的茅草，可以用来滤酒。　80缥（xūn）：黄赤色。玑组：小珍珠串。玑，珍珠。组，丝带。　81纳锡：进贡。锡，通“赐”。　82浮：水运。　83南河：指黄河的洛阳、巩县一段。　84伊：水名，源出于今河南省卢氏县。洛：水名，源出于今陕西省洛南县。瀍（chān）：水名，源出于今河南省孟津县。涧：水名，源出于今河南省渑池县。　85荥波：泽名，即荥播，在今河南省荥阳县，今已不存。　86被：通“陂”，修筑堤防的意思。孟猪：泽名，即孟诸，在今河南省商丘县，今已不存。　87垆（lú）：黑色硬土。　88纻（zhù）：苎麻。　89纩（kuàng）：细绵。　90磬错：可以制磬的石头。错，石头。　91华：即华山，在今陕西省华阴县。黑水：怒江。　⑨岷：岷山。嶓（bō）：嶓冢山，在今陕西省宁强县。艺：治，治理。　⑨蔡：山名，即峨眉山。蒙：山名，在今四川省雅安县。旅：治，治理。　⑨和：水名，即大渡河。　⑨青：黑色。黎：疏松。　⑨三错：杂出第七、八、九三个等级。　⑨璆（qiú）：美玉。镂：可以刻镂的刚性铁。　⑨织皮：这里指西戎之国。西倾：山名，在今甘肃、青海两省交界处。因：顺，沿。桓：水名，即白龙江。　⑨沔（miǎn）：汉水上游。　⑩渭：即渭水，源出于今甘肃省渭源县。　⑩乱：横渡。　⑩西河：水名，黄河上游南北流向的一段。　⑩弱水：水名。　⑩泾：水名，源出于今甘肃省平凉县，流至今陕西省入渭水。属：入。汭（ruì）：河流汇合处。　⑩漆沮：洛水流入黄河处地名，这里为洛水的代称。　⑩沣水：水名，源出于今陕西省户县，北入渭水。　⑩荆：荆山，在今陕西省富平县。此为北条荆山。而上文的荆山在今湖北省，为南条荆山。岐：岐山，在今陕西省岐山县　⑩终南：山名，即今天的秦岭。惇物：即太白山，在今陕西省郿县。　⑩鸟鼠：山名，在今甘肃省渭源县。　⑩原隰（xí）：指豳（bīn）地，在今陕西省旬阳、邠县境内。　⑪猪野：泽名，又称都野，在今甘肃省民勤县。　⑫三危：山名。　⑬球：美玉。琳：美石。琅玕（gān）：像珠子一样的美玉。　⑭积石：山名，在今青海省西宁市西南。　⑮龙门：山名，在今陕西省韩城县。　⑯织皮：皮制衣料。析支：山名，在今青海省西宁市西南。渠搜：山名。　⑰西戎：古代西北边远民族的总称。　⑱岍（qiān）：山名，在今陕西省陇县。　⑲雷首：山名，在今山西省永济县。　⑳厎柱：山名，在今山西省平陆县。析城：山名，在今山西阳城县。王屋：山名，在今山西省垣曲县。　㉑太行：山名，在今山西、河南、河北三省交界处。恒山：在今河北省曲阳县，古称北岳。　㉒海：指渤海。　㉓朱圉（yǔ）：山名，在今甘肃省甘谷县。太华：即华山。　㉔熊耳：山名，在今河南省卢氏县。外方：山名，在今河南省登封县，又名嵩山，古称中岳。桐柏：山名，在今河南省桐柏县。陪尾：山名，在今湖北省安陆县。　㉕荆山：这里指南条荆山。　㉖内方：山名，在今湖北省钟祥县。大别：即大别山。　㉗敷浅原：山名，有人认为就是庐山。　㉘合黎：山名，在今甘肃省山丹县一带。　㉙馀波：即下游。流沙：泛指居延泽即内蒙古自治区额济纳旗的嘎顺诺尔湖和苏古诺尔湖一带的沙漠。　㉚华阴：华山之阴即华山北侧，即今陕西省华阴县一带。阴，山北水南为阴。　㉛孟津：地名，在今河南省孟津县。　㉜大伾（pī）：山名，在今河南省浚县。　㉝降水：水名，在今河北省肥乡、曲周二县之间，入黄河。　㉞播：分布。九河：指黄河下游兖州一带众多的黄河支流。　㉟逆河：大河之水倒灌入支流，这种支流就是逆河。逆，迎受。　㊱漾：水名，汉水的上游。　㊲沧浪：即汉水。　㊳三澨（shì）：水名，源出于今湖北省京山县，东流入汉水。　㊴北江：即汉水，因在长江之北而得名。　㊵沱：水名，长江支流。　㊶澧：水名，有三源，三源汇合后流入洞庭湖。　㊷东陵：地名，有人认为在今湖北省黄梅县。　㊸迆（yǐ）：斜行。　㊹汇：即淮河。汇，通"淮"。　㊺中江：即长江。因北有汉水南有彭蠡而得名。　㊻沇（yǎn）水：源出于今山西省王屋山，到今河南省武陟县入黄河。　㊼溢：河水激荡奔突而出。　㊽陶丘：地名，在今山东省定陶县。　㊾会于泗、沂：沂水入泗水，泗水入淮河。　㊿鸟鼠同穴：即鸟鼠山。相传鸟鼠于此山同穴，故名鸟鼠山。　(51)隩（ào奥）：可以定居的地方。　(52)九山：上文所列九条山脉。　(53)九川：上文所列九条河流。涤：疏通。原：通"源"。　(54)九泽：上文所列九个湖泽。

陂：堤防。　⑤会同：同会京师，指各地进贡之路都畅通无阻了。　⑥六府：指金、木、水、火、土、谷。孔：副词，很。　⑦交：俱，都。正：征。　⑧厎：定。　⑨则：以……为准则。三壤：上、中、下三个等级的土地。　⑩中帮：指九州。　⑪台（yí）：代词，我。　⑫距：违。　⑬甸服：古代在天子领地外围，每五百里为一区划，按距离远近定出五种服劳役的等级，即甸服、侯服、绥服、要服、荒服，这就是所谓五服。这是古人理想中的制度，历史上并未实行过。甸服就是在天子领地内服劳役。服，劳役。　⑭总：全禾，即把成熟的庄稼完整地交出去。　⑮铚（zhì）：禾穗。本为一种短镰刀，因割穗用它，故以之表穗。　⑯秸：指谷。　⑰侯服：离王城一千里以外的服役地区。侯，通"候"，即斥候。斥，遥远；候，放哨。　⑱采：事，即替天子服各种劳役。　⑲男邦：替邦国服劳役。男，任，承担。　⑳诸侯：这里指斥候。　㉑绥服：替天子做安抚之类事情。绥，安。㉒揆文教：掌管文教事务。揆，掌管。　㉓奋武卫：演习武事，保卫天子。　㉔要服：离王城一千五百里至两千里的服役地区。　㉕夷：和平相处。　㉖蔡：遵守刑法。　㉗荒服：离王城两千五百里的服役地区，这是五服中距天子领地最遥远的地方。荒，远。　㉘蛮：即"慢"，怠慢的意思。　㉙流：流动，居无定所。　㉚渐（jiān）：入，进。　㉛被：及。　㉜朔：北。讫：到。　㉝圭：美玉。

【译文】

禹划分九州的疆界，顺着山岭的走向疏通河道，依据土地的肥瘠状况定出贡赋等级，建立了一套贡赋制度。

禹为了划分土地的疆界，在经过的山上削木为桩竖上标记，以高山大河为界限确定疆域。

冀州：壶口治理工程动工之后，又开始治理梁山及其支脉。太原治理完毕，工程就扩展到太岳山的南面。覃怀一带的治理一取得成效，又转而向北整治横流入河的漳水。这里的土壤白细柔软，贡赋定为第一等，其中也夹杂着第二等；这里的土质属于第五等。恒水和卫水疏通之后，河水流入大海，尔后治理大陆泽的工程也动工了。沿海一带诸侯以皮服为贡品，进贡的路线是经由碣石转入黄河。

兖州：济水与黄海之间这一带是兖州的疆域。黄河下游的九条河道疏通了，雷夏这片地方也整治成了大泽，瀤河、沮河都汇入了雷夏泽。凡是能够栽种桑树的地方都开始养蚕，于是人们就从丘岭上搬下来，到平地居住。这里的土壤又黑又肥，野草很茂盛，树木很高大。这里的土质属于第六等，贡赋定为第九等，耕种了十三年才达到其他八个州的水平。这里的贡品是漆和丝，还有用竹筐盛着的丝织品。进贡的路线是经由济水和漯水，再转入黄河。

青州：渤海沿岸至泰山这一带地方是青州的疆域。嵎夷的治理只花了较小气力就完成了，瀤水和淄水接着也疏通了。这里的土壤又白又肥，而沿海一带的广大地区则是盐碱地。这里的土质属于第三等，贡赋则是第四等。贡品是盐和细葛布以及各种海产品；而泰山一带则要进献丝、大麻、锡、松以及奇异的石头等物品。莱夷一带是牧区，贡品是畜产品和用竹筐盛的柞蚕丝。进贡的路线是经由汶水直入济水。

徐州：东起大海，北至泰山，南到淮河，这一带地方是徐州的疆域。淮河和沂水治理好以后，蒙山和羽山一带就可以耕种了；大野泽蓄住了大水之后，东平一带也得到了治理，土地都能够耕种了。这里的土壤是红色的，又黏又肥，草木日渐生长起来，丛丛簇簇，非常茂盛。这里土质属于第二等，贡赋则是第五等。贡品是五色土，羽山山谷的大山鸡，峄山南麓的特产优质桐木，泗水边上出产的可以制磬的石料，淮河流域的蚌珠和鱼，另外还有用竹筐盛着的细柔的黑绸和白绢。进贡的路线是经由淮河入泗水，而后入菏泽，再由济水转入黄河。

扬州：淮河与黄海之间这一带地方是扬州的疆域。彭蠡泽蓄住大水之后，南方各岛的人们便可以安居了。三江之水导入大海之后，震泽也治理好了。各种竹子遍布各地，野草长得很茂盛，树木长得很高大。这里是一片低洼潮湿的土地。土质属于第九等，贡赋则定为第七等，也有地方是第六等。贡品是金、银、美玉、美石、小竹、大竹、象牙、犀皮、鸟羽、牦牛尾以及木材。东南沿海各岛的人都穿蓑衣、戴草笠。贡品是用竹筐盛着的贝锦，包装起来的橘子和柚子。进贡的路线是经由长江进入黄海，再转入淮河、泗水。

荆州：北起荆山，南至衡山之南广大地区是荆州的疆域。长江、汉水像诸侯朝拜天子一样，奔腾不息流入大海。众多的长江支流都汇入洞庭湖，水势浩瀚，景象壮观。沱水和潜水疏通之后，云梦泽四周的土地就可以耕种了。这里也是一片潮湿低洼的土地，其土质属于第八等，贡赋则是第三等。贡品是羽毛、牦牛尾、象牙、犀皮，金、银、铜、椿木、朽木、桧木、柏木，粗磨石、细磨石、制造箭镞的石料、丹砂，以及细长的竹子、楛木。州内各诸侯国进献的都是当地的名产，如包装好的杨梅、菁茅，用竹筐盛着的彩色丝绸和一串串珍珠；长江的众多支流沿岸的广大地区还要进献江里出产的大龟。进贡的路线是由长江而沱水、潜水、汉水，然后登岸沿陆路到洛水，经由洛水入黄河。

豫州：荆山和黄河之间这片地方是豫州的疆域。伊水、瀍水、涧水都汇入洛水，而洛水又流入黄河，荥波泽也蓄住了大水。先疏通了菏泽，又为孟猪泽筑起了大堤。这里的土壤很柔软，深层都是肥沃的黑色胶土。这里的土质属于第四等，贡赋则是第二等，也有地方是第一等。贡品是漆、麻、细葛、苧麻，用竹筐盛着的细绸子和细丝绵，以及可以制造玉磬的石料。进贡的路线是经由洛水入黄河。

梁州：华山之南到怒江之间这片地方是梁州的疆域。岷山、嶓冢山整治好之后，沱水和潜水接着也疏通了。峨眉山和蒙山整治好之后，和水沿岸的民众的治水工程也取得了成效。这里的土壤是黑土，土质属于第七等，贡赋则定为第八等，也有地方是第七等或第九等。贡品是美玉、铁、银、硬铁、制造箭镞的石料、磬和熊、罴、狐狸、野猫。西戎和西倾山的贡品是沿着桓水送来的。进贡的路线是经由潜水北上，然后登岸陆行，转入沔水，直到渭水，最后横渡渭水入黄河。

雍州：从黑水到西河这片地方是雍州的疆域。弱水经过疏浚，便向西流去；泾水经过疏浚，则向北流入渭水；漆水和沮水经过疏浚从北面流入渭水，沣水经过疏浚则从南面流入渭水。荆山、岐山整治完毕，从终南山、惇物山一直到鸟鼠山也都得到了整治。从原隰一直到猪野泽广大地区的水土治理取得了很大成效。三危地区治理得能够住人之后，三苗的民众也得到了妥善的安置。这里的土壤是黄色的，土质属于第一等，而贡赋则定为第六等。贡品是美玉、美石和珠宝。进贡的路线是经积石山进入黄河，顺流至龙门、西河，直到渭水河弯。西戎的百姓居住在昆仑、析支、渠搜这三座山的山脚下，各族民众生活都很安定。

开通了岍山和岐山的道路，越过黄河，直达荆山。又开通了壶口山、雷首山，直达太岳山。从底柱山、析城山到王屋山，从太行山、恒山至碣石，河道都得到治理，使黄河得以畅行无阻地流入大海。自西倾山、朱圉山、鸟鼠山到太华山，自熊耳山、外方山、桐柏山到陪尾山，这些地方的河道都得到治理。自嶓冢山到荆山，自内方山到大别山，自岷山之南到衡山，越过九江，直到鄱阳湖，这些地区的道路、河流和湖泊都得到了治理。

把弱水引到合黎山，让它的下游流向沙漠地带。把黑水引到三危山，让它流入南海。又疏导黄河。首先从积石山开始施工，一直疏通到龙门山；又向南疏通到华山的北面，向东疏通到底柱山、孟津地区，经过洛水转弯处一直疏通到大伾山；再向北经过降水，疏通到大陆泽；又向北分出九条支流，让它们共同承受黄河的大水，从而把黄河顺利导入大海。从嶓冢山开始疏浚漾水，江水向东成为汉水，再向东则成为沧浪江；经过三水，疏通到大别山，使江水从这里向南流入长江。向东汇成大泽，即彭蠡泽；向东流入大海的，称为北江。从岷山开始疏浚长江，向东分出一条支流称为沱江；再向东疏通到澧水；经过洞庭湖，疏通到东陵地区；向东北斜向延伸，与淮河会合；向东流入大海的，称为中江。疏浚沇水，向东流的称为济水，流入黄河，河水漫溢出来则形成荥泽；从定陶北面向东流，一直流到菏泽；转向东北，与汶水会合；再向北，又转向东，流入大海。从桐柏山开始疏浚淮河，向东与泗水、沂水会合，然后向东流入大海。从鸟鼠山开始疏浚渭水，向东与沣水会合，又向东与泾水会合；再向东经过漆水和沮水，流入黄河。从熊耳山开始疏浚洛水，向东北，与涧水、瀍水会合；再向东，与伊水会合；又向东北，流入黄河。

　　经过以上的开凿和疏浚，九州的水土治理都完成了。这样，四方的土地都可以安然居住了。九条山脉都得到开凿整治，九条大河都得到疏浚开通，九个大湖都修筑了堤防，天下臣民向朝廷进贡的道路也畅通无阻了。六府之事都治理得很好，九州的土地都要征收贡赋，并慎重定出财物赋税的数量，这些都是根据土地的上、中、下等级而定的。九州之内的土地都分封给诸侯，并分别赐以姓氏，还发布命令说："诸侯们首先要尊崇我天子的德行，不准违背我天子所推行的德政。"

　　王城以外五百里的地区为甸服。其中距王城一百里者，要缴纳割下的庄稼；距王城二百里者，要缴纳禾穗；距王城三百里者，要缴纳带壳的谷；距王城四百里者，要缴纳粗米；距王城五百里者，则要缴纳精米。甸服以外五百里的地区为侯服。其中距甸服一百里者，要为天子服各种劳役；距二百里者，要为诸侯国服劳役；距三百里者，则为天子站岗放哨，担任警卫任务。侯服以外五百里的地区为绥服。其中距侯服三百里者，要设立掌管政教之官，负责推行天子的政教；距侯服二百里者，要奋扬武威，保卫天子。绥服以外五百里的地区为要服。其中距绥服三百里者，要和平相处；距绥服二百里者，要遵守刑律。要服以外五百里的地区为荒服。其中距要服三百里者，当地的风俗要予以尊重，礼仪要从简要求；距要服二百里者，可以自由迁徙流动，纳贡与否则一任其便。

　　东至大海，西至沙漠，从北方到南方，四海之内都领受了天子的德教。于是，舜帝赐禹以美玉，以表彰他在治理水土方面建立的巨大功勋。

甘　誓①

启与有扈战于甘之野②，作《甘誓》。

大战于甘，乃召六卿③。王曰："嗟！六事之人④，予誓告汝：有扈氏威侮五行⑤，怠弃三正⑥，天用剿绝其命⑦。今予惟恭行天之罚。左不攻于左⑨，汝不恭命；右不攻于右，汝不恭命；御非其马之正⑩，汝不恭命。用命，赏于祖⑪；弗用命，戮于社⑫，予则孥戮汝⑬。"

【注释】

①本篇是一道战争动员令。在这篇誓师词中，夏启陈述了举兵讨伐有扈氏的理由，申明有功则奖赏，有过则惩罚。甘：地名，在有扈氏国都的南郊。誓：古代帝王、诸侯出师征战时的誓师词。　②启：夏禹的儿子。有扈氏：国名，故地在今陕西省户县。　③六卿：六军主将。夏、商、周三代，天子有六军。　④六事之人：六军全体将士。　⑤威侮：蔑视，轻慢。五行：中国古人心目中的金、木、水、火、土五种物质元素。　⑥三正：正德、利用、厚生三大政事。　⑦用：因此。剿：消灭。　⑧恭行：举行，实行。　⑨左：前一个"左"指车左的兵士，后一个"左"指车左的敌人。下文"右"类此。　⑩御：驾车的人。正：同"政"，这里指驾驭马的技术。　⑪赏于祖：古代天子出征，必随身带着祖庙的神主，行赏必在神主前施行，以示不敢独自专行。　⑫戮于社：古代天子出征，还要随身带着社神的神主，惩罚则在社主前施行。戮，杀。　⑬孥（nù）：同"奴"，奴隶，这里用作动词，以……为奴。

【译文】

启跟有扈氏在其都城郊野甘这个地方打仗，史官记录下启的战前誓词，撰写出《甘誓》。

启将要在甘这个地方打一场大战，就召集六军将领进行战前动员。君王说："啊！六军的全体将士们，我在这里告诫你们：有扈氏蔑视五行，违背自古沿袭下来的治国大法，废弃三大政事，上天因此要断绝他们的国运，我现在要奉行上天对他们的惩罚。战车左侧的兵士如果不能用利箭射杀左翼的敌人，你们就是不遵从我的命令；战车右侧的兵士如果不能用长矛刺死右翼的敌人，你们也是不遵从我的命令；驾驭战车的兵士如果不精通驾驭战马的方法，使战车应进则进，该退则退，你们也是不遵从我的命令。凡是遵从命令者，我就在先祖的灵位前予以奖赏；凡是不遵从命令者，就在先祖的灵位前对你们加以惩罚，我要把你们降为奴隶，甚至杀死你们！"

五子之歌①

太康失邦②，昆弟五人须于洛汭③，作《五子之歌》。

太康尸位④，以逸豫灭厥德⑤，黎民咸贰⑥，乃盘游无度⑦，畋于有洛之表⑧，十旬弗反⑨。有穷后羿因民弗忍⑩，距于河⑪。厥弟五人御其母以从⑫，徯于洛之汭⑬。五子咸怨，述大禹之戒以作歌⑭。

其一曰："皇祖有训⑮：民可近，不可下⑯，民惟邦本，本固邦宁。予视天下愚夫愚妇一能胜予⑰，一人三失，怨岂在明⑱，不见是图⑲。予临兆民⑳，懔乎若朽索之驭六马㉑，为人上者，奈何不敬㉒？"

其二曰："训有之：内作色荒㉓，外作禽荒㉔，甘酒嗜音㉕，峻宇雕墙㉖，有一于此，未或不亡。"

其三曰："惟彼陶唐㉘，有此冀方㉙。今失厥道，乱其纪纲，乃厎灭亡㉚。"

其四曰："明明我祖㉛，万邦之君，有典有则㉜，贻厥子孙㉝，关石和钧㉞，王府则有㉟。荒坠厥绪㊱，覆宗绝祀㊲！"

其五曰："呜呼曷归㊳？予怀之悲。万姓仇予，予将畴依㊴？郁陶乎予心㊵，颜厚有忸怩㊶。弗慎厥德，虽悔可追㊷？"

【注释】

①夏帝太康沉湎于游乐，荒废政事，人民不堪其苦，有穷国国君羿率领民众在黄河北岸阻止出猎的太康返回京城，从而使之失去帝位。太康出猎时，他的五个弟弟侍奉其母一同前往，而太康被阻后，五个弟弟在洛水之北等候了一百余日，终不见他返回，于是各作诗一首，表示对他的责难。　②太康：夏启的儿子。　③须：等待。汭（ruì）：河流的转弯处。　④尸位：古代享用祭祀的主位，这里指处于尊贵的地位。　⑤逸：安逸。豫：安乐。⑥贰：怀有二心。　⑦盘游：娱乐游逸。盘，游乐。　⑧畋（tián）：田猎，即打猎。表：指洛水的南面。　⑨反：同"返"。　⑩有穷：国名。有，名词词头，无义。后：君。羿（yì）：有穷国国君名。　⑪距：通"拒"。　⑫御：侍奉。　⑬徯（xī）：等待。　⑭述：遵循。　⑮皇祖：指夏的开国君主禹。皇，大。　⑯下：以……为低下，即贱视。　⑰一：全，都。　⑱怨：这里是自责的意思。明：昭彰。　⑲不见是图，即图不见。图，图谋，这里意为设法纠正。不见，细微而不易察知。见，同"现"。　⑳兆：十亿为一兆。　㉑懔（lǐn）：恐惧。索：绳索。驭：驾。　㉒敬：敬慎，即谦敬谨慎。　㉓作：作兴，即迷恋。色：女色。荒：迷乱。　㉔禽：鸟兽，这里指打猎。　㉕甘：美味，这里指纵饮。嗜（shì）：特别爱好。　㉖宇：屋宇。　㉗或：有的人。　㉘陶唐：指尧帝。尧初为唐侯，后为天子，定都陶地，故史称陶唐氏。　㉙冀方：冀州地方。这里是以冀州代全国。　㉚厎（zhǐ）：致。　㉛明明：明而又明，即万分圣明。　㉜

典：典章。则：法度。 ㉝贻：留。 ㉞关：交换。石：这里指人们日常生活和生产的必需品。和钧：即平均。 ㉟有：富有。 ㊱绪：余绪，即前人留下的事业。 ㊲覆、灭。绝：断。 ㊳曷归：即归何。曷，何。 ㊴畴：谁。 ㊵郁陶：忧愁。 ㊶颜厚：这里指面带愧色。忸怩：内心惭愧却有口难言的样子。 ㊷虽：即使。

【译文】

太康丧失了帝位，他的五个弟弟在洛水流入黄河的地方等待他返国，在这里作《五子之歌》。

太康身居君主高位却不尽职责，一味贪图安逸，追求享乐，丧失了天子应有的品德，使得百姓都对他怀有叛逆之心。他纵情游乐，没有节制，一次，他到洛水的南岸打猎，去了一百多天，还不返回京城。有穷国的国君羿觉得百姓已经不能容忍太康的所作所为，就在黄河北岸阻止他返京。太康的五个弟弟当初侍奉母亲随同前往，他们这时在洛水转弯流入黄河的地方等候太康返回。五个弟弟都很怨恨他，于是他们就遵循大禹的训诫作了五首诗，对他加以责难。

其中的第一首写道："我们伟大的祖先大禹帝曾经训示说：对于百姓，只能亲近，不能轻贱；百姓是立国的根基，根基稳固了国家才会安宁。我们应该认识到，天下的百姓，哪怕是其中的愚夫愚妇，都比我们高明。一个人犯了种种过失，难道非要等它发展到非常明显、非常严重的时候，才去自省自责吗？应该在它尚未形成气候的时候，就能察觉出来并加以纠正。我们面对亿万百姓，要存着戒惧之心，那心态就好似用槽朽的缰绳驾驭群马，时刻都在担心缰绳会断那样紧张。作为一个高居于亿万臣民之上的人，怎么能够如此不敬守祖先的训诫呢？"

其中的第二首写道："我们伟大的祖先大禹的训诫有这样的话语：在内迷恋于女色，在外沉溺于游猎。纵情饮酒而不知节制，沉湎于舞乐而不知满足；住着高屋大厦仍然觉得不够气派，还要把墙壁装饰得五颜六色、溢彩流光。这几项荒唐之举只要沾上其中一项，就没有不亡国的。"

其中的第三首写道："那位尧帝，由于治国有道而拥有了冀州。如今太康背弃了尧帝的治道，破坏了尧帝的纲纪，于是就招致了灭亡。"

其中的第四首写道："我们万分圣明的祖先大禹，是天下诸侯的君王。他制定了治国的典章制度，并把它遗留给他的子孙。他让百姓交换财富，平均有无，使百姓衣食不缺，王府也很富足。可是如今太康却荒废、败坏了祖先的功业，使宗族遭覆灭，祭祀被断绝！"

其中的第五首写道："啊呀！我们如今向哪里去啊？我每想到这个问题就

感到悲伤。普天下的人都怨恨我们，我们还有谁可以依靠呢？我忧郁愁闷，满脸羞愧，一腔悲伤，却有口难言。平日不严肃认真地修养自身的品德，现在即使想悔改，也已经来不及了啊！"

胤　征①

羲和湎淫②，废时乱日，胤往征之，作《胤征》。

惟仲康肇位四海③，胤侯命掌六师④。羲和废厥职，酒荒于厥邑⑤，胤后承王命徂征。

告于众曰："嗟予有众⑥，圣有谟训⑦，明征定保⑧，先王克谨天戒⑨，臣人克有常宪⑩，百官修辅⑪，厥后惟明明，每岁孟春⑫，遒人以木铎徇于路⑬，官师相规⑭，工执艺事以谏⑮，其或不恭，邦有常刑。"

"惟时羲和颠覆厥德，沈乱于酒⑯，畔官离次⑰，俶扰天纪⑱，遐弃厥司⑲，乃季秋月朔⑳，辰弗集于房㉑，瞽奏鼓㉒，啬夫驰㉓，庶人走。羲和尸厥官罔闻知㉔，昏迷于天象，以干先王之诛㉕。政典曰：'先时者杀无赦㉖，不及时者杀无赦'。"

"今予以尔有众，奉将天罚㉗。尔众士同力王室㉘，尚弼予钦承天子威命㉙。火炎昆冈㉚，玉石俱焚；天吏逸德㉛，烈于猛火。歼厥渠魁㉜，胁从罔治，旧染污俗，咸与维新㉝。呜呼！威克厥爱㉞，允济㉟；爱克厥威，允罔功。其尔众士，懋戒哉㊱！"

【注释】

①本篇是胤侯奉命征伐羲和出征之前聚众誓师时的誓词。胤，诸侯国国名。　②羲和：羲氏与和氏。他们是自唐（尧）至夏，世代掌管四时之官。湎（miǎn）：沉溺，这里指沉溺于美酒。淫：过分。　③仲康：太康的弟弟，太康失去帝位后，羿立仲康为帝。肇：开始。位（lì）：通"莅"，到，这里是统治的意思。　④侯：君。六师：六军。当时统率六军者为大司马。　⑤邑：封地。　⑥嗟（jué，又读jié）：感叹词。　⑦谟：谋略。　⑧征：应验。保：安，指安邦。　⑨天戒：上天的告诫，指天象变化，如日食、月食之类，古人认为出现这类天象是上天降祸的表示。　⑩常宪：常规法典。　⑪修：修职，即尽职。　⑫孟春：初春。孟，夏历各季的第一个月。　⑬遒（qiú）人：官名，主管宣布政令。木铎：一钟铃，铃体为金属质，铃舌为木质。古时宣布政令，沿途摇铃，以引起注意。徇：通"巡"。　⑭官师：诸官。规：规劝。　⑮工：百工，这里指各种工匠、艺人。执：用。艺事：技艺规程。　⑯沈：通"沉"，沉湎，沉溺。　⑰畔：通"叛"。次：职位。　⑱俶（chù）：始。天纪：天时历法。

⑲退：远。司：职责。　⑳季秋：秋季的最后一个月，即农历九月。季，夏历各季的最后一个月。朔：夏历每月初一。　㉑辰：旧指太阳与月亮相会。房：房宿，即太阳与月亮相会之处。㉒瞽（gǔ）：本指盲人，这里指乐官。　㉓啬夫：掌管布帛之官。　㉔尸：主管。　㉕干：犯。诛：杀，这里指关于诛杀的法律。　㉖先时：先于天时。　㉗将：行将。天罚：上天的惩罚。　㉘同力：同心协力。　㉙尚：表示祈请的副词，有请、望的意思。　㉚昆冈：即昆山，古代著名的玉产地。　㉛天吏：天子的官吏。逸：错误。德：这里指行为。　㉜歼：歼灭，全部杀死。渠：大。　㉝与：允许。　㉞爱：爱心，这里指对亲爱者当杀而不杀的偏私之心。㉟允：确实，一定。济：成功。　㊱懋（mào）：勉力，努力。

【译文】

　　羲氏与和氏好酒贪杯，并且毫无节制，不能切实履行职责，因而搞乱了天时，弄错了节令，胤侯奉命去征讨他们，史官记下这件事，撰写出《胤征》。

　　仲康统治天下之初，胤侯奉命出任大司马而统率六军。这时，羲氏与和氏擅离职守，私自回到他们的封地饮酒作乐去了，胤国的国君便奉天子仲康的命令去讨伐他们。

　　出征之前，胤侯向众位将士宣誓说："啊，我的诸位将士！圣明的先王给我们留下了治理天下的方略和训诫，事实清楚地证明，这些方略和训诫能够定国安邦。从前，先王都能审慎地奉行上天的告诫，臣民都能遵守国家的典章和法规，百官都能尽职尽责地辅佐天子，诸侯们也都十分贤明。每年初春，发布政令的官员道人摇着木铎在路上巡行，官员们相互批评对方的过失，各行各业的工匠、艺人也依据技艺规范向上峰提出他们的意见和建议；如果以上这些人有谁敢于不恪尽职守，国家将依法对他们加以处罚。"

　　"可是羲氏与和氏却败坏了先王的德教，沉湎、昏乱于美酒之中；他们擅离职守，结果，先搞乱了天时历法，后来又彻底地抛弃了他们主管的事务。这样一来，九月初一这一天，太阳与月亮会合的地方便不再在房宿，于是就发生了日食，导致乐官击鼓，啬夫四处奔忙，众人奔走相告，都为营救太阳而出力。而主管天时的羲氏与和氏对此却一无所知，一点也不明白这是怎样一种天象，从而触犯了先王杀头的法令。先王的法典规定：'如果历法所定的节令比天时出现得早，一律杀头，概不赦免；如果历法所定的节令比天时出现得晚，也一律杀头，概不赦免'。"

　　"现在我率领你们全体士众，奉行上天的命令，对他们施行上天的惩罚。你们众位将士要同心协力效忠王室，辅助我恭敬地执行天子威严的命令。当大火在昆山燃烧起来，会将美玉和顽石一同烧毁；而天子的官吏们的错误所造成的危害，比大火还要惨烈。我们只杀他们中的首恶分子，对那些遭受胁迫的追随者则不予惩治，对那些先前沾染上污秽习气的人都允许弃旧图新。唉呀！如果威严的法令战胜褊狭的私爱，那我们就一定能成功；如果褊狭的私爱战胜威严的法令，那我们就一定会失败。众位将士，你们可要努力，你们可要谨慎啊！"

商　书

汤　誓①

伊尹相汤伐桀②，升自陑③，遂与桀战于鸣条之野④，作《汤誓》。

王曰："格尔众庶⑤，悉听朕言⑥。非台小子敢行称乱⑦！有夏多罪，天命殛之⑧。今尔有众，汝曰：'我后不恤我众⑨，舍我穑事而割正夏⑩？'予惟闻汝众言，夏氏有罪。予畏上帝，不敢不正。今汝其曰⑪：'夏罪，其如台⑫？'夏王率遏众力⑬，率割夏邑⑭。有众率怠弗协⑮。'曰：'时日曷丧⑯？予及汝皆亡！'夏德若兹，今朕必往。尔尚辅予一人致天之罚⑰，予其大赉汝⑱。尔无不信⑲，朕不食言。尔不从誓言，予则孥戮汝⑳，罔有攸赦㉑。"

【注释】

①本篇是商汤出师征讨夏桀时的誓词即战争动员令。　②伊尹：名挚，商朝名臣。相（xiàng）：辅佐。桀：名履癸，禹的第十四代孙，夏朝最后一个君王。　③升：自下而上，这里指北上。陑（ér）：地名，在黄河以南，潼关附近。　④鸣条：地名，在黄河以北，安邑之西。　⑤格：呼语，意为"来吧"。众庶：诸位。　⑥悉：都。朕：我。自秦始皇起专用于帝王自称。　⑦台（yí）：我。小子：对自己的谦称。称乱：发难。称，举。　⑧殛（jí）：诛杀。　⑨后：国君。恤：关心体贴。　⑩穑（sè）事：农事。割（hé）：通"曷"，怎么，为什么。正：征。　⑪其：表揣测的语气副词，有恐怕、大概的意思。　⑫如台（yí）：如何。　⑬率：相率。遏：绝，尽。　⑭割：残酷剥削。邑：国。　⑮率：大都。协：和谐。　⑯时：是，这。日：喻指夏桀。　⑰予一人：古代天子自称。　⑱赉（lài）：赏赐。　⑲无：不要。　⑳孥（nú）：通"奴"，以……为奴。戮：杀。　㉑攸：所。

【译文】

伊尹辅佐商汤讨伐夏桀，从陑这个地方北上，后来就在鸣条的郊外同桀交火开战。出征的时候，商汤率众誓师，告诫将士。史官记下这一件事，撰写出《汤誓》。

王说："来吧，诸位将士，都来听听我的讲话。不是我这个平凡的人敢于犯上作乱，而是夏王犯下许多罪行，上天命令我去诛杀他。现在你们众人或许会责问我：‘我们的君王根本就不关心体贴我们这些人，因为他把我们的耕种与收获这种关系国计民生的大事抛在一边，而去讨伐夏王，这究竟是为什么呢？’尽管我知道你们有这样的怨言，但是由于夏王有罪，我害怕上天发怒，也不敢不去讨伐他。现在你们大概还会进一步责问我：‘夏王有罪，确实如此，但是他的罪究竟有多大呀？’让我来告诉你们吧。夏王一贯把沉重的劳役加在民众身上，把民力都消耗尽了，对民众的剥削非常残酷。使得民众懈怠涣散，与他关系很紧张，甚至诅咒他说：‘你这颗红太阳什么时候才会坠落呀！我们宁愿跟你同归于尽！’夏国的世道已经败坏到这种地步，现在我非去讨伐它不可。”

“对于你们，我的希望和要求是：都来辅助我，施行上天对夏王惩罚。你们这样做了，我将重重地奖赏你们！你们不要不相信我的话，我是绝对不会不守信用，诺言自食的。如果你们不按誓言去做，我可要严厉惩罚你们，把你们降为奴隶，甚至杀死你们，对任何人也不会宽赦！”

仲虺之诰①

汤归，自夏至于大坰②，仲虺作诰。

成汤放桀于南巢③，惟有惭德。曰：“予恐来世以台为口实。”

仲虺乃作诰，曰：“呜呼！惟天生民有欲，无主乃乱，惟天生聪明时乂④。有夏昏德，民坠涂炭⑤，天乃锡王勇智⑥，表正万邦⑦，缵禹旧服⑧，兹率厥典⑨，奉若天命⑩。夏王有罪，矫诬上天⑪，以布命于下。帝用不臧⑫，式商受命⑬，用爽厥师⑭。简贤附势⑮，实繁有徒⑯。肇我邦于有夏，若苗之有莠⑰，若粟之有秕⑱。小大战战⑲，罔不惧于非辜⑳。矧予之德㉑，言足听闻。惟王不迩声色㉒，不殖货利㉓。德懋懋官，功懋懋赏。用人惟己，改过不吝。克宽克仁，彰信兆民。乃葛伯仇饷㉔，初征自葛，东征西夷怨，南征北狄怨，曰：‘奚独后予㉕？’攸徂之民㉖，室家相庆，曰：‘徯予后㉗，后来其苏㉘。’民之戴商㉙，厥惟旧哉㉚！佑贤辅德㉛，显忠遂良㉜，兼弱攻昧㉝，取乱侮亡㉞，推亡固存㉟，邦乃其昌。德日新，万邦惟怀；志自满，九族乃离。王懋昭大德，建中于民㊱，以义制事㊲，以礼制心，垂裕后昆㊳。予闻曰：‘能自得师者王，谓人莫己若者亡㊴。好问则裕㊵，自用则小㊶。’呜呼！慎厥终，惟其始。殖有礼㊷，覆昏暴。钦崇天道，永保天命。”

①本篇是仲虺（huǐ）劝勉成汤的诰词。仲虺，商王成汤的左相。诰，即告。 ②大坰（jiōng）：地名。 ③成汤：商朝的开国君主。由于他以武力灭夏，使商族立国获得成功，因而被称为成汤。成是谥号。放：流放。南巢：地名，夏桀的流放地。 ④时：是，这。乂（yì）：治理。 ⑤坠；陷入。涂炭：烂泥与大火，这里比喻深重的灾难。 ⑥锡：通"赐"。 ⑦表正：表率，范例。 ⑧缵（zhǎn）：继承。服：实行。 ⑨率：遵循。 ⑩奉若天命：意思是符合天意，无可愧悔。 ⑪矫：欺诈。诬：言语不实。 ⑫用：因。臧（zāng）：善。 ⑬式：用。 ⑭爽；丧。师：众庶。 ⑮简；怠慢。 ⑯繁：多。德：同类人。 ⑰莠（yǒu）：杂草。 ⑱秕（bǐ）：秕子，即不饱满的谷粒。 ⑲战战：恐惧得发抖。 ⑳罔：无，没有谁。非辜：无罪。辜，罪。 ㉑矧（shěn）：况且。 ㉒迩（ěr）：近。 ㉓殖：经商谋利，这里是聚敛的意思。 ㉔葛：国名。伯：伯爵。仇：仇视。饷：给在田间劳动的人送饭。相传，成伯与葛伯为邻，葛伯以没有牛羊、谷物做祭品为由而不祭祀鬼神，汤送给他牛羊，他却将牛羊吃了；汤又派人去帮他耕种，老人孩子去给田里的人送饭，他却带人去抢夺饭食，送饭的人不让他抢，他就把他们杀死。这就是《孟子·滕文公下》中说的"葛伯仇饷"。 ㉕奚：何，为什么。后：在后，指后讨伐。 ㉖徂（cù）：往。句中"攸徂"指讨伐所到之处。 ㉗徯（xī）：等待。后：君王。 ㉘苏：死而复生。 ㉙戴：拥戴。 ㉚旧：久。 ㉛佑：辅，辅佐。 ㉜显：显扬。遂：使……遂，即起用。 ㉝兼：兼并。 ㉞侮：轻慢。亡：败亡者，这里指亡国之君。 ㉟推：促使。存：指应该生存者。 ㊱建：树立。中：中正之道。 ㊲制：裁夺，控制。 ㊳垂：流传。裕：优良，优秀。后昆：后裔，子孙后代。 ㊴莫己若：即莫若己。莫，没有谁。若，如，胜过。 ㊵裕：大，伟大。 ㊶自用：自以为是。小：渺小。 ㊷殖：树立。

【译文】

成汤灭掉夏桀之后，从夏返回，中途到达大坰，这时仲虺为了劝勉成汤，发表了一篇诰词。

成汤出兵讨伐夏桀，把夏桀放逐到南巢之后，觉得自己不是像前代君王那样以禅让继承，而是用武力夺取帝位的，感到很惭愧。他说："我担心后世会把我的这种举动当做话柄去谈论，对我加以责难。"在这种情况下，仲虺作了一篇诰词，劝勉成汤。他说："唉呀！上天生养万民，他们一生下来就有七情六欲，如果没有君王管理他们，天下就会陷入混乱，因而上天便又生出一些聪颖明达的人来管理他们。夏桀昏庸无道，置百姓于水深火热之中，上天便赐给您大智大勇，让您成为天下的表率和楷模，继承禹所建立的功业，遵循禹的典章制度，以奉行天命。夏桀是有罪的，因为他欺骗上天，假托上天的旨意向百姓发号施令。由于夏桀作恶多端，上天便让商族受命治理天下，因此，夏桀就丧失了他的臣民。轻慢贤明、趋炎附势之徒，确实多得很。从夏族立国之时起，他们就把我们商族看作禾苗中的杂草，视为五谷中的秕子，总想把我们除掉。这使得我们商族上下人人胆战心惊，无不担心无罪而遭难。况且，我们商族品德高尚，说话能够上达天听，让上天了解下情。大王您不爱歌舞，不近女色，不聚金钱，不敛财物。勤勉行善者，您起用他们做官；努力做事者，您对他们进行奖赏。您用人，就像对自己一样深信不疑；改过，就像抛弃废物一样毫不吝惜。您既宽厚，又仁爱，以此向天下昭示您诚信的美德。葛伯仇视种田的人，不准给他们送饭，甚至抢夺给他们送来的饭食酒菜，并杀死送饭的人。于是，您就从讨伐葛伯开始，讨伐那些不义的人。后来，您讨伐东方，西方的百姓怨恨您，您讨伐南方，北方的百姓埋怨恨您，他们纷纷责难您，说：'为什么惟独把我们摆在后边，迟迟不来解救我们呢？'而您所讨伐的地方的百姓，家家共同庆贺，都说：'等待我们的君王到来吧，君王来到之后，我们就能死而复生了。'百姓拥戴商族，已经很久了啊！要辅佐贤能的人，协助仁德的人，表彰忠诚的人，起用善良的人；兼并弱小的部落，讨伐昏庸的诸侯，夺取动乱的政权，轻慢亡国的国君。应该灭亡的，就促使它灭亡，应该生存的，就帮助它稳固，这样，国家才会昌盛。如果我们德行日日更新，万国就会前来归附我们；如果我们内心自我满足，亲戚也会背弃我们。君王要自勉，向天下昭示您的伟大之德，在百姓中树立刚大中正之道，凭道义去治理国家的政务，用礼仪去支配自己的心志，并把这种优良传统传给子孙后代。我听说过这样一句名言：'能够自己找到效法的榜样的人可以得天下，认为没有谁比得上自己的人一定要灭亡。谦虚好问的人是伟大的人，自以为是的人是渺小的人。'啊！无论什么事情，要想得到好的结局，必须有一个好的开端。符合道义的，要予以扶植；昏庸暴虐的，要加以消灭。只要恭敬谨慎地遵行这种法则，就可以永远保持天命，统治天下。"

汤 诰①

汤既黜夏命，复归于亳②，作《汤诰》。

王归自克夏③，至于亳，诞告万方④。王曰："嗟！尔万方有众，明听予一人诰。惟皇上帝⑤，降衷于下民⑥，若有恒性⑦，克绥厥猷惟后⑧。夏王灭德作威，以敷虐于尔万方百姓，尔万方百姓罹其凶害⑨，弗忍荼毒⑩，并告无辜于上下神祇⑪；天道福善祸淫⑫，降灾于夏，以彰厥罪。肆台小子⑬，将天命明威⑭，不敢赦，敢用玄牡⑮，敢昭告于上天神后⑯，请罪有夏⑰。聿求元圣⑱，与之戮力⑲，以与尔有众请命。上天孚佑下民⑳，罪人黜伏㉑，天命弗僭㉒，贲若草木㉓，兆民允殖㉔。俾予一人辑宁尔邦家㉕，兹朕未知获戾于上下㉖，栗栗危惧㉗，若将陨于深渊㉘。凡我造邦㉙，无从匪彝㉚，无即慆淫㉛，各守尔典，以承天休㉜。尔有善，朕弗敢蔽；罪当朕躬㉝，弗敢自赦。惟简在上帝之心㉞。其尔万方有罪，在予一人；予一人有罪，无以尔万方㉟。呜呼！尚克时忱㊱，乃亦有终㊲。"

【注释】

①本篇是汤向天下诸侯申述伐桀原因的诰词。　②亳（bó）：地名，商的国都，故址在今河南省商丘县。　③克：战胜。　④诞：大。　⑤皇：大。　⑥衷：善。　⑦若：顺从。恒性：常性。　⑧绥：安稳。猷：道，法则。后：君王。　⑨罹（lí）：遭遇，遭受。　⑩荼（tú）毒：残害。　⑪神祇（qí）：通常指地神，这里指天地神灵。　⑫福善：降福给良善的人。福，这里用作动词，降福。祸淫：降祸给邪恶的人。祸，这里用作动词，降祸。淫，邪恶。　⑬肆：因此。台（yí）：我。　⑭将：奉行。威：上天的威严。　⑮玄牡：黑色公牛。玄，黑色。牡，雄性的。　⑯后：后土，指土神。　⑰罪：这里用作动词，降罪。　⑱聿（yù）：于是。元圣：大圣贤，这里指伊尹。元，大。　⑲戮力：合力。　⑳孚：为众人所信服。　㉑黜伏：逃跑，屈服。　㉒僭（jiàn）：差错。　㉓贲（bì）：文饰。　㉔允：因此。殖：生。　㉕俾（bǐ）：使。辑：和睦。　㉖兹：此，指伐桀之事。戾（lì）：罪。　㉗栗栗：畏惧的样子。　㉘陨（yǔn）：坠落。　㉙造：建立。　㉚无：不要。匪：非。彝：法度。　㉛慆（tāo）淫：享乐过度。慆，欢悦。淫，过分。　㉜休：美善，吉祥。　㉝躬：自身。　㉞简：考察。　㉟以：用。　㊱尚：表示希望的副词。时：是，这。忱：诚信。　㊲终：善终，美好的结局。

【译文】

汤推翻夏的统治之后，返回都城亳地，这时他发表了一篇诰词，即《汤诰》。

汤王打败夏桀之后，自夏返回商都亳地，发表一篇诰词，庄严通告各国诸侯。汤王说："唉！你们各国将士和百姓，都静听我的告诫。伟大的天帝，降福给下民，并告诫我们，顺从人们的恒常天性，才是做国君的正道，国君要用为君之道教化天下人。夏王败坏德政，滥施酷刑，对你们各国的百姓实行暴政；你们各国的百姓，深受夏王暴行的残害，由于忍无可忍，纷纷向天地神灵诉说自己无辜而遭受残害的惨状。上天对待下民的准则是降福给良善的人，降祸给邪恶的人，因此，上天便给夏王降下灾祸，暴露他的罪恶。"

"由于这个原因，我才去奉行天命讨伐夏王，来显示上天的威严，而不敢宽赦他的罪行。我冒昧地用黑色公牛作为供品进行祭祀，把夏王的罪行明明白白地报告给天地神灵，请求神灵惩罚夏王。这样，我才得到伟大的圣贤伊尹，与他同心协力，请求神灵保全你们众人的性命。由于上天信任并保佑下民，罪人夏桀终于逃跑了，屈服了。天命是不会有误的，惩罚夏王之后，天下像繁茂的草木一样光明灿烂，亿万百姓也因此而重获生机。上天让我使你们的国家和谐安宁，这次讨伐夏王，我不知道自己对天地神灵是否犯有过失，因而内心十分恐惧，有一种将要坠入深渊的感觉。凡是我所分封的诸侯，不得实行违背常规的法度，不得过分追求享乐，都要遵守你们的常法，等待承受上天恩赐的福泽。你们有善行，我不敢掩盖抹杀；我本人有罪，我不敢自我宽恕。因为这一切上天已经明察并牢记在心了。如果你们各国诸侯犯了罪，一切罪责都应由我一人承当；如果我本人有罪，则无须你们各国诸侯分担罪责。啊！但愿我的这种诚信，能够有一个美好的结局。"

伊　训①

成汤既没②，太甲元年，伊尹作《伊训》、《肆命》、《徂后》③。

惟元祀十有二月乙丑④，伊尹祠于先王⑤。奉嗣王祗见厥祖⑥，侯甸群后咸在⑦，百官总己以听冢宰⑧。伊尹乃明言烈祖之成德⑨，以训于王。曰："呜呼！古有夏先后方懋厥德⑩，罔有天灾，山川鬼神，亦莫不宁，暨鸟兽鱼鳖咸若⑪。于其子孙弗率⑫，皇天降灾，假手于我有命⑬，造攻自鸣条⑭，朕哉自亳⑮。惟我商王，布昭圣武⑯，代虐以宽⑰，兆民允怀⑱。今王嗣厥德⑲，罔不在初⑳，立爱惟亲㉑，立敬惟长㉒，始于家邦㉓，终于四海。呜呼！先王肇修人纪㉔，从谏弗咈㉕，先民时若㉖。居上克明㉗，为下克忠，与人不求备㉘，检身若不及㉙，以至于有万邦㉚，兹惟艰哉！敷求哲人㉛，俾辅于尔后嗣，制官刑，儆于有位㉜。"

"曰：'敢有恒舞于宫，酣歌于室，时谓巫风㉝；敢有殉于货色㉞，恒于游畋㉟，时谓淫风；敢有侮圣言，逆忠直，远耆德㊱，比顽童㊲，时谓乱风。惟兹三风十愆㊳，卿士有一于身家必丧，邦君有一于身国必亡。臣不匡㊴，其刑墨，具训于蒙士㊵。'呜呼！嗣王祗厥身㊶，念哉！圣谟洋洋㊷，嘉言孔彰。惟上帝不常㊸，作善降之百祥，作不善降之百殃。尔惟德罔小，万邦惟庆；尔惟不德罔大，坠厥宗^㊺。"

【注释】

①本篇是伊尹教导太甲的训词。太甲，汤的嫡长孙，商的第四帝。　②没（mò）：死。
③《肆命》、《徂后》：均为《尚书》篇名，已亡佚。　④祀：年。商称年为祀。　⑤祠：祭
祀。先王：这里指汤。　⑥奉：侍奉。嗣王：王位继承人，这里指太甲。祗（zhī）：恭敬。
见：拜见。　⑦侯、甸：侯服和甸服。详见《禹贡》篇注。　⑧总己：率领自己的官员。冢
宰：周代官名，为六卿之首。　⑨烈祖：建立了功业的祖先。烈，功业。　⑩先后：这里指夏
禹。后，君王。　⑪若：如此。　⑫率：循。　⑬假手：借助……的力量。手，这里是力量的
意思。有命：享有天命的人，这里指汤。　⑭造：始。　⑮哉：始。　⑯圣武：武德。　⑰
宽：宽仁。　⑱怀：怀念。　⑲嗣：继承。　⑳初：指继位之初。　㉑亲：指亲近的人。　㉒
长：年长的人。　㉓家：卿大夫的封地。邦：即国，诸侯的封地。　㉔肇：敏，即勉力。　㉕
咈（fú）：违背。　㉖先民：这里指先贤。时：是，这。若：顺依。　㉗明：明察，这里指明
察下情。　㉘与：结交。备：完备，完美。　㉙检：反省。　㉚有万邦：拥有万邦，即做天
子。　㉛敷：广泛。　㉜儆（jìng）：警戒。　㉝巫风：巫术之风。古时施行巫术常伴有歌舞。
㉞殉：贪求。货色：财物和女色。　㉟畋（tián）：田猎，打猎。　㊱耆（qí）德：年长有德
的人。耆，六十岁以上的人。　㊲比：亲近，亲昵。　㊳三风：即上文的巫风、淫风、乱风。
十愆（qiān）：指上文的十种罪过，即舞、歌、财、色、游、畋、侮、逆、远、比。愆，罪过。
㊴匡：纠正。具：办，这里是写的意思。蒙士：即士。士由于地位低下，所以称蒙士。蒙，
蒙稚，卑小。　㊶祗：这里是警戒。　㊷谟：谋略。洋：美善。　㊸不常：无常规。　㊹德：
动词，行善。　㊺宗：宗庙，这里代国家。

【译文】

　　成汤去世之后，太甲继位为君，在太甲即位的第一年，伊尹撰写出《伊
训》、《肆命》、《徂后》，教导太甲。

　　太甲元年十二月乙丑日这一天，伊尹祭祀商的先王成汤。他侍奉太甲恭敬
地叩拜先祖的神位。侯服、甸服的众君长都参加了这次祭礼大典；百官也率领
自己的下属，来恭听最高行政长官伊尹的教导。于是，伊尹就一条一条地陈述
成汤建功立业，把他的伟大德行说得清清楚楚，明明白白，用来教导太甲。伊
尹说："唉呀！过去夏的先王大禹努力推行德政，因而没有天灾降临人间，即
使山川的鬼神，也都很安宁，就连鸟、兽、鱼、鳖也是这样。可是到了禹王的
子孙，他们不遵循先王的法度，于是伟大的上天就降下灾祸，借助我们享有天
命的汤王之手，从鸣条出发讨伐夏桀，自我们的亳地开始推行德政。我们商
王，显示出了神圣的大德，以宽仁代替暴虐，因此亿万百姓都非常怀念他。现

在，君王要把先王的美德继承下来，就不能不从继位之初做起；树立友爱的风气，要从亲近自己的人做起；树立敬贤的风气，要从老年人做起；这一切都要从自己的封地做起，最终遍及天下。唉呀！先王成汤努力追求做人之道，采纳众人的规谏而有过则改，听从前贤的意见而从善如流。他身居高位时能够明察下情，做臣下时能够尽心竭力，结交朋友不求全责备，反省自己唯惟比不上他人，这样，他最终做了天子，这是多么难得啊！先王成汤还多方寻求聪明容智而富有才能的人，让他们辅佐你们这些继承者，并制定惩治官吏的刑律，以警戒百官。"

成汤曾经告诫百官说："'胆敢在宫廷里经常纵情跳舞唱歌，这是巫术之风；胆敢贪求财物女色，迷恋出游打猎，这是邪恶之风；胆敢轻慢圣贤的教诲，拒绝忠直的规劝，疏远年高德劭的人，亲昵顽劣幼稚的人，这是昏乱之风。以上这三种不正之风和十种错误行为，卿士如果沾染上其中之一，他的食邑必定会丧失；诸侯如果沾染上其中之一，他的封国必定要灭亡。而臣下如果不能匡正国君的过失，就要受到墨刑惩罚，并且还要写成训词以教训属下的士。'唉呀！太甲，您可要用'三风十愆'来警戒自己，并且牢记于心，念念不忘啊！圣王成汤的治国方略完美无缺，美好话语彰明昭著，这一切您都应该认真效法。虽然上天赐福降祸并没一成不变的成规，不过有一点是肯定的，那就是对行善者总是赐给各种吉祥，对作恶者总是降下各种祸殃。您身为国君，只要行善积德，纵然只有小德，天下人也会表示庆贺；如果作恶丧德，纵然只是小恶，也会失位亡国。"

太　甲① 上

太甲既立，不明，伊尹放诸桐②。三年复归于亳③，思庸④，伊尹作《太甲》三篇。

惟嗣王不惠于阿衡⑤，伊尹作书曰："先王顾諟天之明命⑥，以承上下神祇。社稷宗庙，罔不祗肃，天监厥德⑦，用集大命⑧，抚绥万方⑨。惟尹躬克左右厥辟宅师⑩，肆嗣王丕承基绪⑪。惟尹躬先见于西邑夏⑫，自周有终⑬，相亦惟终⑭；其后嗣王⑮，罔克有终，相亦罔终，嗣王戒哉！祗尔厥辟，辟不辟，忝厥祖⑯。"

王惟庸罔念闻⑰。伊尹乃言曰："先王昧爽丕显⑱，坐以待旦，旁求俊彦⑲，启迪后人，无越厥命以自覆⑳。慎乃俭德，惟怀永图㉑，若虞机张㉒，往省括于度则释㉓。钦厥止㉔，率乃祖攸行㉕，惟朕以怿㉖，万世有辞㉗。"

王未克变，伊尹曰："兹乃不义㉘，习与性成㉙。予弗狎于弗顺㉚，营于桐宫㉛，密迩先王其训㉜，无俾世迷。王徂桐宫居忧㉝，克终允德㉞。"

【注释】

①《太甲》上、中、下三篇也是伊尹教导太甲的训词。　②放：放逐。诸：兼词，音义均相当于"之于"。之，代词，这里代太甲。桐：桐宫，汤的葬地。　③三年：指继承帝位后三年。　④庸：常，这里指常道。　⑤惠：顺。阿衡：官名，这里指伊尹。　⑥先王：指汤。顾：注目。谞："是"的古字。明：英明。　⑦监：看到。　⑧用：以，因。集：降下。大命：指上天赋予的权力和使命。　⑨抚绥：安抚。　⑩躬：亲身。左右：帮助。辟：君主。宅：本义为居住，这里是"使……安居乐业"的意思。师：众。　⑪肆：因此。丕：大。绪：功业。　⑫西邑夏：夏的都城安邑在商的都城亳的西边，故称夏为"西邑夏"。　⑬自：用。周：忠信。　⑭相（xiàng）：辅佐。　⑮后嗣王：这里指夏桀。　⑯忝（tiǎn）：辱没，不配。　⑰庸：平时。念：思虑。闻：指伊尹的教导。　⑱昧爽：天将亮而未亮的时刻。爽，明亮。显：明。　⑲俊彦：才智卓异的人。　⑳无：不要。越：坠。　㉑永：长远。图：计谋。　㉒虞：虞人，古代掌管山林的官。机：弩机，弓上发箭的装置。　㉓省（xǐng）：察看。括：箭末扣弦处。度：合适的地方。释：发，放。　㉔止：意向。　㉕率：循。　㉖怿（yì）：欣悦。　㉗辞：称誉之辞，即声誉。　㉘兹：此，代太甲的作为。　㉙习：习染。　㉚狎（xiá）轻忽。弗顺：指不遵从义理者。　㉛营：建造。　㉜密：亲。迩（ěr）：近。　㉝徂（cù）：往。居忧：古代称给父母尊长守丧为居忧。

【译文】

太甲继承帝位之后，昏庸无道，伊尹把他放逐到汤的安葬之地桐宫。到了太甲三年，伊尹又让太甲回到都城亳。伊尹依据通常的道理思考了一番，撰写题为《太甲》的三篇训词，教导太甲。

继统之王太甲不听伊尹的劝谏，伊尹便写出训词教导他。伊尹说："先王成汤敬奉英明的天命，以遵从天地神灵的教诲。对于社稷宗庙，他总是那样恭敬严肃。上天看到他的德行如此美善，就把重大的使命降给他，让他安抚、治理天下。我伊尹身体力行，辅佐我的君王治理天下，使百姓安居乐业，因此后继的君王才得以从先祖那里继承伟大的基业。我伊尹看到，早先夏的君王们都始终讲求忠信，辅佐他的人也都有始有终地效忠于他，而他们的后继者夏桀，却不能始终讲求忠信，辅佐他的人也都不能有始有终地效忠于他，您可要以夏桀为戒啊！一定要谨守君王之道；做君王的如果不像个君王的样子，是对祖先的一种辱没。"

可是太甲却依然故我，对伊尹的话充耳不闻。于是伊尹又教导他说："先王在天尚未亮的时候就盼着天早点儿亮，以至于经常坐以待旦。他不但亲自为国事操劳，而且还广泛搜罗俊彦之才辅佐他治理国家，并且教导后人不要失行丧德而自取灭亡。你应当以节俭为美德，思考永远统治天下的方略，这就像虞人射箭，拉开弓之后，还要看看箭尾在弓弦上放得是不是地方，尔后再放箭，这样才能射中猎物。您要看重自己所要达到的目标，并且遵循祖先的法度，如果您能够这样，我将感到欣慰，您的美誉也将传颂万世。"

而太甲却旧习不改，继续我行我素。伊尹对群臣说："太甲的所作所为是不义的，长此以往就会积习成性，永远难以改变。对于这种不遵从我的教导的人我不能等闲视之，不管不问，我要在桐这个地方造一座行宫，让他住在那里，以便让他亲近先王，接受先王的教训，不让他终生执迷不悟。"

太 甲 中

惟三祀十有二月朔①，伊尹以冕服奉嗣王归于亳②，作书曰："民非后③，罔克胥匡以生④；后非民，罔以辟四方⑤。皇天眷佑有商⑥，俾嗣王克终厥德，实万世无疆之休⑦。"

王拜手稽首曰："予小子不明于德，自底不类⑧。欲败度，纵败礼，以速戾于厥躬⑨。天作孽⑩，犹可违⑪；自作孽，不可逭⑫。既往背师保之训⑬，弗克于厥初⑭，尚赖匡救之德⑮，图惟厥终⑯。"

伊尹拜手稽首曰："修厥身，允德协于下⑰，惟明后。先王子惠困穷⑱，民服厥命，罔有不悦。并其有邦厥邻⑲，乃曰：'徯我后⑳，后来无罚。'王懋乃德㉑，视乃烈祖㉒，无时豫怠㉓。奉先思孝㉔，接下思恭㉕。视远惟明㉖，听德惟聪㉗，朕承王之休无民㉘。"

【注释】

①三祀：指太甲继位的第三年。祀，年。　②冕：礼冠。服：礼服。奉：迎。　③非：无。后：君王。　④胥：相互。匡：救助。　⑤辟：本义为君主，这里是统治的意思。　⑥眷：眷顾。　⑦休：喜，乐。　⑧厎（zhǐ）：致。类：善。　⑨速：招致。戾（lì）：罪过。　⑩孽：灾祸。　⑪违：避免。　⑫逭（huàn）：逃避。　⑬既往：过去。师保：官名，职责是辅导和协助帝王，这里指伊尹。　⑭初：当初。　⑮德：指恩德。　⑯终：善终，指好的结局。　⑰允：诚信。协：和谐。　⑱子惠：像爱护子女一样仁爱。子，名词状语，意为像对待子女一样地。惠，仁爱。　⑲并：并立于。邦：诸侯国。邻：邻邦。　⑳徯（xī）：等待。

㉑懋：勉力。 ㉒烈：功业。 ㉓豫：安乐。 ㉔奉：尊奉。先：祖先。 ㉕接：接近。 ㉖远：将来。 ㉗德：指善言。 ㉘致（yì）：厌弃。

【译文】

太甲继承帝位第三年的十二月初一这一天，伊尹携带着王冠和王服来到桐宫，把太甲迎回都城亳。这时伊尹又写训词教导太甲说："百姓如果没有君王，他们就不能相互扶持，因而也就无法生存；君王如果没有百姓，他就无人支持，因而也就无法统治天下。伟大的上天眷顾、保佑我们商族，使后继的君王终于修成美德，这实在是有益于千秋万代的一大好事。"

太甲下跪叩头，对伊尹说："当初，我昏庸糊涂，不明白修养品德的重要性，以至于变得乏善无德。现在我终于懂得，放纵情欲不仅会败坏法度和礼仪，而且还会给自身招致罪过。上天降下的灾祸，有时还可以避开；而自己造成的灾祸，则是根本无法逃脱的。过去我违背了您的教导，没有能够在继位之初就注重品德的修养，今后要依靠您匡正、挽救的大德，取得一个好的结局。"

伊尹也下跪叩头，回答说："修养自身的品德，用诚信的美德协调与臣民的关系，只有英明的君王才能做到。先王成汤像爱护子女一样爱护困苦贫穷的百姓，百姓们都遵从他的命令，而且无不心悦诚服。先王成汤和邻国共有天下的时候，邻国百姓就盼望成汤做天下之君，他们都这样说：'等待我们的君王来吧；我们的君王来了，我们就不再受惩罚了。'大王，您要努力修养品德，缅怀您的建立过丰功伟业的先祖，任何时候也不要逸豫怠惰。所谓孝顺，就是怀念祖先的美德；所谓谦恭，就是亲近下面的民众。目光远大才算聪明，善纳忠言才算睿智，如果您能够具备这种聪明睿智，我将承受您美善的恩德，再也不会厌弃您。"

太 甲 下

伊尹申诰于王曰①："呜呼！惟天无亲②，克敬惟亲③；民罔常怀④，怀于有仁⑤；鬼神无常享⑥，享于克诚⑦：天位艰哉⑧！德惟治⑨，否德乱。与治同道⑩，罔不兴；与乱同事，罔不亡。终始慎厥与⑪，惟明明后⑫。先王惟时懋敬厥德⑬，克配上帝⑭。今王嗣有令绪⑮，尚监兹哉⑯！若升高，必自下；若陟遐⑰，必自迩。无轻民事⑱，惟艰⑲；无安厥位，惟危。慎终于始⑳！有言逆于汝心，必求诸道；有言逊于汝志㉑，必求诸非道。呜呼！弗虑胡获㉒？弗虑胡成？一人元良^㉓，万邦以贞^㉔。君罔以辩言乱旧政^㉕，臣罔以宠利居成功^㉖，邦其永孚于休^㉗。"

【注释】

①申：重复。诰：训诫。　②无亲：没有固定不变的亲人。亲，亲爱者。　③敬：这里指对上天恭敬的人。　④怀：归附。　⑤仁：这里指仁德之人。　⑥享：本指鬼神享用的祭品，这里引申为保佑。　⑦下诚：这里指诚信之人。　⑧天位：天子之位。　⑨德：实行德政。治：太平，与"乱"相对。　⑩道：这里指法度或措施。　⑪与：本义为结交，这里是选择的意思。　⑫明明：明而又明，即非常英明。　⑬时：是，这，指代上文的"天位艰"。　⑭配：符合。　⑮令：美好。绪：功业。　⑯尚：表示祈请的副词，希望。监：看。　⑰陟（zhì）：本义为升高，这里引申为行走。　⑱民事：百姓应做的事，这里指劳役等。　⑲惟：思。　⑳于：与，和。　㉑逊：恭顺。　㉒胡：疑问代词，怎么。　㉓一人：指天子。元：大。良：善。　㉔以：而。贞：正。　㉕辩言：巧言。　㉖居：当，任。　㉗孚：保持。

【译文】

伊尹反复告诫太甲说："唉呀！上天亲近下民不是固定不变的，谁能敬奉上天，上天就亲近谁；百姓归附君王不是固定不变的，谁有仁爱美德，他们就归附谁；鬼神保佑生民也不是固定不变的，谁有诚信之心，鬼神就保佑谁：由此可见，做天子是十分艰难的呀！任用有道德的贤臣，天下就会平安无事；而任用无道德的佞臣，天下就会动乱不安。实行与治世相同的措施，国家没有不兴盛的；采取与乱世相同的做法，政权没有不灭亡的。由此可见，只有自始至终都能谨慎地做出用人行政的抉择，才能成为最英明的君王。先王成汤正是由于知道做君王的艰难，才努力而谦敬地修养品德，使自己的所作所为能够符合上天的意志。现在您继承了如此美好的基业，希望您能明白先王就是这样修养品德的啊！假若想登上高峰，一定要从低处开始；假若想到达远方，一定要从近处起步。不要轻视百姓从事的劳役，要想到它的艰辛；不要苟安于天子所居的高位，要想到它的危险。凡事都要于始虑终，于终思始。有些话违背您的心意，一定要衡量一下它是否符合道义；有些话符合您的心意，一定要衡量一下它是否违背道义。唉呀！不思考，怎么会有所收获呢？不做事，怎么能取得成功呢？如果天子一人德行完美无缺，天下风气就会纯洁无瑕。君王不听信臣下的花言巧语而乱了昔日的德政，臣下不安享君王的恩宠而居功自傲、不思进取，这样，国家才会永远美好。"

咸有一德①

伊尹作《咸有一德》。

伊尹既复政厥辟②，将告归③，乃陈戒于德④。

曰"呜呼！天难谌⑤，命靡常⑥。常厥德，保厥位；厥德匪常⑦，九有以亡⑧。夏王弗克庸德⑨，慢神虐民⑩，皇天弗保⑪，监于万方，启迪有命⑫，眷求一德⑬，俾作神主⑭。惟尹躬暨汤咸有一德⑮，克享天心⑯，受天明命，以有九有之师⑰，爰革夏正⑱。非天私我有商⑲，惟天佑于一德；非商求于下民，惟民归于一德。德惟一，动罔不吉；德二三⑳，动罔不凶。惟吉凶不僭㉑，在人；惟天降灾祥，在德。今嗣王新服厥命㉒，惟新厥德㉓。终始惟一，时乃日新㉔。任官惟贤材，左右惟其人㉕。臣为上为德㉖，为下为民；其难其慎㉗，惟和惟一。德无常师㉘，主善为师；善无常主，协于克一。俾万姓咸曰：'大哉！王言。'又曰：'一哉！王心。'克绥先王之禄㉙，永底烝民之生㉚。呜呼！七世之庙㉛，可以观德㉜；万夫之长㉝，可以观政。后非民罔使㉞，民非后罔事㉟。无自广以狭人㊱，匹夫匹妇，不获自尽㊲，民主罔与成厥功㊳。"

【注释】

①本篇也是伊尹教导太甲的训词。咸，都。一，纯正专一。　②复：还给。辟：君王，这里指君位。　③归：回家，即回自己的封地。　④陈：陈述。于：以，用。　⑤谌（chén）：信，相信。　⑥靡：无。　⑦匪：同"非"。　⑧九有：即九州，这里指国家。《诗经·商颂·长发》："莫遂莫达，九有九截。"意思是没有能够以德自持并使其德达于天者，因此天下都归向汤，九州无不如此。以：因。其后省略代词"之"，"之"在这里代上文的"厥德匪常"。　⑨庸：副词，经常。　⑩慢：侮慢。　⑪保：安。　⑫有命：指有天命者。　⑬眷求：寻求。眷，视。　⑭神主：指君王。　⑮躬：自身。　⑯天心：天意。　⑰师：众。　⑱爰：于是。革：变。正（zhēng）：即正朔，亦即一年的第一天。这里指改朝换代。正，一年之始，即正月。朔，一月之始，即初一。古代习俗，凡改朝换代，新王朝必须重新订定正朔。　⑲私：偏爱。　⑳二三：不专一。　㉑僭（jiàn）：差异。　㉒服：任，承受。　㉓新：更新。　㉔时：是，这。　㉕左右：指辅佐帝王的大臣。　㉖为上：对上。　㉗难：难于选任。慎：慎于考察。　㉘师：范例。　㉙绥：保持。禄：天赐之福。　㉚底：致。烝（zhēng）：美好。生：生活。　㉛七世之庙：指七代祖先。古代习俗，帝王为了进行宗法统治，要立七庙而供奉七代祖先。　㉜观德：了解谁有功德。七庙神主是变动不居的，世次疏远的先祖，要依制迁神主，供于远庙，但是有大功大德者则不迁。因此七庙亲尽而庙不毁者，即为有德之君王。　㉝长：首领。　㉞后：君王。使：役使。　㉟事：侍奉，效忠。　㊱广：宏大，与"狭"相对。

【译文】

伊尹返政给太甲之后，作《咸有一德》一篇训词，再次教导太甲。

伊尹把权力交还给他的君王太甲之后，打算请求返回自己的封地，在这种情况下他陈述了自己关于道德的思想，用以训诫太甲。

伊尹说："唉呀！上天的旨意是很难捉摸的，因为天命无常。如果能够经常修善养德，就能够保住君位；如果不能经常修善养德，就会失去天下。夏王桀不能经常修善养德，还侮慢神灵，残害百姓，上天对此深感不安，便明察天下，开导有天命的人，寻求有纯正之德的君王，使他成为天下之主。我伊尹和成汤，都具有纯正之德，能够符合天意，承受天命，因此才得以拥有天下百姓，于是就灭掉了夏政权而建立了商政权。并不是上天偏爱我们商族，而是上天要扶持具有纯正之德的人；并不是商族向百姓求助，而是百姓要归附具有纯正之德的人。德性纯正，有所举动无不吉利；德性无常，有所举动无不凶险。行善则吉，作恶则凶，从不会出现差错，这取决于人；德性纯正上天降福，德性不纯正上天则降灾，这取决于德啊！现在大王您重新承担起天子的大命，要更新自己的品德；而始终如一，持之以恒，这样您的品德才能天天得到更新。任用官员要选择有德有能的人，任用朝廷重臣更要选择这样的贤人。大臣的职责，是辅佐国君施行德政，指导下属，帮助百姓。这样的人才是很难选择的，因此要审慎考察；他们必须是能够与人团结合作，始终如一的人。道德没有固定不变的规范，规范就是善。而善也没有固定不变的标准，纯正就是标准。要使天下百姓同声称颂说：'多么伟大啊！君王的教导。'又说：'多么纯正啊！君王的心灵。'君王如此受百姓称颂，就能保持上天赐给先王的福分，并使百姓永远生活美好。唉呀！从七世之庙里，可以看到道德榜样；而从作为亿万百姓之长的君王身上，则可以看到政绩优劣。没有百姓，君王就无人可供役使；没有君王，百姓就无处可去尽力。不要自以为了不起而藐视前人，纵然是平民百姓，如果不各尽其心，各出其力，君王也不能成就功业。"

盘　庚① 上

盘庚五迁②，将治亳殷③，民咨胥怨④。作《盘庚》三篇。

盘庚迁于殷，民不适有居⑤。率吁众戚出矢言⑥，曰："我王来，既爰宅于兹⑦。重我民⑧，无尽刘⑨。不能胥匡以生⑩，卜稽曰⑪，其如台⑫？先王有服⑬，恪谨天命⑭，兹犹不常宁⑮。不常厥邑，于今五邦⑯。今不承于古⑰，罔知天之断命⑱，矧曰其克从先王之烈⑲。若颠木之有由蘖⑳，天其永我命于兹新邑㉑，绍复先王之大业㉒，底绥四方㉓。"

盘庚敩于民㉔，由乃在位，以常旧服㉕，正法度。曰："无或敢伏小人之攸箴㉖！"

王命众，悉至于廷。王若曰㉗："格汝众㉘，予告汝训汝。猷黜乃心㉙，无傲从康㉚。古我先王，亦惟图任旧人共政㉛。王播告之修㉜，不匿厥指㉝，王用丕钦㉞。罔有逸言㉟，民用丕变。今汝聒聒㊱，起信险肤㊲，予弗知乃所讼㊳。非予自荒兹德㊴，惟汝含德㊵，不惕予一人㊶。予若观火，予亦拙谋作㊷，乃逸㊸。若网在纲㊹，有条而不紊；若农服田，力穑乃亦有秋㊺。汝克黜乃心㊻，施实德于民㊼，至于婚友㊽，丕乃敢大言汝有积德㊾。乃不畏戎毒于远迩㊿，惰农自安，不昏作劳51，不服田亩，越其罔有黍稷52。汝不和吉言于百姓53，惟汝自生毒54，乃败祸奸宄55，以自灾于厥身。乃既先恶于民56，乃奉其恫57，汝悔身何及？相对愐民58，犹胥顾于箴言59，其发有逸口60，矧予制乃短长之命61？汝曷弗告朕62，而胥动以浮言，恐沈于众63？若火之燎于原，不可向迩，其犹可扑灭？则惟汝众自作弗靖64，非予有咎。迟任有言曰65：'人惟求旧66，器非求旧，惟新。'古我先王暨乃祖乃父胥及逸勤67，予敢动用非罚68？世选尔劳69，予不掩尔善。兹予大享于先王70，尔祖其从与享之71。作福作灾，予亦不敢动用非德72。予告汝于难，若射之有志73。汝无老侮成人74，无弱孤有幼。各长于厥居75，勉出乃力，听予一人之作猷。无有远迩，用罪伐厥死76，用德彰厥善77。邦之臧78，惟汝众；邦之不臧，惟予一人有佚罚79。凡尔众，其惟致告80：有今至于后日，各恭尔事，齐乃位81，度乃口82。罚及尔身，弗可悔。"

【注释】

①《盘庚》三篇都是盘庚为迁都而发表的谈话，发布的命令。上篇、下篇告群臣，以诱导劝说为主，严厉训斥为辅；中篇告庶民，则主要是训斥和命令，因而声色俱厉，杀气腾腾。盘庚，汤的第十世孙，商的第二十位君王。 ②五迁：第五次迁都。在此之前，商都曾四迁。 ③亳殷：一说为宅殷。宅，居住。殷，地名，在今河南省安阳市。 ④咨：叹。胥：相，把。 ⑤适：悦。 ⑥率：因此。吁：呼。戚：贵戚。矢：陈述。 ⑦爰：易，改变。兹：这，这里指代新都。 ⑧重：重视。 ⑨刘：杀，这里是伤害的意思。 ⑩胥：相互。 ⑪卜：占卜。稽：察考。 ⑫如台（yí）：如何。 ⑬服：事。 ⑭恪（kè）：恭敬。 ⑮犹：尚且。 ⑯邦：这里指都城。 ⑰古：指先王"恪谨天命"的古风。 ⑱断命：作出决断而提出

的意见。 ⑲矧（shěn）：况且。烈：功业。 ⑳颠：倒。由：枯木再生新芽。蘖（niè）：被伐树木残余部分生出嫩芽。 ㉑永：绵延。命：国运。 ㉒绍：继续。复：复兴。 ㉓绥：安定。 ㉔斆（xiào）：教导。 ㉕在位：在位者，这里指大臣。常：遵守。旧服：先王旧制。 ㉖无：不要。或：有的人。伏：凭。箴（zhēn）：规劝。 ㉗若：如此。 ㉘格：呼语，来的意思。 ㉙猷：图谋。黜（chù）：除去。乃：你们的。心：指私心。 ㉚从：通"纵"，放纵。康：安逸。 ㉛旧人：世代居官之人。共政：共理政务。 ㉜播：公布命令。修：治。㉝指：同"旨"，旨意。 ㉞用：因此。丕：大。钦：敬重。 ㉟逸：过错。 ㊱聒聒（guō guō）：叫嚷，这里意为拒斥善言而自以为是。 ㊲信：通"伸"，申说。险：险恶。肤：肤浅。 ㊳讼：争辩。 ㊴荒：废弃。 ㊵含：怀。 ㊶惕：通"施"，给予。 ㊷谋作：谋略。㊸乃：则。 ㊹纲：网绳。 ㊺穑（sè）：本义为收获，这里指耕种。有秋：到了秋天有好的收成。 ㊻克：能。 ㊼实德：实际好处，这里指迁都。 ㊽婚：指亲戚。 ㊾丕乃：岂不。 ㊿乃：若。戎：大。毒：害。 (51)昏：努力。 (52)越其：于是就。 (53)和：宣布。 (54)生毒：种下祸根。 (55)败：危险。奸：作恶于外。宄（guǐ）：作恶于内。 (56)先：引导。 (57)奉：承受。恫（dòng）：痛苦。 (58)相：看。时：是，这。憸（xiān）：小。 (59)顾：顾及。(60)逸口：失言。 (61)制：掌握。 (62)曷：何，为什么。 (63)恐：吓。沈：煽惑。 (64)靖：善。 (65)迟任：古代一贤人名。 (66)旧：指旧臣。 (67)胥及：共同。 (68)非：不适当。 (69)选：继承。 (70)享：祭祀。 (71)从与：一同。 (72)非德：这里还包括"非罚"。德，指恩惠，如赏赐等。 (73)志：箭靶。 (74)老侮：轻视。下文的"弱孤"意同此。 (75)长：永久。 (76)罪：刑罚。死：恶。 (77)彰：表彰。 (78)藏（zāng）：善。 (79)佚：过错。罚：罪过。 (80)致告：指告诫之词。 (81)齐：整，意为严肃认真。位：职分。 (82)度：闭。

【译文】

盘庚决定第五次迁都，要到殷地去居住，百姓为此而叹息不已，都怨恨盘庚。后人撰写出《盘庚》三篇，记下这段史实。

盘庚把都城迁到殷地，而臣民都不愿去那里居住。盘庚就把一些贵戚近臣召集起来，请他们陈述自己的意见。贵戚近臣们说："我们的君王把都城迁到殷地，让我们改换居住的地方而到这里定居，这是看重我们，不使我们受到伤害。可是现在我们不能相互扶持，以求生存，如果用占卜考察一下吉凶，那么结果将会如何呢？先王凡有政事，都要恭谨地遵从上天之命。尽管如此，得到长期安宁了吗？一直不能长期在一个地方定居，至今已经迁都五次了！现在，如果不继承先王恪守天命的传统，连天意都不知道，还说得上什么继承先王的功业呢？迁都于殷，就像倒下的枯树长出了新枝，残存的树桩发出了嫩芽一样，是上天要使我们的国运在新都永远绵延下去，再次复兴先王的大业，安定天下，所以一定要慎重。"

盘庚教导臣民，要大臣遵从先王之制，整顿法纪。他宣称："不许发生有人敢于借用小民的名义反对迁都这类事情！"

君王向众人发出命令，让他们都到朝廷上来接受训诫。君王这样向众人说道："来吧，各位！我要告诫你们，教训你们，以消除你们的私心，让你们不要傲慢放肆，贪图安逸。从前，我们的先王治理天下，总是注重任用世家重臣，与他们共同管理政事。先王发布政令，群臣都不敢隐瞒先王的旨意而不向下传达，因此，先王非常敬重他们。他们从不发表荒谬的言论，因而使民情发生了很大变化。而如今你们却吵吵嚷嚷，胡言乱语，还宣扬那些邪恶浅薄的论调，我真不明白你们在争辩什么。并不是我背弃了先王敬重旧臣的传统，而是你们得到了我的好处却不肯报答我。对于你们的所作所为，我洞若观火，看得清清楚楚，只是我用来对付你们的策略不够巧妙，这不能不说是一种失误。譬如结网，只有结在纲上，才能有条有理而不至于乱成一团；又譬如种田，只有努力耕作，才会取得好的收成。你们如果能抛开私心，给予百姓和你们的亲友一些实实在在的好处，你们才有资格大言不惭地说你们积了大德！你们如果不怕将来、甚至目前就会发生大灾大难，像懒惰的农夫一样只知道追求安乐，不去努力操劳，连田地也不去耕种，就不会有所收获。你们不向百姓公布我的善言，这是自招灾祸，你们做危害天下的坏事，将会自己毁掉自己。你们过去引诱百姓去做坏事，从而给自己招致了痛苦，你们现在才感到悔恨，怎么来得及呢？看看那些小民吧，他们对于我规劝他们的话尚且有所顾忌，生怕不慎失言，说了错话，何况他们都知道我拥有生杀大权呢！你们简直连小民都不如。你们反对迁都，为什么不来告诉我，却用那些无稽之谈相互鼓动，并恐吓煽惑民众呢？人心是很容易煽动、迷惑的，宛如大火在原野上燃烧一样，连接近都不可能，难道还能够扑灭吗？这些都是你们这帮人做的坏事，不是我的过错。"

君王又说："迟任曾经说过：'用人要用世家旧臣，但是器物却不要用旧的，而要用新的。'过去，我们的先王和你们的祖辈父辈曾经同甘共苦，我怎么敢于对你们动用过重的刑罚呢？我世世代代都会记住你们的功劳，我绝不会掩盖你们的善行。现在我要隆重祭祀我们的先王，你们的祖先也将要一同受祭。尽管我既有权赐福也有权降祸，但我绝不敢滥施赏罚。我把困难告诉你们，为的是使你们目标明确，就像射箭要有靶子一样，以免出现偏差。你们既不要轻视成年人，也不要小看青少年。你们都要长期住在这里，并努力付出你们的力量，无论干什么，都听我一人指挥。无论是亲是疏，我将平等对待，违法犯罪者我要用刑罚加以惩治，积德行善者我要用赏赐给予表彰。将来国家治理好了，是你们众人的功劳；国家治理不好，则是我一人的罪过。你们要仔细思量思量我这样告诫你们的用意：我是希望你们从今以后，各自恭谨地做好职分之内的事情，严肃认真地对待自己的职责；闭上各自的嘴巴，不许你们再胡说八道。否则，惩罚就会降到你们身上，到了那个时候，后悔就来不及了啊！"

盘 庚 中

盘庚作①，惟涉河以民迁②。乃话民之弗率③，诞告用亶④，其有众咸造⑤。勿亵在王庭⑥。盘庚乃登进厥民⑦。曰："明听朕言，无荒失朕命。呜呼！古我前后⑧，罔不惟民之承保，后胥感鲜⑨，以不浮于天时⑩。殷降大虐⑪，先王不怀厥攸作⑫，视民利用迁⑬。汝曷弗念我古后之闻⑭？承汝俾汝，惟喜康共⑮，非汝有咎，比于罚⑯。予若吁怀兹新邑⑰，亦惟汝故，以丕从厥志。今予将试以汝迁，安定厥邦。汝不忧朕心之攸困⑱，乃咸大不宣乃心⑲，钦念以忧，动予一人⑳。尔惟自鞠自苦㉑，若乘舟，汝弗济，臭厥载㉒。尔忱不属㉓，惟胥以沈㉔。不其或稽㉕，自怒曷瘳㉖？汝不谋长，以思乃灾㉗，汝诞劝忧㉘。今其有今罔后㉙，汝何生在上㉚？今予命汝一㉛，无起秽以自臭㉜，恐人倚乃身㉝，迁乃心㉞。予迓续乃命于天㉟，予岂汝威㊱？用奉畜汝众㊲。予念我先神后之劳尔先㊳，予丕克羞尔㊴，用怀尔然㊵，失于政。陈于兹，高后丕乃崇降罪疾㊶，曰：'曷虐朕民？'汝万民乃不生生㊷，暨予一人猷同心㊸，先后丕降与汝罪疾，曰：'曷不暨朕幼孙有比㊹？'故有爽德㊺，自上其罚汝㊻，汝罔能迪㊼。古我先后，既劳乃祖乃父，汝共作我畜民㊽。汝有戕㊾，则在乃心！我先后绥乃祖乃父㊿，乃祖乃父乃断弃汝51，不救乃死。兹予有乱政同位52，具乃贝玉53。乃祖乃父，丕乃告我高后，曰：'作丕刑于朕孙。'迪高后，丕乃崇降弗祥54。"

"呜呼！今予告汝不易55。永敬大恤56，无胥绝远57。汝分猷念以相从58，各设中于乃心59。乃有不吉不迪60，颠越不恭61，暂遇奸宄62，我乃劓殄灭之63，无遗育64，无俾易种于兹新邑65。往哉生生。今予将试以汝迁，永建乃家。"

【注释】

①作：即位为君。　②河：特指黄河。　③话：会，集。弗率：指不服从者。率：循。④诞：大。亶：诚。　⑤造：到。　⑥勿亵（xiè）：恭敬的样子。亵，轻慢。　⑦登：升。进：向前。　⑧前后：先王。后，君。　⑨胥：知道。感通"戚"，指贵戚大臣。鲜：明白。⑩浮：罚。　⑪殷：大。虐：这里指河患。　⑫怀：安于。所作：指所建的都邑。　⑬用：以，而。　⑭闻：传说。　⑮承：顺。俾：从。共：同。　⑯比于罚：像惩罚罪犯那样惩罚

中华藏书

四书五经·最新校勘精注今译本

中国书店

（你们）。比：类。⑰若：如此。吁：呼吁。⑱困：苦。⑲宣：和。⑳钦念以忧动予一人：此为倒装句，应理解为"予一人钦念以忧动"。钦念，敬顺（民意）。以，而。忧，诚。动，所感动。㉑鞠：穷。㉒臭：朽，败。载：事。㉓属：合作。㉔胥以：相与，一同。沈：通"沉"。㉕或：克，能。稽：协同。㉖瘳（chóu）：病愈。㉗以：而，并。㉘劝：乐，安于。㉙有今罔后：有天没有明天，即将要死亡。㉚上：指地上。㉛一：同心协力。㉜起秽：喻传播谣言谎话。起，扬。秽，脏东西。㉝倚：使……斜。㉞迁：邪。用法同上文的"倚"。㉟迓（yà）：迎接。㊱汝威：即威汝。㊲奉：助。畜：养。㊳神：神圣。劳：烦劳。㊴羞：贡献（意见）。㊵怀：念。然：焉，代词，代"民"的祖先。㊶高后：对前代君王的敬称。丕乃：于是就。崇：重。㊷生生：营生。后一个"生"指财业。㊸暨：介词，与。㊹幼孙：盘庚自指。有比：亲近。㊺爽：差错。㊻上：上天。㊼迪：逃。㊽作：为，是。㊾戕（qiāng）：残害。㊿绥：安。(51)断：断然。(52)乱：这里是治的意思。同位：一同理政。(53)贝玉：泛指财物。贝，货币。玉，玉石。(54)迪：导。(55)易：轻率。(56)敬：慎。恤：忧患。(57)绝：隔绝。远：疏远。(58)分：当。(59)设：想。中：和，意即和衷共济。(60)乃：若。吉：善。迪：道。(61)颠：狂。越：逾，违。(62)暂：欺诈。遏：奸邪。(63)劓（yì）：古代刑名，割鼻。殄（tiǎn）：灭绝。(64)育：音义均同"胄"。胄，后代。(65)易：延。种：后代。

【译文】

盘庚做君王之后，打算把他的臣民迁过黄河。在这种情况下，他把那些不服从迁移命令的臣民召来训话，用诚恳的态度尽力劝导他们。民众来到之后，都恭敬地站在王庭中。盘庚招呼他们到前边来。盘庚向众人说："我的话你们都要听清楚，不要置若罔闻，违抗我的命令！唉呀！从前，我们的先王，无不顺承民意并使百姓安居乐业。君王明白应该这样，大臣也明白应该这样，因此没有受过上天的惩罚。过去，上天大降重灾，先王不敢在自己所建的都邑苟且偷安，为了臣民的利益而一再迁徙。你们为什么不想一想关于先王迁都的这些传说呢？现在，我这样做，只是像先王那样，让你们过上欢乐与安定的生活，并不是你们犯了什么罪过而惩罚你们。我这样呼吁你们到新都居住，完全是出于关心你们的缘故，并竭力遵从先王的意愿。如今，我将要把你们迁移过去，在那里建立安定的国家。可是你们却不体谅我的苦衷，你们的心气竟然那样乖张，企图用一些荒谬的论调来动摇我的决心。你们真是作茧自缚，自讨苦吃，就像乘船渡河，上了船却不往彼岸渡，而是坐在上边等着船变朽烂掉。你们存心不与我合作，这样下去大家只有一起沉入河底。你们不与先人协调一致，只是在那里自怒自怨，这又有什么用呢？你们不作长远打算，设法消除灾害，对于忧患你们已经习以为常，视而不见了。这样下去，你们将会一步步走向死亡，还怎么继续在这块土地上生存下去呢？现在我命令你们，大家要同心同德，不要传播谣言，把自己搞得臭不可闻，因为现在可能有人正想利用你们身上的毛病，使你们变得心地邪恶。我要请求上天让你们继续生存下去。我哪里是在用我的威势逼迫你们迁移呀？我是为了帮助、养育你们啊！"

"我念起我们神圣的先王曾经烦劳过你们的祖先，才把能使你们安居乐业的主意贡献给你们，用以表达我对你们祖先的怀念。我如果不能把国家治理好，又让你们长期住在这里，先王就会重重降下责罚，并斥问我道：'你为什么虐待我的臣民啊？'而你们亿万民众如果不肯努力营财谋业，过上美好生活，又不肯跟我同心同德，先王也会给你们重重降下责罚，并斥问你们道：'你们为什么不亲近我的幼孙，跟他友好相处啊？'因此，你们如果有了过错，上天也要惩罚你们，那么你们将罪责难逃。我们的先王从前烦劳过你们的先祖先父，你们当然都是我养育的臣民，可是你们内心却对我怀有恶意，我们的先王一定会把这一点告诉你们的先祖先父，这样，你们的先祖先父就会断然抛弃你们，不会把你们从死亡中拯救出来。现在朝廷里有几个跟我共同治理政事的大臣，什么也不干，只知道聚敛财物，他们的先祖先父就告诉我们的先王说：'用大刑惩罚我的子孙吧！'于是，先王就会给他们重重地降下灾祸。唉呀！现在我要告诫你们：不要轻举妄动！对于大灾大难永远要慎重对待，不要把它们抛在一边而置之不理！你们应当考虑大家如何相互依赖，和衷共济。假若你们之中有人不做善事，不走正道，狂放不羁，欺诈奸狡，我就要杀掉他们，并且还要杀掉他们的后代，不让他们的孽种在新都繁衍。去吧，去那里营财谋业吧！现在我准备把你们迁移过去，让你们在新都创建永久的家园。"

盘 庚 下

盘庚既迁，奠厥攸居①，乃正厥位②，绥爱有众③，曰："无戏怠，懋建大命④。今予其敷心腹肾肠⑤，历告尔百姓于朕志⑥。罔罪尔众，尔无共怒，协比谗言予一人⑦。古我先王，将多于前功⑧，适于山⑨，用降我凶⑩，德嘉绩于朕邦⑪。今我民用荡析离居⑫，罔有定极⑬，尔谓朕：'曷震动万民以迁⑭？'肆上帝将复我高祖之德⑮，乱越我家⑯。朕及笃敬⑰，恭承民命，用永地于新邑。肆予冲人⑱，非废厥谋⑲，吊由灵⑳。各非敢违卜㉑，用宏兹贲㉒。呜呼！邦伯、师、长、百执事之人㉓，尚皆隐哉㉔。予其懋简相尔，念敬我众㉕。朕不肩好货㉖，敢恭生生㉗？鞠人、谋人之保居㉘，叙钦㉙。今我既羞告尔于朕志，若否³⁰，罔有弗钦³¹。无总于货宝³²，生生自庸³³。式敷民德³⁴，永肩一心³⁵。"

【注释】

①奠：定，安置。　②正：辨正。古代建立宗庙宫室，要先由天官辨别、确定方位，而后才能动工兴建。　③绥：告。爰：于。　④懋（mào）：勉励。大命：指重建家园的使命。⑤敷：布。心腹肾肠：指内心的话，即肺腑之言。　⑥历：历数，一条一条。百姓：百官。志：意。　⑦协比：协同。　⑧将：欲。　⑨适：往。山：指亳一带的山谷。由于这里地势较高可避水患，汤曾迁居此处。　⑩用：因此。降：这里是减少的意思。凶：灾祸。　⑪德：升，建树。　⑫荡析：洪水奔腾。　⑬极：止，至。　⑭震动：惊动。　⑮肆：今。　⑯乱：治。越：于。家：指国。　⑰及：汲汲，急切的样子。笃：厚。　⑱肆：今。冲人：年幼的人。　⑲厥：指众人。谋：意见。　⑳吊：至。由：从。灵：善。　㉑卜：指卜兆，即占卜所显示的吉凶。　㉒宏：弘扬。贲（fén）：美。　㉓邦伯：邦国之长，指诸侯。师、长：大臣。百执事：掌管具体事务的官员。　㉔尚：表示祈请的副词，希望。隐：考虑。　㉕简相（xiàng）：考察。简，阅。相，看。念：顾念。　㉖肩：任用。好（hào）：喜欢，贪求。　㉗恭：举用。　㉘鞠：养育。谋：为……谋。　㉙叙：次序，这里是依次的意思。　㉚否：不，反对。　㉛钦：顺从。　㉜总：聚敛。　㉝庸：功劳。　㉞式：用。敷：布，施。德：德教。㉟肩：能够。

【译文】

　　盘庚把都城迁到新邑之后，首先安排好百姓居住的地方，然后才确定宗庙的方位。这一切安排妥当之后，他又发表了一个演说，再次对百官提出告诫。他说："不要贪图嬉戏游乐，也不要疏懒怠惰，而要努力完成重建家园的伟大使命。现在，我要把我内心所有的想法全都开诚布公地告诉你们各级官员。我没有惩罚你们大家，你们不要聚在一起发泄不满，联合起来攻击我一个人。从前，我们的先王一心想创立超过前人的功业，就把百姓迁移到山上。这个举措减少了洪水给我们造成的危害，为我们的国家立下了巨大功勋。现在，我们的臣民因洪水泛滥而流离失所，没有固定的栖身之地。你们责问我：'为什么要兴师动众让亿万臣民迁徙？'现在我告诉你们，这是因为上天要复兴我们高祖成汤的美德，让我们把我们的国家治理得更加美好，我才急切而敬慎地效法先王，把你们从洪水中拯救出来，以顺承天命，决定迁徙并永远在新都定居。现在，不是我这个年轻人不听取众人的意见而自行其是，而是众人议论纷纭，意见不一，我只能采纳其中的正确意见。同时，我们都不敢违背龟卜的预兆，这是为了以此弘扬我们美好的事业。唉呀！各位诸侯君长，各位大臣，以及全体官员，你们都要想一想各自的职责啊！我将要认真考察你们照抚我的民众而取得的政绩。我不会任用贪财好货之辈，而只任用努力帮助经营百姓生计的人。凡是能够养育百姓并使百姓安居乐业的人，我都要根据他们政绩的大小而给予他们应得的敬重。现在，我已经把我赞成什么、反对什么的意向告诉了你们，希望你们都要遵从！不要聚敛财宝，要努力为帮助百姓谋生而建功立业。最后我再次告诫你们，要推行圣明的德教，永远与我同心同德。"

说　命① 上

高宗梦得说②，使百工营求诸野③，得诸傅岩④，作《说命》三篇。

王宅忧⑤，亮阴三祀⑥。既免丧，其惟弗言，群臣咸谏于王曰："呜呼！知之曰明哲⑦，明哲实作则⑧。天子惟君万邦⑨，百官承式⑩，王言惟作命⑪，不言，臣下罔攸禀令⑫。"

王庸作书以诰曰："以台正于四方⑬，惟恐德弗类⑭，兹故弗言。恭默思道⑮，梦帝赉予良弼⑯，其代予言。"

乃审厥象⑰，俾以形旁求于天下⑱。说筑傅岩之野⑲，惟肖⑳，爰立作相㉑，王置诸其左右。

命之曰㉒："朝夕纳诲㉓，以辅台德。若金㉔，用汝作砺㉕；若济巨川㉖，用汝作舟楫㉗；若岁大旱㉘，用汝作霖雨㉙。启乃心，沃朕心㉚！若药弗瞑眩㉛，厥疾弗瘳㉜；若跣弗视地㉝，厥足用伤。惟暨乃僚㉞，罔不同心，以匡乃辟㉟，俾率先王㊱，迪我高后㊲，以康兆民㊳。呜呼！钦予时命㊴，其惟有终。"

说复于王曰㊵："惟木从绳则正㊶，后从谏则圣。后克圣，臣不命其承㊷，畴敢不祗若王之休命㊸？"

【注释】

①《说命》三篇是殷高宗武丁任命傅说为相的命辞。上篇记述高宗得到傅说和任命傅说为相的经过，中篇记述傅说为相后向高宗进谏的内容和情况，下篇记述傅说与高宗论学的内容和情况。　②说（yuè）：人名，即傅说。傅说是高宗梦中所得的贤人，后被任命为殷相。　③百工：百官。营求：营而求。营，经营，即画出梦中形象。求，寻找。诸：兼词，之于。　④傅：地名。岩：山中洞穴。　⑤宅忧：居父母之丧，这里指高宗为其父小乙守丧。宅，居。　⑥亮阴：居丧之庐。祀：年。　⑦明哲：聪明睿智。　⑧则：法则。　⑨君：君临，主宰。　⑩式：法令。　⑪命：命令。　⑫禀：受。　⑬台（yí）：我。正：表征，即范例。　⑭类：善。　⑮道：指治理天下的办法。　⑯帝：上天。赉（lài）：赐。弼：辅佐，这里用作名词，指辅佐君王的大臣。　⑰审：精细描绘。　⑱旁求：四处寻找。　⑲筑：夯。　⑳肖：相像。

中華藏書

四书五经·最新校勘精注今译本

中国书店

六八八

㉑爰：于是。　㉒命：任命官吏所发布的政令。㉓纳海：进谏。　㉔金：这里指铁器。　㉕砺：磨刀石。㉖济：渡河。　㉗楫（jí）：船桨。　㉘岁：年。　㉙霖雨：绵绵不停的雨。㉚沃：浇灌。　㉛瞑眩：头昏眼花。　㉜瘳（chōu）：病愈。　㉝跣（xiǎn）：赤足。　㉞僚：下属官员。　㉟匡：纠正。辟：君王。　㊱俾：使。率：循。　㊲迪：踏，蹈袭。　㊳兆：古代以百万或万亿为一兆，一般用以表示极多。　㊴时：是，这。　㊵复：回答。　㊶绳：这里指木匠的墨线。　㊷不命：不必等待命令。承：承君命而进谏。　㊸畴（chōu）：谁。祗（zhǐ）：恭敬。若：顺。休：美好。

【译文】

高宗在梦中梦见了一个叫说的人，就让百官画出说的模样，尔后到全国四处寻找，结果在傅这个地方的山中洞穴里找到了他。史官据此撰写出《说命》三篇。

高宗为亡父守丧，在守丧的房舍里整整住了三年。守丧期满之后，他仍然像守丧期间一样，一直沉默不语。于是群臣都向高宗进谏说："唉呀！通晓事理就叫做聪明睿智，聪明睿智的人才能立法治国。天子主宰天下，百官都得遵奉您的法令行事。而大王的话就是法令，您不说话，臣下就无从接受法令并按您的法令去处理政务。"

大王因此写了一篇文告，训诫群臣说："天下臣民把我当做表率，而我则惟恐自己德行不好，不足以垂范天下，所以不敢轻易对朝政发表意见。我一直在恭谨地沉思默想，考虑治理天下的办法，曾经在睡梦中梦见上天赐给我一位贤良的辅弼之臣，让他代我发言，治理天下。"

于是，大王就仔细地说了说梦中人的模样，并让人画出来，派人按照画像到全国各地去寻找这个人。一个叫说的人在傅地的荒野中筑穴而居，长得很像那个梦中人，于是大王就把他请到朝廷，任命他为相，并将他安置在自己身边，以备顾问。

君王对傅说说："我从早到晚随时准备采纳善言，因此你要经常赐教，以便帮助我行善修德。你我之间的关系，打个比方说，就是：假若我是一把铁器，那么我就把你当做磨石；假若我要渡河，那么我就把你当做船和桨；假若天时大旱，那么我就把你当做连绵不停的甘霖。赶快敞开你的胸怀，来浇灌我的心田吧！如果药的药性太平和，病人服下去之后毫无反应，病就不会好；如果光着脚走路又不看地下，脚就会因此而受伤。所以希望你和你的同僚，彼此同心协力，都来纠正你们君王的过失，使他以历代先王为榜样，踏着我们的高祖成汤的足迹前进，让天下亿万百姓都能安居乐业。唉呀！谨遵我的这个政令行事吧！并且希望能够善始善终。”

傅说回答君王说：“木头一用墨线取直，就会中规中矩；君王善纳谏言，就会圣明贤能。只要君王能够圣明贤能，臣下不等君王下令自然就会主动进谏，还会有谁敢于不恭行君王的这一英明教导呢？”

说　命　中

惟说命总百官①，乃进于王曰：“呜呼！明王奉若天道，建邦设都，树后王、君公②，承以大夫、师、长③，不惟逸豫④，惟以乱民⑤。惟天聪明，惟圣时宪⑥，惟臣钦若，惟民从乂⑦。惟口起羞⑧，惟甲胄起戎⑨，惟衣裳在笥⑩，惟干戈省厥躬⑪。王惟戒兹⑫，允兹克明⑬，乃罔不休。惟治乱在庶官⑭。官不及私昵⑮，惟其能；爵罔及恶德⑯，惟其贤。虑善以动，动惟厥时。有其善⑰，丧厥善；矜其能⑱，丧厥功。惟事事，乃其有备，有备无患。无启宠纳侮⑲，无耻过作非⑳。惟厥攸居㉑，政事惟醇㉒。黩王祭祀㉓，时谓弗钦㉔；礼烦则乱，事神则难㉕。”

王曰：“旨哉㉖！说。乃言惟服㉗。乃不良于言㉘，予罔闻于行。”

说拜稽首曰：“非知之艰，行之惟艰；王忱不艰㉙，允协于先王成德㉚，惟说不言，有厥咎。”

【注释】

①命：受命。总：总理，统领。　②后王：天子。君公：诸侯。后王、君公在这里统指人君。　③承：接。师、长：大臣，即各级官员。大夫、师、长在这里统指人臣。　④逸豫：安逸享乐。　⑤乱：治。　⑥时：是，这。宪：效法，仿效。　⑦乂（yì）：治理。　⑧口：动词，说话，这里指随意发号施令。羞：羞辱。　⑨甲胄：铠甲和头盔，这里表示武力或军队。戎：兵戎，即战争。　⑩衣裳：这里指官服。笥（sì）：一种盛衣物的方形竹箱。　⑪干戈：武器。干，盾。戈，一种横刃安有长柄的武器。省（xǐng）：察看。躬：自身，本人。此句与上句是互文关系，意即“惟衣裳在笥省厥躬，惟干戈在库（笥）省厥躬”。　⑫兹：这些，即上文的口、甲胄、衣裳、干戈。　⑬允：信，确实。　⑭治乱：治和乱，即太平和动乱。　⑮私：偏爱。昵：亲近。　⑯爵：爵位。　⑰有其善：自以为善，以善自居。　⑱矜：自我夸耀。　⑲启：开启。宠：宠幸。纳侮：自讨侮慢。纳，入，招。　⑳耻过：以过失为耻辱。作非：意为由于掩饰错误而导致更大的错误。非，错误。　㉑居：举止。　㉒醇（chún）：完美。　㉓黩（dú）：通“渎”，轻慢。　㉔时：是，这。　㉕事：侍奉。　㉖旨：美。　㉗言：话语。服：信服。　㉘良：善于。　㉙忱：真诚。　㉚允：确实。协：符合。成：盛。

【译文】

傅说受命总理百官，成为百官之长，尔后就向君王进谏说：“唉呀！凡是圣明的君王都能遵从天道，建立邦国，设置都城，树立天子和诸侯的权威，并设官分职，委任各级文武官员辅佐天子和诸侯，禁止他们贪图安逸享乐，要求他们治理天下百姓。上天聪明睿智，洞察一切，圣明的君王要效法上天，臣下要恭谨地顺从上天，百姓要服从治理。君王轻率发号施令就会招致耻辱，随意动用武力就会引发战争，因而官服装在衣箱里，不可轻易拿出来赏赐官员，兵器放在武器库中，不可轻易拿出来授予士兵。君王如果能够在以上几方面保持戒惕，就能使朝政清明，一切美好。国家安定或动乱与百官有密切关系。因此，官职不要授予自己偏爱的人，任官只看才能；爵位不要授予德行恶劣的人，封爵只看德行。做事的时候，认为是善举才采取行动，而采取行动还要选择适当的时机。吹嘘自己美好，反而会丧失美名；夸耀自己能干，反而会丧失功业。无论干任何事情，都要做多方面的准备，因为有备才能无患。不要争宠取幸而自招侮慢，不要以为有错可耻就文过饰非，从而导致更大的错误。如果百官的所作所为都如此，那么朝廷大事就会治理得尽善尽美。祭祀的时候不拘礼数，态度轻慢，这当然是对祖先的不敬；而礼节过于烦琐，又会导致礼仪的紊乱，给敬奉鬼神造成困难。"

君王说："你说得真好啊，傅说！你的这番话令人心服口服。假若你不善于进言，我听了也不知道应该怎样去做。"

傅说跪拜叩头，说："懂得这些道理并不困难，困难在于实行；而君王如果真的不把实行视为难事，那么您的德行就完全符合先王的盛德了，这样，我如果再不进言，那就有罪过了。"

说 命 下

王曰："来！汝说。台小子旧学于甘盘①，既乃遁于荒野②，入宅于河③，自河徂亳④，暨厥终罔显⑤。尔惟训于朕志⑥，若作酒醴⑦，尔惟麴糵⑧；若作和羹⑨，尔惟盐梅⑩。尔交修予⑪，罔予弃⑫；予惟克迈乃训⑬。"

说曰："王！人求多闻，时惟建事⑭。学于古训乃有获；事不师古，以克永世，匪说攸闻。惟学逊志⑮，务时敏⑯，厥修乃来⑰。允怀于兹⑱，道积于厥躬。惟敩学半⑲，念终始典于学⑳，厥德修罔觉㉑。监于先王成宪㉒，其永无愆㉓。惟说式克钦承㉔，旁召俊乂㉕，列于庶位㉖。"

王曰："呜呼！说。四海之内咸仰朕德㉗，时乃风㉘。股肱惟人㉙，良臣惟圣。昔先王保衡作我先王㉚，乃曰：'予弗克俾厥后惟尧舜㉛，其心愧耻，若挞于市^③.'一夫不获^③，则曰：'时予之辜^④！'佑我烈祖，格于皇天^⑤。尔尚明保予^⑥，罔俾阿衡专美有商^③。惟后非贤不乂，惟贤非后不食^③。其尔克绍乃辟于先王^③，永绥民^④。"

说拜稽首曰："敢对扬天子之休命^④！"

【注释】

①台（yí）：我。小子：详见《汤誓》注。甘盘：武丁时代的贤臣。　②遯（dùn）："遁"的古字，逃避。　③宅：居住。河：这里指黄河岸边。　④徂（cú）：往，去。　⑤暨（jì）：到。显：显著。由上文可知，此句指品德、学业无显著进步。　⑥训：训导，教诲。于：远大。志：志向，心志。　⑦醴：甜美的酒。　⑧麹（qū）：酿酒时用的发酵物。又作"䴷"或"麯"。蘖（niè）：即麹。　⑨和：调。羹：一种带汁的食物。　⑩梅：青梅，可作调味品。⑪交：交互，即多方面。修：这里是训导的意思。　⑫罔予弃：即"罔弃予"。弃，厌弃，嫌弃。　⑬迈：行。　⑭时：是，这。建事：建立功业。　⑮逊：谦虚。　⑯敏：努力。　⑰来：达到，实现。　⑱允：诚信。怀：念，记。　⑲斅（xiào）：教。　⑳典：从事。　㉑罔觉：不知不觉。　㉒监：通"鉴"。宪：法度。　㉓愆（qiān）：过错。　㉔式：法度。　㉕旁：广泛。俊乂：有才能的人。古代称才德过千人者为俊，过百人者为乂。　㉖庶：众。位：这里指官位。　㉗仰：景仰。　㉘风：教化。　㉙股：大腿。肱（gōng）：上臂。股肱在这里指四肢或手足。　㉚先正：先王任用的官长。正，长，这里指官长。保衡：指伊尹。伊尹又称阿衡。作：兴起。　㉛俾：使。后，君王，这里指成汤。　㉜挞（tà）：鞭打。市：街市。㉝获：这里指生活得到保障。　㉞辜：罪。　㉟格：嘉许。于：被。　㊱保乂：扶持，辅佐。㊲专：独占，独享。美：美名。　㊳食：俸禄。　㊴绍：继续。　㊵绥：安抚。　㊶对：答对，应对。命：教导。

【译文】

君王说："来吧，傅说！我起初向甘盘学习治国之道，可是不久就跑到荒野，躲在黄河边，后来又从黄河边去到亳地，这期间，我在品德、学业各方面始终没有取得显著进步。因此希望你对我加以训导，使我志向远大起来。打个比方说，如果我酿造美酒，你就充当发酵的酵母；如果我做羹汤，你就充当调味的盐和青梅。你要从多方面教导我，不要厌弃我；而我一定能够遵从你的教导。"

傅说教导君王说："君王啊！一个人力求见多识广，这是为了建功立业。只有努力学习古人的遗训，才能有所收获；而想建功立业又不去向古人学习，国家却能够长治久安，这样的事情我傅说还从来没有听说过。学习一定要虚怀若谷，努力不懈，这样才能学有所得。切实记住这一点，就能掌握学习的道理和方法。教只是学的一半，只要始终孜孜不倦地学习，品德就会不知不觉地逐步完美。借鉴先王现成的法度，就会永无过失。我傅说能够恭谨地遵奉君王的旨意，广泛招纳才德出众的贤才，把他们安排在各种职位上。"

君王说："唉呀！傅说，四海之内之所以都景仰我的贤德，都是你教导的结果。打一个比方说，就像人有手足才能成为一个完整的人，同理，君王有良臣才能成为一个圣明的君王。从前，先王任用的百官之长伊尹使我们的先王得以兴起，然而他却说：'我未能使我的君王成为尧舜，内心一直感到惭愧和羞耻，那感觉就好像在街市上当众遭受鞭打一样。'只要有一个人的衣食没有保障，他就说：'这是我的罪过！'他辅佐我们建立了丰功伟业的先祖，受到伟大的上天的嘉许。希望你能辅佐我取得卓著的政绩，不要让伊尹一人独享我商家贤相能臣的美名。君王没有贤臣就不能治理国家，贤臣没有君王就不能享受俸禄。你要能让你的君王继续先王遗志，永远使百姓安居乐业。"

傅说跪拜叩头说："我愿冒昧地向您作出承诺：我接受天子赋予我的美好使命，并将大力颂扬它！"

高宗肜日①

高宗祭成汤，有飞雉升鼎耳而雊②，祖己训诸王③，作《高宗肜日》、《高宗之训》④。

高宗肜日，越有雊雉⑤。祖己曰："惟先格王⑥，正厥事⑦。"乃训于王。曰："惟天监下民⑧，典厥义⑨。降年有永有不永，非天天民⑩，民中绝命⑪。民有不若德⑫，不听罪⑬。天既孚命，正厥德⑭。"

乃曰："其如台⑮？呜呼！王司敬民⑯，罔非天胤⑰，典祀无丰于昵⑱。"

【注释】

①本篇是祖己训导武丁的谈话记录，祖己在谈话中提出了"敬民"的思想。高宗：即武丁。肜（róng）：举行肜祭之日。肜日是殷商祭祀之名，祭祀的次日所举行的再祭祀。　②雉：野鸡。升：登。鼎：古代一种三足两耳的煮食物的器具。雊（gòu）：鸣，叫。　③祖己：武丁时代的贤臣。诸：兼词，音义同于"之于"。　④《高宗之训》：与本篇共序，正文已亡佚。　⑤越：于。　⑥格：格正，即端正。　⑦事：祭祀之事。　⑧临：视，察。　⑨典：重。义：依理行事曰义。　⑩夭：少壮而死曰夭。　⑪中：中途。　⑫若：顺，善。　⑬听：服。　⑭孚：罚。　⑮如台（yí）：如何。　⑯司：通"嗣"，继承。民：指先王，这是相对于上天而言。　⑰胤（yìn）：后代。　⑱丰：厚。昵：父庙。古制，父生曰父，死曰考，入庙曰昵。

　　高宗武丁祭祀成汤，突然飞来一只野鸡，落在祭器大鼎的鼎耳上鸣叫起来，武丁十分恐惧，他的贤臣祖己为了训导武丁，就撰写出《高宗肜日》、《高宗之训》两篇训词。

　　在高宗举行肜日祭祀的那一天，发生了一起怪异之事，就是突然飞来一只野鸡，落在祭器大鼎上鸣叫起来。贤臣祖己见状，便自言自语说："只有先端正君王之心，才能端正祭祀大典的礼仪。"接着，祖己就训导高宗说："上天考察下民，着重看他们做事是否符合道义。上天赐予人的年寿之所以有长有短，不是上天有意缩短某些人的寿命，而是他不按照道义行事而中途丧命的。这些人德行不善，又不认为自己有罪，所以上天便惩罚他们，以端正他们的德行。"

　　训导结束后，祖己又勉励高宗说："今后君王应该怎样做呢？唉呀！君王继承帝位之后，应当先敬奉先王以顺从天意，因为他们都是上天的后代，所以在举行祭祀的时候，不要让父庙中的祭品过于丰厚。"

西伯戡黎①

　　殷始咎周②，周人乘黎③。祖伊恐④，奔告于受⑤，作《西伯戡黎》。

　　西伯既戡黎，祖伊恐，奔告于王，曰："天子，天既讫我殷命⑥，格人元龟⑦，罔敢知吉⑧。非先王不相我后人⑨，惟王淫戏用自绝⑩，故天弃我，不有康食⑪，不虞天性⑫，不迪率典⑬。今我民罔弗欲丧⑭，曰：'天曷不降威⑮？大命不挚⑯！'今王其如台⑰？"

　　王曰："呜呼！我生不有命在天？"

　　祖伊反，曰⑱："呜呼！乃罪多参在上⑲，乃能责命于天⑳？殷之即丧，指乃功㉑，不无戮于尔邦㉒。"

【注释】

　　①本篇是西伯周文王打败了殷商的属国黎以后，诤臣祖伊向商王受——也就后世所称的纣王进谏的情况和内容的记录。西伯：周文王姬昌。当时文王居岐山，被封为雍州伯，岐山在西，因此又称西伯。伯，殷时州长称伯。戡（kān）：用武力平定（叛乱），这里是战胜的意思。黎，殷的诸侯国，在今山西省黎城县。　②咎：憎恶。周：周族，姬姓，是与商族同时存在的一个部落。　③乘：胜。　④祖伊：祖己的后代，商王受时代的贤臣。　⑤受：纣王名

受。纣是周人给受所加的谥号。　⑥讫：终止。命：国运。　⑦格人：能知天地吉凶的圣人。格，至。元龟：大龟。龟甲是上古的占卜工具，古人认为龟愈大而占愈灵。元，大。　⑧罔敢：不能。　⑨相（xiàng）：帮助。　⑩淫：过度。戏：纵情酒色。用：以，而。自绝：自绝于先王。　⑪康：安。　⑫虞：揣度。　⑬迪：由，循。率：法度。典：常，即法度。　⑭欲：希望。丧：灭亡。　⑮曷：何，为什么。威：威灵，即威严的显应。　⑯挚：至。　⑰如台（yí）：如何。　⑱反：反驳。　⑲参：众，即多。上：上天。　⑳责：责备。　㉑指：示，视。功：事。　㉒戮：杀，灭亡。

【译文】

在殷商对周族产生憎恶之情的时候，周族打败了黎国。祖伊对此感到惊恐不安，赶紧跑去禀报君王受，史官记下了这件事，撰写出《西伯戡黎》。

西伯姬昌打败了黎国之后，祖伊感到惊恐不安，赶紧跑去把这个消息禀报给自己的君王，说："天子！看来上天已经决定结束我们殷商的国运了。无论向深知天命的圣人请教，还是用大龟进行的占卜，都看不出一点吉利的征兆。这不是先王不肯帮助我们这些后代子孙，而是大王过分纵情酒色而自绝于先王。因此，上天决定抛弃我们，降下灾祸使我们遭受饥荒。大王既不揣度上天的意志，也不遵守法度。如今，我们的臣民没有不盼望大王灭亡的，他们都诅咒说：'上天为什么还不显示威灵，降下惩罚呢？能够承受天命的君王怎么还不到来啊！'大王，您打算怎么办呢？"

不料君王却横蛮地说："哼！我的一生是由天命决定的，谁能把我怎么样？"

祖伊反驳道："唉呀！您的罪行很多，上天已经一条一条记在心中，您岂能反而责备上天降下惩罚呢？殷商的灭亡就在眼前，这从大王的所作所为中就可以看出来，我们的臣民都将被杀死在您的国家里！"

微　子①

殷既错天命②，微子作诰父师、少师③。

微子若曰④："父师、少师，殷其弗或乱正四方⑤。我祖民遂陈于上⑥，我用沈酗于酒⑦，用乱败厥德于下⑧。殷罔不小大⑨，好草窃奸宄⑩，卿士师师非度⑪，凡有罪辜，乃罔恒获⑫。小民方兴，相为敌仇。今殷其沦丧，若涉大水，其无津涯⑬。殷遂丧，越至于今⑭。"曰："父师、少师，我其发出狂⑮？吾家耄逊于荒⑯？今尔无指告予⑰，颠踬⑱，若之何其？"

父师若曰："王子！天毒降灾荒殷邦⑲，方兴沈酗于酒，乃罔畏畏⑳，咈其耇长旧有位人㉑。今殷民乃攘窃神祇之牺牷牲，用以容㉒，将食无灾㉓。降监殷民用乂㉔，仇敛㉕，召敌仇不怠，罪合于一㉖，多瘠罔诏㉗。商今其有灾㉘，我兴受其败㉙。商其沦丧，我罔为臣仆。诏王子出迪㉚。我旧云刻子。王子弗出㉛，我乃颠隮。自靖㉜，人自献于先王，我不顾行遁㉝。"

【注释】

①本篇是微子和父师两人谈话的记录。谈话的中心议题是在国家行将灭亡的情况下，各自应抱的态度和应作的选择。微子：名启，帝乙的长子，帝辛（受，纣）的同母庶兄。启出生时，其母尚未被帝乙立为正妃，所以尽管他年长却是庶出。微，启的封号。子，启的爵位。　②错：错乱，即被废黜。　③父师、少师：官名。有人认为父师即太师，少师是太师的助手。　④若：这样。　⑤其：恐怕，或许。或：有。乱：治。正：政，政事。　⑥我祖：指成汤。厎（zhǐ）：致，遂，成。陈：列。上：表示时间，意为过去，从前。　⑦我：我们的君王，指纣。用：由于。沈：同"沉"，沉湎。酗（xù）于酒：即酗酒，无节制地饮酒。酗，发酒疯。　⑧用：因此。德：指成汤的美德。下：后世，实指目前。　⑨小大：指大小官员，即群臣。　⑩草窃：盗贼。草，同"钞"；钞，掠，抢。奸宄（guǐ）：犯法作乱。　⑪师师：众官长。前一个"师"作众多讲，后一个"师"作官长讲。度：法度。　⑫乃：却。恒：常，往往。获：捕获。　⑬津：渡口。涯：边际，这里指河的堤岸。　⑭越：于。　⑮狂：往。《史记·宋微子世家》作"往"。　⑯家：居家。耄（mào）：年老。逊：遁。荒：荒野。　⑰指：旨，想法或打算。　⑱颠隮（jī）：颠仆。　⑲毒：深，重。　⑳畏畏：畏天威。前一个"畏"是畏惧的意思，后一个"畏"通"威"，指天威。　㉑咈〔fú〕：违逆。耇（gǒu）：老年人。旧有位人：旧时大臣。　㉒攘窃：偷盗。顺手捎带的偷为攘，专程前往的偷为窃。神：天神。祇（qí）：地神。牺：纯毛之牲。牷（quán）：肢体完具之牲。牲：指猪、牛、羊三牲。容：隐。　㉓将：养。食：吃。无灾：这里是不惧怕天神降灾的意思。　㉔降：向下。　㉕乂（yì）：同"刈"，杀。仇：通"稠"，多。敛：赋敛。　㉖合：集。一：一人，一身，这里指纣王。　㉗瘠：疾苦。诏：诉说。　㉘其：假若。灾：灾变。　㉙兴：起。　㉚诏：劝告。迪：逃。　㉛旧：久。刻子：有人认为指箕子。箕子，纣的叔父，曾任太师，因劝谏纣而遭囚禁。　㉜靖：谋划。　㉝顾：顾念。遁（dùn）：同"遁"，逃亡。

【译文】

殷商行将灭亡之际，微子作了一篇诰词，把他的想法和打算告诉父师、少师。

微子这样说："父师、少师，我们殷商恐怕不能再继续统治天下，行将死亡。我们的祖先成汤建立了伟大的功业于前，而我们的君王沉湎于酒色之中，败坏先祖成汤的美德在后。我们殷商的大臣小民都抢掠偷窃，犯法作乱，各级官员都不遵守法度。所有犯罪的人，都受不到应有的惩罚，这样，老百姓就将起来进行反抗，和我们结成仇敌。现在我们殷商大概就要灭亡了，形势就像要渡过大河却找不到渡口和堤岸。我们殷商灭亡的日子，就在眼前了！"微子又说："父师、少师，我是逃亡在外，还是避居家中而直到年老，或永远在荒野中隐匿起来呢？你们现在还不把你们的想法告诉我，到殷商灭亡时，我们怎么办呢？"

父师这样回答道："王子啊！上天降下大灾大难，要惩罚我们殷商，而君王还沉醉在美酒之中，对上天的威严一点也不惧怕，对年长德高的大臣的劝谏一句都听不进去。现在殷商的小民竟敢偷盗祭祀天地神灵用的牺牲，有的带回去饲养，有的拿回去吃掉，这样严重的罪过却不受惩罚。现在上天正在监视殷民，而君王用杀戮和重刑横征暴敛，尽管已经弄得民怨沸腾，仍然不肯放松对民众的压迫。这都是君王一人的罪恶，广大受害小民却有苦无处诉说。殷商如果现在就大祸临头，我们都会遭受灾难；殷商如果灭亡了，我决不做周人的奴隶。我劝告王子出逃。我从前就说过，箕子应该出逃。现在，假若王子再不出逃，我们殷商就要彻底灭亡。还是自己拿主意吧！每个人都可以按照自己的想法，献身于先王所开创的事业；至于我个人，则不会考虑逃亡。"

周　书

泰誓① 上

惟十有一年②，武王伐殷。一月戊午③，师渡孟津④，作《泰誓》三篇。

惟十有三年春，大会于孟津，王曰：“嗟！我友邦冢君⑤，越我御事庶士⑥，明听誓。惟天地万物父母⑦，惟人万物之灵⑧。亶聪明⑨，作元后⑩，元后作民父母。今商王受弗敬上天⑪，降灾下民。沉湎冒色⑫，敢于暴虐，罪人以族⑬，官人以世⑭，惟宫室、台榭、陂池、侈服⑮，以残害于尔万姓；焚炙忠良⑯，刳剔孕妇⑰。皇天震怒，命我文考⑱，肃将天威⑲，大勋未集⑳。肆予小子发㉑，以尔友邦冢君，观政于商㉒，惟受罔有悛心㉓，乃夷居㉔，弗事上帝神祇㉕，遗厥先宗庙弗祀㉖。牺牲粢盛㉗，既于凶盗㉘，乃曰：‘吾有民有命！’罔惩其侮㉙。天佑下民，作之君㉚，作之师，惟其克相上帝㉛，宠绥四方㉜。有罪无罪，予曷敢有越厥志㉝？同力度德㉞，同德度义。受有臣亿万，惟亿万心㉟；予有臣三千，惟一心。商罪贯盈㊱，天命诛之，予弗顺天，厥罪惟钧㊲。予小子夙夜祗惧㊳，受命文考㊴，类于上帝㊵，宜于冢土㊶，以尔有众，厎天之罚㊷。天矜于民㊸，民之所欲，天必从之。尔尚弼予一人㊹，永清四海㊺。时哉，弗可失！”

【注释】

①《泰誓》三篇是周武王伐纣的誓师词。上篇为武王大会诸侯于孟津的誓师词，内容主要是宣布商纣王的罪行，申明伐纣是顺天保民的正义之举，坚信正义之师必胜；中篇为武王率领军队渡过孟津，抵达黄河北岸后的誓师词，内容主要从天意和人事两方面说明伐纣必定会取得胜利，勉励全军将士同心协力，在战争中建功立业；下篇为讨伐大军出发前的誓师词，内容主要是再次列举纣王的罪行，重申伐纣是顺天保民的正义之举，号令全军将士同仇敌忾，英勇作战，以消灭敌军。泰：通太，即大，隆重、庄严的意思。　②十有一年：周历文王十一年。　③一月戊午：十三年正月二十八日。　④师：军队。孟津。黄河古渡口名，在今河南省孟津县。津，渡口。　⑤友：同志为友。冢（zhǒng）君：指众诸侯。冢，大。　⑥越：和。御事庶士：各级官员。御，管理。庶，众。　⑦天地万物父母：即“天地，万物之父母”。古人认

为天地生成万物，所以是万物的父母。　⑧灵：灵物，即智慧最高者。　⑨亶（dǎn）：真，诚。聪明：这里指聪明的人。　⑩元后：大君。元，大。后，君。　⑪受：商纣王名。　⑫冒：贪。　⑬罪：惩罚。族：灭族。　⑭官：任用。世：父子相继为世。　⑮台榭（xiè）：建在高台上的房屋。陂（bēi）池：池塘。侈服：华丽的服饰。　⑯焚炙：烧，这里指纣王的炮烙酷刑。　⑰刳（kū）：剖开躯体。剔：分解骨肉。　⑱文考：指文王。考，死去的父亲。⑲将：施行。　⑳勋：功业。集：成功。　㉑肆：从前。发：武王名。　㉒观政：观察政情。　㉓悛（quān）：悔改。　㉔夷居：傲慢无礼。夷，倨傲。　㉕事：事奉。　㉖遗：弃。　㉗牺牲：古时祭祀用的祭品牲的通称。毛色纯为牺，肢体全为牲。粢盛（zī chéng）：盛放在祭器中的黍稷。粢，古代供祭祀用的谷物。　㉘既：尽。凶：恶人。　㉙惩：制止。侮：傲慢。　㉚作之君：为之立君。作，立。　㉛相：辅佐。　㉜宠：爱。绥：安。　㉝越：远，违背。　㉞同力：力量相等。度：衡量。　㉟亿万心：亿万条心，即人心不齐。　㊱贯：串，成串。盈：满。　㊲钧：同"均"，相等。　㊳夙（sù）夜：早晚。祗（zhī）惧：恭谨戒惧。祗，敬。㊴受命文考：受命于文考，即从先父文王那里继承伐纣的使命。　㊵类：祭祀名，一种因特别事故而举行的临时性祭祀。　㊶宜：祭社曰宜。社，土神。冢土：即大社。　㊷厎（zhǐ）：施行。　㊸矜（jīn）：怜悯。　㊹尚：希望。弼：辅佐。　㊺永清：使……永远清明。

【译文】

周历十一年，周武王发兵征讨殷商。十三年正月戊午日，大军从孟津渡过黄河。史官记下这段史实，撰写出《泰誓》三篇。

十三年春天，周武王在孟津大会天下诸侯，向各路诸侯说："唉呀！我的友好盟邦的大君，和我的各级官员，请你们仔细听着我军的进军誓词。天地是万物的父母，而人则是万物中的最有灵性的部分。真正聪明的人才有资格作大君，而大君则是百姓的父母。如今的商王受，竟然不敬奉上天，还制造灾祸危险天下百姓。他不仅嗜酒贪色，并且敢于施行暴虐，用灭族的重刑惩罚民众，按世袭惯例滥用私人，还大规模营建宫室和台榭，修筑池塘，穿戴华丽的服饰，用这些手段来残害你们万民；他甚至以炮烙酷刑烧杀忠诚良善的官员，用刀剖开孕妇的肚子看里面的胎儿什么样子。伟大的上天为此而动了怒气，授命我的先父文王，让他恭敬地施行上天的惩罚，但是先父不幸去世，致使这一伟大的功业未能完成。从前，我姬发和你们这些友好盟邦的大君，曾经考察过殷商的政情，发现商王受至今也没有痛改前非之意，仍然像过去一样傲慢无礼，既不敬奉天地神灵，也不祭祀先人宗庙。祭祀用的牺牲和黍稷，全都被恶人盗走了。就这样，他还公然宣称：'我拥有百姓，我享有天命，谁能把我怎么样！'他的傲慢无礼一点也没有改变。上天爱护天下百姓，为民立君以治理百姓，为民立师以教化百姓。而为君为师者，就应该辅助上天治理百姓，安抚天下。既然这样，对于有罪的人就必须加以讨伐，对于无罪的人则应当予以安抚，这是上天的意志，我怎敢违背呢？两方对峙，实力相等时，就衡量德行，德行优良者必胜；德行相当时，就衡量道义，符合道义者必胜。商王受有臣民亿万之众，但是亿万人却亿万条心；而我只有臣民三千人，但是三千人却一条心。商王受恶贯满盈，上天授命我诛灭他，我如果不遵从天意，就会犯下与商王一样的大罪。我一天到晚恭谨戒惧，继承先父文王伐商的遗志，举行类祭祭祀上天，举行宜祭祭祀土神，然后才率领你们众位来施行上天的惩罚。上天怜悯百姓，凡是百姓所希望办的事情，上天一定会依从。希望你们辅佐我，使四海永远清平。现在正是伐商的时机，这个时机千万不能错过啊！"

泰誓中

惟戊午，王次于河朔①，群后以师毕会②，王乃徇师而誓曰③："呜呼！西土有众④，咸听朕言。我闻吉人为善⑤，惟日不足⑥；凶人为不善，亦惟日不足。今商王受力行无度⑦，播弃犁老⑧，昵比罪人⑨，淫酗肆虐；臣下化之⑩，朋家作仇⑪，胁权相灭⑫。无辜吁天，秽德彰闻⑬。惟天惠民⑭，惟辟奉天⑮。有夏桀弗克若天⑯，流毒下国，天乃佑命成汤，降黜夏命⑰。惟受罪浮于桀⑱。剥丧元良⑲，贼虐谏辅⑳，谓'己有天命'，谓'敬不足行'，谓'祭无益'，谓'暴无伤'㉑。厥监惟不远㉒，在彼夏王。天其以予乂民㉓，朕梦协朕卜㉔，袭于休祥㉕，戎商必克㉖。受有亿兆夷人㉗，离心离德；予有乱臣十人㉘，同心同德。虽有周亲㉙，不如仁人㉚。天视自我民视，天听自我民听。百姓有过㉛，在予一人，今朕必往。我武维扬㉜，侵于之疆㉝，取彼凶残㉞；我伐用张㉟，于汤有光㊱。勖哉㊲，夫子㊳！罔或无畏㊴，宁执非敌㊵。百姓懔懔㊶，若崩厥角㊷。呜呼！乃一德一心㊸，立定厥功，惟克永世。"

【注释】

①次：驻扎。河朔：黄河北岸。朔，北。　②后：君，这里指诸侯。毕：都，全。　③徇：巡视。　④西土：西方。周族都域在丰镐，其地在商之西，所以称"西土"。众：指西方众诸侯。　⑤吉人：善良的人。　⑥惟日不足：终日去做还嫌时间不够用。　⑦力：竭力。无度：不合法度，这里指违反法度的事。　⑧播：普遍，广泛。犁老：老人。又作"黎"，而黎通"耆"，所以犁老即"耆老"。　⑨昵、比：亲近。　⑩化：因事物发生变化而具有某种性质或达到某种状态。这里指臣下受纣王的影响也渐渐变成"淫酗肆虐"者。　⑪朋家：结党。作仇：相互仇视、敌对。　⑫胁：挟。　⑬秽（huì）德：指纣王的肮脏丑恶的德行。秽，肮

脏，丑恶。彰：显。闻：传布。　⑭惠：爱。　⑮辟：君王。　⑯若：顺从。　⑰黜（chù）：废止。　⑱浮：超过。　⑲剥：伤害。丧：流亡国外。　⑳贼：害，杀害。虐：残害。辅：指辅臣，即大臣。　㉑伤：妨碍。　㉒监：通"鉴"，镜子。　㉓乂（yì）：治理。　㉔协：符合。　㉕袭：重复，相同。休祥：吉祥。休，吉庆。　㉖戎：征讨。克：胜。　㉗夷人：平人，庸人。　㉘乱：治。十人：指周公旦、召公奭、太公望、毕公、荣公、太颠、散宜生、南宫适、邑姜十位辅佐过周文王和周武王的大臣。　㉙周：至。　㉚仁人：仁爱德高的人。　㉛过：这里用作动词，责难。　㉜武：武力。扬：发扬，显示。　㉝侵：进入。　㉞取：擒获。凶残：这里指凶恶残暴的人，即商纣王。　㉟用：取得。张：大，指辉煌战果。　㊱于：比。光：光辉。　㊲勖（xù）：努力。　㊳夫子：当时对将士的称呼。　㊴罔：不要。无畏：无所畏惧，这里指轻敌。　㊵执：保持。非敌：不是对手，这里是自指。　㊶懔懔（lǐn lǐn）：恐惧不安的样子。　㊷厥角：叩头。厥，顿，叩。角，额角，这里指头。　㊸一德一心：即同心同德。德，信念。

【译文】

　　戊午日这一天，周武王率领军队在黄河北岸驻扎下来，各路诸侯也都率领他们军队到这里会合，于是，武王检阅了全军将士，并且发表誓师词说："唉呀！西方各位诸侯，都听着我讲话。我听说过一种说法，叫做好人做善事，整天去做还唯恐时间不够；恶人做坏事，也是整天去做还唯恐时间不够。如今，商王受就是竭力做无法无天的坏事，他把所有的忠实老臣都抛弃了，专门亲近那些犯下种种罪行的奸人，还沉溺于美酒之中，大肆施行暴虐统治；臣下也都沾染上了这些恶习，结党营私，相互为仇，挟权作威，彼此残杀。而那些无辜的受害者到处奔走呼号，向上天诉说他们的苦楚，使商王受的罪恶行径因此而昭彰于天下，传布到四方。上天惠爱下民，国君则应当奉承上天的这种心意。当年，夏桀不仅不能顺从爱民的天意，还给百姓制造灾祸，并到处肆虐，使灾祸遍及天下。于是上天就佑助成汤肩起大命，结束夏的国运。如今，商王受的罪恶已经超过了夏桀。他伤害甚至斥逐贤良的大臣，虐待甚至杀戮进谏的宰辅，还公然声称自己'享有天命'，胡说'敬天不值得实行'，扬言'祭礼没有什么益处'，叫嚷'施行暴虐没有什么妨碍'。他的前车之鉴离他并不遥远，这个前车之鉴就是夏桀，可是他并不引以为戒。也许是上天要让我治理百姓，因为我的梦兆正符合我的卜兆，二者都是吉祥的，这预示伐商必定胜利。商王受所拥有的是亿万庸人，并且彼此离心离德；而我拥有的则是十位治世能臣，并且彼此同心同德。这说明，拥有众多至亲的人，不如拥有少数仁德的人。上天所看到的一切都来自我们下民，上天所听到的一切也都来自我们下民，也就是说，上天是通过老百姓来了解下情的。如果百姓责难抱怨，责任都在我一人身上，如今我一定要前去讨伐殷商。我们的武力一定要显示出来，让军队攻入殷商的疆土，并擒获那个凶残的商王受。我们的征伐一定会取得辉煌战果，与当年成汤征伐夏桀相比，我们的战果将会更加辉煌。奋勇作战吧，将士们！不可不加警惧而麻痹轻敌，宁可认为自己不是敌方的对手。百姓都惧怕商王受，人人战战兢兢，他们向我们求助的叩头声就像山崩一样响，可见商王受非常不得人心。唉呀！你们要同心同德，救民除暴，树立战功，使天下能够长治久安。"

泰 誓 下

时厥明①，王乃大巡六师②，明誓众士③。

王曰："呜呼！我西土君子！天有显道④，厥类惟彰⑤。今商王受狎侮五常⑥，荒怠弗敬⑦，自绝于天⑧，结怨于民。斫朝涉之胫⑨，剖贤人之心⑩，作威杀戮，毒痡四海⑪；崇信奸回⑫，放黜师保⑬，屏弃典刑⑭，囚奴正士⑮，郊社不修⑯，宗庙不享⑰，作奇技淫巧以悦妇人⑱。上帝弗顺，祝降时丧⑲，尔其孜孜⑳，奉予一人，恭行天罚㉑。古人有言曰：'抚我则后，虐我则仇。'独夫受洪惟作威㉒，乃汝世仇㉓。树德务滋㉔，除恶务本，肆予小子诞以尔众士殄歼乃仇㉕，尔众士其尚迪果毅以登乃辟㉖。功多有厚赏，不迪有显戮㉗。"

"呜呼！惟我文考若日月之照临㉘，光于四方㉙，显于西土㉚，惟我有周诞受多方㉛。予克受，非予武㉜，惟朕文考无罪㉝；受克予，非联文考有罪，惟予小子无良㉞。"

【注释】

①厥明：戊午日的第二天。明，明天。　②六师：六军，这里泛指伐商大军。　③众士：众将士。　④显道：彰明昭著的法度。道，规则，法度。　⑤类：规则，法度。彰：显扬。⑥狎（xiá）侮：轻慢。五常：五种常行的人伦准则，即义父、母慈、兄友、弟恭、子孝。又称五典。　⑦敬：敬重，敬畏。　⑧自绝：做了对不起人的事又不肯悔改，从而自行断绝了与对方的关系。　⑨斫（zhuó）朝涉之胫：相传纣王见有人在冬季的早晨涉水，认为此人的小腿耐寒，便下令砍下来让他看看。斫，砍断。胫，小腿。　⑩贤人：这里指比干。比干乃纣王的叔父，曾任少师，相传他屡谏纣王，被剖心而死。　⑪痡（pū）：伤害。　⑫回：奸回，邪恶。⑬放黜：放逐，罢免。黜，罢除。师保：太师和太保。　⑭屏（bǐng）：屏弃，除去。典刑：常法。典，常。刑，法。　⑮奴：这里用作动词，使……为奴。正士：这里指箕子。相传比干

被剖心之后，箕子害怕了，便佯装发疯而甘为人奴，纣王知道后又把他囚禁起来（先前箕子已曾被囚禁过）。 ⑯郊社：郊，祭天；社，祭地。修：治，做。 ⑰享：祭祀。 ⑱奇技淫巧：指纣王的各种荒淫之举。妇人：这里特指妲己。 ⑲祝：断然。时：是，这。丧：惩罚。 ⑳孜孜：努力不倦的样子。 ㉑恭：奉行。 ㉒独夫：众叛亲离的人，这里指纣王。洪：大。 ㉓世仇：大仇敌。世，大。 ㉔滋：培植，增长。 ㉕诞：大。以：用，率领。殄（tiǎn）歼：歼灭。 ㉖迪：前进。果毅：果敢而坚决。登：成就。辟：君王。 ㉗显：重，严厉。 ㉘文考：指文王。 ㉙光：光辉。 ㉚显：昭著。 ㉛受：亲近。 ㉜武：勇武。 ㉝罪：过失。 ㉞良：善。

【译文】

在戊午日的第二天，周武王下令举行声势浩大的阅兵式，庄严检阅前来伐商的西方全军将士，并再次向他们发表誓师词。

武王说："唉呀！我的来自西方的将士们！上天立有彰明昭著的法度，他的法度应当加以宣扬。如今，商王受轻慢五常，荒疏怠惰；无所敬畏，既自绝于上天，又结怨于下民。他砍下冬天清晨涉水者的小腿，剖开贤人比干的胸膛，作威作福，杀戮无辜，祸害天下；他器重、宠信奸邪小人，放逐、罢黜元老重臣，废除常法，把中正之士箕子逼得自甘为奴，后来又把他囚禁起来；祭天祭地的大典他从不举行，祖先宗庙他也从不祭祀，却搞些纯属奇技淫巧之类的把戏去讨妇人的欢心。上天不能容忍他的所作所为，断然降下这种灭掉他的惩罚。你们应当努力不懈地辅助我，去施行上天对他的惩罚。古人有句名言，说：'爱抚我者，我就拥戴他做君王；虐等我者，我就把他视为仇敌。'独夫民贼商王受大肆施行暴虐统治，乃是你们不共戴天的仇敌。树立美德，务必使之旺盛增长；肃清邪恶，务必将其斩草除根。所以我要率领你们众位将士去消灭你们的仇敌。你们众位将士要果敢坚决地向前冲杀，以成就你们君王的大业。战功立得多者，我有重赏；不能果敢坚决地向前冲杀者，我要重罚。唉呀！我的先父文王的功德，有如日月光芒万丈，照耀四方，而在西方诸国，其光辉尤为灿烂。因此，我们周国特别受众位诸侯的爱戴。此番征伐，如果我战胜了商王受，并不是由于我如何勇武，而是由于我的先父文王英明正确；如果商王受打败了我，并不是由于我的先父文王有何过失，而是由于我这小子不称君职。"

牧　誓①

武王戎车三百两②，虎贲三百人③，与受战于牧野④，作《牧誓》。

时甲子昧爽⑤，王朝至于商郊牧野⑥，乃誓。王左杖黄钺⑦，右秉白旄⑧，以麾⑨。曰："逖矣⑩，西土之人！"

王曰："嗟！我友邦冢君、御事⑪——司徒、司马、司空⑫，亚旅、师氏⑬，千夫长、百夫长⑭，及庸、蜀、羌、髳、微、卢、彭、濮人⑮，称尔戈⑯，比尔干⑰，立尔矛⑱，予其誓。"

王曰："古人有言曰：'牝鸡无晨⑲。牝鸡之晨⑳，惟家之索㉑。'今商王受惟妇言是用㉒，昏弃厥肆祀弗答㉓，昏弃厥遗，王父母弟不迪㉔，乃惟四方之多罪逋逃㉕，是崇是长㉖，是信是使㉗，是以为大夫卿士㉘，俾暴虐于百姓㉙，以奸宄于商邑㉚。今予发惟恭行天之罚㉛。今日之事，不愆于六步、七步㉜，乃止齐焉㉝。夫子勖哉㉞！不愆于四伐、五伐、六伐、七伐㉟，乃止齐焉。勖哉夫子！尚桓桓㊱，如虎如貔㊲，如熊如罴㊳，于商郊㊴，弗迓克奔㊵，以役西土㊶。勖哉夫子！尔所弗勖㊷，其于尔躬有戮㊸！"

【注释】

①本篇是周武王率领伐商大军到了牧野，为与商纣的军队展开决战而发表的誓师词。内容主要是叙述武王宣布他的战略部署和战时纪律，公布纣王的罪行。牧，指牧野，商都朝（zhāo）歌郊区地名，在朝歌南七十里，位于今河南省淇县南部。　②戎车：战车。两：同"辆"。　③虎贲（bēn）：勇士。三百人：《史记》作"三千人"。此数较为可信。　④受：商纣王名。　⑤甲子：甲子日。昧爽：天刚亮而日未出之时。　⑥朝：早晨。　⑦杖：持。钺（yuè）：兵器名，大斧。　⑧秉：执。白旄（máo）：白牦牛尾。　⑨麾（huī）：指挥。　⑩逖（tì）：远。　⑪冢（zhǒng）君：大君，指邦国诸侯。冢，大。御事：指辅佐邦国诸侯治理政事的大臣。御，治，管理。　⑫司徒、司马、司空：官名。司徒掌管民事，司马掌管兵事，司空掌管土地。此三者就是所谓"天子三公"，为朝廷重臣。　⑬亚旅、师氏：官名。亚旅为上大夫，师氏为中大夫。　⑭千夫长、百夫长：官名。千夫长为师的长官，百夫长为旅的长官。　⑮庸：蜀、羌（qiāng）、髳（máo）、微、卢、彭、濮：当时周族西南方的八个诸侯国，在今湖北、四川、甘肃、陕西一带地方。　⑯称：举起。尔：你们的。戈：古代兵器名，横刃，长柄。　⑰比：排列。干：古代兵器名，盾牌。　⑱矛：古代兵器名，直刺，长柄。　⑲牝（pìn）：雌性的。　⑳牝鸡之晨：意思是如果母鸡早晨打鸣。　㉑索：空，衰落。惟家之索，助词"之"使宾语前置，实即"惟索家"。　㉒妇：这里特指妲己。用：听。　㉓昏：轻蔑，蔑视。肆：祭礼名，对祖先的祭礼称肆。答：过问，管。　㉔王父母弟：指同祖父母的从弟，

即堂兄弟。迪：任用。　㉕多罪：指犯有重罪的人。逋（bū）：逃亡。　㉖崇、长：推崇，尊敬。　㉗信：信任。使：任用。　㉘大夫、卿士：官名。　㉙俾：使，让。　㉚奸宄（guǐ）：犯法作乱。乱于内为奸，乱于外为宄。　㉛发：周武王名。　㉜愆（qiān）：超过。　㉝止齐：等待队伍走整齐，防止轻率冒进。止，等待。　㉞夫子：对将士的称呼。勖（xù）：勉力，努力。　㉟伐：击刺。一击一刺为一伐。　㊱桓桓：威武的样子。　㊲貔（pí）：豹类猛兽。　㊳罴（pí）：熊的一种。　㊴于：往。　㊵迓（yà）：御，禁止。　㊶役：帮助。西土：指周。　㊷所：若，如果。　㊸躬：身。戮：杀。

【译文】

周武王出动战车三百辆，勇士三千人，在牧野与商王受展开决战，史官记录下这一史实，撰写出《牧誓》。

在甲子日的黎明时分，周武王率领军队来到商国都城郊外一个叫牧野的地方，在那里举行誓师仪式，并发表誓师词。武王左手持黄色大斧，右手执白色牦牛尾，以此作为权力的象征来指挥全军将士。他首先向全军将士表示慰问，说："远劳了啊，从西方来的人们！"

武王又说："啊！我们友邦的国君，和辅佐国君处理政务的各级官员如司徒、司马、司空、亚旅、师氏，千夫长、百夫长，以及庸、蜀、羌、髳、微、卢、彭、濮的人们，举起你们的戈，排好你们的盾，竖起你们的矛，我要向你们发表誓师词，宣誓进军了！"

武王在誓词中庄严宣称："古人有句名言，说：'母鸡早晨是不打鸣儿的。如果谁家的母鸡早晨打鸣儿，这家就必定要败落。'如今，商王受却唯妇人之言是听，这无异于母鸡打鸣。他还轻蔑地对待祖宗祭祀，对祭礼不闻不问；轻蔑地对待同宗兄弟，从不任用他们。而对四方犯有重罪的逃犯，他竟然那样推崇，那样尊敬，那样信任，那样重用，让他们担任大夫、卿士这类要职，使他们得以残暴地对待百姓，在商国内外胡作非为。现在，我姬发要严肃地施行上天对他的惩罚。今天的战事要求是：向前方行进时，不超过六步或七步，就要停下来等待一下，把阵容排整齐。将士们，奋勇前进吧！向敌人冲杀时，不超过四五次或六七次，就要停下来等待一下，再把阵容排整齐。英勇杀敌吧，将士们！希望你们姿态威武雄壮，像虎像貔，像熊像罴一样，奔向商都的郊野。不要拒绝能够前来投降，并给我们周国以帮助的人。前进吧！冲杀吧，将士们！而如果你们敢不奋力向前，我就要对你们进行惩罚。"

武成①

武王伐殷，往伐归兽②，识其政事③，作《武成》。

惟一月壬辰④，旁死魄⑤。越翼日⑥，癸巳⑦，王朝步自周⑧，于征伐商⑨。

厥四月，哉生明⑩，王来自商，至于丰⑪，乃偃武修文⑫，归马于华山之阳⑬，放牛于桃林之野⑭，示天下弗服⑮。

丁未⑯祀于周庙，邦甸、侯、卫⑰，骏奔走⑱，执豆、笾⑲。越三日⑳，庚戌，柴、望㉑，大告武成㉒。

既生魄㉓，庶邦冢君暨百工㉔，受命于周㉕。

王若曰㉖："呜呼，群后㉗！惟先王建邦启土㉘，公刘克笃前烈㉙。至于大王肇基王迹㉚，王季其勤王家㉛。我文考文王，克成厥勋，诞膺天命㉜，以抚方夏㉝。大邦畏其力，小邦怀其德。惟九年，大统未集㉞，予小子其承厥志，厎商之罪㉟，告于皇天后土、所过名山大川㊱，曰㊲：'惟有道曾孙周王发㊳，将有大正于商㊴。今商王受无道，暴殄天物㊵，害虐烝民㊶，为天下逋逃主㊷，萃渊薮㊸。予小子既获仁人㊹，敢祗承上帝㊺，以遏乱略㊻。华夏蛮貊㊼，罔不率俾㊽。恭天成命㊾，肆予东征㊿，绥厥士女(51)。惟其士女篚厥玄黄(52)，昭我周王(53)。天休震动(54)，用附我大邑周(55)。惟尔有神(56)，尚克相予以济兆民(57)，无作神羞(58)！'既戊午(59)，师逾孟津(60)。癸亥(61)，陈于商郊(62)，俟天休命(63)。甲子昧爽，受率其旅若林(65)，会于牧野，罔有敌于我师(66)，前途倒戈(67)，攻于后以北(68)，血流漂杵(69)。一戎衣(70)，天下大定，乃反商政(71)，政由旧(72)。释箕子囚，封比干墓(73)，式商容闾(74)，散鹿台之财(75)，发钜桥之粟(76)，大赉于四海(77)，而万姓悦服。"

列爵惟五(78)，分土惟三(79)；建官惟贤(80)，位事惟能(81)；重民五教(82)，惟食丧祭(83)；惇信明义(84)，崇德报功(85)：垂拱而天下治(86)。

【注释】

①本篇主要记述周武王伐商大功告成后所做的重要政事。武，武功。成，成就。 ②往伐：前往伐商。归兽：归来巡狩。兽，同"狩"。 ③识（zhì）：记。 ④壬辰：壬辰日。⑤旁死魄：月亮大部分无光的日子。旁，广大。死，失。魄，月光。⑥越：及。翼日：第二天。 ⑦癸巳：癸巳日。 ⑧朝（zhāo）：早晨。步：行，走。周：指周都镐京。 ⑨于：往。⑩哉生明：月亮开始发光的日子。哉，始。 ⑪丰：文王时的周都所在地，这里有周的先王庙。 ⑫偃：停止。武：这里指武备。修：治。文：这里指文德教化。 ⑬阳：这里指山的南

麓。山之南为阳。　⑭桃林：地名，在今河南省灵宝县西。　⑮服：使用。　⑯丁未：丁未日。　⑰邦：邦国。甸、侯、卫：即甸服、侯服、卫服。这里是举甸、侯、卫三服以代六服诸侯。周把王室周围的土地按距离远近划分为六等服役地区，称为六服，即侯服、甸服、男服、采服、卫服、蛮服。服，劳役。　⑱骏：疾速。　⑲豆、笾（biān）：两种古代祭器。　⑳三日：第三天。　㉑柴：祭礼名，即烧柴祭天。望：祭礼名。专用于祭祀山川，因望而祭之，故称"望"。　㉒大：大力，广泛。　㉓既生魄：月圆之后。　㉔庶邦：众诸侯国。庶，众。暨（jì）：和。百工：指百官。　㉕命：这里指政命。　㉖若：这样。　㉗群后：指众诸侯。后，君王。　㉘先王：这里指周族的先祖后稷。后稷未称王，称其为王，是表示对祖先的尊仰。启土：开疆拓土。启，开拓。　㉙公刘：后稷的曾孙。公刘为继承前人的功业，振兴周族，做出过重大贡献。笃：治理。烈：功业。　㉚大王：这里指太王古公亶父，他是文王的祖父。肇基王迹：指古公亶父迁居岐山之下的周原，开创王业。肇基，开始，开创。　㉛王季：文王的父亲。王家：王家的事业。　㉜诞：大。膺：受。　㉝方夏：四方中夏。　㉞大统：指统一天下的大业。集：成。　㉟厎（zhǐ）：致，传达。　㊱皇天后土：古代天神和地神的合称，这里用来统指天地神灵。　㊲曰：下面的话是武王的告神词。　㊳有道：武王自以为伐纣是为民除害，替天行道，故自称有道。曾孙：祭祀时诸侯自称之辞。　㊴大正：大政，即重大的政治举动。正，通"政"。　㊵暴殄（tiǎn）天物：任意糟蹋东西。殄，灭绝。天物，各种自然物。　㊶烝（zhēng）民：百姓。烝，众多。　㊷逋（bū）逃主：天下逃亡罪犯的魁首。逋，逃亡。主，首领。　㊸萃：聚集。渊薮（sǒu）：本指鱼、兽聚居之处，这里比喻天下罪人都归向纣王，如鱼聚集于深渊，如兽聚集于大泽。渊，深潭。薮，无水的泽。　㊹仁人：仁爱德高之人，这里指周公等大臣。　㊺祇：恭敬。　㊻遏：制止。略：谋略。　㊼华夏：指中原地区各国。蛮：古代对南方少数民族的蔑称。貊（mò）：古代对北方少数民族的泛称。蛮貊在这里是对四方少数民族的泛称。　㊽俾：从。　㊾恭：奉行。成命：定命，这里指灭商。　㊿肆：所以。东征：周在西方，商在东方，伐商是向东进军，故称东征。　51绥：安定。士女：古代男女的合称。　52篚（fěi）：本指竹筐，这里用作动词，意为用竹筐盛东西。玄黄：这里指玄、黄二色丝绸。　53昭：见。　54休：美，善，这里指美意或善意。震动：这里指震动民心。　55用：因而。附：归附。大邑：大国。　56神：这里指众神。　57相：帮助。　58无：不要。作：使。神：这里是神灵的意思。羞：羞辱。　59戊午：戊午日。　60逾：渡过。孟津：古代黄河渡口名，在今河南省孟津县。津，渡口。　61癸亥：癸亥日。　62陈：同"阵"，这里用作动词，布阵。　63俟：等待。　64甲子：甲子日。昧爽：天将明未明时分。　65若林：如林，这里是极言士卒人数之众多。相传纣王军队人数有七十万。　66敌：动词，抵挡。　67前途：指前军。　68北：失败。　69杵：舂米用的木杵，这里指武器。　70戎衣：伐商。戎，兵，这里用作动词，征伐的意思。衣，通"殷"。　71反：改变。商政：指纣的暴政。　72旧：指商代先王的善政。　73封：修治。　74式：同"轼"；本指车前的横木，这里用作动词，礼敬的意思。商容：商代贤人。间：里巷的门，这里指商容的故居。　75鹿台：府库名。相传纣聚敛的资财都聚集在这里。　76钜桥：仓库名。　77赉（lài）：赏赐。　78五：五等爵位，即公、侯、伯、子、男。　79分土为三：裂地封国，分为三等，即公、侯方圆百里，伯七十里，子、男五十里。 ⑧建：选任。 ⑧位：安排。事：指理事的众吏。 ⑧五教：五种伦常之教，即父义、母慈、兄友、弟恭、子孝。又称五常，五典。 ⑧食、丧、祭：即民食、丧礼、祭祀。 ⑧惇（dūn）：厚。明：显扬。 ⑧崇：尊崇。报：报答。 ⑧垂拱：垂衣与拱手。这里是比喻武王治国有方，天下就很快走向大治。治：太平。

【译文】

在周武王征伐殷商的过程中，史官记录下从前往征伐到归来巡狩期间所发生的大事，撰写出《武成》。

一月壬辰日这一天，月亮大部黯然无光。到第二天癸巳日，武王一早就从镐京率军出发，前往伐商。

四月间，当月亮刚开始放出光辉的时候，武王就从商地归来，到达丰邑。从此之后，他就停止武备，收起刀枪，开始治理文明，施行教化，把战马都放归华山的南坡，把役牛都送往桃林的旷野，清楚地向天下表明，从此再不使用它们从事征战了。

四月丁未日，武王到周庙举行祭礼，向服、侯服、卫服等六服的诸侯们，都忙碌地东奔西走，有的陈放木豆，有的摆置竹笾，前来助祭。到第三天庚戌日，又举行柴祭礼来祭祀上天，举行望祭礼来祭祀山川，一一向诸神报告伐商的武功已经大获全胜。

月圆之后，四方诸侯和文武百官都来到周京，接受周王的政命。

周王向众人说："唉呀，各邦国的大君们！很久很久以前，我们周族的先王后稷就建立了邦国，并开始开疆拓土；而公刘则继承并发展了先人的事业。到了太王古公亶父，又开始经营王者大业；而王季更为王者大业付出了辛勤和劳苦。我的先父文王则能够成先王的事业，把天命全部承受下来，安抚四方，治理天下。大国畏惧他的武力，小国感念他的美德，他真是功德无量啊。可是先父在位仅仅九年，统一天下的大业未能完成，我姬发便继承了他的遗志，揭露商王受的罪行，把它禀告给皇天后土，以及我所经过的名山大川。我说：'周族有道的子孙周王姬发，对殷商将有重大的举动。如今，商王受荒淫无道，任意糟蹋万物，残酷虐待百姓，成了天下逃亡罪犯的魁首，并使商地成了这些坏人聚集的巢穴。现在，我姬发已经得到仁人志士的辅佐，所以敢于冒昧地敬承上天的旨意，制止殷商的乱政。华夏各族和四方诸国，无不遵从我的决策。我决心奉行上天的旨意，完成上天赋予我的大命，所以就兴师东征，去安抚那里的男男女女。那里的男男女女用竹筐盛着玄色和黄色丝帛，前来求见我周王。他们都被上天的美意深深打动，因而都来归附我们大周国。诸位神明，我希望你们佑助我，让我去拯救亿万百姓，并使你们的盛灵不再蒙受羞辱！'到了戊午日，我们的伐商大军渡过孟津。癸亥日，我在商都郊外布好军阵，等候上天下达美命。甲子日黎明时分，商王受带领他那如林的大军，来到牧野与我的大军会战。商王受的军队都不愿意与我的军队对抗，结果，先头部队纷纷临阵倒戈，掉头去攻击他的后续部队，商军因而惨遭失败，血流成河，血水使丢弃的兵器都漂起来了。一举击败殷商，天下完全安定下来之后，我便废止了商王受所施行的暴政，恢复了商代先王原先的善政。释放了被囚禁的箕子，修整了比干的坟墓，敬拜了商容的故居；还散发了鹿台囤积的财货，发放了钜桥贮藏的米粟，大赏四海百姓，使得万民对我们大周国都心悦诚服。"

周武王统治天下之后，采取了以下措施：设立爵位，共列五级；划地分封，共分三等；选任官长唯贤是举，安排众吏唯能是用；治国注重百姓的五常之教，以及民食、丧礼、祭祀三件大事；并能忠厚诚信，显扬道义，尊崇有德的人，报答有功的人。由于武王治国有方，天下在垂衣拱手之间就实现了大治。

洪 范①

武王胜殷，杀受②，立武庚③，以箕子归④，作《洪范》。

惟十有三祀⑤，王访于箕子。王乃言曰："呜呼，箕子！惟天阴骘下民⑥，相协厥居⑦，我不知其彝伦攸叙⑧。"

箕子乃言曰："我闻在昔，鲧陻洪水⑨，汩陈其五行⑩，帝乃震怒，不畀洪范九畴⑪，彝伦攸斁⑫鲧则殛死⑬，禹乃嗣兴⑭。天乃锡禹洪范九畴⑮，彝伦攸叙。"

"初一曰五行⑯；次二曰敬用五事⑰；次三曰农用八政⑱；次四曰协用五纪⑲；次五曰建用皇极⑳；次六曰乂用三德㉑；次七曰明用稽疑㉒；次八曰念用庶征㉓；次九曰向用五福㉔，威用六极㉕。"

"一，五行：一曰水，二曰火，三曰木，四曰金，五曰土。水曰润下㉖，火曰炎上㉗，木曰曲直㉘，金曰从革㉙，土爰稼穑㉚。润下作咸㉛，炎上作苦，曲直作酸，从革作辛㉜，稼穑作甘㉝。"

"二，五事：一曰貌，二曰言，三曰视，四曰听，五曰思。貌曰恭㉞，言曰从㉟，视曰明㊱，听曰聪㊲，思曰睿㊳。恭作肃㊴，从作乂㊵，明作晰㊶，聪作谋㊷，睿作圣㊸。"

“三，八政㊹：一曰食㊺，二曰货㊻，三曰祀㊼，四曰司空㊽，五曰司徒㊾，六曰司寇㊿，七曰宾(51)，八曰师(52)。”

“四，五纪：一曰安(53)，二曰月，三曰日，四曰星辰(54)，五曰历数(55)。”

“五，皇极：皇建其有极(56)，敛时五福(57)，用敷锡厥庶民(58)。惟时厥庶民于汝极(59)，锡汝保极(60)。凡厥庶民，无有淫朋(61)，人无有比德(62)，惟皇作极。凡厥庶民，有猷有为有守(63)，汝则念之。不协于极，不罹于咎(64)，皇则受之(65)。而康而色(66)，曰予攸好德(67)，汝则锡之福。时人斯其惟皇之极(68)。无虐茕独而畏高明(69)。人之有能有为，使羞其行(70)，而邦其昌。凡厥正人(71)，既富方谷(72)。汝弗能使有好于而家(73)，时人斯其辜(74)。于其无好德，汝虽锡之福，其作汝用咎(75)。无偏无陂(76)，遵王之义(77)。无有作好(78)，遵王之道。无有作恶，遵王之路。无偏无党(79)，王道荡荡(80)。无党无偏，王道平平(81)。无反无侧(82)，王道正直。会其有极(83)，归其有极(84)。曰皇极之敷言(85)，是彝是训(86)，于帝其训(87)。凡厥庶民，极之敷言，是训是行，以近天子之光。曰天子作民父母，以为天下王。”

“六，三德：一曰正直，二曰刚克(88)，三曰柔克。平康正直(89)，强弗友刚克(90)，燮友柔克(91)。沈潜刚克(92)，高明柔克(93)。惟辟作福(94)，惟辟作威(95)，惟辟玉食(96)。臣无有作福、作威、玉食。臣之有作福、作威、玉食，其害于而家，凶于而国，人用侧颇僻(97)，民用僭忒(98)。”

“七，稽疑：择建立卜筮人(99)。乃命卜筮(100)，曰雨，曰霁(101)，曰蒙(102)，曰驿(103)，曰克(104)，曰贞(105)，曰悔(106)，凡七(107)。卜五，占用二，衍忒(108)。立时人作卜筮(109)，三人占则从二人之言。汝则有大疑(110)，谋及乃心(111)，谋及卿士，谋及庶人，谋及卜筮。汝则从，龟从，筮从，卿士从，庶民从，是之谓大同，身其康强，子孙其逢(112)，吉。汝则从，龟从，筮从，卿士逆(113)，庶民逆，吉。卿士从，龟从，筮从，汝则逆，庶民逆，吉。庶民从，龟从，筮从，汝则逆，卿士逆，吉。汝则从，龟从，筮逆，卿士逆，庶民逆，作内吉(114)，作外凶。龟、筮共违于人，用静吉，用作凶(115)。”

“八，庶征：曰雨，曰旸(116)，曰燠(117)，曰寒，曰风。曰时五者来备(118)，各以其叙(119)，庶草蕃庑(120)。一极备(121)，凶(122)。一极无，凶。曰休征(123)：曰肃(124)，时雨若(125)；曰乂(126)，时旸若；曰哲(127)，时燠若；曰谋(128)，时寒若；曰圣(129)，时风若。曰咎征：曰狂(130)，恒雨若(131)；曰僭(132)，恒旸若；曰豫(133)，恒燠若；曰急(134)，恒寒若；曰蒙(135)，恒风若。曰王省惟岁(136)，卿士惟月，师尹惟日(137)。岁月日时无易(138)，百谷用成(139)，乂用明(140)，俊民用章(141)，家用平康。日月岁时既易，百谷用不成，乂用昏不明，俊民用微(142)，家用不宁。庶民惟星(143)，星有好风，星有好雨。日月之行，则有冬有夏。月之从星，则以风雨⑭。"

"九，五福：一曰寿⑭，二曰富，三曰康宁，四曰攸好德⑭，五曰考终命⑭。六极：一曰凶、短、折⑱，二曰疾，三曰忧，四曰贫，五曰恶，六曰弱⑭。"

【注释】

①周灭商后，周武王向箕子请教治国方略，箕子便向武王详细阐述了洪范九法，也就是九种大法。本篇就是箕子阐述洪范九畴的谈话记录。洪范：大法。洪，大。范，法。　②受：商纣王名。　③武庚：安禄父，商纣王的儿子。商灭亡后，武庚被周武王封为殷君。武王死后，成王年幼，周公摄政，武庚勾结三监（管叔、蔡叔、霍叔）和东方夷族发动叛乱，最后被杀。　④箕子：商纣王的叔父。　⑤十有三祀：指周文王第十三年，周武王灭商后的第二年。有：通"又"。祀：年。　⑥阴骘（zhì）：佑护。阴，荫，覆盖。骘，定，安。　⑦相：使。协：和。　⑧彝伦：常理。攸叙：所规定的是什么。叙，本义为次序，这里用作动词，规定的意思。　⑨鲧（gǔn）：人名，夏禹之父。陻（yīn）：堵塞。　⑩汩（gǔ）：乱。陈：列。五行：即下文的金、木、水、火、土。行，用。　⑪畀（bì）：给予。九畴：即下文初一至次九所述的九类治国大法。畴：种类，类别。　⑫攸：因此。致（dù）：败坏。　⑬殛（jí）：杀。　⑭嗣：继承。　⑮锡：通"赐"。　⑯初一：第一。　⑰次：第。五事：五件事。详见下文。　⑱农：勉力，努力。八政：八种政务或八种政务官员。详见下文。　⑲协：综合。五纪：五种纪时方法。　⑳皇：君王。极：法则。　㉑乂（yì）：治理。三德：指刚、柔、正直三种德性。　㉒稽：考察。　㉓念：经常思虑。庶：众多。征：征兆，苗头。　㉔向（xiǎng）：劝勉。五福：五种福分。详见下文。　㉕威：警戒。六极：六种不幸之事。详见下文。　㉖润：润湿。　㉗炎：烧烤。　㉘曲直：可曲可直。　㉙革：变，这里指根据需要改变形状。　㉚爱：与上文的五个"曰"用法相同，都是语中助词，无义。稼穑：种植、收获百谷。　㉛作：生。　㉜辛：辣。　㉝甘：甜。　㉞貌：容貌，仪态。　㉟从：正当合理。　㊱明：看得清楚。　㊲聪：听得广远。　㊳睿（ruì）：通达。　㊴作：则，就。　㊵乂：这里是致治即致天下太平的意思。　㊶晰：明智，通达。　㊷谋：善谋。　㊸圣：圣明，即才智高超。　㊹八政：这里指八种政务。　㊺食：管理民食。　㊻货：管理财货。　㊼祀：管理祭祀。　㊽司空：管理居民。　㊾司徒：管理教育。　㊿司寇：惩治盗贼。　51宾：管理朝觐。　52师：管理军事。　53岁：年。　54星：指二十八宿。辰：指十二辰。　55历数：指日月运行所经历的周天度数。计算日月运行所经历的周天度数能够确定闰月，调和四季，即《尧典》所谓"以闰月定四时以成岁"。　56建：指建立君权。　57敛：采取。时：是，这。　58敷：普遍。　59于：重视。　60锡：通"赐"，这里是贡献的意思。保：持。　61淫朋：邪党。　62人：这里指百官。比德：私相比附的行为。德，行为。　63猷：智谋。守：操守。　64罹（lí）：陷入，遭遇。咎：罪恶。　65受：宽容。　66康：和悦。色：温润，温顺。　67攸：遵行。　68斯：乃。惟：思。　69茕（qióng）独：这里泛指无依无靠的人。茕，孤单，孤独。　70羞：贡献，施展。行：这里指善行，才能。　71正人：指官员。　72方：常。谷：指俸禄。　73好：善。家：这

⑦陂（pō）：不正。　⑦义：法度。　⑦好（hào）：私好。　⑦偏：营私。党：动词，结党。

⑧荡荡：宽广。　⑧平平：平坦。　⑧反：反道，即乱。侧：倾侧。　⑧会：聚合。　⑧曰：转换语势之词。　⑧敷：陈述。　⑧彝：宣扬。训：教导。　⑧训：顺从。　⑧刚克：与下文"柔克"互文，意为刚克柔克，即克刚克柔，亦即能刚能柔，或刚则柔克之，柔则刚克之。　⑧平康：中正平和。　⑨友：亲近。　⑨燮（xiè）：和顺。　⑨沈潜：滞弱，性近于柔者。沈，通"沉"。　⑨高明：亢爽，昂扬，性近于刚者。　⑨辟：君王。作：施行。福：赏赐。　⑨威：惩罚。　⑨玉食：美食。　⑨侧颇僻：背离正道。侧，倾斜。颇僻，不正。　⑨僭（jiàn）：越轨。忒（tè）：作恶。　⑨卜筮（shì）：古代两种占卜术，用龟甲占断吉凶者叫做卜，用蓍（shī）草占断吉凶者叫做筮。　⑩命：命令。　⑩霁：指雨后的云气。　⑩蒙：指蒙蒙雾气。　⑩驿：色彩润泽而光明。　⑩克：阴阳之气相互交错。　⑩贞：这里指《易经》六十四卦的内卦即下卦。⑩悔：这里指《易经》六十四卦的外卦即上卦。　⑩凡七：共计七种征兆。　⑩衍：推演。忒：变化。　⑩时人：这些人。时，是，这。　⑩则：如果。　⑪谋：思虑。乃：你的。　⑪逢：兴旺。　⑪逆：反对。　⑪作：行事。内：国内。下文的"外"指国外。　⑪作：举动。　⑪旸（yáng）：日出，即晴天。　⑪燠（yù）：温暖。　⑪五者：指上文的五种天气。备：齐备。　⑪叙：次序。　⑫蕃：茂盛。庑：通"芜"，草木繁盛。　⑫一：其中之一。极备：过多。下文的"极无"意为过少。　⑫凶：荒年。　⑫休征：美好的征兆。休，美。下文的"咎征"意为凶险的征兆。　⑫肃：指君王的举止肃敬。　⑫时雨若：像及时降雨。若，样子，状态。　⑫乂：指君道能够修明。　⑫哲：明智，通达。　⑫谋：善谋。　⑫圣：见本篇注⑬。　⑬狂：狂妄傲慢。　⑬恒：久。　⑬僭：错。　⑬豫：逸乐。　⑬急：躁。　⑬蒙：昏昧。　⑬省（xǐng）：省察政务。　⑬师尹：卿士之下的官吏。师，众。尹，正。　⑬易：改变。　⑬用：因。　⑭乂：指政治。　⑭俊民：有才能的人。章：通"彰"。这里用作动词，表彰。　⑭微：不显明。　⑭星：指星辰。　⑭以：用。　⑭寿：长寿。　⑭攸：通"由"，遵行。　⑭考：老。终命：善终。　⑭凶、短、折：均指早死。未到换齿年龄而死者，叫做凶；来到二十岁成年而死者，叫做短；未婚而死者，叫做折。　⑭弱：懦弱。

【译文】

周武王战胜殷商，杀死商王受，封其子武庚为殷君，尔后带着箕子返回镐京，向他询问治国方略。史官记录下这段史实，撰写出《洪范》。

周文王十三年，武王向箕子询问治国之道。见了箕子，武王问道："唉呀！箕子，上天保佑天下百姓，要他们和睦相处，而我却不知道治理天下有哪些常规大法，所以特来向你请教。"

箕子听了，回答说："据我所知，从前鲧曾经堵住洪水，胡乱处置水、火、木、金、土这五种百姓日常使用的东西。上天发现以后，勃然大怒，遂做出一项决定，就是不把九种治国大法传授给鲧，治国之道因此而破坏了。后来，鲧遭流放而死，他的儿子禹继承了他的事业，夏族从此就兴盛起来。于是上天就把九种治国大法赐给了禹，治国之道至此才确定下来。"

"治国的常规大法共有以下九种：第一是全面认识五行；第二是恭谨做好五件事；第三是努力办好八种政务；第四是综合使用五种记时方法；第五是建立君权的规则；第六是推行理民的三种德性；第七是敬用卜筮考疑制度；第八是经常根据各种征兆预测未来；第九是用五福勉励臣民，并用六极警戒他们。"

"一，五行：一是水，二是火，三是木，四是金，五是土。水性向下，可以滋润万物；火性向上，可以烧烤万物；木性多变，既可以弯曲也可以伸直；金性顺从，可以按照人的意愿改变形状；土性滋润，可以种植百谷。润下的水会生出咸味，炎上的火会生出苦味，可曲可直的木会生出酸味，顺从人意而变形的金会生出辣味，种植百谷的土会生出甜味。"

"二，五事：一是仪容，二是言说，三是观着，四是听闻，五是思考。仪容要恭谨，言说要正当，观着要洞明，听闻要广远，思考要通达。仪容恭谨就能导致世风严肃，言说正当就能导致天下大治，观着洞明就能导致明智通达，听闻广远就能导致善于谋划，思考通达就能导致才德圣明。"

"三，八种政务：一是管理农业，二是管理财物，三是管理祭祀，四是管理居民，五是管理教化，六是惩治盗贼，七是管理朝觐，八是管理军事。"

"四，五种记时方法：一是记载年；二是记载月；三是记载日；四是观察星辰的出没情况；五是推算日月运行所经历的周天度数，以确定闰月，调和四时。"

"五，君权规则：君王建立君权要有规则。建立五福之制，把五种福泽普遍地赏赐给臣民，这样，臣民就会尊重您的规则。贡献给您一套维持君权规则的方法：凡是百姓，都不准结成邪党；凡是百官，都不准私相攀附，而只能把君王的意志作为行为的准则。凡是百姓，只要是有谋略、有作为、有操守的，就要器重他们。行为不符合法度，但尚未犯罪恶的，就要宽容他们。假若有人和悦温顺地宣称'我遵行美德'，您就要赐给他福泽，这样，臣民就会牢记君王的规则。不要虐待无依无靠的人，而畏惧高居显位的人。无论什么人，只要有才能、有作为，就要让他施展才干，这样，国家就会繁荣昌盛。凡是百官之长，既然享有丰厚而固定的俸禄，就要让他们为国家作出贡献，否则，臣民就会责难您。那些没有美好德行的人，您即使赐给他们福泽，他们也会诱使您施行恶政。臣民不要行为不端，而要遵守王法；不要私行偏好，而要遵循王道；

不要为非作歹，而要遵行正道。君王不营私，不结党，才能使王道宽广；不结党，不营私，才能使王道端正；不反不乱，不偏不倚，才能使王道公允。君王团结臣民要有法度，臣民归顺君王也要有法度。我认为，以上规则，君王要向臣下进行宣扬，对臣民加以训导，这样才能顺从上天的旨意；以上规则，百姓既要遵守，又要实行，以接近天子圣明的光辉。我认为，天子只有首先成为臣民的父母，才能成为天下的君王。"

"六，三种德行：一是正直，二是刚强，三是柔和。中正平和，刚柔得宜，就是正直，此种德行不需克制；强悍而至于不可亲近，是刚强，必须以柔克之；柔和而至于极易亲近，则是柔弱，必须以刚克之。懦弱者性近于柔，应当以刚克之；昂扬者性近于刚，应当以柔克之。只有君王才有资格奖赏有功，有权力惩罚有罪，有福分享受美食。而臣下则没有资格奖赏有功，没有权力惩罚有罪，没有福分享受美食。假若臣下一旦有权奖赏有功，惩罚有罪，享受美食，就会给您的家事造成祸害，给您的国政带来凶险，而百官则将会因此而背离王道，百姓将会因此而犯上作乱。"

"七，卜筮决疑：选择善于卜筮者，让他们分别用龟甲卜卦、用蓍草占卦。这样的人选定之后，就命令他们进行卜筮。预兆之象有的像雨，有的像雨后的云气，有的像蒙蒙的雾气，有的像色彩润泽而光明的云，有的像阴阳交错的气；卦形之象有内卦，有外卦。龟兆与卦象共有以上七种。前五种是龟卜之兆，后两种是蓍占之象，可以根据它们来进行推演，判断吉凶。要设立专职官员，让他们进行卜筮。如果是三个人占卜，就信从两个人的说法。您若有重大的疑难，先要自己在心里思考一番，再与卿士商量，然后与庶民商量，最后才问卜占筮。假若您赞成，龟卜赞成，蓍占赞成，卿士赞成，庶民也赞成，这就叫做大同，即各方面都赞成。遇到这种情形，您就会安康强健，子孙也会兴旺发达，这是吉卦。假若您赞成，龟卜赞成，蓍占赞成，而卿士反对，庶民反对，也是吉卦。假若卿士赞成，龟卜赞成，蓍占赞成，而您反对，庶民反对，还是吉卦。假若庶民赞成，龟卜赞成，蓍占赞成，而您反对，卿士反对，仍是吉卦。假若您赞成，龟卜赞成，而蓍占反对，卿士反对，庶民反对，那么在国内行事就吉利，在国外行事就凶险。假若龟卜与蓍占都与人意不合，那么静待安守就会吉利，而有所举动便有凶险。"

"八，各种征兆：一是雨天，一是晴天，一是温暖，一是寒冷，一是刮风。假若一年之中上述五种天气齐备，各按照正常的时序发生，百草就会茂盛。假若一种天气过多，就会是荒年；一种天气过少，也会是荒年。君王德行美好的表征有以下几种：一为肃敬，像及时降雨那样喜人；一为修治，像及时晴朗那样喜人；一为明智，像及时温暖那样喜人；一为善谋，像及时寒冷那样喜人；一为圣明，像及时刮风那样喜人。君王德行恶劣的表征有以下几种：一为狂妄，像久雨不晴那样愁人；一为错乱，像久晴不雨那样愁人；一为逸豫，像久暖不寒那样愁人；一为躁急，像久寒不暖那样愁人；一为昏昧，像久风不息那样愁人。君王体察政事，就像一年容涵四时，而卿士只是一年中的一月，众吏只是一月中的一日。假若年、月、日、时的关系没有发生错乱，庄稼就会因此而成熟，政事就会因此而清明，贤臣就会因此而受到任用，国家就会因此而太平安宁。反之，假若年、月、日、时的关系发生了错乱，粮食就会因此而歉收，政事就会因此而昏暗，贤臣就会因此而不被任用，国家就会因此而不得安宁。老百姓就像星星，有的星星喜欢风，有的星星喜欢雨，所好各有不同。由于太阳和月亮的运行，一年才有春、夏、秋、冬四个不同的季节。假若月亮偏离太阳而顺从星星，那么就得用风和雨去润泽、调节它们。"

"九，五种福分：一是长寿，二是富贵，三是康健安宁，四是遵行美德，五是高寿且能善终。另外，还有六种祸殃：一是早亡，二是疾病，三是忧愁，四是贫穷，五是邪恶，六是懦弱。"

旅 獒①

西旅献獒，太保作《旅獒》②。

惟克商，遂通道于九夷八蛮③。西旅底贡厥獒④，太保乃作《旅獒》，用训于王⑤，曰："呜呼！明王慎德，四夷咸宾⑥，无有远迩⑦，毕献方物⑧，惟服食器用⑨。王乃昭德之致于异姓之邦⑩，无替厥服⑪；分宝玉于伯叔之国⑫，时庸展亲⑬。人不易物⑭，惟德其物⑮！德盛不狎侮⑯。狎侮君子⑰，罔以尽人心；狎侮小人⑱，罔以尽其力。不役耳目⑲，百度惟贞⑳。玩人丧德㉑，玩物丧志。志以道宁㉒，言以道接㉓。不作无益害有益，功乃成；不贵异物贱用物，民乃足。犬马非其土性不畜㉔，珍禽奇兽不育于国。不宝远物㉕，则远人格㉖；所宝惟贤，则迩人安。呜呼！夙夜罔或不勤㉗。不矜细行㉘，终累不德。为山九仞㉙，功亏一篑㉚。允迪兹㉛，生民保厥居，惟乃世王㉜。"

【注释】

①周武王灭商后，旅国向武王进献大犬，太保召公担心武王玩物丧志，就劝谏武王不要看

重远方珍物，要敬慎德行，重用贤能，安定国家，保护百姓。本篇就是召公与武王谈话的记录。旅：西旅，西方远国。獒（áo）：一种大犬，相传身高四尺。　②太保：官名，这里指召公奭。　③通：开通。道：路。九夷：古代东方各民族，为：畎夷、于夷、方夷、黄夷、白夷、赤夷、玄夷、风夷、阳夷。八蛮：古代南方各民族。这里是以九夷八蛮概称四方各族，即下文的"四夷"。　④厎（zhǐ）：来。贡：进献。　⑤训：开导和规劝。　⑥宾：宾服，归顺。　⑦无有：不论。迩（ěr）：近。　⑧毕：全。方物：地方土产品。　⑨服食器用：指穿的吃的用的东西。　⑩昭：昭示。德之致：指因德高而得到的贡品，即上文的"方物"。致，得到。异姓之邦：指异姓诸侯。　⑪替：废弃。服：职事，职分。　⑫伯叔之国：指同姓邦国。　⑬庸：用。展亲：显示亲情。　⑭易：以为易，即轻视。　⑮德其物：以德行的标准或眼光看待物。　⑯狎侮：轻忽侮慢。　⑰君子：这里指官。　⑱小人：这里指民。　⑲不役耳目：不被耳目所役使，即不沉湎于声（耳所闻）色（目所见）之中。　⑳百度：百事。贞：正。　㉑玩：宠爱，迷恋，偏好，戏玩。人：这里特指女色。　㉒以：因。宁：定。　㉓接：酬对，应对。　㉔土性：土生，土产。性，即"生"。畜：养。　㉕宝：以……为宝，即珍视。　㉖格：到，来。　㉗夙夜：早晚。或：有的。　㉘矜（jīn）：谨慎。细行：小德，小节。　㉙仞：度量单位名，八尺为一仞。　㉚亏：缺少。篑（kuì）：盛土的竹筐。　㉛允：诚信，真正。迪：实行。兹：这，指代上文那一番话。　㉜世：世代。王（wàng）：动词，为王，称王。

【译文】

　　西方旅国向武王进献大犬，太保召公对武王进行谏阻，史官记录下召公的谈话，撰写出《旅獒》。

　　周武王战胜殷商之后，又开通了通往四方各族的道路。西方旅国前来进献该国出产的一种大犬，太保召公就写了一篇训词，题为《旅獒》，用来教导、劝谏武王。召公说："唉呀！圣明的君王在德行方面都是很谨慎的，所以四方各族都仰慕明君的圣德而前来归附，不论远近，还要向君王进献当地的特产，但是所进献的东西，只不过是些穿的、吃的、用的而已。明君接受这些贡品之后，就把这些贡品拿出来让异姓诸侯们看，并分赐给他们，为的是要他们不荒废职事；还分赐宝玉给同姓邦国，为的是以此来显示亲族之情。人们固然不能轻视那些东西，只是必须以道德的眼光看待它们。道德崇高的君王，行为是不会轻忽侮慢的。君王轻忽侮慢了官员，官员就不为他尽心；轻忽侮慢了百姓，百姓就不为他尽力。只要不沉湎于声色，各种政务就能处理得很妥当。迷恋于自己所宠爱的女色，就会败坏高尚的德行；迷恋于自己所欣赏的物件，就会丧失进取的志向。自己的志向，要凭道义加以持守；别人的言论，要依道义予以应对。不以无益的事去妨害有益的事，事业才能成功；既不看重奇珍异物，也不轻视日常用品，百姓才能富足。犬马这类东西，只要不是土生土长的，就不要畜养；即使是珍禽奇兽，只要不是土生土长的，也不在国内养育。不看重远方的物产，远方的人就会前来归附；所珍视的只是贤才，身边的人便能安居乐业。唉呀！从早到晚，不能有不勤奋的时候。不注重小节，终将损害大德。打个比方说，用土堆一座很高很高的大山，只要还差一筐土，也不能算最后完成。您如果真正能够按照这番劝告行事，百姓就能够永远安居乐业，您和您的子孙就可以世代称王于天下了。"

金 縢①

武王有疾，周公作《金縢》。

既克商二年，王有疾，弗豫②。二公曰③："我其为王穆卜④。"周公曰："未可以戚我先王⑤。"公乃自以为功⑥，为三坛同墠⑦。为坛于南方，北面，周公立焉。植璧秉珪⑧，乃告太王、王季、文王。

史乃册⑨，祝曰："惟尔元孙某⑩，遘厉虐疾⑪。若尔三王，是有丕子之责于天⑫，以旦代某之身。予仁若考能⑬，多才多艺，能事鬼神。乃元孙不若旦多才多艺，不能事鬼神。乃命于帝庭⑭，敷佑四方⑮，用能定尔子孙于下地⑯，四方之民罔不祗畏⑰。呜呼！无坠天之降宝命⑱，我先王亦永有依归。今我即命于元龟⑲，尔之许我⑳，我其以璧与珪归，俟尔命㉑。尔不许我，我乃屏璧与珪㉒。"

乃卜三龟，一习吉㉓。启籥见书㉔，乃并是吉。公曰："体㉕。王其罔害㉖。予小子新命于三王㉗，惟永终是图㉘。兹攸俟㉙，能念予一人。"公归，乃纳册于金縢之匮中。王翼日乃瘳㉚。

武王既丧，管叔及其群弟乃流言于国㉛，曰："公将不利于孺子㉜。"周公乃告二公曰："我之弗辟㉝，我无以告我先王。"周公居东二年㉞，则罪人斯得㉟。于后，公乃为诗以贻王㊱，名之曰《鸱鸮》㊲。王亦未敢诮公㊳。

秋㊴，大熟，未获，天大雷电以风㊵，禾尽偃㊶，大木斯拔。邦人大恐。王与大夫尽弁㊷，以启金縢之书，乃得周公所自以为功代武王之说㊸。二公及王乃问诸史与百执事㊹，对曰："信㊺。噫！公命，我勿敢言㊻。"

王执书以泣，曰："其勿穆卜。昔公勤劳王家，惟予冲人弗及知㊼。今天动威以彰周公之德，惟朕小子其亲逆㊽我国家礼亦宜之㊾。"

王出郊，天乃雨，反风㊿，禾则尽起。二公命邦人，凡大木所偃，尽起而筑之㉛。岁则大熟。

　　①周武王灭商后两年，身患重病。当时天下尚未完全平定，武王一身而系天下安危，于是周公就作册书向先王祈祷，请求以己身替武王一死。册书收藏在金属装饰的匣子即金縢中。武王死后，成王继位，他由于年幼而无力治国，周公便代理政事。这时三监散布流言，中伤周公，引起成王对周公的怀疑；三监还勾结殷商遗民发动叛乱。周公东征，平息了三监和殷商遗民的叛乱。叛乱平定以后，成王仍然不信任周公，及至得到金縢册书，方幡然觉悟。本篇记述的就是这件史实。金縢（téng）：金属装饰的匣子。　②豫：安适。　③二公：指太公望、召公奭。　④穆：恭敬。　⑤戚：忧。　⑥功：质，抵押品。　⑦为：设。三坛：三座祭坛，太王、王季、文王各一坛。太王，名亶父，武王曾祖父。王季，名季历，武王祖父。文王，名昌，武王之父。墠（shàn）：祭祀用的场地。　⑧植：同"置"，放置。璧：圆形的玉。珪：上圆下方的玉。　⑨史：这里指史官。册：书写册书。　⑩元孙：长孙。元，大，首。某：指武王发。这里出于避讳，不书武王名。　⑪遘（gòu）：相遇。厉：危。虐：恶。　⑫是：这，这时。丕子：即负子。负，辜负，背弃。子，子民。负子就是背弃子民。　⑬仁若：柔顺。考：巧。　⑭乃：初，始。命：受命。　⑮敷：普遍。佑：读如"有"，音义同。　⑯下地：人间。　⑰祗（zhǐ）：敬。　⑱坠：丧失。宝命：宝贵的使命，指上文"命于帝庭，敷佑四方"的使命。　⑲即：靠近。　⑳之：如果。　㉑俟：等候。　㉒屏（bǐng）：收藏。　㉓一：都，全。习：重复。　㉔篇：同"钥"，锁钥。　㉕体：兆形，其象象征吉祥。　㉖害：危险。　㉗命：告。　㉘永终是图：即图永终。　㉙兹：现在。　㉚瘳（chōu）：病愈。　㉛管叔：文王第三子，名鲜。群弟：指蔡叔、霍叔。武王灭商后，立纣王的儿子武庚为殷君，管叔、蔡叔、霍叔被派往殷地监视殷商遗民，他们就是所谓"三监"。武王死后，三监勾结武庚叛乱，后被周公镇压下去。　㉜孺子：年幼之人，指成王。　㉝辟：这里是摄政的意思。　㉞居东：指周公东征。　㉟罪人：指三监和武庚。得：捕获。　㊱《鸱鸮（chī xiāo）》：《诗经》篇名。　㊳诮（qiào）：责备。　㊴秋：指"周公居东二年，罪人斯得"后一年的秋天。　㊵以：与，和。　㊶偃：倒伏。　㊷弁（biàn）：本指礼服，这里用作动词，穿上礼服。　㊸说：指周公祷告的祝词。　㊹百执事：众位办事官员。　㊺信：确实。　㊻勿敢：不能。　㊼冲人：年幼之人。　㊽逆：迎接。　㊾宜之：应该这样。宜，应。　㊿反：反转。　51筑：用土培根。

【译文】

　　周武王身患重病，周公为之祈告神灵，史官记下这桩史实，撰写出《金縢》。

　　战胜殷商的第二年，周武王患了重病，身体很不安适。太公、召公说："让我们恭敬地为大王向神灵灾个卜、问个卦吧！"周公说："不能让我们的先王为我们的事而忧虑。"尔后，周公就以自身为人质，打扫出一块地方，作为祭祀的场地，在上面筑起三座祭坛。祭坛筑起以后，又在祭坛的南面筑起一座台子，周公面向北站在台上祭祀先王。在祭坛上安放好璧玉，周公就手捧玉珪向先王太王、王季、文王祷告。

祷告完毕，史官把祷告时的祝词书写在典册上。祝词说："你们的长孙，染上了危急凶险的恶疾。三位先王，假若你们认为你们的长孙有背弃子民的罪过，需要用死亡来惩罚他，那就让我姬旦来代替他吧！我生性柔顺伶俐，又多才多艺，什么事都会做，能够很好地侍奉鬼神。而你们的长孙则不如我多才多艺，他不会侍奉鬼神，又刚刚在上天那里接受大命，开始治理天下百姓，你们子孙在人间的地位才因此而确定下来。四方臣民无不尊敬和畏惧他。唉呀！不要抛弃上天所降下的宝贵使命吧，这样，我们先王的在天之灵也就永远有所依归了啊！现在我要通过大龟来接受你们的命令，如果你们答应了我的请求，我就带上璧和珪回去，等待你们发布命令；如果你们不答应我的请求，我就把璧和珪收起来，不敢再请求了。"

周公在三位先王灵位之前各放一只龟甲，进行占卜。共占了三次，所得的卜兆都是吉兆；打开锁钥查看卦书，卦辞也都是吉利的。于是周公就说："好啊，从卦象上看，大王的病没有什么危险。我刚刚祈告三位先王，祈求他的保佑国运永恒；我现在所期待的，是三位先王能够让我去侍奉鬼神。"周公回他的封地之后，史官就把记录周公祷告祝词的典册放入金縢中保存起来。第二天，武王的病果然就痊愈了。

武王死后，管叔和他的弟弟们就在他们的邦国之内散布流言蜚语，说："周公将对年幼的君王采取不利行动。"周公听说以后，对太公、召公说道："假若我不摄政，日后我将无以告慰我们的先王。"不久，管叔一伙又发动叛乱，周公便率军东征，经过两年平叛，终于把发动叛乱的罪人一网打尽。尔后，周公写了一首诗送给成王，题目叫做《鸱鸮》。成王读罢，虽然不赞成周公的看法，也不敢责备他。

秋天，庄稼都成熟了，还没有来得及收割，天空突然雷电大作，并刮起大风，庄稼都被刮而倒伏了，甚至大树也都被连根拔起。这时天下臣民都非常恐慌。于是，成王和大夫们都穿上朝廷礼服，打开那只金縢，从中发现了周公以自身为人质请求代替武王一死的祝祠。太公、召公和成王就此询问了史官和其他主事的官员。他们回答说："这一切都是确实的。但是周公命令我们保密，所以我们谁也不敢说出去。"

成王捧着这份典册哭泣起来，说："不必再去恭敬地进行什么占卜啦！过去，周公辛勤地为王家操劳，我这个年轻人却一点也不知道。如今，上天动怒，大发神威，目的就在于表彰周公的功德。我要亲自去迎接周公回京；按我们的国家礼制说，也应该这样去做。”

于是成王就走出京城，到郊野迎接周公。这时，天空虽然仍下着雨，风却倒了向，使先前被刮倒的庄稼，全都重新直立起来。太公和召公便命令国人，把所有被倒下的大树压倒的庄稼都扶起来，并用土培好。这一年，庄稼收成特别好。

大　诰①

武王崩②，三监及淮夷叛③，周公相成王，将黜殷④，作《大诰》。

王若曰⑤：“猷⑥！大诰尔多邦，越尔御事⑦。弗吊天降割于我家⑧，不少延⑨。洪惟我幼冲人⑩，嗣无疆大历服⑪。弗造哲迪民康⑫，矧曰其有能格知天命⑬！已⑭！予惟小子，若涉渊水，予惟往求朕攸济⑮，敷贲⑯。敷前人受命⑰，兹不忘大功，予不敢闭⑱。于天降威用⑲，宁王遗我大宝龟⑳，绍天明㉑，即命㉒。曰：‘有大艰于西土，西土人亦不静，越兹蠢㉓。’殷小腆㉔，诞敢纪其叙㉕。天降威，知我国有疵㉖，民不康，曰：予复反鄙我周邦㉗。今蠢㉘，今翼日㉙，民献有十夫㉚，予翼以于敉宁。武图功㉛。我有大事，休，朕卜并吉。肆予告我友邦君㉜，越尹氏、庶士、御事㉝，曰：‘予得吉卜，予惟以尔庶邦，于伐殷逋播臣㉞。’尔庶邦君，越庶士、御事，罔不反，曰：‘艰大，民不静，亦惟在王宫、邦君室㉟。越予小子考㊱，翼不可征㊲，王害不违卜㊳？’肆予冲人永思艰㊴。曰：‘呜呼！允蠢鳏寡。哀哉！’予造天役遗㊵，大投艰于朕身。越予冲人，不卬自恤㊶。义尔邦君㊷，越尔多士、尹士、御事，绥予曰㊸：‘无毖于恤㊹，不可不成乃宁考图功㊺！’已！予惟小子，不敢替上帝命㊻。天休于宁王㊼，兴我小邦周，宁王惟卜用，克绥受兹命㊽。今天其相民，矧亦惟卜用。呜呼！天明畏㊾，弼我丕丕基㊿！”

王曰：“尔惟旧人(51)，尔丕克远省(52)，尔知宁王若勤哉(53)！天閟毖我成功所(54)，予不敢不极卒宁王图事(55)。肆予大化诱我友邦君(56)，天棐忱辞(57)，其考我民(58)，予曷其不于前宁人图功攸终(59)？天亦惟用勤毖我民(60)，若有疾。予曷敢不于前宁人攸受休毕(61)？”

王曰：“若昔，朕其逝(62)，朕言艰，日思：若考作室，既厎法(63)，厥子乃弗肯堂(64)，矧肯构(65)？厥父菑(66)，厥子乃弗肯播(67)，矧肯获？厥考翼，其肯曰：‘予有后，弗弃基？’肆予曷敢不越卬敉宁王大命(68)？若兄考(69)。乃有友伐厥子(70)，民养其劝弗救(71)？”

王曰："呜呼！肆哉尔庶邦君(72)，越尔御事。爽邦由哲(73)，亦惟十人迪，知上帝命。越天棐忱(74)，尔时罔敢易法(75)，矧今天降戾于周邦(76)？惟大艰人，诞邻胥伐于厥室(77)，尔亦不知天命不易！予永念曰(78)：天惟丧殷，若穑夫(79)，予曷敢不终朕亩(80)？天亦惟休于前宁人，予曷其极卜(81)，敢弗于从？率宁人有指疆土(82)，矧今卜并吉！肆朕诞以尔东征(83)。天命不僭，卜陈惟若兹(84)。"

【注释】

①周武王死后，三监勾结武庚并联合东夷发动叛乱，周公为了维护国家统一，决意率师东征，平定叛乱。本篇是出师之前周公向诸侯邦君和大臣们发表的诰词。在这篇诰词中，周公假借成王的口吻，反复申述东征的必要性，劝导邦君和大臣们顺从天意，同心同德，把叛乱平息下去。 ②崩：君王时代帝王死称崩。 ③三监：周灭商后，武王立纣王之子武庚为殷君，命管叔、蔡叔、霍叔三人监视和管理殷民，此三人即所谓三监。淮夷：古代居于淮河流域的少数民族。 ④黜：灭。 ⑤王若曰：以下是摄政王周公以成王的名义发表的讲话。若，这样。 ⑥猷：发语词，无义。 ⑦越：和。御事：指治事大臣。御，治理。 ⑧吊：善，好。割：害，灾。 ⑨延：间，间断。 ⑩洪惟：发语词，无义。幼冲人：年轻人，这里指成王。 ⑪嗣：继承。无疆：指时间上的无边，意即永恒。大历服：指天子之位或王业。历，久。服，职事。 ⑫造：遭，遇到。哲：指明智的人。迪：引导。 ⑬矧（shěn）：况且。格：推究。 ⑭已：感叹词，无义。 ⑮攸济：渡过的方法。攸，所。济，渡。 ⑯敷贲（fén）：大龟。敷，大。贲，周人占卜用的龟名。 ⑰敷前人：辅佐前人。敷，辅。 ⑱闭：隐藏。 ⑲威：灾难。 ⑳宁王：即文王。古时文、宁二字形近，致误。 ㉑绍：卜问。天明：天命。 ㉒命：指卜辞。 ㉓越：于是。兹：这，指发动叛乱者。蠢：动。 ㉔腆：主持，这里引申为国主。 ㉕诞：大。纪：理，组织。叙：同"绪"。绪，功业，这里指已经灭亡了的帝统。 ㉖疵：病，困难，指武王死后周王朝出现的危机。 ㉗复：复国。"予复"是周公转述殷人的话。鄙：图谋。 ㉘今蠢：意为现在发动叛乱。 ㉙翼：飞动的样子，喻参与叛乱的人很多。 ㉚献：贤，指贤者。十夫：即十位贤者，指反对武庚和三监的人。 ㉛予翼：即翼予，意为辅佐我。翼，辅佐。敉（mǐ）：定，完成。宁、武图功：指文王、武王谋求的功业。宁，指文王。武，指武王。 ㉜肆：所以。 ㉝尹氏：史官。 ㉞逋（bū）播臣：逃亡、叛乱的人。逋，逃亡。播，播迁。 ㉟惟在王宫、邦君室：三监是王室中人，武庚是邦君，所以才这样说。 ㊱考：考虑。 ㊲翼：或。 ㊳害（hé）：何，为什么。 ㊴肆：今。 ㊵遗：与下文的"投"同义，降下的意思。 ㊶不卬（áng）自恤：即不自恤卬，意为不为自己的安危忧虑。卬，代词，我。恤，忧虑。 ㊷义：宜，应当。 ㊸绥：安慰。 ㊹毖：恐惧。 ㊺宁考：指文王。考，死去的父亲。 ㊻替：废弃。 ㊼休：本义为美、善，这里用作动词，施予嘉惠的意思。 ㊽绥：安。 ㊾畏：可畏。 ㊿丕：大。基：基业。 (51)旧人：老臣。 (52)丕：多。省：省识。 (53)若：如何。 (54)闷（mì）：秘密，慎重。毖：告诉。所：道，办法。 (55)极：同"亟"，快速。卒：终，完成。 (56)化诱：教导。 (57)棐（fěi）：辅助。忱辞：诚信的话。指龟

卜之兆。　⑤考：成就。　⑤宁人：指文王。　⑥用：因此。勤：经常。毖：命令。　⑥毕：攘除。　⑥其：将要。逝：前往。　⑥厎：定。　⑥堂：宅基。这里引申为打地基。　⑥构：盖房。　⑥菑（zī）：开垦荒地。　⑥播：播种。　⑥越卬：在我自己。越，在。　⑥考：终，即死。　⑦友：友邦。　⑦民养：百姓的长官，指诸侯和官员。养，长官。　⑦肆：肆力，尽力。　⑦爽邦：使国家政治清明。爽，明。哲：这里指明哲的人。　⑦十人：即上文"十夫"。迪：引导。　⑦易法：易废，即侮慢，轻视。易，侮慢。　⑦戾：定，指上天既定之命。　⑦大艰人：大罪人，指叛乱的主谋三监。诞：同"延"，延纳，这里引申为勾结。邻：邻邦。胥：相。　⑦念：思考。　⑦穑夫：农夫。　⑧终朕亩：种好自己的田地。终，完成。　⑧极：放弃。　⑧于：往。从：重，再。率：循。指：旨，美。有指，即有旨，美好的意思。　⑧以：率领。　⑧陈：陈列。兹：这。

【译文】

　　周武王死后，三监和淮夷发动叛乱，周公此时辅佐成王摄理政事，决定出兵消灭殷人。为此，周公发表了一篇诰词，史官把诰词记录下来，叫做《大诰》。

　　王这样说："啊！我要庄严地向你们——各国诸侯和主事的大臣发表讲话。不好了啊！上天已经把灾祸降给我们的国家，而且灾祸还在持续发展，一点停息的迹象也没有。我这个年轻人继承了无限悠久的帝王大业，但是我一直没有得到聪明睿智的人，让他引导百姓安居乐业，能够理解天命的人自然也没有得到。唉！我年纪轻轻，处理国事就像渡过深渊一样，总想找到一个使我渡过去的办法。大宝龟曾经帮助先王承受天命，它的大功至今也不能忘记。在上天降下灾祸的时候，我不敢隐瞒真情，就用文王留给我的大宝龟来卜问天命。卜问得到的卜辞说：'西方将有大灾难；西方人心也很不稳定，现在已经蠢蠢而动了。'事实正是这样：殷商余孽竟然敢于试图恢复他们的统治。上天给我们降下灾祸，他们得知之后，认为我们的国家遇到灾难，人心不安了，就公然宣称：'我们要复国！'他们就这样转而谋算我们周国，而且现在就蠢蠢而动了。近日，有十位贤者前来辅佐我，让我前去完成文王、武王所图谋的功业。我国虽然将有战事，但是前景是美好的，因为占卜所得到的卜兆全都是吉利的。所以，我要特地告诉我的友邦诸侯和众位大臣说：'我得到了吉卜，我要率领你们各国前去讨伐那些叛乱的殷商罪人。'可是你们各位诸侯和大臣却反对，说：'这件事太困难了，因为百姓人心不稳，并且王室和邦君中的人也参与叛乱，所以我们觉得，或许不能出兵讨伐。大王何不违背龟卜呢？'如今，这件事我已经考虑很久了，心里也这样想：唉呀！确实会惊扰苦难的百姓，思之令人痛心啊！可是我受上天的支配，上天把这件艰难的事情托付给我，我这个年轻人，不能只为自身的安危考虑。此刻，你们各位诸侯和大臣应该这样慰勉我：不要被忧患所吓倒，一定要完成文王所谋求的功业。唉！我这个年轻人，是绝对不敢废弃上天的旨意的。当年上天施惠给文王，振兴我们小小周国。那时文王只用龟卜，就能承当这个大命。现在上天命令百姓来辅佐我，何况我又通过占卜了解了上天的这一旨意呢？唉呀！天命可畏，都来辅佐我们伟大的功业吧！"

君王又说："你们都是老臣，能够回忆起遥远的过去，知道当年文王是如何勤勉奋斗的啊。如今上天已经秘密地把取得成功所应该采取的方法告诉了我，我不敢不尽快完成文王所谋求的功业。所以，我才用这番伟大的道理，来劝导我们友邦的诸侯。上天用那番真诚的话语，来成全我的百姓，我为什么不去完成文王从前谋求的功业呢？上天经常向我们发出命令，而命令又像必须除去身上的疾病那样急切，我怎敢不去努力完成文王从前所承受的神圣功业呢？"

君王又说："现在，像往日讨伐商纣那样，我将去平定这场叛乱。所以我天天都在考虑面临的困难。打两个比方：譬如，父亲要盖房子，怎么盖已经确定了，可是儿子却不愿意打地基，更何况去盖房子呢？又譬如，父亲新开了一块田地，可是儿子却不愿意去播种，更何况去收获呢？这样，他的父亲或许会说：'我虽然有后代，但是我的事业不是照样会毁弃吗？'我是文王的儿子，我怎么敢不在我摄政期间完成文王从上天那里承受的大命呢？当兄长的死了，有人群起攻击他的儿子们，难道那些身为百姓长官的人，能够出来阻止这些孩子相互救助吗？"

君王又说："唉呀！努力吧，你们各位诸侯和大臣。要想使国家清明，必须起用聪明睿智的人，现在已经有十位聪明睿智的人引导我们了解上天的旨意和上天佑助我们的真诚用心。你们不能轻视这一点。上天已经给我们周国降下了大命啊！如今那些发动叛乱的罪魁，竟敢勾结殷人，攻伐同宗。你们不是也知道天命不可改变吗？我曾长时间这样想：上天既然要灭亡殷商，我就应该去消灭它，这就像农夫耕种田地一样，我怎敢不除掉杂草，来把田地耕种好呢？从前上天施惠给文王，曾经用占卜佑助过他，我怎么敢放弃占卜呢？怎么敢不遵循文王的遗愿去保卫我们美好的疆土呢？何况今天的卜兆都是吉利的呀！所以，我要率领你们大举出征。天命是不会错的，卜兆已经清楚地表明了这一点。"

微子之命①

成王既黜殷命，杀武庚，命微子启代殷后②，作《微子之命》。

王若曰："猷③！殷王元子④。惟稽古崇德象贤⑤。统承先王⑥，修其礼物⑦，作宾于王家⑧，与国咸休⑨，永世无穷，呜呼！乃祖成汤，克齐、圣、广、渊⑩，皇天眷佑⑪，诞受厥命⑫。抚民以宽，除其邪虐，功加于时⑬，德垂后裔⑭。尔惟践修厥猷⑮，旧有令闻⑯，恪慎克孝⑰，肃恭神人⑱。予嘉乃德，曰笃不忘⑲。上帝时歆⑳，下民祗协㉑，庸建尔于上公㉒，尹兹东夏㉓。钦哉㉔！往敷乃训㉕，慎乃服命㉖，率由典常，以蕃王室㉗。弘乃烈祖㉘，律乃有民㉙，永绥厥位㉚，毗予一人㉛。世世享德，万邦作式㉜，俾我有周无斁㉝。呜呼！往哉惟休，无替朕命㉞。"

【注释】

①本篇是周成王册封微子的命令。周公东征诛杀武庚之后，成王册封微子为宋国国君。微子，名启，商纣的同母长兄，帝乙的长子，因母贱不得嗣，未能继承王位。命：诰命。 ②后：后裔。 ③元子：长子。 ④稽：考察。 ⑤崇德：尊崇美德。象贤：效法贤人。象，效法。 ⑥统：传统。 ⑦修：施行。礼物：指礼仪、文物制度。 ⑧宾：客人。 ⑨休：美，善。 ⑩齐：齐德，这里是恭谨的意思。圣：圣达，通达。广：广大。渊：深远。 ⑪眷：顾念，关怀。 ⑫诞：大。 ⑬时：当时。 ⑭垂：流传。 ⑮践修：履行。践，履。猷：道，这里指商汤的德政。 ⑯令闻：美名。令，美好。 ⑰恪：恭谨。 ⑱肃恭神人：恭谨地事神理民。肃，谨敬。 ⑲曰：谓，以为。笃：深厚。 ⑳时：时时，时常。歆（xīn）：享受。 ㉑祗协：恭敬亲和。祗，敬。协，和谐。 ㉒庸：用。建：立。上公：三公（即太师、太傅、太保）八命（位居第八等官爵）出封时，再加封一等，称上公。 ㉓尹：动词，治理。东夏：指微子封地宋国。因宋在东方，故称东夏。 ㉔钦：恭敬，谨慎。 ㉕敷：布，发布。训：政令。 ㉖服：职事，职责。命：使命。 ㉗蕃：通"藩"，屏障，这里是充当屏障的意思。 ㉘弘：发扬。烈：显赫。 ㉙律：管束。 ㉚绥：安居。 ㉛毗（pí）：辅佐。 ㉜式：范式，楷模。 ㉝俾：服从。斁（yì）：懈怠，厌倦。 ㉞替：废弃。

【译文】

周成王灭绝殷人的国运，杀死武庚之后，又册封微子启代替武庚管理殷人的后裔，史官记录下成王为此而发布的诰命，撰写出《微子之命》。

成王这样说："啊，殷王帝乙的长子！考察古代历史，可以知道，历代都有尊崇美德，效法条贤的传统，如果能够继承古代的礼仪和文物制度，就可以成为王家的贵宾，一切就会和王家一样美好，并且世世代代永无穷尽。唉呀！你的祖先成汤，能够具备恭谨、圣明、广大、深远的盛德，受到上天的关怀和佑助，因而得以承受天命。他用宽仁的德政安抚臣民，铲除邪恶暴虐之徒，因此他在世时就建立了丰功伟业，并使他的德泽流传于后世。你践行成汤的德政，很早就享有美好的名声，能够谨守孝道，恭敬地对待神灵和百姓。我嘉许你的美德，久久不能忘怀。上天时常享受你的祭祀，百姓对你恭敬亲和，因此我才册封你为上公，让你去治理宋国。要恭谨啊！去宋国发布你的政令，慎重履行你的职责和使命，一切行动都遵从常法，维护大周王室。还要弘扬你那功业显赫的祖先成汤的盛德，管束你的百民，永远安居于上公之位，辅佐我姬发。这样，你的后代子孙就能享受你的遗德，万邦诸侯就会以你为楷模，恭谨地服从我大周王室。唉呀！去那里要施行善政，不得背弃我的命令。"

康　诰①

成王既伐管叔、蔡叔②，以殷馀民封康叔③，作《康诰》、《酒诰》、《梓材》。

惟三月哉生魄④，周公初基作新大邑于东国洛⑤。四方民大和会。侯甸男邦采卫⑥，百工播⑦，民和，见士于周⑧。周公咸勤⑨，乃洪大诰治⑩。

王若曰："孟侯⑪，朕其弟小子封！惟乃丕显考文王⑫，克明德慎罚⑬，不敢侮鳏寡，庸庸⑭，祗祗，威威，显民⑮。用肇造我区夏⑯，越我一二邦⑰，以修我西土。惟时怙冒⑱，闻于上帝，帝休⑲。天乃大命文王，殪戎殷⑳，诞受天命，越厥邦厥民㉑，惟时叙㉒。乃寡兄勖㉓，肆汝小子封，在兹东土。"

王曰："呜呼！封，汝念哉！今民将在祗遹乃文考㉔，绍闻，衣德言㉕。往敷求于殷先哲王，用保乂民㉖。汝丕远，惟商耇成人，宅心知训㉗。别求闻由古先哲王，用康保民。宏于天，若德，裕乃身㉘，不废在王命㉙！"

王曰："呜呼！小子封，恫瘝乃身㉚，敬哉！天畏棐忱㉛，民情大可见。小人难保，往尽乃心，无康好逸豫，乃其乂民。我闻曰：'怨不在大，亦不在小；惠不惠㉜，懋不懋。'已！汝惟小子，乃服惟宏。王应保殷民㉝，亦惟助王宅天命㉞，作新民。"

王曰："呜呼！封，敬明乃罚。人有小罪，非眚㉟，乃惟终，自作不典㊱，式尔㊲，有厥罪小，乃不可不杀。乃有大罪，非终㊳，乃惟眚灾㊴，适尔㊵，既道极厥辜㊶，时乃不可杀。"

王曰：“呜呼！封，有叙时⑫，乃大明服⑬，惟民其敕懋和⑭，若有疾。惟民其毕弃咎，若保赤子⑮，惟民其康乂。非汝封刑人杀人，无或刑人杀人；非汝封又曰劓刵人⑯，无或劓刵人。”

王曰：“外事⑰，汝陈时臬，司师⑱，兹殷罚有伦⑲。”又曰：“要囚⑳，服五六日至于旬时㉑，丕蔽要囚㉒。”

王曰：“汝陈时臬，事罚㉓蔽殷彝㉔，用其义刑义杀㉕，勿庸以次汝封㉖。乃汝尽逊，曰时叙㉗，唯曰未有逊事㉘。已！汝惟小子，未其有若汝封之心，朕心朕德，惟乃知！凡民自得罪㉙，寇攘奸宄㉚，杀越人于货㉛，暋不畏死㉜，罔弗憝㉝。”

王曰：“封，元恶大憝，矧惟不孝不友㉞。子弗祗服厥父事㉟，大伤厥考心；于父不能字厥子㊱，乃疾厥子；于弟弗念天显㊲，乃弗克恭厥兄；兄亦不念鞠子哀㊳，大不友于弟。惟吊，兹㊴不于我政人得罪㊵。天惟与我民彝大泯乱㊶，曰：乃其速由。文王作罚㊷，刑兹无赦。不率大戛㊸，矧惟外庶子、训人，惟厥正人，越小臣诸节㊹，乃别播敷造。民㊺大誉，弗念弗庸，瘝厥君，时乃引恶㊻，惟朕憝。已！汝乃其速由，兹义率杀㊼。亦惟君惟长㊽，不能厥家人，越厥小臣、外正㊾，惟威惟虐，大放王命㊿，乃非德用乂㊿。汝亦罔不克敬典，乃由裕民，惟文王之敬忌，乃裕民，曰：‘我惟有及则。’予一人以怿。”

王曰：“封，爽惟民迪吉康。我时其惟殷先哲王德，用康乂民作求，矧今民罔迪不适，不迪则罔政在厥邦。”

王曰：“封，予惟不可不监，告汝德之说于罚之行。今惟民不静，未戾厥心，迪屡未同。爽惟天其罚殛我，我其不怨，惟厥罪。无在大，亦无在多，矧曰其尚显闻于天！”

王曰：“呜呼！封，敬哉！无作怨，勿用非谋，非彝，蔽时忱。丕则敏德，用康乃心，顾乃德，远乃猷裕，乃以民宁，不汝瑕殄。”

王曰：“呜呼！肆，汝小子封，惟命不于常，汝念哉！无我殄享，明乃服命，高乃听，用康乂民。”

王若曰：“往哉，封！勿替敬，典听朕告，汝乃以殷民世享。”

【注释】

①本篇是周公告诫康叔勤勉治理殷民的话词。周公东征，平定三监和武庚之乱以后，把康叔封往殷地，让他去治理殷遗民。康叔赴任前，周公对他发表这篇诰词，向他提出了“明德慎

罚"的治国原则，要求他把这一原则作为一条根本方针加以实施；并向他说明为什么要实行这一原则和怎样实行这一原则。康，康叔，名封，周武王之同母弟，周成王之叔。　②伐管叔、蔡叔：指周公东征平定三监和武庚之乱。　③馀民：遗民。　④三月：周公摄政第四年三月。哉生魄：月亮初有光，指阴历每月初二、三日。哉，始。魄，月初生之亮光。　⑤基：始。新大邑：新王城，指洛邑。洛：洛水。　⑥侯甸男邦采卫：侯服、甸服、男服、采服、卫服的邦君。　⑦百工：百官。播：布，排列。　⑧见：效力。士：通"事"，服务。　⑨勤：慰劳。　⑩洪：代替，指周公代成王发表诰词。治：治道，指治殷之道。　⑪孟侯：诸侯之长，这里指康叔。孟，长。　⑫惟：只有。丕：大。显：明。考：先父。　⑬明德慎罚：崇尚德教，慎用刑罚。　⑭庸庸：重用值得重用的人。庸，用。　⑮显民：即显于民。显，显示，使了解。　⑯用：因此。肇：开始。造：缔造。区夏：小夏，此为周邦自称。夏，中国。　⑰越：和。修：治。西土：指周族的本土。　⑱时：是，这。怙冒：十分勤勉。怙，大。冒，懋，勉。　⑲休：喜，高兴。　⑳殪（yì）：死，这里是灭亡的意思。戎殷：大殷。　㉑厥邦厥民：殷国殷民。厥，其，代殷商。　㉒时：承。叙：绪，指文王奠定的基业。　㉓寡兄：大兄，指武王。勖：努力。　㉔在：观察。遹（yù）：遵循。　㉕绍：尽力。衣：依，听取。　㉖保乂：治理。乂，治，养。　㉗惟：思，考虑。耇（gǒu）成人：老成人，即年高德劭之人。耇，老。宅：揣度，研究。知训：明智的教训。知，通"智"，明智。　㉘若：顺。裕：指导。　㉙在：终，完成。　㉚恫瘝（guān）乃身：意为治国是一件苦身劳形的事。恫，痛苦。瘝，病，痛苦。㉛畏：通"威"，威严。棐：辅助。忱：诚信，这里指诚信之人。㉜惠不惠：使不顺从的人顺从。惠，顺从。　㉝服：职责。宏：宽宏。应：受。　㉞宅：定。　㉟眚（shěng）：这里是悔过的意思。　㊱终：始终。典：德。㊲式尔：故意如此。式，用。尔，如此。　㊳终：坚持作恶，不恩悔改。　㊴灾：祸害。㊵适：偶然。　㊶道：指法律。极：尽。辜：罪。　㊷有：能。叙：顺，按照。时：是，这，指代上文"不可不杀"与"不可杀"两种情况、两种做法。　㊸大明服：深明大义，心悦诚服。服，信服。　㊹敕（chì）：告诫。和：亲和。　㊺赤子：小孩。　㊻劓（yì）：古代刑名，割鼻。刵（èr）：古代刑名，割耳。　㊼外事：断案之事。　㊽陈：公布。臬（niè）：法度，准则。司：治理。师：士师，指狱官。　㊾有伦：有条不紊。伦，次序，条理。　㊿要：幽禁。囚：犯人。　51服：思考。　52丕：乃，才。蔽：判断。　53事：施行。　54彝：法。　55义：宜，应，合理。　56勿庸：不用，不要。以次汝封：按照你姬封的意志。次，通"恣"，顺从。　57乃：假若。尽逊：即尽其顺道，意为按照殷法行事。逊，顺。时叙：妥当。时，善，叙，绪。　58惟：宜，应当。　59自：由。　60寇攘：盗窃抢夺。奸宄：内外作乱。在内作乱为奸，在外作乱为宄。　61越：抢劫。于：取。62暋（mǐn）：强横。　63憝（duì）：怨恨。　64矧（shěn）：也。惟：是。孝：善事父母。友：善事兄弟。　65服：治。　66字：爱。　67天显：天伦。　68鞠子：幼子，指幼小的弟弟。哀：苦痛。　69吊兹：到了这一步。吊，至。兹，这，指代上文所述的四种情况。　70政人：执政的人。罪：惩罚。　71泯乱：混乱。　72由：用。文王作罚：指文王制定的刑罚。　73率：遵循。戛（jiá）：法。　74庶子、训人：官名，掌戒令，管教治。小臣：君王的内侍。诸节：官名，掌管符节。　75播敷：发布。造：伪，诈。　76引：增加，助长。　77率：捕。

⑦君、长：指诸侯。　⑦小臣、外正：泛指内外官员。外正，外官。　⑧放：违反。　⑧非德用乂：不是德教所能治理的。句中含有也应该杀掉的意思。　⑧敬典：恭行法令。　⑧敬忌：即所敬所忌，指敬德忌刑。　⑧及：承前省略，实为"及之"。之，代上文的"文王之敬忌"。　⑧爽惟：发语词，无义。迪：教导。吉：善。　⑧时：时时。其：将要。惟：思念。　⑧求：终。　⑧适：善。　⑧于：与。行：道理。　⑨同：和协。　⑨罚殛：意为责备、惩罚。　⑨曰：语中助词，无义。　⑨丕则：于是。敏：勤勉，努力。　⑨乃：其，指代殷民。　⑨猷：通"徭"，徭役。　⑨以：用，指日用品如衣食之类。　⑨瑕殄：责备。瑕，病；这里用作动词，责备。　⑨肆：努力。　⑨命：指天命。　⑩享：祭祀。　⑩服命：职责。　⑩高：敬。　⑩敬：恭谨。　⑩典：常。　⑩以：与。世：世世代代。享：指共同享有殷国。

【译文】

　　周成王征伐管叔、蔡叔以后，把康叔分封到殷地去治理殷遗民，周公奉成王之命向康叔发表诰词，告诉他如何治理这些遗民。史官记录下周公的诰词，撰写出《康诰》、《酒诰》和《梓材》。

　　三月初，周公开始在东方洛水岸边建造一座新都城，把四方臣民都会集到这里。侯服、甸服、男服、采服、卫服的邦君，文武百官，和各地百姓，都和悦地前来会聚，为大周王室效力。周公前去一一地慰勉他们，并代表成王向康叔发表训词，庄重地把治理殷商遗民的方法告诉他。

　　君王这样说："诸侯之长，我的年轻的弟弟封，我封你为一方诸侯！你伟大英明的先父文王治理天下有方，他有崇高的德教，慎用刑罚，从不敢欺侮无依无靠的人，一向重用那些值得重用的人，尊敬那些值得尊敬的人，畏惧那些应当畏惧的人，并把这些显示给百姓，让他们知道。这样，才缔造出我们小小的周国，并和我们的几个友邦共同治理我们西方。他这种十分勤勉的德行，被上天闻知，上天非常高兴，就降下大命给文王。而灭掉殷国，替代殷国承受天命，来统治它的国家和臣民，把文王开创的基业继承下来，则是你的长兄武王努力的结果。因此，你这个年轻人才能够被封到殷商故地——东土之上。"

　　君王说："唉呀！封，你要好好思量思量上面这番话。啊！如今，殷民都在看你是否会恭谨地遵循你的先父文王的传统，努力听取符合他的德教的意见。你到殷商的故地，要追寻殷商圣明先王的治国之道，以治理那里的臣民；并且要深入地思考殷商遗老们关于揣度民心的明智教训。另外，你还要探求古代圣明君王的治国之道，使殷民得到安康。只有你的德政像上天那样广大，你又能用和顺的美德指导自身，才能完成君王的使命！"

　　君王说："唉呀！年轻的封，治理国家是要苦身劳形的，所以应当小心谨慎啊！上天是威严的，他对诚信之人的佑助，可以通过民情明显地看出来。百姓是很难治理的，因此到了殷地，要克尽你的心力，不要贪图安逸、追求享乐，这样才能把百姓治理好。我听说过这样一句名言：'百姓的怨愤不在大小，只要能使不顺从的人顺从，使不努力的人努力，再大也并不可怕；否则，即使很小，也是可怕的。'唉！你这个年轻人要明白，你的职责是宽宏地治理王家从上天那里接受的殷民，以辅佐君王完成天命，改造殷民，使他们弃旧图新。"

君王说："唉呀！封，要谨慎、严明地施行你的刑罚。假若一个人犯了小罪，却不悔改，一直做违法的事情，这说明他是知法犯法，追究他的罪过时，尽管他的罪很小，也不可不把他杀掉。假若一个人犯了大罪，却不坚持不改，并能够悔过自新，这说明他是偶尔犯法，追究他的罪过时，就不可把他杀掉。"

君王说："唉呀！封，假若能够这样去做，百姓就会深明大义，心悦诚服；他们还会相互告诫、相互勉励，从而和睦相处。应当像医治自己的疾病一样，尽力使百姓完全抛弃自己的罪过。应当像照料小孩一样，保护百姓，努力使百姓康乐安定。要严格掌握刑杀大权。要做到不是你封下令惩罚、杀戮，就没有人惩罚、杀戮；不是你封说要割鼻、断耳，就没有人割鼻、断耳。"

君王说："审断案件，你要宣布这些准则，用来管理狱吏，这样殷地的刑罚就会有条不紊。"君王又说："囚禁犯人，要斟酌五六天，甚至于十几天，再做出决断，决定囚禁与否。"

君王说："你只有在宣布了这些准则之后，才可以施行刑罚。审断案件，要依据殷地的常法，采用合理的刑杀标准，切不要只按你封的意志行事。假若完全按照你的意志办事才叫妥当，那么就办不好事。唉！你虽然是个年轻人，但是没有谁比你封的心更善于理解我的心了；我的意志，我的德政，只有你才理解啊！百姓盗窃，抢掠，内外作乱，杀人劫货，强横而不怕死，这些都是无人不痛恨的罪行。"

君王说："但是，封啊，要知道，那些罪大恶极的人，也是不孝顺父母、不友爱兄弟的人。如做儿子的不恭敬地孝顺他的父亲，使他的父亲大为伤心，而做父亲的不能疼爱他的儿子，反而厌恶他的儿子；做弟弟的不顾念天伦，不能尊敬他哥哥，而做哥哥的也不顾念幼弟的苦痛，对弟弟极不友爱：父子兄弟之间的关系，竟然沉沦到这一地步，执政者如果不对他们加以惩罚，上天授予我们治理百姓的大法，就会遭到严重破坏。因此我要告诉你：你应该赶快按照文王制定的刑罚，惩罚这些人，对他们不要宽恕。不遵守国家大法的，也有各诸侯国的各级官员。他们另行发布政令，欺诈百姓，大肆称誉那些不顾念国家、不遵守法令的人，危害他们的君王。他们助长恶人，而我特别痛恨他们。啊！你应当赶快根据这些罪行，按照法令逮捕并杀掉他们。也有些邦国的国君，不能管教自己邦国的百姓和内外官员，使他们在那里作威肆虐，严重违犯周天子的命令。这些人是不能用德教治理的，也应当加以惩罚。你本人也不能不遵守法令。你要用法令去教导百姓，用文王敬德忌刑的风范，把百姓引上正道。还要告诉百姓说：'我们正在努力继承文王敬德忌刑的传统。'如果你真能够如此，那我是非常高兴的。"

君王说："封啊，教化能够使百姓善良，国家安康，因此，我们要时刻记住殷商圣明先王的德政，把治理百姓，安定国家，作为最终目标。何况，今天的殷民，若不引导，就不会向善；今天的殷国，若不引导，就不会有德政。"

君王说："封啊，我们不可不借鉴古训，因此，我才把文王崇尚德政的教导和慎用刑罚的作风告诉你。如今，殷民人心很不稳定，他们仍然不能与我们和谐一致。这是上天对我们的责罚，对此，我们不应该有什么怨恨。殷民的罪过无论大小，也无论多少，我们都应该自责，何况殷民人心不安，已经被上天清楚地知道了啊。"

君王说："唉呀！封，千万要谨慎啊！不要制造怨恨，不要采取不妥当的方法和不合法的措施，来遮蔽你的诚信之心。在现在这种情况下，要努力施行德政，稳定殷民的心；要顾念他们的善行，减轻他们的徭役，满足他们的衣食之需。这样，百姓就安宁了，上天也就不会责罚你了。"

君王说："唉呀！努力吧，你这个年轻的封！天命无常，你可要小心啊！不要断绝我们祖先祭祀，要努力履行你的职责，敬慎地对待你所听到、看到的一切，以安定百姓之心。"

君王这样说："去吧！封啊，不要丢掉恭谨的美德，要经常听取我的劝告，这样，你才能和殷民世世代代共同享有殷国。"

酒　诰①

王若曰："明大命于妹邦②。乃穆考文王③，肇国在西土。厥诰毖庶邦庶士④，越少正、御事，朝夕曰：'祀兹酒⑤。'惟天降命肇⑥，我民惟元祀⑦。天降威⑧，我民用大乱丧德⑨，亦罔非酒惟行⑩；越小大邦用丧，亦罔非酒惟辜⑪。文王诰教小子、有正、有事⑫，无彝酒⑬。越庶国⑭，饮惟祀，德将无醉⑮。惟曰我民迪⑯。小子惟土物爱⑰，厥心臧⑱，聪听祖考之遗训⑲。越小大德⑳，小子惟一㉑。妹土嗣尔股肱㉒，纯其艺黍稷㉓，奔走事厥考厥长。肇牵车牛，远服贾㉔，用孝养厥父母。厥父母庆㉕，自洗腆㉖，致用酒㉗。庶士有正㉘，越庶伯君子，其尔典听朕教。尔大克羞耇㉙，惟君，尔乃饮食醉饱，丕惟曰：尔克永观省㉚，作稽中德㉛。尔尚克羞馈祀㉜，尔乃自介用逸㉝，兹乃允惟王正事之臣㉞，兹亦惟天若元德，永不忘在王家㉟。"

王曰："封！我西土棐㊱，徂邦君御事㊲，小子尚克用文王教，不腆于酒㊳，故我至于今，克受殷之命。"

王曰："封！我闻惟曰：在昔殷先哲王迪畏天显小民㊴，经德秉哲㊵，自成汤咸至于帝乙，成王畏相㊶。惟御事，厥棐有恭，不敢自暇自逸，矧曰其敢崇饮㊷？越在外服㊸，侯、甸、男、卫、邦伯；越在内服，百僚、庶尹、惟亚、惟服、宗工、越百姓里居㊹：罔敢湎于酒。不惟不敢，亦不暇。惟助成王德显㊺，越尹人祗辟㊻。我闻亦惟曰：在今后嗣王酣身㊼，厥命罔显于民祗㊽，保越怨㊾，不易㊿。诞惟厥纵淫泆于非彝(51)，用燕丧威仪(52)，民罔不衋伤心(53)。惟荒腆于酒，不惟自息乃逸，厥心疾很(54)不克畏死(55)。辜在商邑，越殷国灭，无罹(56)。弗惟德馨香(57)，祀登闻于天。诞惟民怨，庶群自酒(58)，腥闻在上。故天降丧于殷，罔爱于殷，惟逸。天非虐，惟民自速辜(59)。'"

王曰："封！予不惟若兹多诰(60)。古人有言曰：'人无于水监(61)，当于民监。'今惟殷坠厥命，我其可不大监抚于时(62)？予惟曰：汝劼毖殷献臣(64)，侯、甸、男、卫，矧太史友、内史友(65)，越献臣、百宗工(66)，矧惟尔事。服休、服采(67)，矧惟若畴圻父(68)，薄违农父(69)，若保。宏父(70)，定辟(71)，矧汝刚制于酒(72)。厥或诰曰：'群饮。'汝勿佚(73)，尽执拘以归于周(74)，予其杀(75)。又惟殷之迪诸臣惟工(76)，乃湎于酒，勿庸杀之，姑惟教之，有斯明享(77)。乃不用我教辞(78)，惟我一人弗恤(79)，弗蠲(80)，乃事，时同于杀(81)。"

王曰："封！汝典听朕毖，勿辩乃司民湎于酒(82)。"

【注释】

①本篇是周公命令康叔在其封地卫国戒酒的诰词。诰词总结了历史教训，阐述了戒酒对于巩固政权的极端重要性，并制订了严厉的戒酒法令。　②明：昭告，宣布。妹邦：指康叔封地卫国，此乃殷商故土。妹，即"沬"；沬，卫邑。　③穆孝：指文王。文王在宗庙中世次当穆，故称。　④诰毖：教导，告诫。庶邦：各诸侯国。庶士：众位卿士。　⑤越：和。少正：副职官员。御事：办事官员。祀：祭祀。兹：则，才。　⑥命：福命。肇：开始。　⑦元：大。⑧威：罚。　⑨用：因。　⑩行：这里是"乱其行"的意思。　⑪辜：这里是"为其辜"的意思。　⑫有正：指大臣。正，同"政"。有事：指小臣。　⑬彝：常。　⑭庶国：指众诸侯

国君。庶，众。　⑮德将：以德自持。将，扶持。　⑯迪：教导。　⑰土物：指粮食。　⑱藏：善。　⑲聪：这里是清楚地听取的意思。　⑳越：扬。小大德：泛指各种美德。　㉑惟一：专心。　㉒嗣：嗣后，今后。股肱（gōng）：本指大腿和上臂，这里引申为力气、力量。　㉓纯：专心。艺：植，种。　㉔服：从事。贾（gǔ）：贸易。　㉕庆：高兴。　㉖洗腆：丰盛，这里是指丰盛的饮食。　㉗致用酒：意为可以饮酒。致，得到。　㉘庶士、有正：和下文的庶伯、君子都指官员。　㉙羞：进献。耇：老，指长辈。　㉚观省（xǐng）：检点。观，看。省，反省。　㉛作：举止。稽：符合。中德：中正之德。　㉜馈祀：王家所举行的祭祀。　㉝自介：自我限制。介，界限。　㉞兄：长期。正：官长。事：僚属。　㉟忘：被忘记。　㊱棐：指辅助之臣。　㊲徂：存，在。　㊳腆：美，这里是以为美，即喜好的意思。　㊴迪畏天显小民：即"畏天显"与"迪小民"。迪，教导。天显，天命。　㊵经：行。秉：执。哲：敬。　㊶成：成就。畏：敬畏。相：辅相。　㊷崇：尽情。　㊸越：发语词，无义。外服：外官，指诸侯。　㊹僚：官。尹：正。亚：正官之副手。服：易。宗工：做官的宗室成员。百姓里居：百官中退休居家赋闲者。百姓，百官。百姓里居统指百官及贵族宗室。　㊺显越：显扬。　㊻尹：正，这里引申为引导。辟：君王。　㊼后嗣王：指商纣王。酗：嗜酒。　㊽民祇：臣民所重之事。　㊾保：安。咸：于。　㊿易：变，这里是悔改的意思。　(51)诞：大。纵：放纵，淫乱。淫：游。泆：通"佚"，乐。　(52)用：以，因。燕：同"宴"，安乐。　(53)痚（xì）：伤痛。　(54)很：狠。　(55)克：肯。　(56)罹（lí）：忧。　(57)馨（xīn）香：芳香。这里含两重意思：一实指祭礼时的香味，二喻指政治清明。　(58)庶群：指商纣王的群臣。　(59)民：指殷商臣民。速：招致。辜：罪，灾。　(60)若兹：这些。　(61)监：鉴，鉴戒。　(63)抚：鉴抚，省察。　(64)劼（jié）：谨慎。毖：告诫。献臣：遗臣。　(65)太史、内史：均为史官。太史记事，内史记言。友：同僚。　(66)百：概数，意为众多。宗工：尊贵的官员。宗，尊。工，官。　(67)事：指办事的吏员。服休：指掌管国君游乐休息的近臣。服采：指掌管国君朝祭的近臣。　(68)若：你的。畴：同"寿"，这里指三寿，即下文的圻父、农父、宏父。三寿即三卿。圻（qí其）父：司马，掌管军事的卿。　(69)薄：迫，讨伐。违：违抗。农父：司徒，掌管农业的卿。　(70)若保：使顺服、安定。宏父：司寇，掌管司法的卿。　(71)辟：法。　(72)刚：强。制：断绝。　(73)失：放纵。　(74)执拘：逮捕。　(75)其：将要。　(76)迪：进，进用。　(77)斯：这。享：劝导。　(78)教辞：教导的言语。　(79)恤：忧，怜惜。　(80)蠲（juān）：免除。　(81)事：处置。时：这，指代上文"不用我教辞"的人。同：一样。　(82)辩：使。司民：指治民的官员。司，治。

【译文】

君王这样说："你到卫国去庄严宣布一项重大的教令。当年，尊敬的文王在西方缔造了我们周国。他曾经一天到晚地告诫各邦诸侯、卿士和各级官员，说：'只有在祭祀神灵和祖先的时候，才可以饮酒。'从上天降下福命之日开始，他就教导我们的臣民，只有举行大祭的时候才允许饮酒。后来上天降下惩罚，我们的臣民犯上作乱、丧失美德，究其原因，完全是纵酒惑乱了他们的德性；大大小小诸侯国的灭亡，究其原因，没有一个不是因为纵酒给它们带来了灾祸。文王还告诫他的担任各种官职的子孙们：不许经常饮酒。并告诉在诸侯国任职的子孙们：只有在祭祀的时候才能饮酒；而且饮酒时还要以德自持，不得喝醉。文王还说，我们的臣民要教导子孙珍惜粮食，这样他们心地就善良了。我们要很好地记取祖辈的遗训，弘扬各种美德，努力戒酒。殷民们，你们要在卫国的土地上安心地住下来，而且从今以后，还要尽力劳作，专心致志地种好庄稼，勤勉地侍奉你们的父兄。做完农事以后，你们才可以牵牛赶车，到外乡去做生意，用赚来钱财孝敬与赡养父母。这样，你们的父母就会很高兴，并亲自做好丰盛的饮食供你们吃喝，这时，你们才可以饮酒。各级官员们，希望你们经常听取我的教导！只要你们能够很好地奉养长辈和国君，你们就可以饭饱酒足。如果你们能够永远检点自己，使自己的言谈举止符合中正的美德，你们就能够参加王室的祭祀。如果你们能够在饮酒行乐方面约束自己，你们就可以长期担任王家的政务官员。这是上天所赞赏的美德，它将永远不会被王家所遗忘。”

君王说：“封啊！过去在我们西方本土的时候，辅佐之臣如诸侯国的国君及其下属官员们，都能够遵从文王的教导，从不嗜酒，所以我们才会有今天，才能替代殷商而承受天命。”

君王说：“封啊！我听到有人这样说过：‘过去，殷商圣明的先王上畏天命，下教百姓，施行德政，持身恭谨。从成汤一直延续到帝乙，那些成就王业的圣君都敬畏贤相。而那些治事之臣，辅佐君王也都非常恭谨，从来不敢偷闲享乐，更何况公然纵情饮酒呢？无论是在京城之外的诸侯国君，还是在朝廷之内的各级官员，以及宗室贵族，甚至包括赋闲的老臣在内，没有敢沉溺于美酒之中的。他们不唯不敢这样做，也没有闲暇这样做。他们所想的，只是如何辅助君王成就美德，并加以显扬，使百官都敬畏君王。我又听人这样说：‘近世的商王受，终日沉溺于美酒之中，并且自以为有命在天，不了解臣民的疾苦，对臣民的怨恨无动于衷，对自己的过失不思悔改。他纵欲无度，贪图享乐，达到了不守法令的地步。由于一味追求享乐，从而丧失了君王的威仪，使臣民无不为之悲伤痛心。他只顾纵酒享乐，从不想停止自己的淫逸行为。他心肠阴狠，连死亡都不畏惧。他在殷商都城作恶多端，导致殷商灭亡，对此，他一点也不放在心上。这时，再也没有德政清明的美誉和祭祀圣洁的消息报告上天；而上天所知道的，只有百姓的怨愤，和群臣人人纵酒所散发出来的腥气。因此，上天才给殷商降下了灭亡之灾。上天之所以不喜欢殷商，都是由于商王受贪图享乐。殷商灭亡，不是上天暴虐，而是殷商臣民自招灾祸。'"

君王说："封啊！我不想再如此反复告诫，唠唠叨叨了，古人有句名言，说：'人不仅要以水为鉴检讨自己，还要以民为鉴检讨自己。'现在，殷商已经灭亡，殷鉴就在眼前，我们难道可以不深刻地借鉴这个教训吗？因此，我要你严肃地告诫殷商遗臣，诸侯国君，史官们和遗臣中的宗室贵族，你的政务官员，掌管游乐和祭礼的近臣，以及你的卿——掌管军事的圻父，管理农事的农父、主持刑罚的宏父，还有你本人，你们都必须强行戒酒。假若有人向你们报告说：'有人聚众纵酒。'你们不要放纵他们，而要全部逮捕起来押解到京城，我将把他们杀掉。但是假若殷商的旧臣和各种工匠沉溺在酒中，可不要杀他们，而要教育他们。有了这样明确的教令之后，假若有人仍然不遵从我的训诫，我就不再怜惜他们，不再宽赦他们，而要把他们与聚众纵酒的人一样处置，一律杀掉。"

君王说："封啊！你要时时听取我的告诫，不要让你的臣民沉溺在美酒中。"

梓　材①

王曰："封！以厥庶民暨厥臣达大家②，以厥臣达王惟邦君③。汝若恒。越曰我有师师、司徒、司马、司空、尹、旅④，曰：'予罔厉杀人⑤，亦厥君先敬劳⑥。'肆徂⑦，厥敬劳。肆往⑧，奸宄、杀人，历人宥⑨。肆亦见厥君事⑩，戕败人宥⑪。王启监⑫，厥乱为民⑬。曰：无胥戕⑭，无胥虐⑮，至于敬寡⑯，至于属妇⑰，合由以容⑱。王其效邦君越御事⑲，厥命易以⑳？引养引恬㉑。自古王若兹，监罔攸辟㉒。"

"惟曰：若稽田㉓，既勤敷菑㉔，惟其陈修为厥疆畎㉕。若作室家㉖，既勤垣墉㉗，惟其涂墍茨㉘。若作梓材，既勤朴斲㉙，惟其涂丹雘㉚。"

"今王惟曰㉛：先王既勤用明德㉜，怀为夹㉝，庶邦享作㉞，兄弟方来㉟，亦既用明德。后式典集㊱，庶邦丕享㊲。皇天既付中国民，越厥疆土于先王，肆王惟德用和怿先后迷民㊳，用怿先王受命㊴。已！若兹监，惟曰欲至于万年㊵，惟王子子孙孙永保民。"

【注释】

①本篇也是周公告诫康叔如何治理殷民的诰词。在这篇诰词中，周公为康叔治殷制订了具

体政策，并阐明理由，还勉励康叔明德睦民，努力完成先王未竟的事业。梓材：上等木材。②以：由。暨：和。大家：这里泛指卿大夫。家，大夫的封地。 ③王：这里指诸侯。 ④若：这样，如此。恒：常，经常。越：句首语气词，无义。师师：众官长。前一个“师”作“众”讲。尹：正，指大夫。旅：众士。 ⑤厉：古代把杀戮无辜叫做厉。 ⑥劳：慰劳。⑦肆：努力。徂：往，去。 ⑧肆往：往日。 ⑨历：过错。宥：宽恕。 ⑩见：效法。事：指上文“敬劳”之事。 ⑪戕（qiāng）败：残害他人但尚未把人杀死。 ⑫启：设立。监：指诸侯。本义为治理，由于公侯伯子男各监一国，所以又称诸侯为监。 ⑬乱：率，大都。为：化。 ⑭胥：相。 ⑮虐：暴虐。 ⑯敬：通“鳏”，老而无妻的人。 ⑰属妇：孕妇。⑱合：同。由：用。容：宽容。 ⑲效：考察。 ⑳以：用。 ㉑引：经常。恬：安。 ㉒监：治理。罔攸辟：即无所刑辟。辟，法。 ㉓稽：治。 ㉔敷：布，指播种。菑（zī）：新开垦的田地。 ㉕陈修：修治。陈，治。疆：地界。畎（quǎn）：田间水渠。 ㉖室家：房屋㉗垣（yuán）：矮墙。墉（yōng）：高墙。 ㉘涂：塞。塈（xì）：仰涂泥巴，以塞孔穴。茨：用茅草盖屋顶。 ㉙朴：剥去树皮。斲（zhuó）：砍削，加工。 ㉚丹雘（huò）：朱色颜料。㉛王：这里王家。 ㉜用：任用。 ㉝怀：来。夹：辅，指辅臣。 ㉞享作：即作享。享，献，纳贡。 ㉟方来：同来宾服。方，并。 ㊱后：指继统之君。式：用。典：常。集：会合，这里是朝会的意思。 ㊲丕：乃。 ㊳肆：今。惟：只。先后：教导。迷民：指殷商遗民中的顽固派。 ㊳怿：终，完成。 ㊵惟：就。欲：将。

【译文】

王说：“封啊！我的教令，要由卿大夫下达给他们统辖的臣民，由诸侯国君下达给他们的下属官吏，并且要经常这样做。向我们的众位官长、司徒、司马、司空、大夫和众士宣布：我绝对不杀戮无辜；还要告诉国君，让他们恭谨地安抚臣民。你去努力而恭谨地安抚殷地的臣民吧。如今你去殷地，对于往日在邦内邦外作乱的罪犯，杀人的罪犯，要宽恕；对于残害他人而尚未把人杀死的罪犯，要效法君王恭谨地安抚臣民的做法，也要宽恕。王室设立诸侯国君是为了治理臣民。王室认为：‘人们不要相互残害，不要彼此施暴，对于鳏夫寡妇应当尊重，对于怀孕妇女应当爱护，他们如果犯了罪同样要宽恕。’王室考察诸侯国君和他们的官员，用的教令是什么呢？是‘永远养育百姓，永远安抚百姓’。自古以来，君王都是这样治理国家的，没有滥用刑罚者！我认为：治理国家好比种田，既然已经辛勤地开垦出田地并播下了种子，就应当修整地界和开挖水渠；好比盖房屋，既然已经辛勤地垒起了墙壁，就应当用泥巴堵住墙洞和用茅草苫好房顶；好比用名贵木材做家具，既然已经辛勤地把木材制作成家具，就应当考虑油漆彩饰，以求美观。如今王室认为过去，我们的先王审慎地任用品德高尚的大臣，来辅佐成就王业；众多的异邦都来纳贡，兄弟之国都来宾服，也都是由于任用了品德高尚的大臣。现在，后继之君应当效法先王的常法，让诸侯前来朝见，使各国都来纳贡。上天既然把中央之国的臣民和疆土托付给了先王，当今的君王只有施行德政，来团结、教导殷商那些执迷不悟的遗民，才能完成先王所承受的大命。唉！用这样的方法治理殷民，你的君位必将传承千年万载，与君王的子孙永远共同住在殷地，治理殷民。"

召　诰①

成王在丰②，欲宅洛邑③，使召公先相宅④，作《召诰》。

惟二月既望⑤，越六日乙未⑥，王朝步自周⑦，则至于丰⑧，惟太保先周公相宅⑨。越若来三月⑩，惟丙午朏⑪，越三日戊申⑫，太保朝至于洛，卜宅⑬。厥既得卜⑭，则经营⑮。越三日庚戌⑯，太保乃以庶殷攻位于洛汭⑰。越五日甲寅⑱，位成⑲。若翼日乙卯⑳，周公朝至于洛，则达观于新邑营㉑。越三日丁巳㉒，用牲于郊㉓，牛二。越翼日戊午㉔，乃社于新邑㉕，牛一，羊一，豕一。越七日甲子㉕，周公乃朝用书，命庶殷侯、甸、男邦伯㉗。厥既命殷庶，庶殷丕作㉘。太保乃以庶邦冢君出取币㉙，乃复入，锡周公㉚。

曰："拜手稽首，旅王若公㉛。诰告庶殷，越自乃御事㉜。呜呼！皇天上帝，改厥元子㉝。兹大国殷之命㉞，惟王受命，无疆惟休㉟，亦无疆惟恤㊱。呜呼！曷其奈何弗敬㊲！天既遐终大邦殷之命㊳，兹殷多先哲王在天，越厥后王后民，兹服厥命㊴。厥终㊵，智藏瘝在㊶。夫知保抱携持厥妇子㊷，以哀吁天㊸，徂厥亡㊹，出执㊺。"

"呜呼！天亦哀于四方民㊻，其眷命用懋㊼。王其疾敬德㊽！相古先民有夏㊾，天迪从子保㊿，面稽天若51，今时既坠厥命52，今相有殷，天迪格保53，面稽天若，今时既坠厥命。今冲子嗣54，则无遗寿耇55。曰：其稽我古人之德56，矧曰其有能稽谋自天57。呜呼！有王虽小，元子哉！其丕能诚于小民58。今休59王不敢后用顾60，畏于民碞61。"

"王为绍上帝62，自服于土中63。旦曰64：'其作大邑，其自时配皇天65，毖祀于上下66，其自时中乂67，王厥有成命治民，今休。'王先服殷御事68，比介于我有周御事69，节性70，惟日其迈71，王敬作所72，不可不敬德。"

"我不可不监于有夏73，亦不可不监于有殷。我不敢知曰74，有夏服天命，惟有历年75，我不敢知曰，不其延76；惟不敬厥德，乃早坠厥命。我不敢知曰，有殷受天命，惟有历年，我不敢知曰：不其延；惟不敬厥德，乃早坠厥命。今王嗣受厥命，我亦惟兹二国命⑦⑦，嗣若功名。"

"王乃初服⑦⑨。呜呼！若生子⑧⑧，罔不在厥初生，自贻哲命⑧⑧。今天其命哲⑧⑧、命吉凶、命历年。知今我初服⑧⑧，宅新邑，肆惟王其疾敬德⑧⑧。王其德之，用祈天永命⑧⑧。"

"其惟天勿以小民淫用非彝⑧⑧，亦敢殄戮⑧⑧，用乂民若有功⑧⑧。其惟王位在德元⑧⑧，小民乃惟刑用于天下⑨⑩，越王显⑨⑨。上下勤恤，其曰：我受天命⑨⑨，丕若有夏历年⑨⑨，式勿替有殷历年⑨⑨，欲王以小民受天永命⑨⑨。"

拜手稽首，曰："予小臣敢以王之仇民、百君子，越友民⑨⑨，保受王威命明德⑨⑨，王末有成命⑨⑨，王亦显。我非敢勤⑨⑨，惟恭泰币，用供王能祈天永命⑩⑩。"

【注释】

①本篇记述了营建洛邑的过程，并记录了召公的诰词。周公摄政七年，周成王成人，周公便返政于成王。尔后，成王决定营建陪都洛邑，并委派召公主持营建工程。在营建过程中，周公和成王曾先后到达洛邑，视察工程进展情况。召公率领各国诸侯朝见周公和成王，并向成王分析当时的形势，总结夏商灭亡的历史教训，勉励成王施行德政，光大文王、武王开创的功业。召（shào）：召公，名奭。因封地在召（今陕西省凤翔县一带），故称召伯或召公。曾辅佐武王灭商。成王时任太保，与周公分陕而治。　②丰：文王时的周都。后武王迁都镐京，文王庙仍在丰地。　③宅：所居之住。　④相：视，看，这里是勘察的意思。宅：居处，指宗庙、宫室、朝市的基址。　⑤二月：指成王七年二月。既望：夏历每月十六日。　⑥越：及，到。乙未：乙未日。　⑦周：这里指西周都城镐京。　⑧至于丰：文王庙在丰，营建洛邑是王家大事，必须到文王庙祭告，故"至于丰"。⑨太保：官名，三公之一。这里是指召公。　⑩越若：句首语气词，无义。来：将来，未来。　⑪丙午：丙午日，即三月初三。朏（fěi）：新月的光。⑫戊申：戊申日。　⑬卜宅：用龟卜之法卜问所选地址的吉凶。　⑭得卜：这里的意思是卜得吉兆。⑮经营：特指测量地基。古代称直径为经，周长为营。　⑯庚戌：庚戌日，即三月七日。　⑰以：率领。攻位：测定方位。攻，治。洛汭（ruì）：指洛水流入黄河处。汭，河流会合处。　⑱甲寅：甲寅日，即三月十一日。　⑲位成：方位确定下来。　⑳若：到。翼日：明日，第二天。翼，通"翌"。乙卯：乙卯日，即三月十二日。　㉑达：通，遍。营：指所经营的工程。　㉒丁巳：丁巳日，即三月十四日。　㉓用牲：指祭祀上天。牲，牺牲，祭品之一。郊：特指南郊。祭天大典在都城南郊举行。　㉔戊午：戊午日，即三月十五日。　㉕社：本指土神，这里用作动词，意为祭土神。　㉖甲子：甲子日，即三月二十一日。　㉗书：文告。邦伯：诸侯国君长。　㉘丕：大。作：动工。　㉙冢（zhǒng）君：君长。冢，大。币：玉帛之类礼品，为表敬之物。㉚锡：通"赐"，进献。　㉛旅：陈述，这里是禀报的意思。若：顺，遵从。㉜自：用。乃：其。㉝元子：首子即天子。㉞兹：通"已"，终止。㉟无疆：无穷无尽。休：吉祥，福泽。㊱恤：忧患，祸殃。㊲敬：谨慎。㊳遐：远，

早。 ㊴服：受。 ㊵终：末，末年，指纣王末年。 ㊶智：指明智的人。藏：隐匿。瘝（guān）：病，这里指离家服役的人。 ㊷保：背负。 ㊸吁：呼告。 ㊹徂：同"诅"，诅咒。 ㊺出：脱离。执：这里指困境。 ㊻哀：怜哀，怜惜。 ㊼眷：顾念，关怀。懋：通"贸"，转移。 ㊽疾：速，赶快。 ㊾相：视，这里是回顾的意思。 ㊿迪：教导。子保：慈保，指贤人。 (51)面：通"勔"，勉力。稽：考察。若：顺，即顺从天意。 (52)坠：丧失。(53)格保：嘉保，指贤人。 (54)冲子：年轻人，指成王。嗣：继位。 (55)寿耇：年高德劭之人。(56)曰：句首语气词，无义。 (57)谋：意图。 (58)諴（xián）：和。 (59)休：美善，可喜。(60)后：推迟。用：因。 (61)畏：担心。民碞：民险，指殷民难治对周构成的威胁。碞，通"险"。 (62)绍：卜问。 (63)服：治。土中：指洛邑。洛邑在九州中心，故称。 (64)旦：周公名。由于是向君王引述周公的话，所以称名。 (65)自时：从此。时，是，这。配皇天：祭天时用周的始祖（后稷）配祭。配，配享。 (66)毖：谨慎。上下：天地神灵。上，指天神；下，指地神。 (67)时中：这个中心之地，指洛邑。乂：治理。 (68)服：治。 (69)比介：靠近，亲近。(70)节：和。 (71)迈：进。 (72)所：处。王敬作所，意为王治群臣应该以敬自处。 (73)监：鉴。 (74)敢：表敬副词，无义。 (75)历年：年代久远。 (76)延：延续。 (77)惟：思。 (78)若：其，他们的。 (79)初服：初理政事。 (80)生子：养子教之。生，养。 (81)贻：传，授。哲命：明智的教训。 (82)命：给予。 (83)知：闻知。 (84)肆：所以。 (85)祈：求。 (86)其：表祈使的副词，希望，但愿。淫：过度。彝：法。 (87)殄戮：这里是全部惩治的意思。殄，尽。戮，罚。 (88)若：顺。 (89)位：立，居。德：天德。元：首。 (90)刑：通"型"，效法。 (91)越：弘扬。显：显德。 (92)其：或许。 (93)丕：语首助词，无义。 (94)式：语首助词，无义。替：废止。 (95)以：和。 (96)予小臣：召公自称。仇民：指殷商遗民。君子：指大夫以上的官员。(97)保：安然。明：宣扬。 (98)末：终。成命：指营建洛邑。 (99)勤：慰劳。 (100)供：进献。能：善。

【译文】

周成王本来一直居住在丰邑，后来他打算到洛邑居住，于是便委派召公先去勘察并选择宗庙、宫室、朝市的基址。史官记录下这件事，撰写出《召诰》。

二月十六日后的第六天，即乙未日这一天，成王一大早就从镐京出发，步行来到丰邑，去文王庙祭告文王。

太保召公在周公之前，赴洛地勘察宗庙、宫室、朝市的基址。这时是三月丙午日即三月初三，月牙儿刚刚放出清辉。到了第三天戊申日即初五，太保召公于清晨到达洛邑，卜问所选的地址是否合适。经过占卜，太保得到了吉兆，于是动工营造新邑。到了第三天庚戌日即初七，太保便率领众殷商遗民，在洛水流入黄河的地方测量宗庙、宫室、朝市的方向和位置。到了第五天甲寅日即十一日，各处的位置便确定了。

次日，也就是乙卯日即十二日，周公早晨一到洛地，就全面视察新邑营建工程的进展情况。到了第三天，也就是丁巳日即十四日，在南郊以牺牲祭天，祭品是两头牛。第二天戊午日即十五日，又在新邑举行祭地典礼，用了一头牛、一只羊和一头猪。到了第七天，也就是甲子日即二十一日，周公在早晨发布文告，命令殷商遗民以及侯服、甸服、男服各诸侯国的国君，都来参加洛邑的营建工程。向殷民下达命令的文告发布之后，殷民便大举动工了。太保和各国国君取出玉帛等礼品，然后进去进献给周公。

太保说："请接受我们拜手叩头的大礼吧！谨禀报我们的君王，我们一定遵从您的旨意，教育殷商遗民和任用殷商旧臣。唉呀！上天改变了天下的元首，从而结束了大国殷商的国运。大王虽然承受了治理天下的大命而福泽无穷无尽，但是忧患也无穷无尽。唉呀！在这种情况下怎么能够不谨慎呀！上天虽然早就打算结束大国殷商的国运，但是殷国的众位圣明的先王还在天上，殷商后来的君王和臣民还能够承受天命。到了商王受的末年，明智的人都隐匿起来，而邪恶的人却在位当权。男人都背着或者抱着他们的儿女，扯着或者扶着他们的妻子，悲伤地呼告上苍，诅咒商王受，盼望他早点灭亡，以求尽快脱离灾难的深渊。"

"唉呀！上天也哀怜四方百姓，就把关怀、抚爱百姓的使命由殷商转移给我周族。君王啊，请您赶快敬重德政，以回报上天的美意吧！"

"追溯古代的历史，可知有先民夏族，上天教导他们顺从贤人，努力探究天意，可是现在他们已经丧失了天命。如今再看看殷族，上天同样教导他们顺从贤人，努力探究天意，可是现在他们也丧失了天命。而今，您这个年轻人继承了王位，却没有识多见广、老成练达的人能够辅佐您，去探究我们先王的德政；至于探究天意，就更不必说了。唉呀！君王虽然年轻，但是毕竟是天子，使命非常重大啊！最重要使命是能够很好地治理百姓，使天下和谐安定。如今形势非常可喜，因为君王及时开始营建洛邑。这是由于他看到并警惧殷民人心险恶，难于治理。"

"君王向上天求卜，尔后就在天下的中心之地营建新都，以便很好地治理国家。周公旦对我说过：'要营建一座大邑，建成以后，我们再举行祭祀皇天的大典，请我们的始祖后稷配享从祀，跟天神和地神一起接受恭敬的祭祀，在这个中心之地治理天下。由于君王遵照既定的天意治理百姓，如今才有这样的喜庆之事。'君王要先行治理、开导殷商遗臣，使他们亲附我们周国的治事诸臣，以调节和顺他们的性情，使他们天天有所长进。君王治理群臣，首先应当谨慎自处，因此不可不重视自己的德行。"

"我们不可不以夏代为鉴戒，也不可不以殷代为鉴戒。我不敢妄断夏人承受天命，会有多长时间；我也不敢妄断夏人的国运，不会久长。然而我却知道，由于不重视自己的德行，他们早早地就丧失了从上天那里承受的大命。同样，我不敢妄断殷人承受天命，会有多长时间；我也不敢妄断殷人的国运，不会久长。然而我却知道，由于不重视自己的德行，他们也早早地就丧失了从上天那里承受的大命。如今，君王继承了治理天下的大命，我们就应当想想这两个朝代国运兴衰的缘由，从中借鉴它们失败的教训，继承它们成就的功业。"

"君王这才是初理政务。唉呀！这好像教养小孩子一样，父母无不在他情欲初生、开始成人的时候，就亲自向他传授明哲教导。如今上天所给予的明哲教导，是吉祥还是凶险，是永年还是短命，都不可知；所知道的，只是如今君王初理政事，就营建新邑，以及君王应当赶快敬修自己的德行！希望大王恭行德政，以祈求天命永长，历久不衰。"

"愿君王不要让百姓放纵自己而不守法度，也不要滥施刑罚来惩治百姓，要用引导的方法治理他们，这样才会取得成功。愿君王高居天子之位而有圣人之德，成为世人的楷模，让百姓普遍效法，使您的美德光大于天下。君勤政于上，民忧国于下，这样或许可以说，我们承受天命就会像夏代那样久长，而不至于像殷代那样短暂。愿君王和臣民能够永远承受天命。"

召公行了跪拜叩头大礼，最后说："小臣我要跟殷商遗臣、遗民和各友邦的臣民一道，坚定地接受君王威严的命令，弘扬君王的美德。君王终于作出营建洛邑的决策，你的大德将因此而显得更加光辉。我不敢用菲薄的礼品慰劳尊贵的君王，谨奉上这些玉帛，只不过是供君王献给上天，以祈求永久的福命之用而已。"

洛 诰[①]

召公既相宅，周公往营成周[②]，使来告卜[③]，作《洛诰》。

周公拜手稽首曰："朕复子明辟[④]，王如弗敢及天基命、定命[⑤]，予乃胤保，大相东土[⑥]，其基作民明辟[⑦]。予惟乙卯[⑧]，朝至于洛师[⑨]。我卜河朔黎水[⑩]。我乃卜涧水东、瀍水西[⑪]，惟洛食[⑫]；我又卜瀍水东，亦惟洛食。伻来[⑬]，以图及献卜。"

王拜手稽首曰[⑭]："公不敢不敬天之休[⑮]，来相宅，其作周匹休[⑰]！公既定宅，伻来山来[18]，视予卜休[19]，恒吉[20]。我二人共贞[21]。公其以予万亿年敬天之休[22]，拜手稽首诲言[23]。"

周公曰："王肇称殷礼[24]，祀于新邑，咸秩无文[25]。予齐百工[26]，伻从王于周[27]。予惟曰：庶有事[28]。今王即命[29]，曰记功宗[30]，以功作元祀[31]。惟命曰：'汝受命笃弼[32]，丕视功载[33]，乃汝其悉自教工[34]。'孺子其朋[35]，孺子其朋，其往[36]。无若火始焰焰[37]，厥攸灼叙[38]，弗其绝[39]。厥若彝[40]，及抚事[41]，如予，惟以在周工，往新邑[42]，伻向即有僚[43]，明作有功[44]，惇大成裕[45]，汝永有辞。"

公曰："已！汝惟冲子，惟终[46]。汝其敬识百辟享[47]，亦识其有不享，享有仪[48]，仪不及物[49]，惟曰不享[50]。惟不役志于享[51]，凡民惟曰不享，惟事其爽侮[52]。乃惟孺子颁[53]，朕不暇听[54]。朕教汝于棐民彝[55]，汝乃是不蘉[56]，乃时惟不永哉[57]！笃叙乃正父[58]，罔不若予，不敢废乃命。汝往，敬哉！兹予其明农哉[59]！彼裕我民[60]，无远用戾[61]。"

王若曰："公明保予冲子，公称丕显德[62]，以予小子扬文武烈[63]，奉答天命，和恒四方民[64]。居师[65]，惇宗将礼[66]，称秩元祀[67]，咸秩无文。惟公德明光于上下[68]，勤施于四方，旁作穆穆[69]，迓衡不迷[70]，文武勤教予冲子[71]，夙夜毖祀[72]。"

王曰："公功棐迪笃[73]，罔不若时[74]。"

王曰："公，予小子其退[75]，即辟于周[76]，命公后[77]。四方迪乱[78]，未定于宗礼，亦未克敉公功[79]。迪将其后[80]，监我士师工，诞保文武受民乱[81]，为四辅[82]。"

王曰："公定[83]，予往已公功肃将祗欢[84]，公无困哉[85]。我惟无斁[86]，其康事公勿替[87]，刑四方，其世享。"

周公拜手稽首曰："王命予来，承保乃文祖受命民，越乃光烈考武王，弘朕恭[88]。孺子来相宅，其大惇典殷献民[89]，乱为四方新辟[90]，作周[91]，恭先。曰其自时中乂[92]，万邦咸休，惟王有成绩。予旦以多子越御事，笃前人成烈[93]，答其师[94]，作周，孚先[95]。考朕昭子刑[96]，乃单文祖德[97]，伻来毖殷[98]，乃命宁[99]。予以秬鬯二卣[100]，曰明禋[101]，拜手稽首休享[102]。予不敢宿[103]，则禋于文王、武王。惠笃叙[104]，无有遘自疾[105]。万年厌于乃德[106]，殷乃引考[107]。王伻殷乃承叙，万年其永观朕子怀德[108]。"

戊辰[109]，王在新邑，烝[110]。祭岁[111]，文王骍牛一[112]，武王骍牛一。王命作册[113]，逸祝册[114]，惟告周公其后。王宾杀禋咸格[115]，王入太室裸[116]。王命周公后，作册，逸诰[117]。在十有二月，惟周公诞保文武受命[118]，惟七年[119]。

【注释】

①本篇记述的是洛邑建成后，周公和周成王关于如何治理国家的一次对话。洛邑建成后，周公和召公都劝告成王居洛亲政，成王则认为当时殷民人心仍然不稳，需要周公继续居洛，以威服东方。君臣经过反复商讨，最后决定周公继续居洛，安抚殷民。 ②成周：指西周东都洛邑。在瀍水东，距王城十八里。周公居此，摄政七年，天下太平，这座城邑建成之后，便命名为成周，意为周道始成。 ③使来：请成王来洛邑。卜：这里指卜得的吉兆。 ④复：返还。子：你，指成王。辟：君位。 ⑤如：似乎。及：参与。基命：始受天命。此指文王。基，始。定命：复受天命，延长周室王命。此指武王。定，安。基命、定命意为亲政治国，承受天命。 ⑥胤：继。保：安。相：视察。东土：这里指洛邑。 ⑦其：表示祈使语气的副词，希望。 ⑧乙卯：乙卯日即成王七年三月十二日。 ⑨洛师：指洛邑。旧称国都为京师，因国都为天子所居之处，故必以众、大称之，“京”是大的意思，“师”是众的意思。 ⑩河朔：黄河以北。黎水：卫水和淇水合流到黎阳故城一段为黎水。黎阳故城在今河南省浚县东北，距殷都很近。 ⑪涧水：发源于今河南省渑池县东北，至洛阳西南入洛水。瀍水：发源于今河南省洛阳西北，至洛阳东入洛水。 ⑫惟洛食：意为只有洛邑“可长久居民，使服田相食”。 ⑬伻（bēng）来：请成王来洛邑。伻，使。 ⑭王拜手稽首：古代君劳臣有拜手之常礼。周公为太师，成王为表恭谨而致此常礼。 ⑮休：美，这里指福泽。 ⑯周：指镐京。配：匹配。 ⑰休：美好。 ⑱来：到达之后。 ⑲视：拿出来看。 ⑳恒：遍，都。 ㉑贞：当，受。 ㉒以：领，引导。 ㉓诲：教诲。 ㉔肇称殷礼：古代习俗，“王者未制礼乐，恒用先王之礼乐”，此时周公已制成周礼，待次年成王亲政时颁行，故暂沿用殷礼。肇，始。举，行。 ㉕秩：次序，这里指按地位尊卑安排次序。文：文饰。 ㉖齐：率领。百工：百官。 ㉗从：随。周：指成周即洛邑。 ㉘庶：或许。事：指祭祀之事。 ㉙即命：就君位。命，大命即君位。 ㉚记：太史执简册书写。宗：尊。 ㉛以：按。作：助。元：大。 ㉜受命：承受武王遗命。笃：厚。弼：辅佐。 ㉝丕：奉。视：阅。功载：记功简册。 ㉞悉：尽。教：效。工：功。 ㉟朋：党，这里指朋从之臣。 ㊱其往：意为慎其交往。以上三句用的是感叹语气，表示对孺子成王的告诫。 ㊲焰焰：火微微燃烧的样子。 ㊳灼：烧。叙：绪，残余。 ㊴绝：灭。 ㊵若：顺。彝：常法。 ㊶抚：循。事：故事，即过去的做法。 ㊷周工：指镐京的官员。 ㊸向：趋。即：就。有：通“友”。僚：职事。 ㊹明：勉力。 ㊺惇（dūn）厚：这里用作动词，重视。裕：大，指大功业。 ㊻惟：思。终：完成，指完成先王未竟之功业。 ㊼识（zhì）：记。百辟：众诸侯。享：贡享。 ㊽仪：礼仪。 ㊾仪不及物：物品多而礼仪简。物，礼品。 ㊿不享：没有贡享。 (51)役志：用心。 (52)事：王事。爽：差错。侮：轻慢。 (53)颁：指分担政务。 (54)听：听政。 (55)于：以。棐：辅助，这里是治理的意思。彝：方法，法则。 (56)乃：假若。蘉（máng）：勉力。 (57)时：这。永：长久，指长久之道。 (58)笃：厚。叙：顺。乃：你的。正：政人。父：古代习俗，“天子谓同姓诸侯，诸侯谓同姓大夫，皆曰父”。 (59)明：勉力。农：农耕，指辞官务农。 (60)裕：容。 (61)用：因。戾：至。 (62)称：弘扬。丕显：显赫。 (63)文武烈：文王和武王的功业。 (64)和恒：即恒

和。恒，普遍。和，和谐。　⑥⑤师：京师，此处指洛邑。　⑥⑥宗：尊。将：大。　⑥⑦称秩：举行，安排。　⑥⑧上下：天上和地下。　⑥⑨旁：广大，普遍。穆穆：尽善尽美。穆，美。　⑦⑩迓：御，掌握。衡：权柄。迷：迷乱。　⑦①教：督导。　⑦②恤：谨慎。　⑦③功：功绩。　⑦④时：是，这，指代上文周公那番话。　⑦⑤退：返，指返回镐京。　⑦⑥即辟：登上君位。　⑦⑦后：继续。　⑦⑧乱：治，太平。　⑦⑨敉（mǐ）：这里是完成的意思。　⑧⑩将：扶持。　⑧①诞：大。保：安。受民：指所受之民，即殷商遗民。　⑧②乱：本义为治理，这里是统御意思。四辅：四种辅臣，即前疑、后丞、左辅、右弼。　⑧③定：止、留下。　⑧④往：往日。肃：进。将：奉，行。　⑧⑤无困：不忘，指不忘王室。哉：应为"我"。　⑧⑥敄（yì）：懈怠。　⑧⑦康：安。替：废止，停止。刑：通"型"，示范。　⑧⑧弘：宏大，伟大。　⑧⑨恩典：法。献民：贤臣。　⑨⑩乱：治事。　⑨①作周：受命立周。作，建立。　⑨②曰：这是周公追述他相宅时申告成王的话。时：是，这。中：中国。　⑨③笃前人成烈：经营前人的功业。笃，理。宅洛之议始于武王，所以说营洛为"笃前人成烈"。　⑨④答：满足。师：众。　⑨⑤孚：诚信。　⑨⑥考：成。昭子：指成王。刑：法。　⑨⑦单：尽。　⑨⑧毖：慰劳。　⑨⑨宁：安。　⑩⑩秬鬯（jù chàng）：一种黑黍酿制的香酒。卣（yōu）：一种酒器。　⑩①曰：这是成王的话。禋（yīn）：祭祀。　⑩②休：喜，庆。享：献。　⑩③宿：隔夜。　⑩④惠：仁。叙：顺。　⑩⑤遘：遇。疾：指有害之政。　⑩⑥厌：饱足，饱受。　⑩⑦引：长。考：成。　⑩⑧朕子：我的臣民。　⑩⑨戊辰：戊辰日。　⑩⑩烝（zhēng）：祭祀名，此为冬祭。　⑪①祭岁：报告岁事。岁，年成。　⑪②骍（xīn）：赤色。　⑪③作册：官名。　⑪④逸：人名，当为史官。祝：读册告神。册：典册。　⑪⑤王宾：指助祭的诸侯。格：至，到。　⑪⑥太室：太庙。祼（guàn）：灌祭，一种以酒洒地之礼。　⑪⑦诰：动词，告喻。　⑪⑧诞：大，这里是勉力的意思。　⑪⑨七年：指周公摄政七年中间。

【译文】

召公勘察了宗庙、宫室、朝市的基址之后，周公前往洛地营建洛邑，并派使者去镐京请成王到这里来，把占卜所得的吉兆报告给成王，史官记录下这件史实，撰写出《洛诰》。

周公行了拜手稽首礼之后，说："我把君王的大位归还给您，您却不敢像文王始承天命、武王复受天命那样，责无旁贷地登上君王宝座；为了保证您安稳地继承大统，我全面视察了洛邑，您将可以开始做百姓圣明的君王了。在乙卯日这一天的早晨，我到达洛邑。我先占卜了一次，看黄河以北的黎水一带是否吉利，结果得到的卜兆不吉。于是我又占卜了涧水以东、瀍水以西一带地方，得到了吉兆，说明洛地可以让百姓长久居住，在这里种田吃饭；我还占卜了瀍水以东一带地方，得到的结果也是吉利的。所以我才派使者请您来洛邑，以便向您呈上占图，以图示卜，让您明了一切。"

成王向周公行了拜手叩头礼之后，说："您不敢不敬重上天赐予的美命，亲自前来勘察洛邑的地势，营建与旧都镐京相匹配的洛邑，这很好啊。您勘定地址之后，就让我来洛地，我来了之后，又让我看卜兆，我看到洛地两处的卜兆都是吉兆，非常欢喜。让我们二人共同承受上天降下的美命吧！您的教诲使我得以永远敬受上天赐予的美命，所以我才向您致拜手叩头之礼，接受您的教诲之言。"

周公说："您亲政之开始暂且沿用殷礼，在洛邑举行祭祀，完全按照地位的尊卑安排次序，让仪式质朴无华。我率领百官，让他们跟随您前往新邑。我跟他们说：'将要举行文王和武王的祭祀大典了。'如今，您承受大命登上君位，要命令太史手执简册记下二位先王的丰功伟业，表示对他们的尊崇，并命令百官按功劳大小前来陪祭。还要命令诸臣说：'你们接受先王遗命，殷勤地辅助我治理国家，现在既已奉命阅览了记功的简册，那么你们就尽力效法先王，去建功立业吧。'您与身边的大臣相处，一定要谨慎；您与身边的大臣交往，也千万要谨慎啊。不要像烧火那样，初燃起来时火苗虽小，到后来却能把成堆的柴草化为灰烬，以至于无法扑灭。治国要遵从常法和循沿往事，像我所做的那样，任用镐京的官员，去治新邑，让他们各尽其职，努力建立功勋，并使之发扬光大，形成治国之道，这样，您就能够永远享有治国有道的美誉了。"

周公又说："唉！您虽然年轻，也应当考虑如何完成先王未竟的功业。您要恭敬地记住各国朝见的时候前来进献贡品的诸侯，也应当认真地记住不来进献贡品的诸侯。进献最重礼仪，假若礼仪赶不上贡品，也就是说礼仪轻而贡品重，那就等于没有进献什么。您应当想到，诸侯对进献不尽心尽意，百姓就会认为可以不向王家进献贡品了，这必将造成政事紊乱，民心轻慢。希望您赶快出来分担政事，因为我再没有工夫摄理这么繁多的政事了。我曾经教过您治理百姓的方法，假若您不努力那样去做，就不能永远坚持那种治国之道了。要宽厚亲和地对待您的官员和同姓邦君，就像您对待我一样，这样，他们也就不敢废弃您的教令了。您到了新邑，可要恭谨谦敬啊！因为我已经是即将告老归田，勉力务农之人了啊！只要您能宽厚地容纳我们的百姓，那么无论距离多么遥远，百姓都会前来归附您。"

成王这样回答说："叔公啊！您辅佐我这个年幼无知的人，是尽心尽力、勤勉不懈的。您弘扬先王的光辉美德，并要我这个年轻人也像您一样弘扬文王和武王的功业，遵从天命，使四方百姓都安顺和悦。您来到洛邑，厚待尊者，光大礼仪，教我遵循殷礼举行隆重祭祀大典，按照地位的尊卑安排次序，使仪式质朴无华。您的大德显赫得如同日月，光辉照耀天地，辛勤地治理四方百姓，使普天之下都变得十分美好；掌握平治天下之大权，从未发生过差失。您又以文王和武王光辉功业，对我勤加督导，教我这个年轻人恭谨地修习、治理祭祀的典礼。"

成王说："您为辅佐和教导我而尽心尽力，辛勤劳苦，真可谓功德无量；您所做的一切，无不像我上面说的那样。"

成王说："叔公啊！我还要返回去，在旧都举行即位改元大礼，所以请您仍旧留在新邑，治理东方臣民。现在，四方虽然逐步走向太平安定，然而封赏功臣的事尚未完成，表彰您的丰功伟业的事也未能进行。日后，还要您教导臣民扶持国事，率领我的执政百官，努力治理文王和武王从上天那里接受来的殷民，做我的辅弼之臣。"

王说："叔公啊，您就留下来吧！我要回去了，您的使命是更加恭谨地治理殷民。您虽然年事已高，但是也不要忘记辅佐王室啊！我要毫不懈怠地学习治理国家的本领，您要继续为我作出示范，这样，四方臣民才能世世代代受福不尽。"

周公再次行拜手叩头之礼，然后说："您命我承担治理您的祖父文王从上天那里接受的殷民的使命，并光大您的威严的父亲武王的遗训，我为此是恭行不懈的。您来洛邑观察宗庙、宫室、朝市的基址，严格奉行典法，依礼厚待殷商的贤臣，治理四方，成为天下一代新君，树立起了周国安邦以恭行礼仪、敬重圣贤为先的风范。我曾经说过：'如果能够在这九州的中心之地洛邑治理百姓，那么普天之下的千万个诸侯国就都可以治理得很好，这样，您平治天下的大功也便告成了。我姬旦和众多的卿大夫以及执政百官，要努力巩固先王的伟大功业，满足天下百姓的愿望和需求，以树立起周国安邦以诚信为先的榜样。'我成就了您治理天下的法度，才使您得以光大文王的盛德。您曾派遣使者前来慰劳殷民，并送来两樽香酒。使者传达您的命令说：'举行一次隆重的祭祀，行过拜手叩头大礼之后，再欣喜和乐地奉献给文王和武王。'我不敢耽误片刻，马上就奉上香酒祭祀文王和武王。您如此仁厚地对待殷民，从来不对您所治理的殷民施行苛政，殷民将永远承受您的盛德，永远服从我们的统治，使我们治理殷地的大业获得成功。愿您能够使殷民顺从我们，让他们永远像我们周室子孙一样怀念您的盛德。"

戊辰这一天，成王在新邑举行冬祭，祭祀先王。祭祀时，成王向先王报告这一年的大事，用一头赤色的牛祭文王，用另一头赤色的牛祭武王；并且命令史官逸宣读册书，向文王和武王报告周公将继续留居洛邑治理殷地。助祭的诸侯在杀牲致祭的时候都来到成王身边，跟随成王进入中央大庙，举行灌祭之礼。尔后，成王又册封了周公的后代，并命令史官逸把此事告谕天下，时间是当年的十二月。周公努力奉行文王和武王所赋予的大命，摄理国政长达七年之久。

多 士①

居周既成，迁殷顽民，周公以王命诰②，作《多士》。

惟三月③，周公初于新邑洛，用告商王士。

王若曰："尔殷遗多士！弗吊旻天④，大降丧于殷⑤。我有周佑命⑥，将天明威⑦，致王罚，敕殷命终于帝⑧。肆尔多士⑨，非我小国敢弋殷命⑩，惟天下畀允罔固乱⑪，弼我。我其敢求位？惟帝不畀，惟我下民秉为⑫，惟天明畏⑬。"

"我闻曰：'上帝引逸⑭。'有夏不适逸则⑮，惟帝降格⑯，向于时⑰。夏弗克庸帝⑱，大淫泆⑲，有辞⑳。惟时天罔念闻㉑，厥惟废元命，降致罚，乃命尔先祖成汤革夏，俊民甸四方㉒。自成汤至于帝乙，罔不明德恤祀㉓。亦惟天丕建㉔，保乂有殷。殷王亦罔敢失帝㉕，罔不配天其泽㉖。在今后嗣王㉗，诞罔显于天㉘，矧曰其有听念于先王勤家㉙？诞淫厥泆㉚罔顾于天显、民祗㉛，惟时上帝不保，降若兹大丧㉜。惟天不畀不明厥德㉝，凡四方小大邦丧，罔非有辞于罚。"

王若曰："尔殷多士！今惟我周王丕灵㉞，承帝事，有命曰：'割殷㉟！'告敕于帝。惟我事不贰适㊱，惟尔王家我适。予其曰：'惟尔洪无度㊲，我不尔动㊳，自乃邑㊴。'予亦念天即于殷大戾㊵，肆不正㊶。"

王曰："猷㊷！告尔多士：予惟时其迁居西尔㊸，非我一人奉德不康宁㊹，时惟天命。无违，朕不敢有后㊺，无我怨。惟尔知惟殷先人有册有典㊻，殷革夏命。今尔又曰：'夏迪简在王庭㊼，有服在百僚㊽。'予一人惟听用德㊾，肆予敢求尔于天邑商㊿？予惟率肆矜尔�51，非予罪，时惟天命。"

王曰："多士！昔朕来自奄�52，予大降尔四国民命�53。我乃明致天罚，移尔遐逖�54，比事臣我宗�55，多逊。"

王曰："告尔殷多士？今予惟不尔杀，予惟时命有申�56。今朕作大邑于兹洛，予惟四方罔攸宾�57，亦惟尔多士，攸服奔走�58，臣我�59，多逊。尔乃尚有尔士，尔乃尚宁干止�60。尔克敬，天惟畀矜尔�61；尔不克敬，尔不啻不有尔土�62，予亦致天之罚于尔躬�63！今尔惟时宅尔邑�64，继尔居�65，尔厥有干有年于兹洛⑯，尔小子乃兴⑰，从尔迁。"

王曰："又曰：时予乃或言⑱，尔攸居⑲！"

【注释】

①本篇是周公向殷商遗民发布的诰命。武庚勾结三监发动的叛乱，震撼了刚刚建立起来的西周王朝，使西周统治者认识到，要巩固政权，必须彻底征服殷人，尤其要制服那些殷商旧臣。因此，西周统治便把殷民迁往洛邑。而殷民对强迫他们迁洛一直心怀不满，既怨且恨，为此，周公就向殷民发布了这通诰命，向他们申明政策，指出前途。多士：即众士，指殷商旧臣。　②以：用。诰：告诫。　③三月：周成王元年三月。　④弗吊旻（mín）天：古代成语，遭遇不幸、时运不佳的意思。古人认为人间的不幸是上天降下的惩罚，而秋天万木凋零，多肃杀之气，就是上天对人的惩罚，因而有"弗吊旻天"之说。弗，不。吊，善。旻天，秋天。　⑤降丧：降罪。　⑥佑：佑助。　⑦将：奉。明威：圣明而威严的旨意。　⑧敕（chì）：同"饬"，整饬，整顿。终：完成。帝：天。　⑨肆：现在。　⑩弋（yì）：夺取。　⑪畀（bì）：给予。允：佞（nìn），惯于用花言巧语谄媚。罔：诬罔，以不实之词欺骗他人。固：蔽，隐瞒真相。乱：惑，惑乱人心。　⑫秉为：作为。秉，执。　⑬畏：威。　⑭上帝引逸：古代成语，意为上天对人的行为经常加以引导和规诫。引，牵引，牵制。逸，奔放不羁。　⑮夏：这里指夏桀。适：悟，思。则：法，道。　⑯格：教令。　⑰向：劝导。　⑱庸：用。　⑲淫：游乐。泆：通"佚"，放荡。辞：讼，即罪状。　⑳念：顾念。闻：通"问"，恤问，怜悯。㉑元命：大命，这里指国运。元，大。　㉒俊：才德过千人者为俊。甸：治。　㉓恤：谨慎。　㉔丕：大。建：立，使之立。　㉕失：造反。　㉖配：符合，相称。　㉗后嗣王：指商纣王受。　㉘显：明，理解。　㉙矧：何况。听：从。　㉚诞淫厥泆：意同上文"大淫泆"。　㉛显：显道，即治国的法度。祗：敬，敬顺。　㉜若兹：如此，这种。　㉝不明厥德：指不努力施行德政的人。明，勉力。　㉞灵：善。　㉟割：夺取。　㊱贰：疑。适：通"敌"，为敌的意思。　㊲洪：大。无度：无法度，即不遵守法度。　㊳不尔动：即不动尔。动，发难。　㊴自乃邑：即动自乃邑。　㊵戾：罪。　㊶肆：所以。正：治罪。　㊷猷：感叹词，无义。　㊸时：是，这。迁居西尔：即"迁居尔西"。尔，代词，你们。　㊹奉：秉。德：性情。康宁：安静。　㊺后：迟，延误。　㊻册典：记载史实的典籍。　㊼迪：进用。简：选拔。　㊽服：效力。百僚：百官。以上两句是殷商旧臣抱怨周的统治者不信任、不任用他们而说的话。　㊾听：顺。德：指有德之人。　㊿天邑商：商都。天邑，"天子所都，夏、商曰邑，周曰京师"，所以指都城。　51率肆：以赦免的方式。率，用。肆，缓，赦。矜：怜悯。　52奄：古国名，在今山东省曲阜市东。　53四国：指管、蔡、商、奄四国。命：命令。　54遐、逖：都是遥远的意思。　55比：近。事臣：即臣事，效命的意思。宗：宗周，即周国。　56时命：这一命令，即上文的"大降尔四国民命"之命令。有申：重申。有，又，重。　57宾：摈弃，这里是疏远的意思。　58服：指为王事效劳。　59臣我：向我称臣，即臣服周国。　60干：体，指身体。止：息，休息。　61矜：这里是体恤或爱怜的意思。　62不啻（chì）：不但。啻，只，仅。　63躬：身。　64时：善。宅：居。　65居：所从事的事业。　66有干：有安乐。

干，安乐。有年：有丰年。　⑥⑦小子：子孙。兴：兴旺。　⑥⑧时：顺从。　⑥⑨乃：才。居：指安居。

【译文】

　　成周建成之后，周王朝把不服从其统治的殷商旧臣统统迁移到这里，周公以周成王的名义发布诰命，对他们进行训诫，要求他们服从周的统治。史官记录下这件事，撰写出《多士》。

　　周成王元年三月，周公到新都洛邑主持政务，一到那里，他就以成王的名义发布诰命，对殷商旧臣进行训诫，要求他们服从周的统治。

　　君王说："殷商的旧臣，你们都听着！你们时运不佳，适逢上天把亡国的大祸降给了殷国。我周国辅佐上天行使大命，奉行上天圣明而威严的旨意，施行王者的惩罚，来整治殷国，终止殷国的国运。现在，你们殷商旧臣都听着！灭掉殷国，并不是由于我们小小的周国敢于篡夺殷国的大命，而是由于上天不能把大命给予那些一贯欺上瞒下又为非作歹的人，所以才来帮助我们周国成就王业。如若不然，我们周国怎么敢于妄求王位呢？既然上天不再把大命给予你们，我们下民只有敬顺上天的旨意行事才是，因为上天是圣明而威严的。"

　　"我听说过这样一句名言：'上天对人的行为时刻都要进行引导和规诫，不允许任何人肆无忌惮，为所欲为。'夏桀不顾念永保王业之道，于是上天就降下教令，劝导夏桀。可是他不但不听从上天的教导，反而大肆游乐放荡起来，从而犯下了罪行。这样，上天就不再眷念、怜悯他，决定废除夏国的大命，降下灾祸，对它加以惩罚。在这种情况下，上天就命令你们的先祖成汤革除了夏国的大命，率领一批才智高超的人治理天下。从成汤一直到帝乙，殷商的历代先王无一不力行德政，慎行祭祀，这样，上天便大力扶植殷国，使它安定、太平。殷商的历代先王都不敢违背上天的旨意，因此他们的所作所为都能符合天意，使百姓得以享受上天赐予的福泽。而现在的商王受，根本就不明白也不遵从天意，更何况遵从与顾念先王为王室和国家而辛勤操劳的风范呢？他大肆游乐放荡，一点也不顾忌上天赐予的治国法度，顾念百姓对他的恭敬和顺从，因此，上天便不再保佑他，给殷国降下这种亡国的大祸。上天从不把大命赐予那些不努力施行德政的人，普天之下，无论大国还是小国，它们的灭亡，没有不是由于犯下罪行而招致惩罚的。"

　　君王这样说："殷商的旧臣，你们都听着！如今只有我周王德行完美无缺，能够恭承天命。上天命令说：'灭掉殷国！'能够完成上天这一大命者，惟我周王。我们周国灭亡殷国之后，并没有不信任你们，更没有与你们为敌，可是你们王室有人却与我们为敌。我要告诉你们：你们也太无法无天了，因为我们并没有对你们采取行动，而你们之中却有人从你们的封地首先向我们发难。不过，我又想到，上天给殷国降下大罪并不是你们的过错，所以并不打算惩治你们。"

君王说："唉！殷商的旧臣，我要告诉你们，我这个时候把你们迁往西方，并不是由于我这个人生性好动，而是为了顺从天意。天命不可违，我不敢延误上天的命令，所以你们不要怨恨我。你们知道，你们殷商的先人有记载历史的典册，上面记载着殷人灭掉夏国的史实。如今你们却又说：'夏国灭亡后，殷国曾经选拔、留用夏国遗臣，在朝廷担任各种官职。'我用人，只能用那些有德之臣。我难道敢于到殷商都城去招纳你们这些不肯顺从我们周国的人吗？对于你们，我只能赦免你们的罪过，以示怜悯，如此而已。这不是我的罪过，而是天命。"

君王说："殷商旧臣们，过去我到奄国去，曾对你们管、蔡、商以及奄四国臣民郑重下达过命令。我是努力施行上天的惩罚，才把你们从远方迁移到这里来的，为的是让你们亲近、臣服我们周国，并非常驯顺地为周室效劳。"

君王说："告诉你们这些殷商旧臣，现在我不忍心杀掉你们，我只向你们重申上述的命令。如今我在洛地营建了一座大城邑，为的是接纳四方臣民，为的是让你们这些殷商旧臣为我们周国奔走效劳，非常驯顺地臣服于我们周国。你们还可以保有你们的封地，你们还可以回去过安宁的生活。假若你们能够谨慎恭敬地为我们周国效劳，上天便会爱怜你们；假若不能谨慎恭敬地为我们周国效劳，那么你们不仅不能保有你们的封地，我还会把上天的惩罚降到你们身上。如今，你们要好好地居住在你们的城邑里，继续从事你们的事业；在洛邑，你们会有安乐，还会有富足。从你们迁洛之时起，你们的子孙后代就会兴旺起来。"

君王最后说："我再重申一次：必须遵从我的训诫！我的训诫是：你们要在洛邑安心居住下来！"

无　逸①

周公作《无逸》。

周公曰："呜呼！君子所其无逸②。先知稼穑之艰难③，乃逸④，则知小人之依⑤。相小人⑥：厥父母勤劳稼穑⑦，厥子乃不知稼穑之艰难⑧，乃逸乃谚⑨，既诞⑩，否则⑪，侮厥父母，曰：'昔之人无闻知⑫。'"

周公曰："呜呼！我闻曰：'昔在殷王中宗⑬，严恭寅畏⑭，天命自度⑮，治民祗惧⑯，不敢荒宁⑰。肆中宗之享国⑱，七十有五年。其在高宗⑲，时旧劳于外⑳，爰暨小人㉑。作其即位㉒，乃或亮阴㉓，三年不言㉔。其惟不言㉕，言乃雍㉖。不敢荒宁，嘉靖殷邦㉗。至于小大㉘，无时或怨㉙。肆高宗之享国，五十年有九年。其在祖甲㉚，不义惟王㉛，旧为小人。作其即位，爰知小人之依，能保惠于庶民㉜，不敢侮鳏寡。肆祖甲之享国，三十有三年。自时厥后，立王生则逸㉝。生则逸㉞，不知稼穑之艰难，不闻小人之劳，惟耽乐之从㉟。自时厥后，亦罔或克寿，或十年，或七八年，或五六年，或四三年。"

周公曰："呜呼！厥亦惟我周。太王、王季，克自抑畏㊱。文王卑服㊲，即康功、田功㊳。徽柔懿恭㊴，怀保小民，惠鲜鳏寡㊵。自朝至于日中昃㊶，不遑暇食㊷，用咸和万民㊸。文王不敢盘于游田㊹，以庶邦惟正之供㊺。文王受命惟中身㊻，厥享国五十年。"

周公曰："呜呼！继自今嗣王㊼，则其无淫于观、于逸、于游、于田㊽，以万民惟正之供，无皇曰㊾：'今日耽乐！'乃非民攸训㊿，非天攸若㉛，时人丕则有愆㉜，无若殷王受之迷乱㉝，酗于酒德哉㉞！"

周公曰："呜呼！我闻曰：古人之犹胥训告㊋，胥保惠㊌，胥教诲，民无或胥诪张为幻㊍。此厥不听人乃训之，乃变乱先王之正刑㊎。至于小大民㊏，否则厥心违怨㊐，否则厥口诅祝㊑。"

周公曰："呜呼！自殷王中宗，及高宗，及祖甲，及我周文王，兹四人迪哲㊒。厥或告之曰㊓：'小人怨汝詈汝㊔！'则皇自敬德㊕，厥愆㊖，曰：'朕之愆。'允若时㊗，不啻不敢含怒。此厥不听，人乃或张为幻，曰：'小人怨汝詈汝！'则信之。则若时不永念厥辟㊘，不宽绰厥心，乱罚无罪，杀无辜，怨有同㊙，是丛于厥身㊚。"

周公曰："呜呼！嗣王其监于兹㊛！"

【注释】

①本篇是周公还政于成王之后，担心周成王贪图享乐，荒废政事，而向成王发表的诰词。在这篇诰词中，周公告诫成王不要贪图享乐，要勤政爱民，并引用历史教训，说明提出这种告诫的理由。无：毋，不要。逸：逸乐，指沉溺于声色犬马。　②所：居于官位。其：表祈使语气的副词，无义。　③稼穑：泛指农业生产。　④乃：才。　⑤小人：小民。依：疾苦。　⑥相：看。　⑦厥：其，他们的。　⑧乃：却。　⑨诞：欢乐。　⑩诞：延，长。　⑪否：不。则：法度。　⑫昔之人：指老年人。　⑬中宗：太戊，殷代第五任君王，商汤的玄孙。　⑭严：仪表庄重。恭：举止恭谨。寅：性情谦敬。畏：心气警惧。　⑮度（duó）：揣度。　⑯祗惧：谦敬谨慎。祗，恭敬。　⑰荒：荒废政事。宁：安，指贪图安逸。　⑱肆：因此。享国：在位。　⑲高宗：武丁，殷代第十一任君王。　⑳旧：久。　㉑爰：于是。暨：与，和。　㉒作：及，等到。　㉓亮：信，确实。阴：沉默。　㉔三年不言：指武丁在其父小乙死后，为父守丧三年，不言政事。　㉕其惟不言：指武丁不言之时。　㉖言：指偶有所言。雍：和，顺。　㉗嘉：善。靖：治，安。　㉘小大：指臣民。小指百姓，大指群臣。　㉙时：这，指代高宗。或：有的。　㉚祖甲：武丁的儿子帝甲，殷代第十二任君王。　㉛不义惟王：认为自己为王不义。惟，为。祖甲有兄祖庚，预立继统之王时，由于祖甲贤能，武丁欲立之，但祖甲认为废长立少不合道义，便逃往民间。后，武丁死，祖庚立；祖庚死，祖甲立。　㉜惠：恩惠，好处。这里用作动词，意为给人以恩惠。　㉝自时厥后，立王生则逸：从此以后，在位君王预先指定继承人的制度确立了，君王贪图安逸享乐便形成风气。时，这，指代祖甲时代。立王，指在位君王预先指定继承人的制度。生，产生，确立。祖甲时代，是商代历史的一个转折点：祖甲改制，把兄终弟及和父死子继并存的同宗推举继统制度，改为单一的父死子继，从此，在位君王预定继承人的制度便确立了。历代注家把"立王"解释为在位之王，把"生"解释"天生"或"生来"，恐误。　㉞生则逸：即"立王生则逸"。这里承前省略"立王"二字。　㉟耽：沉溺。从：逐，追求。　㊱抑畏：谨慎小心。抑，慎。　㊲卑：贱。服：事，从事。　㊳康功：垦荒之事。田功：稼穑之事。功，事业。　㊴微：善良。柔：仁慈。懿：美好。　㊵惠：爱。鲜：善。惠鲜，这里用作动词，关心、爱护的意思。　㊶朝：早晨。日中：正午。昃（zé）：即日昃，太阳偏西。　㊷遑（huáng）：即暇，空闲。食：吃饭。　㊸用：以。咸：通"诚"，和。　㊹盘：乐，沉溺。游：游乐。田：打猎。　㊺以：使。惟正之供：即惟供正。正，赋税。供，贡，进献。　㊻中身：中年。　㊼继自今：从今以后。嗣王：指周成王。　㊽淫：过度，放纵。观：观赏。　㊾无皇：不要自我宽慰。皇，通"偟"，暇。　㊿训：教。　51若：顺。　52丕则：就，于是。愆（qiān）：过错。　53受：殷王纣名。　54酗于酒德：以酗酒为美德。　55胥：相。　56保惠：爱护。　57或：有的。诪（zhōu）张：欺诈。幻：惑乱。　58正：政，教政。刑：法令。　59小大：这里指百姓和官员。　60否则：无所持守，无所适从。违：恨。　61祝：通"咒"。　62迪哲：通达明智。　63或：有人。　64詈（lì）：骂。　65皇：更加。　66厥愆：他们有了过错。　67允：信，确实。下文"不啻不敢含怒"与"此厥不听"之间有省略，省略部分当如译文。　68辟：法度。　69怨有同：即人有同怨。

【译文】

周公还政于周成王之后，担心成王贪图享乐，荒废政事，就发表了一通诰词，告诫成王力戒逸乐，勤于政事。史官记录下这通诰词，撰写出《无逸》。

周公告诫成王说："唉呀！君子从政居官，不可贪图安逸享乐。只要事先对农田劳作的艰难有所了解，就是后来有机会安逸享乐，也会知道种田人的辛苦。看看那些百姓的情况吧：做父母的辛勤劳苦地耕种收获，他们的儿子却不知道耕种收获的艰难，于是就贪图安逸享乐，久而久之，儿子们就不再遵守法度，甚至于会轻慢无礼地对父母说：'你们这些上了年纪的人，真是无知无识，什么也不懂。'"

周公说："唉呀！据我所知，过去，殷王中宗仪态庄重，举止恭谨，性情谦敬，心气警惧，总是以天命为准则检讨自己，怀着谦敬谨慎的心情治理百姓，从不敢荒废政事、贪图安逸。所以，中宗在位的时间长达七十五年之久。到了高宗，他早年做太子的时候，长期在外做事，这就使他能够和普通百姓一起劳作；等到他即位做了国君，又适逢父亲去世，须守丧三年，于是他就恭敬地奉行守丧之礼，沉默不语，在长达三年的时间里从不轻易谈论政事。在他不轻易谈论政事的三年里，纵然偶尔谈及政事，也和大臣们谈得很融洽。他从来不敢荒废政事，贪图安逸，因而把殷国治理得很好，从百姓到大臣，没有人怨恨他。所以，高宗在位的时间长达五十九年之久。到了祖甲，他认为替代兄长为君王既不合法度又不合情理，便逃往民间，当了很长时间的平民百姓。等到即位做了国君，他就很了解百姓的疾苦，因而能够爱护百姓，甚至于连那些孤苦无依的人，他也不敢轻慢。所以，祖甲在位的时间也有三十三年之久。但是从此以后，父死子继的预立制度一经确立，君王贪图安逸享乐的风气就形成了。这种预立制度所导致的君王贪图安逸享乐的风气形成之后，君王们就再也不知道农田劳作的艰难，不了解种田人的疾苦了，只是一味地追求并沉湎于安逸享乐。从此，国君再也没有长寿的，他们在位的时间，有的十几年，有的七八年，有的五六年，甚至有的只有短短三四年。"

周公说："唉呀！我们大周先王的情况与殷商先王十分相似。我们的先王太王、王季，都能够谦恭谨慎，敬畏天命。文王也曾从事卑贱的劳作，既垦过荒又种过田。他心地善良，待人仁慈，德性完美，举止恭谨，关心百姓，尤其爱护孤独无依的人。他终日辛勤处理政事，从早晨忙到中午，又从中午忙到傍晚，忙得连吃饭的工夫都没有，为的是国家安定，万民和谐。文王从来不敢动用各个邦国进献的贡赋供自己游猎玩乐。文王中年承受天命即位为君，在位的时间长达五十年之久。"

周公说："唉呀！从今以后，作为继位的君王，您切不可把天下百姓进献的贡赋用于穷奢极欲的享乐，如观赏歌舞，安闲怠惰，嬉戏游乐和出外打猎。偶尔有闲暇，也切不可自我宽慰地说：'今天可以痛痛快快地享受享受啦！'那样做，既无法教化百姓，又违背上天旨意；而那样做的人，就是犯下了罪过的人。因此，切不可像商王受那样迷惑昏乱，把酗酒视为美德啊！"

周公说："唉呀！我听到过这样的说法：古代的人，彼此尚且能够相互劝告，相互扶持，相互教诲，就是百姓之间也不相互欺瞒，相互诈骗。古人的这种风范，如果不去效法和奉行，人们就会由着自己的欲望各行其是，甚至会扰乱先王的教政，改变先王的法令，使得下自小民上至大臣，人人都敢胡作非为。这样，百姓和大臣便会无所适从，心中还会怨恨他们的君王，甚至会口出恶言，诅咒他们的君王。"

周公说："唉呀！从殷王中宗到高宗，再到祖甲，一直到我们大周的文王，这四个人都是通达明智的圣王。他们在自己并没有什么过错时，假若有人告诉他们说'百姓在怨恨你，咒骂你'，他们听了，就会更加敬慎自守；而假若他们真的犯了什么过错，他们就会自责说'这是我的过错'。他们确实是这样做的。听了那些话，不但不敢心怀愤怒，而且还想经常听到，以便了解自己的治理政事的得失。假若不听臣民的意见，人们就会相互欺瞒、相互诈骗，只要有人告诉您说：'百姓在怨恨你，咒骂你！'那您就会相信他的话。如果这样下去，您就会不从长远方面顾念国家的法度，不开阔自己的胸怀，乱罚无过之人，滥杀无罪之人，从而导致臣民同怨，人们就会把怨恨都集中在您的身上。"

周公最后说："唉呀！作为继统君王，您可要以此为鉴戒啊！"

君　奭①

召公为保②，周公为师③，相成王为左右④。召公不说⑤，周公作《君奭》。

周公若曰："君奭，弗吊天降丧于殷⑥，殷既坠厥命⑦，我有周既受。我不敢知曰厥基永孚于休⑧，若天棐忱⑨，我亦不敢知曰其终出于不祥⑩。呜呼！君已曰时我⑪，我亦不敢宁于上帝命，弗永远念天威。越我民罔尤违⑫，惟人在。我后嗣子孙，大弗克恭上下⑬，遏佚前人光⑭，在家不知天命不易⑮，天难谌⑯，乃其坠命。弗克经历嗣前人恭明德，在今予小子旦非克有正⑰，迪惟前人光⑱，施于我冲子⑲。又曰：'天不可信。'我道惟宁王德延，天不庸释于文王受命。"

公曰："'君奭，我闻在昔成汤既受命，时则有若伊尹⑳，格于皇天㉑。在太甲时㉒，则有若保衡㉓。在太戊时㉔，则有若伊陟、臣扈㉕，格于上帝。巫咸乂王家㉖。在祖乙时㉗，则有若巫贤㉘。在武丁时㉙，则有若甘盘㉚。率惟兹有陈㉛，保乂有殷。故殷礼陟配天㉜，多历年所㉝。天惟纯佑命则㉞，商实百姓、王人㉟，罔不秉德明恤㊱。小臣屏侯甸㊲，矧咸奔走㊳。惟兹，惟德称㊴，用乂厥辟㊵，故一人有事于四方㊶，若卜筮，罔不是孚㊷。"

公曰："君奭，天寿平格㊸，保乂有殷。有殷嗣天灭威㊹。今汝永念，则有固命，厥乱明我新造邦㊺。"

公曰："君奭，在昔上帝，割申劝宁王之德㊻，其集大命于厥躬㊼。惟文王尚克修和我有夏㊽，亦惟有若虢叔㊾，有若闳夭，有若散宜生，有若泰颠，有若南宫括。"

又曰："无能往来，兹迪彝教㊿，文王蔑德降于国人[51]。亦惟纯佑秉德，迪知天威。乃惟时昭文王，迪见冒[52]闻于上帝。惟时受有殷命哉！武王惟兹四人[53]，尚迪有禄[54]。后暨武王，诞将天威，咸刘厥敌[55]。惟兹四人，昭武王惟冒，丕单称德[56]。今在予小子旦，若游大川，予往，暨汝奭其济[57]。小子同未在位[58]。诞无我责收[59]，罔勖不及[60]。耇造德不降[61]，我则鸣鸟不闻[62]，矧曰其有能格？"

公曰："呜呼！君肆其监于兹[63]。我受命无疆，惟休[64]，亦大惟艰。告君乃猷裕[65]，我不以后人迷[66]。"

公曰："前人敷乃心乃悉[67]，命汝作汝民极[68]。曰：'汝明勖偶王[69]，在亶乘兹大命[70]，惟文王德丕承[71]，无疆之恤[72]！"

公曰："君！告汝，朕允[73]。保奭，其汝克敬，以予监于殷丧大否[74]，肆念我天威[75]。予不允，惟若兹诰[76]？予惟曰襄我[77]，二人汝有合哉[78]！言曰[79]：'在时二人，天休兹至[80]；惟时二人，弗戡[81]。'其汝克敬德，明我俊民[82]，在让后人，于丕时[83]。呜呼！笃棐时二人[84]，我式克至于今日休[85]。我咸成文王功于不怠[86]，丕冒，海隅出日[87]，罔不率俾[88]。"

公曰："君！予不惠，若兹多诰[89]。予惟用闵于天越民[90]"

公曰："呜呼！君惟乃知民德，亦罔不能厥初[91]，惟其终[92]？祗若兹[93]。往，敬用治[94]！"

【注释】

①西周政权巩固之后，天命说又盛行起来，召公深恐王室和大臣妄假天命贪图安乐，荒废政事，因而力倡事在人为说。周公赞成召公的看法，本篇就是周公对召公的答词。君：对召公的尊称。奭（shì）：召公名。　②保：太保，官名，三公之一，当时召公任此职。　③师：太师，官名，三公之一，当时周公任此职。　④相：辅佐。左右：这里指君王身边的辅弼之臣。　⑤说：通"悦"，高兴。　⑥吊：善。　⑦坠：丧失。　⑧厥：其，代王业。基：始。永：经常。孚：通"付"，给予。休：美。　⑨若：顺。棐：辅助。忱：诚信。　⑩祥：永。　⑪时我：这一治国重任我能够担当。时，这，指代治国大业。　⑫尤：过失。违：背离。　⑬上下：上天和下民。　⑭遏：绝。佚：失，弃。光：指文王和武王的光大之道。　⑮在家：指周公告老居家，不再摄政。　⑯谌（chén）诚，信。　⑰正：校正，指端正人心世道的方法。　⑱迪：导，弘扬。　⑲冲子：泛指后代子孙。　⑳伊尹：商汤的大臣，名挚。　㉑格：升，升配。格于皇天，即升配上天，意思是功高如天，可以和上天一样享受人间的祭祀。　㉒太甲：汤的孙子。　㉓保衡：指伊尹，这是太甲时对伊尹的称谓。　㉔太戊：太甲的孙子。　㉕伊陟、臣扈：都是太戊的大臣。　㉖巫咸：太戊的大臣。乂：治理。　㉗祖乙：太戊的孙子。　㉘巫贤：祖乙的大臣。　㉙武丁：即殷高宗，殷代第十一位君王。　㉚甘盘：武丁的大臣。　㉛率：发语词，无义。有陈：指有德的贤臣。陈，道。　㉜陟：升。　㉝所：语气助词，无义。　㉞纯佑：全力佑助。命：大命。则：指德行美善值得效法的贤臣。　㉟百姓：这里指王室的异姓官员。王人：这里指王室的同姓官员。　㊱秉：持守。明：勉力。恤：谨慎。　㊲小臣：低级官员。这里是举低级官员以概全体官员。屏：屏藩，抵御。侯甸：指侯服、甸服等五服邦国的官员。所谓屏侯甸，即侯甸之作为屏藩者。　㊳乂：也。　㊴兹：这些，指代群臣。称：举，凭。　㊵乂：相，辅佐。辟：君王。　㊶一人：指君王。　㊷孚：信。　㊸寿：久。平：使。格：指格人，即深知天命的人。　㊹嗣：这里指商纣王。威：威严。天灭威，指上天的威严被灭弃。　㊺乱：治理。造：建立。　㊻割：通"曷"，为什么。申：一再，再三。劝：劝勉。　㊼躬：身。　㊽修：治理。和：和谐。有夏：指中国。　㊾虢（guó）叔：人名，此人和下文的闳夭、散宜生、泰颠、南宫括，都是文王时的贤臣。　㊿兹：勉，努力。迪：开导。彝：常。　51蔑：无。　52迪：进。见：通"现"，显示。冒：勉力。　53四人：武王时虢叔已死，尚余闳夭等四位贤臣。迪：犹，还。有禄：古代称死为无禄或不禄，称生为有禄。禄，天禄。　54将：奉行。威：力。　55刘：杀。　56单：尽。　57济：渡过。　58小子：指成王。同未在位：意思是成王虽然已经亲政，但是仍然跟未亲政时一样。　59收：纠正。　60勖：勉励。不及：指不及前贤之处。　61耇：老。造：成。　62鸣鸟：这里特指凤凰。　63肆：如今。监：视，看。兹：此，指代下文"我受命无疆惟休，亦大惟艰"。　64休：喜，喜庆。　65告：请求。猷：谋。裕：容，指客人之道。　66迷：误，误解。　67前人：指武王。敷：布，表白。悉：详尽。　68极：表率，范例。　69偶：辅佐。　70亶（dǎn）：诚。乘：承。　71承：受。　72恤：忧虑。　73允：信，信任。　74以：与。大否（pǐ）：祸乱。否，《易经》称天地不交而万物不通为否。　75肆：长。　76诰：这里指上文的表白。　77襄：除

掉。　⑦合：对，匹配。　⑦言曰：这是周公代召公设定的答语。　⑧弗戡（kān）：不敢当。戡，胜，当。　⑧明：即明明，尊重、提升的意思。　⑧丕时：奉此。丕，奉。时，此，指代上文"兹至"之"天休"。　⑧笃：厚。　⑧式：用。休：美好。　⑧咸：完全。成：成就。功：功业。　⑧海隅（yú）：指边远荒僻之地。隅：角。　⑧率：顺，循。俾：顺从。　⑧惠：通"慧"。　⑨闵：忧虑。越：与，和。　⑨初：始，开头。　⑨终：结尾。　⑨袛：语首助词，无义。　⑨敬：恭谨。

【译文】

周成王时，召公任太保，周公任太师，共同辅佐成王，成为成王左右的辅弼之臣。召公对当时的政情不满，心中不悦，周公向他谈了自己的看法，二人之间有一番对话。官史记录下周公的谈话，撰写出《君奭》。

周公这样说："君奭啊！由于不能很好地奉行天命，上天给殷商降下了灭亡之灾，我们周国便把天命承受下来。但是我不敢断言，我们的王业成功之后，上天能否总是赐予我们喜庆；就是日后顺从天意，诚信地辅佐天命，我也不敢断言，我们的王业最后会不会出现不祥。"

"唉呀！你曾经说过，我能够肩负起治国的重任，但我却不敢安然享受上天赐予的福命，不敢不时刻想着上天威严的惩罚。要使我们的臣民没有过失，不违离天意，全靠有人去教予他们。我们的后代子孙，大都不能恭敬上天，顺从下民，这样下去，他们将会弃绝先王的光大之道；尤其我还政告退之后，他们更不知道天命之难得，天意之难测，这样下去，将有丧失天命的危险，因为，天命是不会历久不衰的。臣民不能长期坚持先王恭谨的盛德，我姬旦如今也没有什么办法去纠正他们的过失，只有弘扬先王的光大之道，把它传给我们的子孙。有人说：'天意难测。'因此，我们只有弘扬文王的美德，并长期保持下去，上天才不会废弃文王所承受的大命。"

周公说："君奭啊！据我所知，历史上曾有过这样一些贤臣辅佐君王治国的范例：成汤承受天命之后，当时有伊尹辅佐他，使他功高如天，与上天同享人间祭祀。太甲有保衡辅佐，太戊有伊陟、臣扈辅佐，也使他们功高如天，与上天同享人间祭祀。另外，还有巫咸辅佐太戊，巫贤辅佐祖乙，甘盘辅佐武丁。正是依靠这些贤臣的辅佐，殷国才得到妥善治理，所以殷礼规定，君王死后，他们的神灵也配享上天的祭祀，而且历经许多世代未曾改变。上天全力保佑那些德行堪称美善而咸仪可以效法的贤臣，于是，殷商的官员无论异姓和同姓，无不持守美德，谨慎行事；君王身边的小臣和各邦国的地方官员，也都兢兢业业地为国家奔走效劳。由于这些官员都能遵循美德行事，来辅佐他们的君王治理国家，所以一旦四方有什么事情，君王要采取什么举动，四方臣民就会像相信卜筮的预兆一样，无不拥护。”

周公说：“君奭啊！上天保佑深知天命的人，使他们得以长寿，依靠他们安定并治理殷国；可是殷国继承天命的末代君王受，却背弃上天的威命，从而招致亡国之祸。如今你只要永远记住上天的威严，我们就能保住上天已经赐予的大命，采取明智的措施，治理好我们这个新建立起来的国家。”

周公说：“君奭啊！文王有诚信之心，所以从前上天才劝勉文王修德，并把治理天下的大命放在他身上。承当天命之后，文王重视施行政教，团结四方邦国，虢叔、闳夭、散宜生、泰颠、南宫括这样的贤臣也都来辅佐他。”

周公又说：“如果没有这些贤臣奔走效劳，努力施行教化，文王的美德便不能传播给国人。上天也全力佑助持守美德的贤臣，开导他们，使他们知道天命的威严，去辅佐文王努力进取，并显示出来而被上天知道，这样，文王才得以承受殷商的大命。武王时，文王的诸位贤臣还有四人健在。后来，这四位贤臣和武王全力奉行上天的惩罚，彻底消灭了他们的敌人。由于这四位贤臣辅佐武王尽心尽力，天下都称赞他们的美德。如今，我姬旦的境况就好像在渡过大河，我只有和您同舟共济，或许才可以到达彼岸。我们年幼的君王，虽然身居王位，却跟未即位时一样，还需要我来辅佐。可是却没有人责备、纠正我的过失，也没有人勉励我去做我力所不及的前贤的事业了。德高望重的人如果不降临我的身边，我就会像望着鸣叫的凤凰却不能听到它的鸣叫声音一样，何况能够深知天命呢？”

周公说：“唉呀！您现在应当看到这样的事实：我们承受天命，既有无限的喜庆，也有巨大困难。我现在请求您寻求一种理解我的途径，不要使我的心迹被后人所误解。”

周公说：“武王曾经表白过他的心迹，而且表白得十分清楚，那就是让您作百姓的表率。他说：‘要努力辅佐继位君王，诚信地承当起这一上天赐予的大命，要大力继承文王的美德；责任十分重大，因为还有无穷的忧虑啊！’”

周公说：“君奭啊！请求您了，我的值得信赖的太保奭。希望您能够恭谨谦敬，和我共同以殷国灭亡的大祸为鉴戒，永远记住我们周国得以承受大命，完全是由于上天的威力。我如果居心不诚，能够这样说吗？我要问你：‘除了我们二人，您还能找到意气如此投合的两个人吗？’我想您一定会说：‘正是由于有我们二人，上天才降下许多喜庆；而上天降下的喜庆越来越多，仅有我们二人，是无力承受的。’希望您能够敬重贤德之人，提升杰出之才，这样，我最后就可以让位给后来的人，使他们承受这种喜庆。唉呀！如今，全力辅助王业者，只有我们二人；而只有我们才能达到今天这样美好的境界。我们要共同成就文王的事业，毫不懈怠，竭尽努力，使普天之下，包括东海日出的地方，人人都顺从周国。”

周公说：“君啊！我很不聪明，说了这么多的话，是唯恐天意难测和民心易变。”

周公说：“唉呀！君啊！您知道，百姓做事，起初没有不好好干的，但都不能善始善终。我们要重视这个教训，日后，必须以更加恭谨的态度去治理国家啊！”

蔡仲之命①

蔡叔既没②，王命蔡仲③，践诸侯位④，作《蔡仲之命》。

惟周公位冢宰⑤，正百工⑥，群叔流言⑦。乃至辟管叔于商⑧；囚蔡叔于郭邻⑨，以车七乘⑩；降霍叔于庶人⑪，三年不齿⑫。蔡仲克庸祗德，周公以为卿士。叔卒，乃命诸王邦之蔡⑬。

王若曰：“小子胡⑭，惟尔率德改行⑮，克慎厥猷⑯，肆予命尔侯于东土⑰。往即乃封，敬哉！尔尚盖前人之愆⑱，惟忠惟孝；尔乃迈迹自身⑲，克勤无怠，以垂宪乃后⑳。率乃祖文王之彝训㉑，无若尔考之违王命㉒。皇天无亲㉓，惟德是辅㉔。民心无常，惟惠之怀㉕。为善不同，同归于治；为恶不同，同归于乱。尔其戒哉！慎厥初，惟厥终，终以不困㉖。不惟厥终，终以困穷。懋乃攸绩㉗，睦乃四邻，以蕃王室㉘，以和兄弟，康济小民㉙。率自中㉚，无作聪明乱旧章㉛。详乃视听㉜，罔以侧言改厥度㉝。则予一人汝嘉㉞。”

王曰：“呜呼！小子胡，汝往哉！无荒弃朕命！”

【注释】

①本篇是周公告诫蔡仲的册书。周公东征，荡平叛乱，杀管叔，囚蔡叔，废霍叔。蔡叔之子蔡仲则能够敬行美德，周公遂请命于成王，封蔡仲为蔡国之君。命：诰命。　②没（mò）：死亡。　③命：册封。　④践：登上，就位。　⑤位：居于官位，即担任。冢宰：周代官名，为百官之长。又称太宰。冢，大。宰，治。　⑥正：统辖。百工：百官。　⑦群叔：指管叔、蔡叔、霍叔。流言：散布流言蜚语。　⑧致辟：诛戮，即杀死。　⑨郭邻：地名。　⑩乘（shèng）：辆。古代礼制，四匹马拉的车一辆为一乘，乘数多少是诸侯等封邑大小、地位高低的标志。　⑪降：贬。庶人：平民百姓。霍叔本为王室成员，具有贵族身份。　⑫齿：录用。

本义为依次排列，"录用"为引申义。　⑬诸：兼词，之于。　⑭胡：蔡仲名。　⑮率：遵循。行：指蔡叔的所作所为。　⑯猷：道，指臣子之道。　⑰肆：所以。侯：本指诸侯，这里用作动词，意为做诸侯。　⑱盖：掩盖。前人：指蔡叔。愆：罪过。　⑲迈迹：发迹，开创业绩。自：从。身：自身。　⑳重：流传，留下。宪：法度，榜样。　㉑彝训：经常教导子孙的话。彝，常。　㉒考：死去的父亲。　㉓无亲：这里意为无亲无疏。　㉔惟德是辅：即惟辅德。德，指有德的人。是，结构助词，无义，有前置宾语的功能。　㉕惠：爱。怀：归附。　㉖以：因此。　㉗懋：勉力。绩：功业。　㉘蕃：通"藩"，护卫。　㉙康济小民：使百姓安居乐业。康，安。济，成。　㉚自：用，循。中：不偏不倚的中正之道，即中庸之道。　㉛旧章：先王的成法。　㉜详：仔细审察。视听：所见所闻。　㉝侧言：偏颇不中即不符合中正之道的话。度：法度。　㉞汝嘉：即嘉汝。嘉，赞许，嘉奖。

【译文】

蔡叔死后，周成王册封蔡仲为蔡国之君，蔡仲便成为诸侯。史官记录下这件史实，撰写出《蔡仲之命》。

周武王死后，周公担任宰相，总领朝廷百官，这时管叔、蔡叔、霍叔之流散布流言蜚语，恶意中伤周公。于是，周公率师东征，在商地杀掉了管叔；把蔡叔囚禁在郭邻，只赐给他七乘车子；把霍叔由贵族降为平民，并规定三年不得再予起用。蔡叔的儿子蔡仲则能够恭行美德，周公便任用他为卿士。蔡叔死后，周公向成王提出请求，把蔡仲封到众邦国中的蔡国，去做诸侯。

成王这样答复道："年轻人胡啊！你能够遵循祖先的德教，改正你父亲的恶行，并且谨守臣子之道，所以我命令你去东方做诸侯。去吧，往你的封地当诸侯，到了那里你一定要恭敬谨慎啊！希望你雪洗你父亲的罪恶，以尽忠尽孝；你要从自身做起，去开创业绩，并且勤勉不懈，给你的后代留下榜样。要遵循你祖父文王的教诲，不要像你父亲那样违抗王命，犯上作乱。上天对人无亲无疏，只佑助德行高尚的人；民心向背没有定规，只归附惠爱万民的君王。行善的方法各有不同，结果都能导致天下大治；作恶的方法也各有不同，结果都会导致天下大乱。你要警戒自己，扬善抑恶啊！无论做什么事情，既要慎始又要慎终，到头来，就不至于陷入困境。相比之下，慎终尤为重要，因为不慎终，到头来，必然会因此而陷入困境。要努力从事你的事业，与四邻邦国和睦相处，以护卫周国王室，善待同姓诸侯，使百姓安成乐业。要遵循并奉行中正之道，不要自作聪明，想干什么就干什么，从而败坏先王的成法。凡有见闻，要仔细思索、分析，不要听了一面之词就改变你的法度。如果你能够做到这些，我就要嘉奖你。"

王说："唉呀！年轻的胡，你去吧！到了那里，可不要把我的训诫丢在脑后啊！"

多　方①

成王归自奄②，在宗周③，诰庶邦④，作《多方》。

惟五月丁亥⑤，王来自奄，至于宗周。

周公曰王若曰⑥："猷告尔四国多方⑦，惟尔殷侯尹民⑧，我惟大降尔命，尔罔不知。洪惟图天之命⑨，弗永寅念于祀⑩。惟帝降格于夏⑪，有夏诞厥逸⑫，不肯戚言于民⑬，乃大淫昏，不克终日劝于帝之迪⑭，乃尔攸闻⑮。厥图帝之命，不克开于民之丽⑯，乃大降罚，崇乱有夏⑰因甲于内乱⑱，不克灵承于旅⑲。罔丕惟进之恭⑳，洪舒于民㉑。亦惟有夏之民叨懫日钦㉒，劓割夏邑㉓。天惟时求民主㉔，乃大降显休命于成汤㉕，刑殄有夏㉖。惟天不畀纯㉗，乃惟以尔多方之义民㉘，不克永于多享㉙。惟夏之恭多士㉚，大不克明保享㉛。于民乃胥惟虐于民㉜，至于百为㉝，大不克开㉞。"

"乃惟成汤，克以尔多方简代夏作民主㉟。慎厥丽，乃劝厥民㊱。厥民，刑，用劝。以至于帝乙，罔不明德慎罚，亦克用劝。要囚，殄戮多罪㊲，亦克用劝。开释无辜，亦克用劝。今至于尔辟㊳，弗克以尔多方享天之命，呜呼！"

王若曰："诰告尔多方㊴，非天庸释有夏㊵，非天庸释有殷，乃惟尔辟以尔多方大淫，图天之命，屑有辞㊶。乃惟有夏，图厥政不集于享㊷，天降时丧，有邦间之㊸。乃惟尔商后王逸厥逸㊹，图厥政不蠲烝㊺，天惟降时丧。惟圣罔念作狂㊻，惟狂克念作圣。天惟五年须暇之子孙㊼。诞作民主㊽，罔可念听。天惟求尔多方，大动以威㊾，开厥顾天㊿。惟尔多方罔堪顾之，惟我周王灵承于旅，克堪用德，惟典神天(51)。天惟式教我用休(52)，简畀殷命(53)，尹尔多方。今我曷敢多诰？我惟大降尔四国民命(54)。尔曷不忱裕之于尔多方(55)？尔曷不夹介乂我周王(56)，享天之命？今尔尚宅尔宅(57)，畋尔田(58)，尔曷不惠王熙天之命(59)？尔乃迪屡不静(60)，尔心未爱(61)，尔乃不大宅天命(62)，尔乃屑播天命(63)，尔乃自作不典(64)，图忱于正(65)。我惟时其教告之(66)，我惟时其战要囚之(67)，至于再(68)，至于三(69)。乃有不用我降尔命，我乃其大罚殛之(70)。非我有周秉德不康宁，乃惟尔自速辜(71)！"

王曰："呜呼！猷告尔有方多士，暨殷多士：今尔奔走臣我监五祀(72)，越惟有胥伯小大多正(73)，尔罔不克臬(74)。自作不和，尔惟和哉。尔室不睦(75)，尔惟和哉。尔邑克明，尔惟克勤乃事，尔尚不忌于凶德⑦⑥。亦则以穆穆在乃位⑦⑦，克阅于乃邑⑦⑧，谋介尔乃自时洛邑⑦⑨，尚永力畋尔田。天惟畀矜尔⑧⑩，我有周惟其大介赉尔⑧①，迪简在王庭⑧②，尚尔事⑧③，有服在大僚⑧④。"

王曰："呜呼！多士，尔不克劝忱我命，尔亦则惟不克享⑧⑤，凡民惟曰不享。尔乃惟逸惟颇⑧⑥，大远王命⑧⑦，则惟尔多方探天之威⑧⑧，我则致天之罚，离逖尔土⑧⑨。"

王曰："我不惟多诰，我惟祗告尔命⑨⑩。"

又曰："时惟尔初不克敬于和⑨①，则无我怨。"

【注释】

①本篇是周公代替周成王发布的诰命。成王亲政的次年，淮夷和奄国又发动叛乱，成王率师亲征，灭掉奄国。当年五月成王返回镐京，各国诸侯都来朝会，这通诰命就是这时发布的。诰命的对象是各邦国。多：众。方：邦国。　②归：返回。　③宗周：指镐京。　④庶：众。　⑤五月：周成王亲政的第二年五月。丁亥：丁亥日。　⑥王若曰：以下是周公代成王讲的话。　⑦猷：道。四国：管、蔡、商、奄四国。　⑧殷侯：众位诸侯。殷，众。尹民：治民的官员。尹，治。　⑨洪惟：发语词，无义。图：闭塞。　⑩寅：敬。　⑪格：教命。夏：这里指中国。　⑫诞：大。　⑬戚言：指慰问、安抚之类的话。戚，忧。　⑭劝：劝勉。帝之迪：上天教导的话。帝，上天。　⑮闻：闻知，知道。　⑯开：开释，解脱。丽：本义为附，这里指困境或灾难。　⑰崇：终。　⑱因：因循，承袭。甲：狎，习。内乱：即女人主政。乱，这里指夏桀宠信妹喜。　⑲灵：善。旅：众。　⑳丕：不。进：财。恭：供。　㉑洪：大。舒：毒害。　㉒叨：贪婪。懫（zhì）：忿戾。钦：崇尚。　㉓劓（yì）割：残害。劓，古代刑名，割鼻。㉔民主：民之主，即国君。㉕显：光。休：美。　㉖珍：灭绝。　㉗畀：给予。纯：美。　㉘义民：贤能之人，指邦君。　㉙享：指享有上天赐予的禄位。　㉚恭：通"供"，供职。　㉛明：勉力。保：安。　㉜胥：皆，都。　㉝为：做，指所做之事。　㉞开：即上文"开于民之丽"。　㉟简：选拔。　㊱劝：劝勉。　㊲要囚：监禁。要，通"幽"。　㊳辟：君，这里指商纣王。　㊴诰告：告诉。　㊵庸释：舍弃，抛弃。　㊶屑：众多。辞：讼，罪行。　㊷集：就。享：祭祀。　㊸间：代替。　㊹逸厥逸：放肆到了极点。　㊺图：谋。蠲（juān）：洁净。烝：美善。　㊻圣：圣明或明哲的人。狂：狂妄无知的人。　㊼五年：武王十三年，伐纣前五年。须：等待。暇：宽暇。子孙：指商纣王。　㊽诞：这里是延长的意思。㊾大动以威：意为天降灾异之威以大动天下之心。　㊿开：开导。厥：其，代上文多方。　51典：主。神天：指神天之祭祀。神，祖先的神灵。　52式：用，以。　53简：大。　54降尔四国民命：即降命于尔四国之民。　55忱：信，诚。裕：劝导。　56夹介：亲附，亲善。夹，近。介，善。　57宅尔宅：前一"宅"字为动词，居住；后一"宅"字为名词，住宅。　58畋（tián）：整治田地。59惠：顺从。熙：广，光大。　60乃：竟然。静：安定。　61爱：顺从。62宅：度，揣度。　63屑：轻视。播：弃。　64典：法。65图：企图。忱：取信。

正：通‘政’，指执政者。　⑥惟时：因此。时，是，这。　⑥战：武力征伐。　⑧再：指三监与武庚叛乱。　⑥三：指淮夷与奄国叛乱。　⑦殛（jí）：诛杀。　⑦速：招致。辜：灾祸。　⑦臣：臣服，称臣。监：指三监即管叔、蔡叔、霍叔。祀：年。　⑦胥：力役。伯：赋税。正：通“政”，指政令。　⑦臬（niè）：法度。　⑦室：家庭。　⑦尚：通“上”。忌：谋划，打算。凶德：恶行。　⑦穆穆：恭敬。　⑦阅：通‘悦’。　⑦自：用。　⑧矜：怜悯。　⑧贲（lài）：赐予。　⑧迪：进，进用。　⑧尚：加。事：官职。　⑧服：事，职事。僚：官，指官职。　⑧享：享有天命。　⑧逸：放荡。颇：邪恶。　⑧远：违背。　⑧探：取。　⑧逖（tì）：远。　⑨祗：这里是严肃的意思。　⑨时：善。初：始。不克敬于和：不能在和睦相处中敬守天命。

【译文】

　　周成王从奄地返回，到了都城镐京，周公替成王发布了一通诰命，告诫各邦国国君。史官记录下诰词，撰写出《多方》。

　　五月丁亥日这一天，君王从奄地返回，到了镐京。

　　周公以成王的名义说：“正告你们四国和各邦国诸侯，以及各邦国的官员们，我要庄严地向你们发布命令，你们切不要置若罔闻。当年夏桀不听天命，一直轻慢地对待祭祀，于是，上天就给中国降下教命，发出警告，但是夏桀仍然大肆享乐，不肯抚慰百姓，而且日甚一日地淫逸昏乱，连一天也不能勤勉地遵照上天的教导行事，所有这些，你们都是知道的。夏桀不听天命，不能把百姓从灾难的深渊中解救出来，上天便严厉降下惩罚，最终使夏国陷入大乱。夏桀一贯宠信妇人，从而搞乱了朝政，他还不能很好地顺从民众，凡有大事小情，都要百姓进献财物，使百姓惨遭荼毒。夏国百姓的贪婪、暴戾也因此而一天天盛行起来，更使夏国受到严重残害。于是，上天就开始寻找新的君王。在这种情况下，上天便把光耀而美好的大命赐予成汤，命令他灭掉夏国。上天之所以不再把美命赐予夏国，是因为你们夏国各邦国诸侯不能劝导人民，不能安享你们的禄位；夏国君臣还对百姓施行暴虐，并把这种暴政用于各种事务，而各邦国的诸侯却不能把国家从灾难中解救出来。由于这些原因，成汤才能够受到你们各邦国诸侯的拥戴，取代夏桀成为国君。他审慎地治理国家，把百姓从灾难中解救出来，劝勉百姓走正道；他对那些犯了罪的人使用刑罚，规劝罪犯走上正道。从成汤到帝乙，历代君王无不崇德慎罚，用来劝勉众人。囚禁杀戮要犯，能够劝勉众人；释放无罪者，也能够劝勉众人。现在，你们的君王再也不能够和你们各邦国诸侯共享上天赐予的大命了。唉呀，这实在可悲啊！”

　　君王这样说：“告诉你们各位诸侯，并不是上天要抛弃夏国，也不是上天要抛弃殷国，而是你们的君王和你们各邦国诸侯行为过于放肆，而且不听天命，犯下很多罪行。夏桀治理政事，不重视祭祀，所以上天才降下这种亡国大祸，让成汤取代了他。你们殷商的末代君王更加放肆，他治理政事，不仅不重视祭祀，而且祭祀的供品都很不清洁，所以上天才给他降下这种亡国大祸。聪明睿智的人，如果不把上天的旨意放在心上，就会变成狂妄无知的人；狂妄无知的人，如果能够把上天的旨意放在心上，就会变成聪明睿智的人。上天曾经给商王受五年的时间，等待他把君位传给他的子孙。但是他非继续做国君不可，一点也不顾念天意。上天为了使你们各国诸侯悔悟，便大降灾异，以求打动你们，开导你们，可是你们没有谁能够顾念天意，只是我们周王，能够美善地顺从众民，并以德政治理天下，掌管祖先和上天的祭祀。因此，上天就用美善的教导启示我们，把殷国的大命全部赐予我们，让我们治理各个邦国。”

"现在，我怎么敢再反复告诫你们呢？我只是普遍地发布一通命令给四国臣民。你们为什么不真心诚意地教导你们的臣民呢？你们为什么不亲近并辅佐我们周国的君王，以共享天命呢？现在你们仍旧居住在原来的封地，耕种你们原来的田地，你们为什么不来顺从周王，以光大上天的美命呢？你们屡受训诫却一再发动叛乱，原因是你们的心没有顺从我们周国。你们竟然轻视和背弃天命，你们竟然自行其是，违犯国法，甚至图谋骗取我们的执政者的信任。因此，我才发布命令告诫你们，动用武力征讨你们，把你们关进监牢囚禁起来，这样一而再，再而三地惩罚你们。假若还有人不服从我下达给你们的命令，那么我就要更加严厉地惩罚他，甚至杀掉他！这可不是我们周国不坚持以德治国，而是你们自招灾祸。"

君王说："唉呀！正告你们各邦国和殷商各位官员，现在，你们为我们周国奔走效劳，向我们的三监称臣，已经有五年之久了，这期间，朝廷向你们征用劳役，征收赋税，数量完全适中，而且符合政令你们不能不遵守法度。如果你们邦国之间不一睦，你们就应该设法和睦起来！如果你们家庭不和睦，你们也应该设法和睦起来！如果你们的封地政情清明，说明你们能够勤勉地治理政事，那么，你们的上司就不会再去嫉恨你们过去的恶行。你们还应该以恭恭敬敬地态度安守你们的职位，并和你们封地的百姓和睦相处。如果你们善于利用这个洛邑，你们就可以永远致力于治理你们的田产，那么上天也会给予你们怜悯，我们周国也会重重地赏赐你们，把你们选拔到朝廷中来，加封你们的官职，让你们做大官。"

王说："唉呀！各位官员，如果你们不肯努力遵从我的教命，你们就不能享有天命，你们的百姓也会认为你们不配享有天命。如果你们一味胡作非为，严重违背君王的命令，那么你们各国就会自招上天降威，我就要施行上天的惩罚，使你们永远离开你们的故土，把你们流放到边远的地方。"

君王说："我不想多说了，我只是严肃地把天命告诉你们。"

君王最后说："由于你们当初不能敬守天命顺从周国，所以才命令你们迁居洛邑，你们不要为此而怨恨我们周国。"

立　政①

周公作《立政》。

周公若曰："拜手稽首，告嗣天子王矣②。"用咸戒于王曰③："王左右常伯、常任、准人、缀衣、虎贲④。"

周公曰："呜呼！休兹⑤，知恤鲜哉⑥！古之人迪惟有夏⑦，乃有室大竞⑧，吁俊⑨，尊上帝，迪知忱恂于九德之行⑩。乃敢告教厥后曰⑪：拜手稽首后矣⑫。曰：宅乃事⑬，宅乃牧⑭，宅乃准⑮，兹惟后矣⑯。谋面⑰，用丕训德⑱，则乃宅人⑲，兹乃三宅无义民⑳。桀㉑，德惟乃弗作往任㉒，是惟暴德㉓，罔后㉔。亦越成汤陟㉕，丕釐上帝之耿命㉖，乃用三有宅㉗，克即宅㉘，曰三有俊㉙，克即俊㉚。严惟丕式㉛，克用三宅三俊㉜。其在商邑㉝，用协于厥邑㉞；其在四方，用丕式见德㉟。呜呼！其在受德暋㊱，惟羞刑暴德之人㊲，同于厥邦，乃惟庶习逸德之人㊳，同于厥政。帝钦罚之㊴，乃伻我有夏㊵，式商受命㊶，奄甸万姓㊷。"

"亦越文、武王克知三有宅心㊸，灼见三有俊心㊹，以敬事上帝，立民长伯㊺。立政任人：准、夫、牧作三事㊻；虎贲、缀衣、趣马、小尹、左右携仆、百司庶府㊼，大都小伯艺人、表臣百司㊽，太史、尹伯㊾、庶常吉士㊿，司徒、司马、司空、亚旅㊽；夷微、卢烝㊾，三亳阪尹㊾。文王惟克服宅心，乃克立兹常事司牧人㊾，以克俊有德㊾。文王罔攸兼于庶言㊾。庶狱庶慎㊾，惟有司之牧夫是训用违㊾。庶狱庶慎，文王罔敢知于兹㊾。亦越武王率惟敉功㊾，不敢替厥义德㊾，率惟谋从容德㊾，以并受此丕丕基㊾。"

"呜呼！孺子王矣㊾，继自今我其立政㊾。立事、准人、牧夫㊾，我其克灼知厥若㊾，丕乃俾乱㊾，相我受民㊾，和我庶狱庶慎㊾。时则勿有间之㊾。自一话一言，我则末惟成德之彦㊾，以乂我受民。呜呼！予旦已受人之徽言，咸告孺子王矣㊾。继自今文子文孙，其勿误于庶狱庶慎㊾，惟正是乂之㊾。自古商人亦越我周文王立政，立事、牧夫、准人，则克宅之，克由绎之⑦，兹乃俾乂国⑦。则罔有立政用恹人⑦，不训于德⑦，是罔显在厥世⑧。继自今立政，其勿以恹人，其惟吉士，用劢相我国家⑧。今文子文孙，孺子王矣。其勿误于庶狱，惟有司之牧夫⑧。其克诂尔戎兵，以陟禹之迹⑧，方行天下⑧，至于海表⑧，罔有不服。以觐文王之耿光⑧，以扬武王之大烈⑧。呜呼！继自今，后王立政，其惟克用常人⑧。"

周公若曰："太史！司寇苏公式，敬尔由狱⑧，以长我王国⑩，兹式有慎⑨，以列用中罚⑨。"

【注释】

①本篇是周公就周王朝建立健全官制，以求天下长治久安问题对周成王发布的诰词。成王亲政之后，周王朝的统治日益巩固，国家政局渐趋稳定，摆在朝廷面前的一项迫切任务便是举贤任能，治理国家，这篇诰词就是为此而发的。立政：建立官制，任用官长。政，即正，官长。　②嗣天子：继承天子大位的人。　③用：因而，于是。咸：都。此时周公已经还政于成王，成为群臣的一员，这里他是以君臣代言人的身份说话的，故称"咸告"。　④常伯：官名，治民之官，职务相当后世的侍中。常任：官名，治事之官，职务相当后世的侍中。常伯和常任实为行政首脑。准人：官名。执法治狱之官。缀衣：官名，掌管君王衣物的官。虎贲（bēn）：官名，守卫王宫的官，武职。　⑤休：美善。恤：忧愁。　⑥鲜：少。　⑦迪：道，这里的意思是有道。　⑧有室：指卿大夫。竟：强。　⑨吁：呼唤。俊：贤能的人。迪：教导，旨意。　⑩忱：诚。恂：信。九德：九种德行，即《皋陶谟》中的"宽而栗，柔而立，愿而恭，乱而敬，扰而毅，直而温，简而廉，刚而塞，强而义"。　⑪后：君，指诸侯。　⑫拜手稽首：古代也有君向臣行此种大礼的习俗。　⑬宅：居，任。事：就是上文的常任。　⑭牧：就是上文的常伯。　⑮准：就是上文的准人。　⑰谋面：察言观色，以考察善恶。　⑱丕：大。训：顺。　⑲宅人：即以官任人。宅，居，任。　⑳三宅：指上文事、牧、准。义民：奸邪的人。　㉑德：升，指即位为帝。　㉒作：行，往。往：往昔。任：任人之道。　㉓暴德：暴虐之行。　㉔罔后：不顾其后。　㉕越：及，到。陟：升，指即位为帝。　㉖釐（xī）：理，治理。耿：明。　㉗有：名词词头，无义。　㉘即：就，指就其位而不旷其职。　㉙三有俊：事、牧、准都任用贤才。　㉚克即俊：能够行其俊德。　㉛严：严格。丕式：大法。　㉜克用三宅三俊：把任用"三宅"、"三俊"作为选拔人才的定则。　㉝其：他，代成汤。　㉞协：和谐。　㉟见：通"现"，音义同。　㊱受：商纣王名。瞀（mín）：强横。　㊲羞：实行。刑：刑杀。暴：暴虐。　㊳庶：众多。习：狎习，这里指受宠幸的人。逸：放荡。　㊴钦：重，严厉。　㊵伻（bēng）：使。有夏：商人自称。夏，中国。　㊶式：用，受用。　㊷奄：大。甸：治。　㊸心：指三宅的心地或思想。　㊹灼：明白，清楚。　㊺长伯：官长。　㊻准、夫、牧：即三事大夫。作：为，负责。三事：指政务、刑罚、理民三件大事。　㊼趣马：官名，掌管马政之官。小尹：官名，"趣马"的属官。左右携仆：君王的近侍官员。百司

庶府：负责王室杂务的众多官员。百、庶：众多。　㊽大都小伯：指大都和小伯的官员。大都：公的封地。小伯：卿的封地。艺人：官名，征收赋税之官。表臣百司：外臣百官。　㊾太史：史官之长。尹伯：泛指各官之长。庶常吉士：以上各官都是良善之士。吉，善。士，长官。　㊿司徒、司马、司空：即三公，详见前注。亚旅：地位次于三公的众卿。　52夷：东方的国家。微：南方的国家。卢：西方的国家。烝：君王。　53三亳（bó）：殷商故都。一在今河南省商丘市东南，一在今河南商丘市北，一在今河南省偃师县西。阪尹：官名。　54常事司牧人：统指上列官员。"常"是"事、司、牧"的定语。　55以：用。　56庶言：众言，指毁誉之言。　57庶狱：各种狱讼案件。庶慎：由众官审慎处理。　58之：和。训：顺。用违：用与不用。　59兹：这，指代各种狱讼案件。　60率惟：语气词，无义。秋（mǐ）：终，完成。功：这里指文王的功业。　61替：废弃。厥：其，这里指代文王。义德：善德。义，善。　62谋：求。从：顺。容：宽。　63并受：君臣同受。丕丕：大而又大，伟大。基：基业。　64孺子：这里指成王。　65继自从：从今以后。　66立：设立。　67若：善，优。　68丕：语气词，无义。俾：使。乱：治。　69相：辅佐。　70和：平治。　71时：这，指代上文"相我受民，和我庶狱庶慎"。间：隙，疏远。　72末：终。惟：思考。彦：美士。　73旦：周公名。徽言：美言。　74误：耽误。慎：这里指各种禁戒。　75正：治狱之官。　76由：用。绎：终。　77兹乃：这样。　78恔（xiān）人：奸佞的人。　79不训于德：此句的主语为"恔人"。　80显：光。　81劢（mài）：勉力。相：这里是治理的意思。　82惟有司徒之牧夫：此句句末省略"是乂之"三字。之，和。　83诘：谨。戎兵：军队。陟：升，这里循沿的意思。　84方行：遍行。方，普遍。　85海外：四海之外。　86觐（jìn）：见，这里是显扬的意思。　87烈：功业。　88常人：指吉士、贤人。　89司寇：官名，掌管刑狱。苏公：即苏忿生，周武王时任司寇。式：法，这里用作动词，规定的意思。下文的"式"是模式、范例的意思。由：修，治。　90长：延长。国：国祚，国运。　91有：又，更。　92烈：比照。中：平，适当。

【译文】

周公对成王发表诰词，阐述设官理政的原则。史官记录下这通诰词，撰写出《立政》。

周公这样说："请接受我拜手稽首的大礼，允许我敬告您这位继承大位的天子，您现在已经正式即位成为君王了。"周公接着代表辅臣们告诫成王说："您身边的近臣有常伯、常任、缀衣、虎贲，我是代表他们向您提出忠告的。"

周公说："唉呀！我们这些德行美善的近臣是治国之本，不过我们之中能够预知隐忧的人，也很少啊！古人之中，有道者就有夏代先王。当时朝廷的卿大夫多是贤俊之才，夏代先王呼贤唤俊，以恭敬地奉行上天的旨意，并确信他们都能够诚信地遵从九德行事。这样，他们就敢于向他们的君王说：君王啊，请接受我们最恭敬的拜手叩头大礼吧！并说：任用常任，任用常伯，任用准人，这些都是君王的责任。仔细地观察他们的言谈和脸色，以了解他们的内心，重用遵从九德的人，任命他们担任官职，这样，常任、常伯、准人这些重臣之中就没有奸邪的人了。可是夏桀即位以后，却不遵从过去的任人之道，而任用了一些暴虐之徒，终于导致夏朝的灭亡。及至成汤登上帝位，全面承受上天赐予的圣明大命，选拔重用常任，常伯、准人这些重臣，让他们都能够各就其位而不旷其职，他们都是贤俊之才，且有贤俊之德。还严格地制定大法，把任用三宅、三俊作为选拔人才的原则，在商都用这些官员和谐臣民，在四方用这种大法显扬圣德。唉呀！商王受登上帝位以后，十分专横和残暴。他专门任用那些滥施刑罚，胡乱杀人的暴虐之徒，跟他们共同治理国家；任用许多受宠幸而行为放荡的人，跟他们共同管理政事。于是上天严厉地惩罚了他，让我们周族取而代之，承受天命，在广大的国土上治理万民。"

"到了文王、武王，他们能够理解常任、常伯、准人的思想，明察他们部属的心意，并以敬奉上天的诚心，为百姓设立官长。设立的官职有三事大夫，分别掌管政务、刑罚、理民三方面的事情；虎贲、缀衣、趣马，小尹、左右携仆、百司庶府，大邦的诸侯和小邦的卿士以及众位外官，太史、尹伯以及众位掌管日常事务的善士，司徒、司马、司空、亚旅；有东方、南方、西方各国的诸侯，和专门管理殷商遗民的官长。文王由于能够理解设立'三宅'的重要性，所以就设立这些官职，并选拔贤俊之才为百姓建功立德。文王不偏信赞誉之辞，也不偏信毁谤之言；各种狱讼案件让官员们去审慎处理，责成主管部门与理民官员去决定是否处罚；各种狱讼案件官员们如何去审慎地处理，文王从来不敢过问。武王即位称王，完成了文王未竟的事业之后，却不敢废弃文王的善德；他继续奉行文王宽宏的德政，因而与文王共同承受了这伟大的王业。"

"唉呀！年轻的君王啊！从现在起，我们要遵循前代的传统而设官理政。设立常任、准人、牧夫，并能够十分清楚地了解担任这些职务的人的优点，让他们治理政事，管理百姓，审慎地处理各种狱讼案件。既然对他们十分了解，就不要疏远他们。即使是一言一语这类小事，我们也不要忘记这些德才兼备的贤俊之士，让他们辅佐我们治理百姓。唉呀！我旦已经把前人的美言善语都告诉您这位年轻的君王了。从今以后，举凡文王的后代子孙，千万不要在官员们审理各种狱讼案件和各种禁戒事情上耽误时间，这些事务只让主管官员去治理。从古代的殷商先王到我们的文王都设官理政，设立的官职有常任、牧夫、准人；任命官员都能够用人得当，依靠这些官员完成职事，治理国家。商、周先王设官理政，都不任用奸邪之人，因为这种人不顺从德教，不能够使前人的德教在天下发扬光大。从今以后，设官理政也不要任用奸邪之人，而要任用贤俊的善士，让他们努力治理我们的国家。现在，文王的子孙——您这个年轻人，已经即位为君王了啊！您可不要在各种狱讼案件方面犯错误，所有案件只让主管部门和主管官员去处理。希望您治理好军队，循着大禹的足迹，走遍天下，直至中国之外，使普天下都臣服我们周国，以此发扬文王的光辉圣德，光大武王的伟大功业。唉呀！从今以后，您这位继位的君王设官理政，一定要任用贤俊之人。”

周公最后这样说：“太史啊！请你把以下的话记录在案：司寇苏公当年曾经规定，处理狱讼案件要严肃认真，以使我们的国运长治久安；现在要以苏公为范例，处理狱讼案件慎而又慎，比照过去的案例，使用适中的刑罚。”

周　官①

成王既黜殷命②，灭淮夷③，还归在丰④，作《周官》。

惟周王抚万邦⑤，巡侯、甸⑥，四征弗庭⑦，绥厥兆民⑧。六服群辟⑨，罔不承德⑩。归于宗周⑪，董正治官⑫。

王曰：“若昔大猷⑬，制治于未乱⑭，保邦于未危。”

曰：“唐虞稽古⑮，建官惟百，内有百揆、四岳⑯，外有州牧、侯伯⑰。庶政惟和，万国咸宁。夏商官倍⑱，亦克用乂⑲。明王立政，不惟其官⑳，惟其人。今予小子，祗勤于德，夙夜不逮㉑。仰惟前代时若㉒，训迪厥官㉓，立太师、太傅、太保，兹惟三公。论道经邦㉔，燮理阴阳㉕。官不必备，惟其人。少师、少傅、少保㉖，曰三孤。贰公弘化㉗，寅亮天地㉘，弼予一人㉙。冢宰掌邦治㉚，统百官，均四海㉛。司徒掌邦教㉜，敷五典㉝，扰兆民㉞。宗伯掌邦礼㉟，治神人㊱，和上下。司马掌邦政㊲，统六师㊳，平邦国。司寇掌邦㊴，诘奸慝㊵，刑暴乱。司空掌邦土㊶，居四民㊷，时地利㊸。六卿分职㊹，各率其属，以倡九牧㊺，阜成兆民㊻。六年，五服一朝㊼。又六年，王乃时巡㊽，考制度于四岳㊾。诸侯各朝于方岳㊿，大明黜陟(51)。”

王曰：“呜呼！凡我有官君子(52)，钦乃攸司(53)，慎乃出令，令出惟行，弗惟反。以公灭私，民其允怀(54)。学古入官(55)，议事以制(56)，政乃不迷。其尔典常作之师(57)。无以利口乱厥官(58)。蓄疑败谋，怠忽荒政，不学墙面(59)，莅事惟烦(60)。戒尔卿士(61)，功崇惟志(62)，业广惟勤；惟克果继，乃罔后艰(63)。位不期骄(64)，禄不期侈，恭俭惟德，无载尔伪(65)。作德，心逸日休(66)；作伪，心劳日拙(67)。居宠思危，罔不惟畏(68)，弗畏入畏(69)。推贤让能，庶官乃和，不和政宠(70)。举能其官^⑦，惟尔之能，称匪其人^⑦，惟尔不任^⑦。"

王曰："呜呼！三事暨大夫^⑦，敬尔有官^⑦，乱尔有政^⑦，以佑乃辟，永康兆民，万邦惟无斁^⑦。"

【注释】

①本篇是周成王亲政后宣布的官制诰命。诰命详细地阐明了周王朝设官、分职、居官的法规。　②黜（chù）：废止。罢免。　③淮夷：古代居于淮河流域的少数民族。　④丰：西周都城，文王庙在此。周制，重要诰命，必须在祖庙发布，以示庄重。　⑤抚：占有。　⑥侯甸：侯服和甸服诸侯国，这里泛指众诸侯国。　⑦四征：四面讨伐。弗庭：不来朝见天子。庭，通"廷"，朝廷。　⑧绥：安定，安抚。兆民：天下百姓。　⑨六服：即侯服、甸服、男服、采服、卫服、蛮服。辟：君王，这里指诸侯。　⑩承德：承继、奉行周天子的德政。　⑪宗周：这里指丰都。　⑫董正：督导。治官：治事之官。　⑬若：顺。猷：道，指大法。　⑭治：政教。　⑮稽：考察。　⑯百揆：尧时官名，总理百官之官，周代改称冢宰。四岳：尧、舜时的四方部落首领。　⑰州牧：官名，古代州的军政长官。侯伯：诸侯国的首领。　⑱倍：增加一倍。　⑲克：能够。乂：治理。　⑳不惟其官：不考虑官员人数的多少。　㉑夙夜：早晚。逮：及，赶上，指达到古人的水准。　㉒仰：古代公文用语，用于下行公文，表示命令。此当是最早的公文用语。时：这，指代前代官制。若：顺从，沿用。　㉓训：说，阐明。迪：作，设立。　㉔道：这里指治国的法则和途径。经：治理。　㉕燮（xiè）理：调和。阴阳：中国古代哲学术语。宇宙间一切正相反对的现象和现象的正反两面，中国古代哲学统称之为阴阳。　㉖少傅、少师、少保：均为官名，即下文的三孤，住在三公之下。　㉗贰：协助。弘化：弘扬道化。　㉘寅：敬。亮：信。　㉙弼：辅佐。　㉚冢宰：又称太宰，百官之长。　㉛均：平衡。　㉜司徒：官名，掌管教育之官。　㉝敷：布。五典：古代五种伦理道德规，即父义、母慈、兄友、弟恭、子孝。又称五教、五常。　㉞扰：抚，安抚。　㉟宗伯：官名，掌管祭祀礼仪之官。神：这里指祖先神灵和上天。　㊲司马：官名，掌管军事之官。　㊳六师：即六军。周制，一万二千五百人为一军，天子拥有六军。　㊴司寇：官名，掌管刑狱之官。　㊵诘：究办。奸慝（tè）：指奸邪不正之人。　㊶司空：官名，掌管土地之官。　㊷居：安居，这里是使安居的意思。四民：即士、农、工、商。　㊸时：善。　㊹六卿：指上文的六种官员，即冢宰、司徒、宗伯、司马、司寇、司空。　㊺倡：带动，领导。九牧：九州的州牧、侯伯。　㊻阜：富，厚。成：安，定。　㊼五服：侯服、甸服、男服、采服、卫服。朝：朝觐，即朝见天子。　㊽时：指四时。周制，天子十二年出巡一次，春巡东方，夏巡南方，秋巡西方，冬巡北方。　㊾考：考察。四岳：这里指中国东、西、南、北四座大山，即东岳泰山，西岳华山，南岳衡山，北岳恒山。　㊿方：当地。　51黜陟（zhì）：升降。黜，降。陟，升。　52有官君子：担任官职的各级官员。　53钦：恭谨。司：主持的职事。　54允：信，真诚。怀：归附。　55学古：学习古训，这里指学习古代典章制度。入官：步入仕途。　56以：依。　57典常：旧典常法。作：为。师：指师法、学习的对象。　58利口：巧言。　59不学墙面：不学习古

制，如终日面向墙壁而无所见闻。　⑥茚：到，遇。烦：烦乱。　⑥卿士：执政大臣。　⑥
崇：高。志：立志。　⑥艰：祸患。　⑥期：本义为邀约、希望，这里是应当的意思。　⑥
载：这里是行或做的意思。伪：欺诈。　⑥逸：安。休：美善。　⑥劳：苦辛。拙：笨拙，不
灵巧。　⑥畏：敬畏，警惧。　⑥入畏：陷入可怕的困境。　⑩庞：庞杂，混乱。　⑪举：举
荐。能其官：能够称其职。　⑫称：举。匪：非，不。　⑬不任：不胜任。　⑭三事：即《立
政》篇中的"立政任人：准、夫、牧作三事"。　⑮官：职事。　⑯乱：治理。　⑰致（yì）：
厌弃。

【译文】

周成王在灭掉殷商，继而又灭掉淮夷之后，返回王都丰地，宣布了周国的
官制诰令。史官记录下诰词，撰写出《周官》。

周成王即位并拥有万邦之后，就离京出行，巡视各个诸侯国，并四面征讨
不来朝觐的诸侯，安抚天下百姓。从此，六服诸侯便再也没有谁敢不接受和奉
行周天子的德政了。后来，成王返回王都丰地，在那里督导全国各级官员。

成王说："我们应该遵循昔日君王的治国之道，在国家尚未出现动乱的时
候，就制定政教大法；在国家尚未出现危机的时候，就设法使国家安定下来。"

成王说："唐尧和虞舜考察、借鉴古代典章制度，设立了上百个官职，朝
廷之内设有百揆、四岳，朝廷之外设有州牧、侯伯。从此国家各种政事都得以
和谐，天下百姓都得以安宁。到了夏、商两朝，官员仅仅增加了一倍，也能够
依靠他们很好地治理国家。圣明的君王设官理政，不看重官员的多少，而看重
任用的人能否胜任其职。如今，我恭谨努力地修养德行，每天起早睡晚，但是
尽管如此，仍然赶不上古代那些圣明的君王。这里，我要遵循和沿袭前代设官
理政的传统，阐明我们周国的官制。我要设立太师、太傅、太保三个官职，这
称为三公；三公的职责是阐明天地大理，治理国家，调和矛盾，安定万民。三
公之官一时不一定配置齐备，重要的是要用人得当。还要设立少师、少傅、少
保三个官职，这称为三孤；三孤的职责是协助三公弘扬大道，化育万民，敬奉
天地，辅助君王。还要设立六卿：冢宰总理国政，统辖百官，平衡四海，稳定
天下；司徒掌管国家教化，传布五典之教，安抚亿万百姓；宗伯掌管国家礼
仪，治理天神祭祀和人间礼俗，协调尊卑贵贱的关系；司马掌管国家军事，统
帅王家六军，管理各国诸侯；司寇掌管国家狱讼，查究奸邪，惩罚强横不法的
歹徒；司空掌管国家土地，安置士、农、工、商，善用地利，各尽其能。以上
六卿分职掌权，各自统辖他们的部属，领导九州的州牧、侯伯，使亿万百姓富
足安宁。朝觐制度是：每隔六年，五服诸侯到京师朝见天子一次；再过六年，

天子出行巡视天下一次，按照四季的顺序视察东岳、南岳、西岳、北岳，在四岳考察制度礼法的施行情况。在天子出巡的时候，四方诸侯要分别到各自所在一方的大岳来朝见天子，天子则根据他们的政绩，对他们庄严地施行赏罚，政绩优良者升级，恶劣者降职。"

成王说："唉呀！凡是我们周国身居官位的大小官员，都要恭谨地对待各自主持的政务，发号施令应当慎重，而号令一出，则必须执行，不得违抗。要用公心消灭私欲，果能如此，百姓就会真诚地前来归附。要先学习古人遗训，尔后再进入仕途，这样才能依据古代典章制度处理政事，不致使政务陷入迷途。你们要师法旧典常法，不要凭借利口巧言扰乱自己所主管的事务。积疑不决必然败坏宏图大略，懈怠轻忽一定荒废国事朝政；人不学习就如同终日面对墙壁而无所见闻，遇到事端就会感到心烦意乱。我要告诫你们各位执政的卿士：建立巨大的功业有两个条件：一是树立志向，二是勤勉努力。只有做事果断，才能免除后顾之忧。位尊不应当骄傲，禄厚不应当奢侈；恭敬勤俭是美德，为人不可行诈作伪。做善事，就会心气平和并一天比一天显得休美；行欺诈，即使心机用尽也只会一天比一天显得笨拙。处在尊宠的位置上，要想到危险；没有一件事不应该警惧，因为不知道警惧，终将陷入可怕的境地。只有推重贤人、逊让能者，百官之间的关系才会和谐；一旦百官不和，政事必然陷入混乱。选拔官员并且能够使之各称其职，是你们卓有才能的表现；相反，选拔的官员都不称其职，表明你们自己就不称职。"

成王最后说："唉呀！公卿大夫们，你们都要敬守你们的职责，治理你们的政事，以辅佐你们的君王，使亿万百姓永远安康，这样，天下百姓才不会厌弃我们。"

君 陈①

周公既没，命君陈分正东郊成周②，作《君陈》。

王若曰："君陈，惟尔令德孝恭③。惟孝友于兄弟④，克施有政⑤。命汝尹兹东郊⑥，敬哉！昔周公师保万民⑦，民怀其德。往慎乃司⑧，兹率厥常⑨，懋昭周公之训⑩，惟民其父⑪。我闻曰：至治馨香⑫，感于神明；黍稷非馨，明德惟馨。尔尚式时周公之猷训⑬，惟日孜孜⑭，无敢逸豫⑮。凡人未见圣，若不克见；既见圣，亦不克由圣，尔其戒哉！尔惟风⑯，下民惟草。图厥政⑰，莫或不艰⑱，有废有兴，出入自尔师虞⑲，庶言同则绎⑳。尔有嘉谋嘉猷㉑，则入告尔后于内㉒，尔乃顺之于外，曰：‘斯谋斯猷㉓，惟我后之德㉔。’呜呼！臣人咸若时㉕，惟良显哉㉖！”

王曰：“君陈，尔惟弘周公丕训，无依势作威，无倚法以削㉗，宽而有制㉘，从容以和㉙。殷民在辟㉚，予曰辟㉛，尔惟勿辟；予曰宥㉜，尔惟勿宥。惟厥中㉝。有弗若于汝政㉞，弗化于汝训㉟，辟以止辟㊱，乃辟。狃于奸宄㊲，败常乱俗㊳，三细不宥㊴。尔无忿疾于顽㊵，无求备于一夫㊶。心有忍，其乃有济㊷；有容，德乃大。简厥修㊸，亦简其或不修；进厥良㊹，以率其或不良。惟民生厚㊺，因物有迁㊻，违上所命，从厥攸好㊼。尔克敬典在德㊽，时乃罔不变㊾。允升于大猷㊿，惟予一人膺受多福(51)，其尔之休(52)，终有辞于永世(53)。”

【注释】

①周公东征平定武庚叛乱之后，把殷商遗民迁到洛邑的东郊成周，对他们亲自进行监管教化，周公死后，周成王命令周公之子君陈前往成周，继续监督、教化殷商遗民。本篇就是周成王为此而发布的策书。在这篇策书中，成王勉励君陈继续执行周公制定的治殷原则和方法，施行德政，彻底改造殷民。君陈：人名，周公之子。 ②分：分别安置殷民。正：治理。东郊：指洛邑的东郊，成周就在这里。 ③令：美，善。孝：敬事父母为孝。恭：敬事兄长为恭。④友：善待幼弟为友。 ⑤施：移。 ⑥尹：治理。 ⑦师：教导。保：安抚。 ⑧司：管理，这里指主管的事务。 ⑨率：遵循。常：常法。 ⑩懋：勉励。昭：发扬光大。⑪乂：安。 ⑫至治：最美善的治国之道。馨（xīn）：散布很远的香气。 ⑬式：效法。时：这种。猷：道。 ⑭孜孜：勤勉不怠的样子。 ⑮逸豫：安逸享乐。 ⑯惟：为，是。 ⑰图：图谋，治理。 ⑱莫或：没有什么事情。 ⑲出入：反复。师：众人。虞：商量。 ⑳庶言：众人之言。绎：探究，深思。 ㉑嘉：美。谋、猷：谋略。 ㉒后：君王。 ㉓斯：这些。 ㉔德：德惠。 ㉕臣人：人臣。 ㉖良：指臣子良善。显：指君王显耀。 ㉗倚：凭借。削：苛刻，指苛刻之政。 ㉘宽：宽容。制：分寸。 ㉙从容：举止，行动。 ㉚辟：罪行。 ㉛辟（bì）：惩罚。 ㉜宥（yòu）：宽恕。 ㉝中：中正平和。 ㉞若：顺从。 ㉟化：感化。 ㊱辟以止辟：前一个辟是动词，处罚；后一个辟是名词，罪行。 ㊲狃（niǔ）：习以为常。奸宄：犯法作乱。 ㊳常：伦常。俗：礼俗。 ㊴三细：奸宄、败常、乱俗三者中的细小罪行。 ㊵忿疾：愤恨。顽：顽冥不化。 ㊶求备：求全责备，即要求人尽善尽美。一夫：一人。㊷济：成功。 ㊸简：选择。修：指修德的人。 ㊹进：进用，任用。良：良善的人。 ㊺生：通“性”。厚：淳厚。 ㊻迁：变化。 ㊼好：私好。 ㊽敬典在德：敬守常法，讲求德行。 ㊾时：这。 ㊿允：信，真正。 (51)膺（yīng）：受，获得。 (52)休：美，这里指美名。 (53)有辞：称颂。

【译文】

周公死后，周成王发布策书，命令君陈按照德行的善恶分别安置殷商遗民，治理洛邑东郊的成周。史官记录下成王的策书，撰写出《君陈》。

成王这样说："君陈啊，你具有美好的品德，既孝顺父母，又尊敬兄长。这种孝顺父母，友爱兄弟的品德，是能够转而用于政事的。现在命令你去治理王都的东郊成周，你去了之后要敬慎行事啊！过去，周公教导、安抚天下百姓，百姓们都怀念他的大德。如今去到那里，你要谨慎地主持你所掌管的事务，遵循周公既定的原则和方法行事，努力发扬光大周公的遗训，这样，百姓才能安分守法。我听周公说过：'最好的治国之道，能够馨香远闻，以至于感动天上的神明。黍稷的香气也比不上这种治道的馨香，只有彰明的德政堪与这种治道的馨香媲美。'你要遵循周公的这一教导，每天孜孜不倦地努力修养德行，千万不要贪图安逸和享乐。大凡常人，都有始无终，没有见过圣明的治道是什么样子，这种情形就跟一个人看不见自己什么样子一样，即使见了圣明的治道，他们也不能遵循圣明的治道行事，对此，你可要警惕啊！因为你好比风，百姓好比草，风一吹而必草动，上有行而下必效，所以不可不戒惕。治理政事，没有不艰难的，因为这里边有废有兴，反复无常。因此要多和众人商量，如果众人的意见一致，还要加以深思，然后再作出选择。你有了治国的佳计良策，要进入内廷禀告你的君王，还要在外面切实推行，并且向臣民宣称：'这些佳计良策得以推行，都是我们君王的德政和恩惠。'唉呀！如果臣子都是这样，那么不仅臣子显得非常优秀，并且君王也显得富有光彩啊！"

成王说："君陈，你应当弘扬周公的伟大风范，不依仗权势作威作福，不凭借刑罚施行苛政，治民要宽容有度，举措要和谐有致。殷民犯了罪，如果我说要惩罚，你可不要盲目惩罚，我说要赦免；你也不要盲目赦免，这就是说，处理狱讼，一定要适中而合理。有人不顺从你的政令，不为你的教训所感化，经常胡作非为，如果施用刑罚就能够制止他犯罪，那么你就对他施用刑罚。如果有人一贯犯法作乱，败坏常教，扰乱礼俗，那么即使他在这三方面犯罪较为轻微，也不能赦免。即使对于顽冥不化的人，你也不要气愤和嫉恨，因为对一个人不能求全责备，要求他尽善尽美。忍耐，事业才能成功；宽容，德行才会宏大。对修身养德的人要加以选择，对不修身养德的也要加以选择；任用那些贤良的人，规劝那些不贤良的人。百姓的本性原本是淳厚的，但是由于受外界环境的习染也会发生变化，甚至会违抗上命，以满足自己的私欲。只要你能够敬守常法，讲求德行，这里是不会不变的。如此一来，你的德政就会上升到宏大的圣道境界，使我得以享受厚福，而你的美名，也终将为万世称颂，永垂不朽。"

顾　命^①

　　成王将崩^②，命召公、毕公率诸侯相康王^③，作《顾命》。

　　惟四月^④，哉生魄^⑤，王不怿^⑥。甲子^⑦，王乃洮颒水^⑧。相被冕服^⑨，凭玉几^⑩。乃同召太保奭、芮伯、彤伯、毕公、卫侯、毛公、师氏、虎臣、百尹御事^⑪。

　　王曰：“呜呼！疾大渐^⑫，惟几^⑬，病日臻^⑭。既弥留^⑮，恐不获誓言嗣^⑯，兹予审训命汝^⑰。昔君文王、武王宣重光^⑱，奠丽^⑲，陈教则肄^⑳，肄不违^㉑，用克达殷集大命^㉒。在后之侗^㉓，敬迓天威^㉔，嗣守文、武大训^㉕，无敢昏逾^㉖。今天降疾殆，弗兴弗悟^㉗，尔尚明时朕言^㉘，用敬保元子钊弘济于艰难^㉙。柔远能迩^㉚，安劝大小庶邦^㉛，思夫人自乱于威仪^㉜，尔无以钊冒^㉝，贡于非几^㉞。”

　　兹既受命还^㉟，出缀衣于庭。

　　越翼日乙丑^㊱，王崩。太保命仲桓、南宫毛俾爰齐侯吕伋^㊲，以二干戈、虎贲百人，逆子钊于南门之外^㊳。延入翼室^㊴，恤宅宗^㊵。丁卯^㊶，命作册度^㊷。越七日癸酉^㊸，伯相命士须材^㊹。狄设黼扆缀衣^㊺。牖间南向^㊻，敷重篾席^㊼，黼纯^㊽，华玉仍几^㊾。西序东向，敷重厎席^㊿，缀纯⁵¹，文贝仍几⁵²。东序西向，敷重丰席⁵³，画纯⁵⁴，雕玉仍几⁵⁵。西夹南向⁵⁶，敷重笋席⁵⁷，玄粉纯⁵⁸，漆仍几⁵⁹。越玉五重⁶⁰，陈宝⁶¹，赤刀⁶²，大训⁶³，弘璧⁶⁴，琬⁶⁵，琰，在西序。大玉⁶⁶，夷玉⁶⁷天球⁶⁸，河图⁶⁹，在东序。胤之舞衣⁷⁰，大贝，鼖鼓⁷¹，在西房；兑之戈，和之弓，垂之竹矢，在东房。大辂在宾阶面⁷²，缀辂在阼阶面⁷³，先辂在左塾之前⁷⁴，次辂在右塾之前⁷⁵。二人雀弁⁷⁶，执惠⁷⁷，立于毕门之内⁷⁸。四人綦弁⁷⁹，执戈，上刃⁸⁰，夹两阶戺⁸¹。一人冕⁸²，执刘⁸³，立于东堂。一人冕，执钺⁸⁴，立于西堂。一人冕，执戣⁸⁵，立于东垂⁸⁶。一人冕，执瞿，立于西垂。一人冕，执锐⁸⁷，立于侧阶⁸⁸。

　　王麻冕黼裳⁸⁹，由宾阶隮⁹⁰。卿士、邦君，麻冕蚁裳⁹¹，入即位。太保、太史、太宗⁹²，皆麻冕彤裳。太保承介圭⁹³，上宗奉同瑁⁹⁴，由阼阶隮⁹⁵。太史秉书，由宾阶隮，御王册命⁹⁶。曰：“皇后凭玉几⁹⁷，道扬末命⁹⁸，命汝嗣训⁹⁹，临君周邦¹⁰⁰，率循大卞¹⁰¹，燮和天下¹⁰²，用答扬文、武之光训¹⁰³。”王再拜，兴¹⁰⁴，答曰：“眇眇予末小子¹⁰⁵，其能而乱四方¹⁰⁶，以敬忌天威？”

　　乃受同瑁¹⁰⁷，王三宿¹⁰⁸，三祭¹⁰⁹，三咤¹¹⁰。上宗曰：“飨¹¹¹！”太保受同¹¹²，

降[114]，盥[115]，以异同秉璋以酢[116]，授宗人同[117]，拜[118]，王答拜。太保受同，祭，哜[119]，宅[120]，授宗人同，拜。王答拜。太保降[121]，收[122]。诸侯出庙门俟[123]。

【注释】

①本篇是周成王临终前为委托大臣召公和毕公辅佐嗣君康王姬钊所发布的诰命，而主要的内容是记载成王的丧礼和康王的即位典礼的盛况。文章内容丰富，是研究周代礼制的珍贵文献；文理绵密精致，文采富丽堂皇，是一篇情韵高雅的古代优秀散文作品。顾命：嘱咐大臣眷顾先王、辅佐嗣君的命令，略同于后世的遗嘱。 ②崩：君主时代帝王死称崩。 ③召公：名，周文王子，当时官居太保。毕公：名高，周文王子，当时官居太师。相：辅佐。康王：名钊，周成王的太子。 ④四月：周成王二十八年（以亲政为开端）四月。 ⑤哉生魄：月亮开始发光之时，即夏历每月月初。 ⑥不怿：这里是身不适，是患病的意思。怿，喜悦。 ⑦甲子：甲子日。 ⑧洮（táo）：洗头。颒（huì）：洗脸。 ⑨相：君王的侍从官员。被：披。冕：王冠。服：朝服。 ⑩冯：通“凭”，依，靠。玉几：用玉镶嵌的几案。 ⑪同：众诸侯一起朝见天子。太保、芮伯、彤伯、毕公、卫侯、毛公：周成王的六卿。召公、毕公、毛公当时以三公兼卿职。师氏：官名，统帅军队的官员。虎臣：即虎贲，武职，守卫王宫的官员。百尹御事：众主事之官。尹，正。 ⑫渐（jiān）：进，加剧。 ⑬几：危。 ⑭臻：至，到，这里是发展的意思。 ⑮弥留：最终淹留人世、行将死亡之际。弥，终。 ⑯誓：谨慎。嗣：后嗣。 ⑰审：详细。 ⑱宣：显。重光：日月之光。 ⑲奠：定。丽：数，这里指律历之数。 ⑳陈：列，发布。教：教令。肄：习，这里指演习武备。 ㉑不违：指不违教令。 ㉒用：因而，从而。达：通“挞”，挞伐，这里引申为讨伐。集：成就。 ㉓侗（tóng）：通“僮”，未成器之人。在后之侗，成王自谦之词。 ㉔迓（yà）：迎接。 ㉕嗣：继。 ㉖昏：昏乱。逾：通“渝”，改变。 ㉗兴：起。悟：愈，痊愈。 ㉘尚：表示祈使的副词，希望。明：勉。 ㉙用：以。元子：长子。钊：周康王名。济：渡过。 ㉚柔：安。能：如。迩：近。 ㉛劝：规劝，教导。 ㉜夫：丈夫。人：人人。乱：治。威：则，法则。仪：礼仪。威仪，即礼法。 ㉝以：使。冒：贪。 ㉞贡：进献。于：而。几：通“机”，理法。 ㉟既受命：主体为群臣，意为群臣接受成王遗命之后。 ㊱乙丑：乙丑日。 ㊲仲桓、南宫毛：人名。俾：从。爰：于是。齐侯吕伋：即丁公，太公吕尚之子。 ㊳以二干戈：分别手执干和戈。逆：迎。 ㊴延：请。翼室：侧室。 ㊵恤居宗：居忧为丧主。恤，忧。宗，主。 ㊶丁卯：丁卯日。 ㊷命作册度：命令作册拟定丧礼的法则。作册，官名，即太史。度：法则，这里指丧仪。 ㊸越七日：古代礼制，天子七日而殡。癸酉：癸酉日。 ㊹伯相：指当时辅佐王室的二伯召公和毕公。士：众官员。须：这里是准备的意思。材：即下文所述的各种器物。 ㊺狄：狄人，官名，主持祭祀之官。黼扆（fǔ yǐ）：安放在王位后面饰有斧形花纹的屏风。黼，通“斧”，这里指黑白相间的斧形纹饰。扆，古代一种屏风。 ㊻牖（yǒu）间：门窗之间。牖，窗。 ㊼重：双层。篾席：竹席。 ㊽黼纯（zhǔn）：黑白相间的丝织花边。 ㊾华玉：五色玉。仍几：未经油漆装饰的几案。仍，固，凭本质华美而不加文饰。 ㊿序：堂上的东西墙。 (51)底（zhǐ）席：用青蒲编成的席。底，青蒲。 (52)缀纯：这里指画饰。 (53)文贝：有花纹的贝。 (54)丰席：莞（guān）席。莞，一种多年生水草。 (55)画纯：席上画有云气。 (56)雕玉：刻有花纹的玉。 (57)西夹：堂西边的夹室。 (58)笋席：用竹皮编成的席。 (59)玄纷纯：以黑色丝绳镶饰的席边。玄，黑色。 (60)漆：漆器。 (61)越玉：越地进献的玉。五重：五种。 (62)陈宝：陈列宝器。宝，镇国之宝，即象征国家权力的珍贵器物，平时藏于国库，遇有重大事

件方陈列出来，以示典礼隆重。此句与上句"越玉五重"倒置，应理解为"陈宝，越玉五重"。　㉒赤刀：武王伐纣时用的刀，赤色。　㉔大训：记载先王遗训的典籍。　㉕弘璧：大玉璧。弘，大。　㉖琬（wǎn）：圆顶玉圭。下文的"琰（yǎn）"则是尖顶玉圭。　㉗大玉：华山出产的玉。　㉘夷玉：东北边远地区进献的玉。　㉙天球：雍州一带所进献的美玉，色蓝如天。　㉚河图：无文字时代一种由圈、点两中符号构成的气候图。　㉛胤：与下文的兑、和、垂都是人名。　㉜鼖（fén）：大鼓。　㉝大辂（lù）：即玉辂，用玉装饰的车，是天子乘坐的车辆中的一种。天子乘坐的车辆计五种，即：玉辂、金辂、象辂、革辂、木辂。宾阶：宾客站立的台阶，就是西阶。　㉞赘辂：即金辂，用金属装饰的车。阼（zuò）阶：主人站立的台阶，就是东阶。　㉟先辂：即象辂，用象牙装饰的车。塾：门侧之堂。　㊱次辂：即革辂，用兽皮装饰的车。次，对上文"先"而言，稍差一些的意思。　㊲雀：赤黑色。弁（biàn）：帽子。　㊳惠：一种矛类兵器。　㊴毕门：祖庙门。　㊵綦（qí）：青黑色。　㊶上刃：刃向外。　㊷夹：站在道路两旁。阰（shì）：夹阶两旁的斜石。　㊸冕：比雀弁高一等的礼帽。　㊹刘：一种斧类兵器。　㊺钺（yuè）：大斧。　㊻戣（kuí）：兵器，三锋矛。下文的"瞿"同此。　㊼垂：堂的旁边叫垂，又称堂廉。　㊽锐：兵器矛的一种。　㊾侧阶：北堂北下阶。　㊿麻冕：麻制的礼帽。黼裳：绣着虎形图案的礼服。　51隮（jī）：登上。由宾阶隮，因为此时康王尚未受册命即位，举行典礼时，太保代成王居主位，所以康王为宾，从宾阶上，以示谦逊有礼。　52蚁裳：黑色蚁形礼服。　53太宗：大宗伯。　54介圭：大圭。　55上宗：即太宗。同：酒杯。瑁：一种玉器。瑁和上文"介圭"都是天子的吉祥物。　56阼阶：与上文"宾阶"相对，为主阶。此时太保代主，所以由主阶上。　57御：迎接。册命：指成王的策命。　58皇：大。后：君。皇后，这里指成王。　59道扬：宣布。末命：临终遗命。　60训：指先王遗命。　61临：这里是治理的意思。　62下：法度。　63燮（xiè）：和谐。　64答：应对。　65兴：起。　66眇：微小，谦词。末：微末。　67其：岂，怎么。乱：治理。　68乃受同瑁：此句主语为"康王"，这里蒙后省略。　69宿：慢步向前。　70祭：洒酒于地。　71咤（zhà）：向后退。　72缩：饮。　73受：接受。　74降：走下堂。　75盥（guàn）：洗手。　76璋：大臣所用的酒器。酢（zuò）：自酌。此句所叙的是太保授命完毕之后的情形。由于授命之礼已毕，康王即位，太保复行臣礼，自酌自饮。　77宗人：大宗伯的助手。　78拜：指太保拜君王。　79哜（jì）：口尝，指致祭之后，王赐酒，臣入口至齿，似饮而实未饮。　80宅：通"咤"。　81太保降：指太保与康王、太宗、太史一同走下堂。　82收：撤去，指撤去各种陈设、器具。　83俟：等待。

【译文】

　　周成王在弥留之际，命令召公、毕公统领诸侯辅佐继位之君康王。史官记录下成王的遗嘱，撰写出《顾命》。

　　周成王二十八年四月，月亮初现亮光的时候，成王身患重病。甲子日这一天，成王洗过头，净过面，尔后，侍从官太仆给他戴上王冠，穿上朝服，穿戴齐毕，他就依着玉几端坐在那里。接着，举行诸侯朝见大礼。朝见结束后，成王召见太保奭、芮伯、彤伯、毕公、卫侯、毛公、师氏、虎臣以及各级主事官员。

　　王说："唉呀！我的病越灭越严重了，已经非常危险，而且病情还在一天天恶化。到了弥留之际，恐怕就来不及正式安排继统之事了，现在，我详细地述说一下我给你们的训命，对后事作出安排。从前，我们的先王文王、武王圣德光照天下，他们制定刑律，颁布教令，臣民都奉命演习武备，任何人都不敢违抗王命，因此，我们才能够征讨殷国，成就周国的大命。武王驾崩之后，幼稚的我，恭敬地奉承天威，继续奉行文王、武王的伟大教导，不敢胡乱妄为，改变常法。如今，上天降下罪疾，使我染上重病，并且终于一病不起。希望你们认真记住我的嘱咐，恭谨地辅助我的长子姬钊渡过这段艰难的岁月。你们要像对待身边的臣民那样安抚远方的臣民，并安抚和规劝大大小小的诸侯，让他们效忠王室。我认为，有作为的人都应当以礼法约束自身，你们切不可让姬钊贪图财货，向他进献不合乎礼法的贡品啊！"

群臣接受成王的遗命之后，成王就退了下去。这时，成王已经不能上朝理政，他便把他的朝服取出来敬放在朝廷之上，供大臣瞻拜。

次日即乙丑日，成王就驾崩了。太保命令仲桓和南宫毛跟随齐侯吕伋，二人分别手执干戈，率领虎贲百名，在祖庙的南门之外迎接太子姬钊。太子被群臣请进侧室之后，便忧伤地在这里住下，以丧主的身份主持丧礼。丁卯日这一天，他命令太史作册拟定丧礼的规则。

又过了七天，到了癸酉日这一天，召公和毕公命令官员们准备发丧时用的各种器物。祖庙的陈设非常华贵：主持祭礼的官员狄人把绘有黑白相间的斧形图案的屏风摆设起来，并把先王遗留下的礼服敬放在屏风前。门窗之间朝南的地方，铺设着双层竹席，席子四周镶饰着黑白相间的丝织花边，席上摆设着彩玉和本色几案。在西墙跟前，朝东铺设着双层细篾竹席，席子四周镶饰着彩色花边，席上摆着花贝壳和本色几案。在东墙跟前，朝西铺设着双层莞席，席子四周镶饰着绘有云气的花边，席上摆设着雕镂的玉器和本色的几案。在堂西夹室里，朝南铺设着双层青皮竹席，席子四周镶饰着黑色丝绳花边，席上摆设着漆器和本色几案。还陈列了宝器：五种越地出产的美玉以及赤刀，大训，大璧，琬，琰，摆设在西墙朝东的席前；大玉、夷玉，天球，河图，摆设在东墙朝西的席前。工匠胤制作的舞衣，大贝壳、大军鼓，摆设在西房；工匠兑制作的戈，工匠和制作的弓，工匠垂制作的竹矢，摆设在东房。君王的玉车停在供宾客走的台阶前，金车停放在供主人走的台阶前，象车停放在门左侧堂屋前，革车停放在门右侧堂屋前。祖庙的警卫非常森严：两名武士头戴赤色礼帽，执矛站立在庙门里边。四名武士头戴青黑色礼帽，执戈，戈刃向外，夹着台阶两两相对，站立在台阶两旁的斜石上。一名武干头戴华贵的礼帽，于执大斧，站立在东堂前。一名武士头戴华贵的礼帽，手执大斧，站立在西堂门前。一名武士头戴华贵的礼帽，手执三锋矛，站立在东堂外边。一名武士头戴华贵的礼帽，手执三锋矛，站立在西堂外边。还有一名武士头戴华贵的礼帽，手执锐矛，站立在北堂北面的台阶上。

册命仪式非常隆重：继位君王头戴麻质礼帽，身着绣有斧形图案的礼服，从宾客走的台阶登上庭堂。卿士和诸侯国君头戴麻质礼帽，身着黑色蚁形礼服，进入中庭，各就各位。太保、太史、太宗，都头戴麻质礼帽，身着红色礼服走出来。太保手捧大圭玉，太宗手捧酒杯和天子所执的瑁，从东阶登上庭堂。太史则手持策书，从西阶登上庭堂，面对继位君王宣布册命。他宣称："伟大的先王临终依着玉几，宣布了他的遗命，命令您继承文王、武王的遗训，继位为君，治理周国；遵循大法，和谐天下，以弘扬文王、武王的英明遗训。"继位君王行了两次叩拜大礼，然后站起身来，谦恭地回答说："我这个微不足道的年轻人，怎么能够像先王那样敬畏天威，和谐四方呢？"

　　尔后，继位君王接过酒杯和瑁，走上前去，以酒洒地，祭奠上天和先王，然后退回原地。如此反复三次。上宗接着说道："君王啊！请您把酒喝下吧！"待康王一饮而尽，太保便接过酒杯，历阶而下，洗过手，又登上庭堂，换一种酒杯，自斟自酌起来，以示与君王酬对；然后把酒杯交给宗人，向君王下拜，恭敬谢恩。君王也回了一拜。太保又从宗人手里接过酒杯，奠酒，尝酒，然后退回原地，把酒杯交给宗人，再次叩拜君王。君王回了一拜。至此，典礼完毕。太保遂走下堂去，命令撤去一切陈设仪仗。诸侯卿士们都先行步出祖庙大门，恭候康王视朝。

康王之诰①

　　康王既尸天子②，遂诰诸侯，作《康王之诰》。

　　王出③，在应门之内④，太保率西方诸侯入应门左⑤，毕公率东方诸侯入应门右⑥，皆布乘黄朱⑦。宾称奉圭兼币⑧，曰："一二臣卫⑨，敢执壤奠⑩。"皆再拜稽首。王义嗣德答拜⑪。

　　太保暨芮伯咸进⑫，相揖⑬，皆再拜稽首，曰："敢敬告天子，皇天改大邦殷之命，惟周文、武诞受羑若⑭，克恤西土⑮。惟新陟王毕协赏罚⑯，戡定厥功⑰用敷遗后人休⑱。今王敬之哉！张皇六师⑲，无坏我高祖寡命⑳。"

　　王若曰："庶邦侯、甸、男、卫㉑！惟予一人钊报诰㉒，昔君文、武丕平富㉓，不务咎㉔，底至齐㉕。信用昭明于天下㉖，则亦有熊罴之士㉗，不二心之臣㉘，保乂王家㉙，用端命于上帝㉚。皇天用训厥道㉛，付畀四方㉜，乃命建侯树屏㉝，在我后之人㉞。今予一二伯父尚胥暨顾㉟，绥尔先公之臣服于先王㊱。虽尔身在外，乃心罔不在王室。用奉恤厥若㊲，无遗鞠子羞㊳。"

　　群公既皆听命㊴，相揖，趋出㊵。王释冕，反丧服。

中华藏书

四书五经·最新校勘精注今译本

中国书店

七七八

【注释】

①本篇是周康王即位时发布的诰词，内容有召公与诸侯对康王的告诫和康王的应答两部分。　②尸天子：即天子之位。尸，主。　③出：指走出宗庙之门。周制，天子五门，由内向外依次为路门、应门、雉门、库门、皋门。宗庙在路门之外、应门之内。　④在应门之内：诸侯出庙，在应门之外；天子出庙，在应门之内。　⑤太保：这里指召公。当时召公为西伯，是西方诸侯之长。　⑥毕公：当时为东伯，是东方诸侯之长。　⑦布乘：诸侯的礼服，颜色为黄朱色。　⑧宾：接待诸侯时导行仪节的礼宾官员。称：呼。奉：执。圭：命圭。这是天子所赐的圭，朝觐时拿在手中。　⑨臣卫：保卫天子的臣仆。这是诸侯的自谦之词。　⑩敢执：客套话，意思是冒昧地献上。壤奠：土宜，即土产。奠，贡品。　⑪义嗣：即宜嗣。当时康王正在守丧，尚未即位为君，所以称义嗣。义，宜，应。嗣，继统之王。钊为成王长子，依礼应当继位为君。德：升，登上。　⑫暨：和。咸：都，一同。　⑬相：互相。　⑭羑（yǒu）若：福祥。羑，善。若，善。　⑮恤：安抚，关怀。　⑯新陟王：指成王。陟，升。上古称帝王终（死）为陟。毕：完全。协：和，意为合乎礼法。　⑰勘：克，能够。　⑱敷：普遍。休：美，善。　⑲张皇：扩充。张，张大。皇，大。六师：即六军，这里泛指军队。　⑳寡：大。　㉑侯、甸、男、卫：这里指侯服、甸服、男服、卫服的诸侯。　㉒报：答。诰：劝告。　㉓丕：大。平：成。富：备。　㉔务：致。咎：灾祸。　㉕厎：止，达到。齐：中，适中。　㉖用：以。　㉗士：这里指武士。　㉘不二心：忠贞。　㉙保：安治。　㉚端：端正。　㉛训：顺，依据。　㉜付畀：赐予。　㉝建侯：分封诸侯。屏：屏障，这里指保卫王室的武装力量。　㉞在：眷顾。　㉟伯父：天子称同姓诸侯国中的大国诸侯为伯父，小国诸侯为叔父。胥：相。　㊱绥：继承。先公：指诸侯们的先辈。　㊲奉：助。恤：忧念。　㊳鞠子：稚子，这是康王自谦之词。　㊴群公：群臣。　㊵趋：小步疾走。

【译文】

周康王即位成为天子之后，向诸侯发表了一通诰命。史官记录下这件事，撰写出《康王之诰》。

康王走出祖庙，来到应门之内。西伯召公率领西方诸侯进入应门，站立在左侧；东伯毕公率领东方诸侯进入应门，站立在右侧。他们都穿着黄红色礼服，在这里朝见天子。礼宾官传呼诸侯手执圭玉进献贡品，诸侯们向康王叩头，然后献上贡品，并说："我们这些护卫王室的臣子，冒昧地向君王献上我们的土特产品，恭请君王收下！"说罢，再次向康王行叩拜大礼。继统之王以天子身份登上台阶，并回礼答拜。

太保召公和芮伯并排走上前去，互相行过作揖之礼后，又一同向君王行了两次叩拜大礼，说："我们斗胆恭敬地禀告天子：伟大的上天革了大殷国的福命，让我们周国的文王和武王承受大命，他们之所以会获得这种福祥，是因为他们能够安抚西方的百姓。刚刚去世的成王，不论是奖赏还是惩罚臣民，都完全得当，从而完成了他的功业，给子孙留下美好的家邦。当今的君王，您要谨慎啊！一定要扩充、加强武备，千万不能毁弃我们祖先的大命！”

君王这样答道：“侯、甸、男、卫各邦的君长们！现在，我姬钊答复你们的劝告。昔日，先君文王和武王的治国之道非常完备，没有招致任何灾祸，一切措施都恰到好处，所以才使得我们周国的威望光照天下。同时，我们周国还有一批像熊罴一样勇武的将士和忠贞不渝的文臣，护卫、治理国家，端谨、正确地奉行上天赐予的大命。伟大的上天依据先王的德行，把天下交给先王治理，于是先王发布命令，分封诸侯，为护卫王业筑起一道坚固的屏障，给我们这些后代子孙留下福泽。现在，我希望我们同姓诸侯国的伯父们共同眷顾王业，继续像你们的祖先那样臣服先王，效忠王室。虽然你们身在朝廷之外，但是你们的心要无时无刻不在王室，以辅佐我忧念王业，不使我这个年幼无知的人犯下过错！”

群臣一同听完了诰命，互相作揖行礼，然后恭恭敬敬地快步走出去。群臣离去之后，康王脱去礼服，返回居丧的侧室，穿上丧服，继续守丧。

毕命①

康王命作册毕②，分居里③，成周郊④，作《毕命》。

惟十有二年⑤，六月庚午朏⑥，越三日壬申⑦，王朝步自宗周⑧，至于丰⑨，以成周之众，命毕公保釐东郊⑩。

王若曰：“呜呼！父师⑪，惟文王、武王敷大德于天下⑫，用克受殷命。惟周公左右先王⑬，绥定厥家⑭，毖殷顽民⑮，迁于洛邑，密迩王室⑯，式化厥训⑰。既历三纪⑱，世变风移，四方无虞⑲，予一人以宁⑳。道有升降㉑，政由俗革㉒，不臧厥臧㉓，民罔攸劝㉔。惟公懋德㉕，克勤小物㉖，弼亮四世㉗，正色率下㉘，罔不祗师言㉙。嘉绩多于先王㉚，予小子垂拱仰成㉛。”

王曰：“呜呼！父师，今予祗命公以周公之事㉜，往哉！旌别淑慝㉝，表厥宅里㉞，彰善瘅恶㉟，树之风声㊱，弗率训典㊲，殊厥井疆㊳，俾克畏慕㊴。申画郊圻㊵，慎固封守㊶，以康四海。政贵有恒，辞尚体要㊷，不惟好异㊸。商俗靡靡㊹，利口惟贤㊺，馀风未殄㊻，公其念哉！我闻曰：‘世禄之家㊼，鲜克由礼㊽，以荡陵德㊾，实悖天道㊿。敝化奢丽(51)，万世同流。’兹殷庶士，席宠惟旧(52)，怙侈灭义(53)，服美于人。骄淫矜侉(54)，将由恶终(55)。虽收放心(56)，闲之惟艰(57)。资富能训(58)，惟以永年。惟德惟义，时乃大训。不由古训，于何其训？”

王曰：“呜呼！父师，邦之安危，惟兹殷士。不刚不柔，厥德允修(60)。惟周公慎厥始(61)，惟君陈克和厥中(62)，惟公克成厥终。三后协心(63)，同厎于道(64)，道洽政治(65)，泽润生民(66)，四夷左衽(67)，罔不咸赖(68)，予小子永膺多福(69)。公其惟时成周(70)，建无穷之基，亦有无穷之闻(71)。子孙训其成式(72)，惟乂(73)。呜呼！罔曰弗克(74)，惟既厥心(75)；罔曰民寡(76)，惟慎厥事。钦若先王成烈(77)，以休于前政(78)。”

【注释】

①治理殷民，始终是周王朝前期的重要任务。殷民被迁至成周居住，经周公和君陈的治理、教化，虽然多数已经服从周王朝的统治，但是周王朝仍然不敢放松对他们的改造。所以，周康王在他即位的第十二年，又册命四朝元老毕公去成周继续治理、教化殷民。本篇就是康王为此而对毕公发表的诰命。 ②作册：拟写册书。 ③分：分别，区分。居里：住处。 ④成：安定。郊：成周在王都东郊，所以谓之周郊。 ⑤十有二年：指周康王十二年。 ⑥庚午：庚午日。朏（fěi 匪）：新月初放光明。 ⑦壬申：壬申日。 ⑧朝：早晨。步：步行。宗周：指镐京。 ⑨丰：文王时的王都，文王庙在此。古代习俗，天子分封诸侯，命德赏功等，必在祖庙举行，以示不敢专擅，郑重其事。 ⑩釐（xǐ）：治理。 ⑪父师：对同姓尊者的敬称。这里指毕公，当时毕公为太师。 ⑫敷：布。 ⑬左右：辅佐。 ⑭绥：安。 ⑮毖：告诫。 ⑯密迩：接近，亲近。迩，近。 ⑰式：因而。化：感化。训：教训。 ⑱纪：古代计时单位，十二年为一纪。 ⑲虞：忧。 ⑳宁：安宁。 ㉑道：世道。 ㉒由：顺，依。俗：风俗。 ㉓臧：善。 ㉔劝：勉。 ㉕懋：勉励。 ㉖小物：小事。 ㉗弼：辅佐。四世：指周文王、武王、成王、康王四世。 ㉘正色：神情严肃。率：统领。下：臣下。 ㉙祗：敬。 ㉚多：看重。于：被。 ㉛垂拱：垂衣拱手，比喻很容易就能取得成功。仰：仰仗，依赖。成：成功。 ㉜命：托付。 ㉝旌别：区别。淑：善。慝（tè）：恶。 ㉞表：旌表，以某种方式表彰善行。 ㉟瘅（dàn）：斥责。 ㊱风声：风气。 ㊲率：遵从。训典：教令。 ㊳殊：区分。井：古制，八家为一井。这里引申为乡里家宅。疆：界。 ㊴俾：使。克：能够。畏：惧怕，指惧怕行恶之祸。 ㊵申：申明。画：划分。郊圻：封邑内外的界域。郊，邑外为郊。圻，通“畿”。 ㊶封：指封邑。守：守备。 ㊷尚：崇尚。体：体现。 ㊸好：喜好。异：奇异。 ㊹靡靡：娇柔而浮华。 ㊺利口：巧言，善辩。 ㊻殄：灭绝。 ㊼世禄：世代享受俸禄。 ㊽鲜：少。由：遵从，奉行。 ㊾荡：放荡。陵：侵凌，欺辱。 ㊿悖（bèi）：违背。 (51)敝化：败坏的风化。敝，坏。化，风化。丽：靡丽。 (52)席：固，凭借。宠：宠荣，这里指先人的宠荣。旧：久。 (53)怙（hù）：仗恃。侈：大。 (54)矜侉：夸耀自己。侉，通“夸”。 (55)由：行。 (56)放心：放荡恣肆之心。 (57)闲：约束。 (58)资：资财。富：富足。训：顺从，指顺从教化。 (59)时：这。 (60)允：定。修：成，即得以施行。 (61)始：开端。

⑥君陈：人名，周公之子。　⑥三后：指周公、君陈、毕公。　⑥底：归，达到。道：圣道。⑥政：政事。治：通达，和谐。　⑥生民：百姓。　⑥四夷：东夷、西戎、南蛮、北狄的总称。左衽（rèn）：这里指"四夷"百姓。衽，衣襟。我国古代一些少数民族服装的前襟向左掩，与中原服装前襟向右掩不同，所以称少数民族为左衽。　⑥赖：依赖。　⑥膺：受。　⑦时：善。　⑦闻：令闻，美誉。　⑦式：法，法度，风范。　⑦父：安。　⑦罔：不。　⑦既：尽。　⑦寡：少。　⑦钦：敬。成烈：盛大的功业。成，通"盛"。烈，功业。　⑦休：美好。前政：指前辈周公、君陈的政绩。

【译文】

周康王命令拟制册书，册命毕公治理成周，要他按照是否服从周国，划分殷民住地的疆界，以稳定周都的城郊。史官记录下这桩史实，撰写出《毕命》。

周康王十二年六月庚午日，新月初成。第三天即壬申日这一天，康王一大早就步行离开镐京，来到丰都，把成周的民众委托给毕公，命令他去安抚治理王都的东郊。

君王这样说："唉呀！父师，文王、武王在天下广泛施行德政，因而能够从殷国那里承受天命。而周公辅佐先王，为安抚、稳定国家，训诫殷商顽民，把他们迁移到洛邑居住，让他们亲近王室，他们就被周公的训导感化了。从那时到如今，已经经历了三十六年的岁月，世道和风俗都发生了变化，天下再也没有什么堪忧虑的事情了，我因而感到很安宁。不过，世道既有好的方面又有坏的方面，政教也要随着风俗的变化而变化。如果不褒扬良善，就无法劝勉百姓弃恶从善。您努力施行德教，连处理小事都能够勤勉不懈，前后辅佐四代君王，严肃地统领群下，臣民对您的教诲之言都很尊重。您的美善的业绩深受先王敬重，我依赖您的辅佐也在垂衣拱手之间成就了一番功业。"

君王说："唉呀！父师，今天，我郑重地把周公遗留下治理殷民的重任托付给您，您就前去履行这一职责吧！到了那里，您要区别善恶，对于弃恶从善的殷民，要旌表他们的故里，以表彰良善，斥逐邪恶，树立起美善的风气。对于不遵从教令的殷民，划出一个特别区域让他们居住，使他们知道什么是荣辱祸福。还要明确划定封邑内外的界限，审慎地加强封邑的守备，从而稳定天下。为政贵有常法，言谈崇尚精要，不可好奇求异。殷商风俗娇柔浮华，以巧辩为贤能，这种遗风至令尚未绝迹，这一点可不要忘记啊！我听说过这样一句名言：'世世代代享受俸禄的人家，很少能够遵从礼法，他们以放荡之行败坏善德，严重违背天道。败坏的风化，特点是奢侈浮华，这在任何时候都一样。'

殷商的众多官员，长期凭借先人的尊贵，仗恃势大力强而灭绝德义，连服饰也华美过人。如果他们继续骄横放荡，自夸自大，将会终身作恶。而即使他们能够收敛放荡的心气，要约束他们仍然是很困难的。资财富足而又能够遵循教化，可以延年益寿，持德行义，这是一条伟大的古训，我们应该遵循。如果不遵守古训，那么，我们还有什么可遵守的呢？"

君王说："唉呀！父师，国家的安危，至今仍然在于教化这些殷民。对于他们，不可过于强硬，也不可过于软弱，而要刚柔相济，这样，德政就一定能够施行。对于殷民的教化，周公审慎地开了一个好头；中间阶段，君陈的措施也是和谐得体的；今后，您要最终完成这一使命。你们三位齐心协力，共同把国家导入圣道，使圣道和洽，政事平安，你们的恩泽有如春雨，滋润着天下百姓。四夷的百姓，都离不开你们，连我这个年轻人也由于依赖你们才得以永远享有厚福。希望你治理好成周，为周国建立传之无穷的基业，并使您本人获得万世流芳的美名。这样，子孙们今后只要遵循您的成法治理国家，天下就能安定。唉呀！你不要说不能胜任，而要尽心尽力去完成使命。不要认为那里百姓人数不多因而不值得治理；尽管人数不多，而要想治理好还需要事事谨慎。你要恭敬地继承先王盛大的事业，并取得比前代的更加美好的政绩。"

君 牙①

穆王命君牙②，为周大司徒③，作《君牙》。

王若曰："呜呼！君牙，惟乃祖乃父④，世笃忠贞⑤，服劳王家⑥，厥有成绩，纪于太常⑦。惟予小子嗣守文、武、成、康遗绪⑧，亦惟先正之臣⑨，克左右乱四方⑩。心之忧危，若蹈虎尾，涉于春冰。今命尔予翼⑪，作股肱心膂⑫，缵乃旧服⑬，无忝祖考⑭，弘敷五典⑮，式和民则⑯。尔身克正，罔敢弗正；民心罔中⑰，惟尔之中⑱。夏暑雨⑲，小民惟曰怨咨⑳；冬祁寒㉑，小民亦惟曰怨咨。厥惟艰哉！思其艰以图其易㉒，民乃宁。呜呼！丕显哉，文王谟㉓！丕承哉，武王烈！启佑我后人㉔，咸以正罔缺。尔惟敬明乃训㉖，用奉若于先王㉗，对扬文、武之光命㉘，追配于前人㉙。"

王若曰："君牙，乃惟由先正旧典时式㉚，民之治乱在兹㉛。率乃祖考之攸行㉜，昭乃辟之有乂㉝。"

【注释】

　　①本篇是周穆王任命君牙担任大司徒的册书。册书论述了敷典、正身、思艰、安民四项治国原则。君牙：人名，周穆王时的大司徒。　②穆王：周穆王，名满，周康王之孙，周昭王之子。　③大司徒：官名，六卿之一，掌管教化。大司徒是天子的司徒，诸侯国的司徒仅称司徒。　④乃：你的。　⑤笃：诚，厚。　⑥服劳：效劳。　⑦纪：记。太常：周代王家旌旗名。　⑧嗣：继承。遗绪：前人遗留下来的未竟的事业。　⑨先正：先王。⑩左右：辅佐。乱：治理。　⑪予翼：即翼予，辅佐我。翼，辅翼，辅佐。　⑫股肱（gōng）心膂（lǚ）：指君王身边的重臣。膂，脊骨。　⑬缵（zuǎn）：继承。旧服：祖先担任的旧职。服，服事。　⑭忝（tiǎn）：辱没。考：死去的父亲。　⑮敷：布，显扬。五典：即五常。指五种人伦准则：父义、母慈、弟友、兄恭、子孝。　⑯式：用。　⑰中：中正。　⑱之：表现。　⑲雨：动词，下雨。　⑳咨：叹息。　㉑祁：大。寒：下雪。　㉒图：谋。易：治，指治理的方法。　㉓谟：谋略。　㉔启：开导。　㉕正：正道。缺：缺失。　㉖训：指"五典"之训。　㉗若：顺。　㉘对：答。　㉙配：匹配，相称。　㉚由：行，奉行。时：善。式：法。　㉛兹：这，指代上文的"旧典时式"。　㉜率：遵循。　㉝昭：显扬，光大。乂：治。

【译文】

　　周穆王任命君牙担任周国的大司徒，史官记录下任命册书，撰写出《君牙》。

　　君王这样说："唉呀！君牙，你的祖辈和父辈，世世代代对王室都很忠诚、坚贞，他们为王室效命，卓有功绩，他们的英名都书写在王家的太常旗上。我这个年轻人继承文王、武王、成王、康王的遗业，希望先王的忠贞之臣能够辅佐我治理天下。如今，我满怀忧愁焦虑之情，好像踩在老虎尾巴上，又好像在春天的薄冰上行走，心里一直惴惴不安。今天，我命令你辅佐我，做我身边的得力重臣，让你承袭你祖先的旧职。你可不要辱没了你的祖辈和父辈，而要广泛地传播五典之教，把它作为和谐万民的法则。你自身应当品行端正，假若做到了这一点，就没有人敢于品行不端；民心应当中正平和，即便民心不中正平和，希望你也要中正平和。夏天炎热，天降大雨，百姓们只知道埋怨和叹息；冬天严寒，天降大雪，百姓们还是只知道埋怨和叹息。他们的生计确实艰难啊！你应当想到他们的艰难，并且设法使他们不再艰难，百姓就安宁了。唉呀！伟大而光辉啊，文王的谋略！全力去继承啊，武王的功业！他们开导并佑助我们这些后代子孙，使我们都遵循正道而没有过失。你只要敬守并显扬五典之教，奉行先王的遗德，就能够弘扬文王、武王的光辉教命，赶上你的先人，取得堪与你祖辈和父辈相匹配的功绩。"

君王这样说："君牙，你应当遵循先王留下的常典善德，因为百姓走向大治之道或陷入大乱之中，都与此有关。你还应当效法你的祖辈和父辈的所作所为，光大你的君王治理天下的大道。"

冏　命①

穆王命伯冏，为周太仆正②，作《冏命》。

王若曰："伯冏，惟予弗克于德，嗣先人宅丕后③，怵惕惟厉④，中夜以兴⑤，思免厥愆⑥。昔在文、武，聪明齐圣⑦，小大之臣，咸怀忠良。其侍御仆从⑧，罔匪正人⑨，以旦夕承弼厥辟⑩，出入起居，罔有不钦⑪，出号施令，罔有不臧⑫。下民祇若⑬，万邦咸休。惟予一人无良，实赖左右前后有位之士，匡其不及⑭，绳愆纠缪⑮，格其非心⑯，俾克绍先烈⑰。今予命汝作大正⑱，正于群仆侍御之臣，懋乃后德⑲，交修不逮⑳。慎简乃僚㉑，无以巧言令色㉒，便辟侧媚㉓。其惟吉士㉔。仆臣正，厥后克正；仆臣谀，厥后自圣㉕。后德惟臣，不德惟臣。尔无昵于憸人㉖，充耳目之官㉗，迪上以非先王之典㉘。非人其吉㉙，惟货其吉㉚。若时，瘝厥官㉛，惟尔大弗克抵厥辟，惟予汝辜㉜。"

王曰："呜呼，钦哉！永弼乃后于彝宪㉝。"

【注释】

①本篇是周穆王任命伯冏担任太仆正的册书。由于认识到臣下对君王的德行、政教有重要影响，穆公在册书中提出了"后德惟臣，不德惟臣"的观点，告诫臣下任人唯贤。冏（jiǒng）：人名，即伯冏，周穆王时任太仆正。　②太仆：官名，掌管君王车马之官。正：长。　③宅：居。丕后：大君，即天子。丕，大。后，君。　④怵（chù）惕：戒惧。厉：咎害，祸患。　⑤中夜：半夜。兴：起。　⑥愆（qiān）：罪过，过失。　⑦聪：这里是博闻的意思。明：这里是广识的意思。齐：通达。圣：圣哲，圣明。　⑧御：掌管君王车马的官员。　⑨匪：通"非"。正人：忠诚正直之人。　⑩弼辅佐。辟：君王。　⑪钦：恭敬。　⑫臧：善。　⑬祇：恭敬。若：顺从。　⑭匡：匡扶。不及：做不到的地方。　⑮绳：批评、指正。缪（miù）：通"谬"，错误。　⑯格：纠正。　⑰俾：使。绍：继承。先烈：祖先的功业。　⑱大正：即太仆正。　⑲懋：勉励。　⑳交：共同。不逮：不及。逮，及，到。　㉑简：选择。僚：同僚，即同类官员。　㉒巧言令色：指善于花言巧语，假装和善的人。　㉓便辟侧媚：指善于阿谀奉承的人。便，顺从别人之所欲。辟，避开别人之所恶。侧，奸邪。媚，讨好，巴结。　㉔吉士：善士，品德高尚的人。　㉕自圣：自以为圣明。　㉖昵（nì）：过分亲近。憸（xiān）人：能说会道的人。　㉗充：任。耳目之官：指近侍官员。　㉘迪：引导。　㉙吉：良善。　㉚货：财货。　㉛瘝（guān）：败坏。　㉜辜：惩罚。　㉝彝：常。宪：法。

周穆王任命伯冏担任周国的太仆正，史官记录下这通册命，撰写出《冏命》。

君王这样说："伯冏，我不能够敬修德行，所以继承先王基业即位为君王之后，心里恐惧戒惕得厉害，甚至会半夜起床，思考怎样才能避免产生过失。过去，文王、武王二位先王博闻而广识，通达而圣明，所以大小臣子对朝廷都怀着忠良之心，他们身边的近臣仆从，没有一个不是忠贞正直的人。这些人一天到晚尽心辅助他们的君王，所以君王一举一动，没有不恭谨的，发号施令，没有不美善的。这样，就使得百姓恭敬顺从，天下和谐美善。然而我却没有良善的德行，确实需要依靠左左右右、身前身后担任官职的贤士，对我不足的地方加以扶持，并且批评我的过失，纠正我的邪心，使我能够继承祖先的伟大功业。如今，我任命你担任太仆正之职，让你统领我身边的这些仆从之臣，努力促使你们的君王敬修德行，君臣共同弥补那些不足的地方。你应当审慎地选拔你的属僚，不能任用那些巧言令色、阿谀奉承的人，只能任用那些品德高尚的贤士。要知道，如果仆从之臣品行端正，他们的君王品行就会端正；如果仆从之臣善于阿谀奉承，他们的君王就会以圣明君王自居。这真是君王有德在于臣下，君王失德也在于臣下啊。你不要亲近那些能说会道的小人，让他们充任近臣，免得他们用那些违背先王风范的东西去诱惑君王。理政往往有这样的事情：所任用的人并不良善，所占有的财货却很美好。如果你也这样，就是败坏官风，就是一点也不敬重你的君王，那么我可要惩罚你。"

君王说："唉呀！要敬慎啊！永远辅佐你的君王恭行常法。"

吕 刑①

吕命穆王训夏赎刑②，作《吕刑》。

惟吕命。王："享国百年③，耄荒④，度作刑⑤，以诘四方⑥。"

王曰："若古有训⑦，蚩尤惟始作乱⑧，延及于平民⑨，罔不寇贼⑩，鸱义奸宄⑪，夺攘矫虔⑫。苗民弗用灵⑬，制以刑⑭，惟作五虐之刑曰法⑮。杀戮无辜，爰始淫为劓刵椓黥⑯，越兹丽刑并制⑰，罔差有辞⑱。民兴胥渐⑲，泯泯棼棼⑳，罔中于信，以覆诅盟㉑。虐威㉒，庶戮方告无辜于上㉓。上帝监民㉔，罔有馨香德㉕，刑发闻惟腥㉖。皇帝哀矜庶戮之不辜㉗，报虐以威㉘，遏绝苗民㉙，无世在下[30]。乃命重、黎[31]，绝地天通[32]，罔有降格[33]。群后之逮在下[34]，明明棐常[35]，鳏寡无盖[36]。皇帝清问下民[37]，鳏寡有辞于苗[38]。德威惟畏[39]，德明惟明[40]。乃命三后[41]，恤功于民[42]。伯夷降典[43]，折民惟刑[44]；禹平水土，主名山川[45]；稷降播种[46]，农殖嘉谷[47]。三后成功，惟殷于民[48]。士制百姓于刑之中[49]，以教祗德。穆穆在上[50]，明明在下[51]，灼于四方[52]，罔不惟德之勤，故乃明于刑之中，率乂于民棐彝[53]。典狱非讫于威[54]，惟讫于富[55]。敬忌[56]，罔有择言在身[57]。惟克天德[58]，自作元命[59]，配享在下。"

王曰："嗟！四方司政典狱[60]，非尔惟作天牧[61]？今尔何监[62]？非时伯夷播刑之迪[63]？其今尔何惩？惟时苗民匪察于狱之丽[64]，罔择吉人[65]，观于五刑之中[66]；惟时庶威夺货[67]，断制五刑[68]，以乱无辜，上帝不蠲[69]，降咎于苗[70]，苗民无辞于罚，乃绝厥世[71]。"

王曰："呜呼！念之哉。伯父、伯兄、仲叔、季弟、幼子、童孙，皆听朕言，庶有格命[72]。今尔罔不由慰曰勤[73]，尔罔或戒不勤[74]。天齐于民[75]，俾我一日[76]，非终惟终[77]，在人。尔尚敬逆天命[78]，以奉我一人！虽畏勿畏，虽休勿休[79]。惟敬五刑，以成三德[80]。一人有庆，兆民赖之[81]，其宁惟永。"

王曰："吁！来，有邦有土[82]，告尔祥刑[83]。在今尔安百姓，何择，非人[84]？何敬；非刑？何度[85]，非及[86]？两造具备[87]，师听五辞[88]。五辞简孚[89]，正于五刑[90]。五刑不简[91]，正于五罚[92]。五罚不服[93]，正于五过[94]。五过之疵[95]：惟官[96]，惟反[97]，惟内[98]，惟货[99]，惟来[100]。其罪惟均[101]，其审克之[102]！五刑之疑有赦[103]，五罚之疑有赦，其审克之！简孚有众[104]，惟貌有稽[105]。无简不听，具严天威。墨辟疑赦[106]，其罚百锾[107]，阅实其罪[108]。劓辟疑赦，其罪惟倍[109]，阅实其罪。剕辟疑赦[110]，其罚倍差[111]，阅实其罪。宫辟疑赦[112]，其罚六百锾，阅实其罪。大辟疑赦[113]，其罚千锾，阅实其罪。墨罚之属千[114]，劓罚之属千，剕罚之属五百，宫罚之属三百，大辟之罚其属二百。五刑之属三千。上下比罪[115]，无僭乱辞[116]，勿用不行[117]，惟察惟法，其审克之！上刑适轻[118]，下服；下刑适重，上服。轻重诸罚有权[119]。刑罚世轻世重[120]，惟齐非齐[121]，有伦有要[122]。罚惩非死，人极于病[123]。非佞折狱[124]，惟良折狱，罔非在中，察辞于差[125]，非从惟从。哀敬折狱[126]，明启刑书胥占[127]，咸庶中正。其刑其罚，其审克之！狱成而孚，输而孚[128]。其刑上备[129]，有并两刑[130]。"

王曰："呜呼！敬之哉！官伯族姓[131]，朕言多惧，朕敬于刑，有德惟刑。今天相民[132]，作配在下[133]。明清于单辞[134]，民之乱[135]，罔不中听狱之两辞[136]。无或私家于狱之两辞[137]，狱货非宝[138]，惟府辜功[139]，报以庶尤[140]。永畏惟罚，非天不中，惟人在命。天罚不极[141]，庶民罔有令政在于天下[142]"。

王曰："呜呼！嗣孙，今往何监[143]？非德于民之中[144]，尚明听之哉！哲人惟刑[145]，无疆之辞[146]，属于五极[147]，咸中有庆[148]。受王嘉师[149]，监于兹祥刑[150]。"

【注释】

①本篇是周穆王就刑罚问题发布的诰词。穆王执政初期，滥施刑罚，造成政乱民怨，国家不安；后期吕侯为相，劝告穆王明德慎罚，制定刑律，采用中刑，穆王听取吕侯劝告，大告天下，申明依律定罚和施行中刑的治国原则。这篇诰词是我国最早的较为系统的法律文献。吕侯：周穆王的大臣。 ②吕：即吕侯。命：劝告。训：申明。夏：夏朝。赎刑：以金钱或财物抵罪，从轻处罚的刑律。 ③享国：在位。百年：周穆王实际在位五十五年，他即位为君时已五十岁，所以所谓“享国百年”是把这五十年也计算在内了。 ④耄（mào）：年老至八十、九十岁称耄。荒：大。 ⑤度：度理，处理。 ⑥诘：谨，使谨行。 ⑦若：句首语气助词，无义。 ⑧蚩尤：相传为古代苗族酋长。 ⑨延：扩大。 ⑩寇：侵扰。贼：杀害。 ⑪鸱（chī）义：轻率不正。奸宄（guǐ）：内外作乱。 ⑫夺：强抢。攘：窃取。矫：欺诈。虔（qiǎn）：杀。 ⑬灵：通“令”，政令。 ⑭制：制裁，惩治。 ⑮虐：杀。 ⑯爰：句首助词，无义。淫：过分。劓（yì）：古代刑名，割鼻的刑罚。刵（èr）：古代刑名，割耳的刑罚。椓（zhuó）：古代刑名，即宫刑，施刑方法是破坏人的生殖器官。黥（qíng）：古代刑名，在脸上刺字的刑罚。又称“墨”。 ⑰越兹：于是。丽：附。刑：杀。并制：并用。 ⑱差：选择。辞：讼，罪状。 ⑲民：这里指苗民。兴：起。胥：互相。渐：欺诈。 ⑳泯泯棼棼（fén fén）：纷乱的样子。 ㉑覆：反，背弃。诅约：誓约。 ㉒虐威：暴虐的惩罚。 ㉓庶戮：众多被惩罚的人。方：并，共同。上：指上天。 ㉔监：视。 ㉕馨香德：美好的德政。馨香，散布很远的香气。 ㉖发：散发。 ㉗皇帝：此指颛顼（zhuān xū），他是传说中的古代部落酋长。哀矜：怜悯。不辜：无罪的人。 ㉘报虐以威：即以威报虐，意思是以恶报恶，以暴易暴。 ㉙遏：制裁。绝：灭绝。 ㉚世：嗣。下：下土，即地上。 ㉛重（chóng）、黎：均为人名，相传重是远古司天之官，黎是远古司地之官。 ㉜绝地天通：禁绝地民与天神混杂现象。 ㉝格：升。 ㉞群后：指高辛和唐尧、虞舜。逮：这里是相继的意思。 ㉟棐常：指恢复旧制，纠正人神混杂现象。棐，辅助。常，常道。 ㊱盖：阻塞，遮盖。 ㊲皇帝：这里指帝尧。 ㊴德威惟畏：德之所威，人皆畏之。 ㊵德明惟明：德之所明，人皆尊之。 ㊶三后：指下文的伯夷、禹、稷三位大臣。 ㊷恤功：致忧民之功。 ㊸伯夷：人名，相传曾为尧制定礼法。降：颁布。典：法典。 ㊹折民：审断下民的案件。折，判断。 ㊺名：动词，命名。 ㊻稷：即后稷，尧舜时掌管农事之官。 ㊼农：勉励。殖：种植。 ㊽殷：正。 ㊾士：士师，即刑官。百姓：这里指百官。中：平，适中。 ㊿穆穆：恭敬的样子。 (51)明明：勤勉的样子。明，勉。 (52)灼：光明。这里用作动词，光照。 (53)率：句首语气助词，无义。乂：治。棐彝：辅以常法。彝，法。 (54)典狱：主持断狱。典，主。讫（qì）：止。 (55)富：仁厚。 (56)敬：外表恭敬。忌：内心戒惧。 (57)择言：坏话。择：通“斁（dù）”，败。 (58)克：自任，肩负。天德：上天立下的道德准则。 (59)自作元命：以自己的善行求得大福。元命：长命。古人以长命为大福，所以长命即享有大福的意思。 (60)司政典狱：这里指诸侯们。司、典，主管的意思。 (61)惟作天牧：为天治民。惟，为。牧，治。(62)监：鉴，借鉴，效法。 (63)时：这。播：施行。迪：道。 (64)丽：施行。 (65)吉人：善人。 (66)中：适中。 (67)庶威：盛为威势。庶，侈，盛。夺货：强枪财货。 (68)断制：裁决。 (69)蠲（juān）：弃，赦免。 (70)咎：罪，灾。 (71)绝厥世：断绝他们的后代。 (72)庶：庶几，大约。格命：大命。格，大。 (73)由：用。慰：宽慰。 (74)或：有人。 (75)齐：整顿。 (76)俾：使。一日：暂时，指暂时统治国家。 (77)终：成。 (78)逆：迎受。(79)休：喜悦。 (80)三德：指敬顺、正直、勤劳三种德行。 (81)赖：利，受益。 (82)有邦：指领有邦国的诸侯。有土：指王畿内有采地的大臣。

⑧祥刑：善刑，即不重惩罚而重德教的刑罚。　⑧人：指品德高尚之人。　⑧度（duó）：审度，衡量。　⑧及：宜，适中。　⑧两造：双方，这里指诉讼的原告和被告双方。　⑧师：即士师。听：审理。五辞：即五听。《周礼·小司寇》："以五声听狱讼，求民情：一曰辞听，二曰色听，三曰气听，四曰耳听，五曰目听。"就是从言辞、表情、气息、听闻、眼神五方面判断案情。　⑧简：核实。孚：验证。　⑩正：治，处理。　⑨不简：无法核实。　⑨五罚：就是下文的五等罚金。　⑨服：从，行。　⑨五过：五种过失。　⑨疵：弊端。　⑨官：畏惧官势。　⑨反：报恩报怨。　⑨内：从中牵制。　⑨货：索贿受贿。　⑩来：谒请说情。　⑩均：等。其罪惟均，意为刑官的罪与犯人的罪相等。　⑩审克：详审地加以核查。审，察。克，核。　⑩五刑之疑有赦：正于五刑而又有所疑，便减等处理。赦，这里是从轻处理的意思。　⑩众：众人，包括群臣、群吏、万民。　⑩貌：治，这里是审理的意思。稽：同，共。　⑩墨：五刑之一，即文下的"黥"。　⑩锾（huán）：古代重量单位，六两为一锾。　⑩阅实：解脱，赦免。阅，通"说"，即"脱"。　⑩倍：百锾的一倍，即二百锾。　⑩剕（fèi）：古代刑名，砍去膝盖骨的刑罚。　⑪倍差：加一倍又半倍，即五百锾。　⑫宫：五刑之一，即上文的"椓"。　⑬大辟：古代刑名，死刑。　⑭属：条款，条目。　⑮上下：即轻重。比：比照。　⑯僭（jiàn）：差错。乱：错乱。辞：指罪犯的供词和刑官的判词。　⑰不行：指不要在三千条之外增加条款。　⑱适：宜。　⑲权：权变，即灵活掌握。　⑳世：世道，即社会情况。　㉑齐：重罪重罚，轻罪轻罚。非齐：重罪轻罚，轻罪重罚。　㉒伦：道理。要：纲领，即规则。　㉓极：至。病：困苦。　㉔佞（nìng）：佞人，善于以巧言取悦于人者。　㉕差：指犯人供词中错乱、矛盾的地方。　㉖哀敬：哀怜，怜悯。敬，"矜"的近音假借字。矜，怜悯。　㉗启：打开。胥：相。占：揣度。　㉘输：变更。　㉙上备：上报。备，具。　㉚有并两刑：两罪并发，只罚一罪，以示宽大处理。　㉛官伯：指诸侯。姓族：同姓大臣。　㉜相：扶助。　㉝作：为。配：匹配，相称。这里指上天与君王配合。　㉞明德：明察。单辞：一面之词，不实之词。　㉟乱：治。　㊱中听：以公平的态度断案。两辞：即原告和被告双方的讼词。　㊲私家：谋利。私，自营。　㊳货：指贿赂。　㊴府：聚集。辜功：怨事。　㊵报：招致。庶尤：众罪。尤，怨恨。　㊶天罚：上天的惩罚。　㊷令：善。　㊸今往：今后。　㊹德：这里用作动词，意为立德。　㊺哲人惟刑：任用哲人审断狱讼。　㊻无疆：无穷无尽。　㊼属：关涉，涉及。五极：即五刑。　㊽庆：善。　㊾师：众，指百姓。　㊿监：视，对待。

【译文】

吕侯劝告周穆王重申并采用夏代的赎刑，穆王采纳了吕侯的建议，并发布诰命大告天下。史官记录下穆王的诰词，撰写出《吕刑》。

吕侯接受君王的诰命，并劝告君王说："君王已经在位一百余年，年事已经很高了，但您还是应当根据宽大为怀的原则制定了刑律，让四方臣民谨遵慎守。"

君王说："古代曾经有过这样的事例：早先，苗族首领蚩尤起来作乱，后来又扩大到平民百姓，他们抢掠杀戮，胡作非为，到处为非作歹，强取诈骗。由于苗民不遵守政令，就用刑罚制裁他们，并且制定了五种酷刑作为刑律。起初是乱施杀刑，连无辜的人也惨遭杀戮。后来割鼻、断耳、去阴、黥墨等刑也开始滥用，并把这四种刑罚和杀刑合在一起定出五种酷刑，不论有罪无罪，都任意用刑。"

"苗民互相欺诈，纷乱扰攘，不讲信义，甚至背弃誓约。由于滥用酷刑残害百姓，许多遭受残害的无辜苗民，纷纷申告上天，诉说他们的冤情。上天考察苗民的状况，看不见美善的德政，只闻到刑杀所散发出的血腥之气。颛顼帝哀怜那些无罪而遭受残害的人，便以暴易暴，用严厉的惩罚处置那些滥用酷刑的人，灭绝肆虐的苗民，使他们没有后代留在世间。尔后，就命令重主持神事，黎主持民事，禁绝神人的混杂状态，恢复旧制，使神人再也不能混杂不分。后来的君王高辛、唐尧、虞舜继承颛顼帝的功业，都努力任用贤人，再度以常法治理国家，这样，那些孤苦无依者的冤情，再也不会被阻塞、掩盖了。尧帝询问百姓的冤情，听到那些孤苦无依的人对苗民多有怨言。他的德政威行天下，其威严人人敬畏；他的德教光照天下，其光辉人人尊仰。他又命令伯夷、大禹、后稷三位大臣心怀忧思治理民事。伯夷颁布法典，依照刑律审断百姓的诉讼；大禹治理水土，主持为山川命名；后稷教民耕种，努力种植多种美味的谷物。这三位大臣的事业都取得了成功，百姓于是变得忠厚起来。刑官还用公平中正的刑罚统御百官，教导他们敬修德行。尧帝恭谨地治国在上，三位大臣勤勉理事在下，政治清明，光照四方，君臣无不勤行德治，所以能够明察适度刑罚的优点，治理百姓也能够辅以常道。主管狱讼的官员，审断案件不是仅仅依靠刑罚的威严，而是辅之以仁厚的德教。臣民都怀着恭敬戒惧之心行事，彼此再也不相互指责。他们由于能够肩负起上天制定的五常之德，为自己造就了永久的福命，所以才得以匹配天命，在人间享受天禄。"

君王说："啊！四方的诸侯们，你们不是在为上天治理下民吗？那么如今你们治理下民将以什么为鉴戒呢？难道不是伯夷的颁布刑律之道吗？如今你们治理下民将以什么为鉴戒呢？苗人不知道如何施行刑律，不选任良善的贤人去考察五刑是否用得适中，而只任用依仗威势，抢掠财货的人，任凭这些人擅用五刑，乱罚无辜，致使上天不能宽恕，降下灾祸给苗民，苗民对上天的惩罚也无话可说，因而连后代都灭绝了。你们应当以此为鉴戒啊！"

君王说："唉呀！你们要时刻把这些教训放在心上啊！伯父、伯兄、仲叔、季弟以及年幼的子孙们，只要你们都听从我的话，大概就可以继续享有上天赐予的福命了。如今，你们无不自我安慰地说自己已经十分勤勉了，可是却没有一个人警戒自己的怠情。要知道，上天为了整治民风，让我们暂且掌管国家权力，而我们最终是成功还是失败，完全是事在人为。因此希望你们恭敬地承受天命，以辅佐我一人！即使遇到了可怕的事情也不要惊慌失措，纵然遇到了可喜的事情也不要得意忘形。希望谨慎地使用五刑，以养成敬顺、正直，勤劳三种美德。要知道，我一人有了美德善政，万民都会得到好处，国家也会永远安宁。"

君王说："喂！过来，诸侯国君和各位大臣，我要告诉你们什么是善刑。如今你们安抚百姓，应该选任什么人呢？难道不应该是良善的贤人吗？敬守什么法度呢？难道不应该是刑律吗？思考什么事情呢？难道不应该是断案公平适宜吗？原告和被告双方都到齐了，刑官要从五个方面去考察案情。如果核实的罪行与五刑的条款相符，则用五刑加以惩治。如果核实的罪行与五刑的条款不符，就用五罚加以惩治。如果罪行较轻，五罚不可施行，就用五过加以惩治。不过采用五过治罪也有弊端：畏惧权势，挟嫌报复，暗中牵制，索受贿赂，谒请说情。如果刑官在这五方面有失检点，他们的罪过就与罪犯相同，所以对于案情必须详细加以核查啊！凡是援用五刑条款定罪而感到有疑问者，可以减等而按照五罚从轻处置；凡是援用五罚的条款定罪而感到有疑问者，可以减等而按照五过从轻处置。但是对于案情必须详细加以核查啊！核查验证案情要在众人中进行，审理判决案件要有多人共同办理。没有核实决不能治罪，刑官要严肃地敬奉上天的威严。判处墨刑而感到有疑问者，可以从轻处置，罚金一百锾，但一定要核实罪行。判处劓刑而感到有疑问者，可以从轻处置，罚金二百锾，但是一定要核实罪行。判处宫刑而感到有疑问者可以从轻处置，罚金六百锾，但是一定要核实罪行。判处死刑而感到有疑问者，可以从轻处置，罚金一千锾，但是一定要核实罪行。墨刑的条款有一千条，劓刑的条款有一千条，剕刑的条款有五百条，宫刑的条款有三百条，死刑的条款有二百条，五刑的条款合计共有三千条。无论重罪轻罪，凡刑律有明文规定者，一律按照有关条款定罪判刑；而凡无明文规定者，则应当比照相关条款定罪判刑；不要使诉讼的供词和断案的判词错乱颠倒，也不要在三千条刑律之外另行增加条款。应当明察案情，应当依律断案，必须详细地加以核查啊！重罪本来应该处以重刑，但由于某种原因宜于处以轻刑者，就从轻处置；而轻罪本来应该处以轻刑，但由于某种原因宜于处以重刑者，就从重处置。轻罚和重罚，都有权变的余地，可以便宜处置。刑罚的轻重，还要根据世道而定，是重罪重罚、轻罪轻罚，还是重罪轻罚、轻罪重罚，都要有一定的道理和法度。刑罚即便没有置人于死地，也会使受惩罚的人感到比身患重病还要痛苦。因此，不要任用巧舌利口的人审断案件，而要任用心地良善的人审判案件，这样才能避免不公正的判决。要从供词的错乱中明察案情的真情实况，审断案件既要依据供词又不要完全依据供词。应当怀着哀怜之心审断案件，打开刑书，看清条文，并仔细加以斟酌，力求能够处置适当。或按照五刑处置，或按照五罚处置，都必须详细加以核查啊！要做到案件判决之后，当事者信服，而一旦判决改变了，当事者也信服。案件判决之后，要据实上报。如果是两罪并发，可以合并论罪，按照重罪处置。"

君王说："唉呀！要谨慎地对待狱讼啊！诸侯国君以及同族官员们，我论述刑律的时候，多有警惧之词，这是因为我懂得治理国家应当谨慎地施行刑律，有德于民必须依靠刑律。如今上天佑助百姓，才设立君王和官长，在下面治理他们。因此你们在审断案件的时候，要明察缺乏佐证的一面之词；百姓的狱讼得到妥善处置，无不在于公正地审断诉讼双方的讼词。不要发生从诉讼双方身上牟取私利的事情，因为凭借狱讼收受的贿赂并不可贵，那是积累罪行，上天将以诸多罪名加以惩罚。而永远可畏的正是上天的惩罚。不是上天不公正，而是那些贪赃枉法者自招祸殃。如果上天不把严厉的惩罚加到他们身上，那么天下百姓就不能享有美政。"

君王说："唉呀！子孙们，从今以后。你们以什么为鉴戒呢？难道不是在百姓之中树立美德，努力审断狱讼吗？应当选任明哲的贤人掌管刑律，因为无穷远尽的狱讼只有这种贤人才能仔细反复地加以审断，使之符合五刑的规定，得到妥善处置。你们接受我的良善百姓并加以治理，可要施行这种善刑啊。"

文侯之命①

平王锡晋文侯秬鬯、圭瓒②，作《文侯之命》。

王若曰："父义和③！丕显文、武④，克慎明德⑤，昭升于上⑥，敷闻在下⑦，惟时上帝厥命集于文王⑧。亦惟先正克左右昭事厥辟⑨，越小大谋猷罔不率从⑩，肆先祖怀在位⑪。呜呼！闵予小子嗣⑫，造天丕愆⑬。殄资泽于下民⑭，侵戎我国家纯⑮。即我御事⑯，罔或耆寿俊在厥服⑰。予则罔克⑱，曰：惟祖惟父⑲，其伊恤朕躬⑳！呜呼！有绩予一人，永绥在位㉑。父义和！汝克绍乃显祖㉒，汝肇刑文、武㉓，用会绍乃辟㉔，追孝于前文人㉕，汝多修㉖，扞我于艰㉗，若汝，予嘉。"

王曰："父义和！其归视尔师㉘，宁尔邦。用赍尔秬鬯一卣㉙，彤弓一㉚，彤矢百，卢弓一㉛，卢矢百，马四匹。父往哉！柔远能迩㉜，惠康小民㉝，无荒宁㉞，简恤尔都㉟，用成尔显德。"

【注释】

①本篇是周平王嘉奖晋文侯的册书。西周末年，周幽王荒淫无道，引起犬戎之乱。晋文侯等辅佐周平王平定了犬戎之乱，迁都洛邑。平王为表彰晋文侯的功绩，特赐车马弓矢。这通册书就是为此而发的。文侯：即晋文侯，名仇，字义和。命：册命。　②锡：通"赐"，赐予。秬鬯（jù chàng）：一种用黑黍和香草酿造的酒，供祭神之用。圭瓒（zàn）：以圭为柄的灌酒器。　③父：周天子对同姓诸侯中尊长者的敬称。晋侯与周天子同姓。　④丕：大。显：光辉。文、武：文王和武王。　⑤明：勤勉。　⑥昭：明，彰显。　⑦敷：布。　⑧惟时：于是。集：就，托付。　⑨先正：先臣。左右：辅佐。昭：勤勉。辟：君。　⑩越：于，对于。猷：谋略。率：遵循。　⑪肆：所以。怀：安。　⑫闵：怜悯。嗣：继承，这里指继承王位。

⑬造：遭，遭受。丕愆：严厉惩罚。愆，本义为罪过，这里用作动词，惩罚。　⑭殄：灭绝。资泽：财货。　⑮戎：攻伐。纯：众多。　⑯即：今。御事：治事官员。　⑰或：有。耇寿：老成。俊：杰出。服：职事。　⑱克：胜任。　⑲惟祖惟父：指祖辈父辈诸侯。　⑳伊：语中助词，无义。恤：忧虑。躬：身。　㉑绥：安。　㉒绍：继承。显祖：指唐叔，晋国始封的君主。　㉓肇：勉励。刑：型，效法。　㉔会：会合，这里指会合诸侯。晋文侯曾会合诸侯平定犬戎之乱，率师随平王入成周。辟：这里指王业。　㉕追孝：此时文王已死，辅佐其子孙，被视为缅怀先人，继续行孝，所以称追孝。文人：有文德之人，这里指祖先。　㉖多：战功。修：长，多。　㉗扞（hàn）：保卫。　㉘视：这里是治理的意思。师：众，指臣民。　㉙赉（lài）：赏赐。卣（yōu）：一种青铜酒器。　㉚彤：红色。　㉛卢：黑色。　㉜柔：安抚。能：如，像。迩：近处。　㉝惠：爱。　㉞荒宁：荒废政事，贪图安逸。　㉟简：专心政志。恤：安定。都：国都，这里代晋国。

【译文】

周平王赐给晋文侯香酒和酒器，嘉奖他的功绩。史官记录下这桩史实，撰写出《文侯之命》。

君王这样说："族父义和啊！由于伟大而光辉的文王和武王能够谨慎地修养德行，勤勉地施行德政，他们的善德为上天所闻知，他们的美名远扬于天下，于是上天便把治理天下的大命托付给了他们。又由于当时的大臣能够勤勉地辅佐、侍奉他们的君王，对于君王的德教和和种治国的谋略无不遵从，所以先祖们才能够安然在位。"

"唉呀！不幸的是，我这个年轻人继位的时候，我们周国受到上天的严厉责罚，百姓的资财被断绝，年成荒歉，又遭逢战祸，许多叛逆侵扰我们的国家。如今，我的治事官员中，没有老成持重、才能杰出的人可以选拔出来担任要职。我深感自己难以胜任，所以我请求：祖辈和父辈的诸侯们，你们都来为我分忧啊！唉呀！为我建功立业吧，使我能够永远安居天子大位。族父义和啊！你能够以你的伟大先祖唐叔为榜样，努力效法文王和武王，会同诸侯保卫王室，继承你的先祖的王业，追孝你的具有文治功德的祖先，你战功卓著，在我困难的时候来保卫我，像你这样的人，我要予以嘉奖。"

王说："族父义和啊！希望你回去治理你的臣民，使你的国家安定下来。现在，我赐予你香酒一卣，红弓一张，红箭百支，黑弓一张，黑箭百支，良马四匹。族父，你回去吧！回去之后，要像亲善近邻那样安抚远方的臣民，使百姓生活安康；不要荒废政务，贪图安逸，要专心致志地治理你的国家，从而成就你光辉的大德。"

费 誓①

鲁侯伯禽宅曲阜②，徐、夷并兴③，东郊不开④，作《费誓》。

公曰：“嗟，人无哗！听命。祖兹⑤！淮夷、徐戎并兴，善宪乃甲胄⑥，敿乃干⑦，无敢不吊⑧。备乃弓矢，锻乃戈矛⑨，砺乃锋刃⑩，无敢不善！”

“今惟淫舍牿牛马⑪，杜乃攫⑫，敛乃阱⑬，无敢伤牿⑭。牿之伤，汝则有常刑⑮。马牛其风⑯，臣妾逋逃⑰，勿敢越逐⑱，祇复之⑲，我商赉汝⑳。乃越逐，不复㉑，汝则有常刑。无敢寇攘㉒，踰垣墙㉓，窃马牛，诱臣妾，汝则有常刑！”

“甲戌㉔，我惟征徐戎。峙乃糗粮㉕，无敢不逮㉖，汝则有大刑㉗。鲁人三郊、三遂㉘，峙乃桢干㉙。甲戌，我惟筑㉚，无敢不供。汝则有无余刑㉛，非杀。鲁人三郊、三遂，峙乃刍茭㉜，无敢不。及则有大刑。”

【注释】

①本篇是鲁公伯禽率师征伐淮夷、徐戎，在鲁国费地发表的誓词。费（bì）：地名，在今山东省费县西北。　②伯禽：周公之子。宅：居住。曲阜。当时鲁国都城。　③徐戎：古代徐州一带的部族。夷：淮夷，古代淮河下游一带的部族。并：同时。兴：起。　④东郊不开：徐戎和淮夷在鲁之东，诸侯之制，郊有门，东郊之门不开，说明东郊不安宁。　⑤徂：往，去。　⑥宪（liáo）：缝制。甲：军衣。胄头盔。　⑦敿（jiǎo）：系结。干：盾牌。　⑧吊：善。　⑨锻：锻造。　⑩砺：磨利。　⑪淫：大。舍：放。牿（gù）：本指为防止牛牴人而在牛头上装置的横木，这里泛指牛马头上装置的枷锁。　⑫杜：关闭。攫（huò）：装有机关的捕兽器具。　⑬敛（niè）：填塞。阱：陷阱。　⑭伤牿：这里指伤害牛马。　⑮有：受到。　⑯风：走失。　⑰臣妾：奴隶。古代男奴称臣，女奴称妾。据古书记载，古代有妇女从军。逋逃：逃跑。　⑱越逐：离开队伍去追捕。勿敢越逐，是为了保持队伍严整，避免发生混乱。　⑲复：还，指还给原主。　⑳商：赏。赉：赐。　㉑乃：如果。　㉒寇：抢掠。攘：偷窃。　㉓踰：翻越。垣墙：围墙。　㉔甲戌：甲戌日。　㉕峙（zhì）：具备，准备。糗（qiǔ）粮：干粮。　㉖逮：及，达到。　㉗大刑：死刑。　㉘三郊、三遂：大量征兵。郊，城外近处为郊。遂，城外远处为遂。三，指城外采邑的等次。古时征兵，先征近郊之邑，不足，再征远郊之邑，仍不足，则举国征兵。　㉙桢干：古时筑墙的工具，桢用在墙的两端，干用在墙的两边。　㉚筑：修筑营垒。　㉛无余刑：终身之刑，但不杀头。余：舍，释。　㉜刍茭：喂养牛马的干草。

【译文】

鲁侯伯禽居住在曲阜，徐戎、淮夷一同发动叛乱，使鲁国的东郊不得安宁，鲁侯将率师征伐，在费地发表了一通誓词，史官记录下誓词，撰写出《费誓》。

鲁公说：“喂！大家不要喧哗，都来这里听我发表誓师演说。淮夷、徐戎这两个部族一同发动叛乱，我要前去讨伐他们。我要求你们缝好你们的铠甲和头盔，系紧你们的盾牌，不允许谁敢于不做好准备！准备好你们的弓箭，打制好你们的戈矛，磨利你们的锋刃，不允许谁敢于不做好准备！”

“如今全部放开那些带着木枷的牛马，收起你们打猎的器具，填平你们捕兽的陷阱，不允许谁敢于伤害牛马。伤害了牛马，你们要受到刑律惩罚。牛马走失了，男女奴隶逃跑了，不允许离开队伍去追捕，以免乱了阵容；一旦这些牛马和奴隶失而复得，要恭敬地送还原主，这样做了，我会赏赐你们。如果你们擅自离开队伍去追捕，或者不送还原主，你们就要受到刑律惩罚。不允许谁敢于抢掠偷盗，翻越院墙，盗窃牛马，诱骗男女奴隶，违者，你们要受到刑律惩罚。”

“甲戌日，我要出师征伐徐戎。准备好你们的干粮，不允许谁敢于准备不足；如果准备不足，你们就要受到死刑的惩罚。鲁国三郊三遂的众人，要准备好你们的筑墙工具。甲戌日这一天，要修筑营垒，不允许谁敢于不供应这种工具；如果不供应，你们就要受到虽不杀头但要终身服刑的惩罚。鲁国三郊三遂的众人，要准备好你们的干草，不允许谁敢于准备不足；如果准备不足，你们就要受到死刑的惩罚。”

秦　誓①

秦穆公伐郑②，晋襄公帅师败诸崤③，还归④，作《秦誓》。

公曰：“嗟！我士⑤，听无哗！予誓告汝群言之首⑥。古人有言曰：‘民讫自若⑦，是多盘⑧。责人斯无难⑨，惟受责俾如流⑩，是惟艰哉。’我心之忧，日月逾迈⑪，若弗云来⑫。惟古之谋人⑬，则曰未就予忌⑭；惟今之谋人，姑将以为亲⑮。虽则云然⑯，尚猷询兹黄发⑰，则罔所愆⑱。番番良士⑲，旅力既愆⑳，我尚有之㉑。仡仡勇夫㉒，射御不违㉓，我尚不欲㉔。惟截截善谝言㉕，俾君子易辞㉖，我皇多有之㉗！”

“昧昧我思之㉘，如有一介臣㉙，断断猗㉚，无他技，其心休休焉㉛，其如有容㉜。人之有技，若己有之。人之彦圣㉝，其心好之㉞，不啻若自其口出㉟。是能容之㊱，以保我子孙，黎民亦职有利哉㊲！人之有技，冒疾以恶之㊳。人之彦圣，而违之俾不达㊴。是不能容，以不能保我子孙，黎民亦曰殆哉㊵！”

“邦之杌陧㊶，曰由一人。邦之荣怀㊷，亦尚一人之庆。”

【注释】

①本篇是春秋时期秦穆公发布的誓词。鲁僖公三十三年，秦穆公派遣大将孟明视、西乞术、白乙丙率师远道偷袭郑国，出师时，老臣蹇叔竭力谏阻，穆公不从，结果惨遭失败，全军覆没。誓词是战事结束后，穆公自悔自责，沉痛总结失败教训之作。　②郑：郑国，在今河南

省新郑县一带。　③晋襄公帅师败诸崤（xiáo）：秦袭郑，途中获知郑早有防备，只好顺道消灭了滑国而退兵，然行至崤关遭到晋军伏击，遂全军覆没。这句话说的就是这件事。诸，之于。崤，地名，晋国要塞，在今河南省西部。　④还归：秦晋崤之战，晋俘获秦将孟明视、西乞术、白乙丙。晋文公夫人文嬴由于是秦国女子，就恳请释放这三名秦将，襄公答应了她的请求。这通誓词就是在这三名将领返国时作的。　⑤士：群臣。　⑥首：始。　⑦讫（qì）：尽。若：顺。　⑧盘：游乐。　⑨斯：这。　⑩俾：从。　⑪逾：过。迈：行。　⑫云：旋，返回。　⑬谋人：谋臣。　⑭未就予忌：不顺从我的心意，我就憎恶他。就，接近，这里引申为顺从。忌，嫉恨，憎恶。　⑮姑：且。亲：亲附，亲近。　⑯云：说。然：这样，指代上文"惟今之谋人，姑将以为亲"。　⑰猷：谋略，这里指军国大计。询：征询意见。黄发：老人，这里指蹇叔那样阅历丰富的老臣。　⑱愆：过失。　⑲番番（pó pó）：这里是形容白发苍苍的样子。良士：善士。　⑳旅：通"膂"。旅力，体力。愆：通"骞"（qiān），亏损。　㉑有：亲近。　㉒仡仡（yì yì）：壮健勇武的样子。　㉓射御：射箭和驾车。　㉔欲：喜欢。　㉕截截：浅薄的样子。谝（pián）：花言巧语。　㉖俾：使。易辞：轻忽，懈怠。辞，怠。　㉗皇：益，更。　㉘昧：暗。　㉙介：个。　㉚断断：精诚专一。猗：兮，语中助词，无义。　㉛休休：宽厚。　㉜容：容纳。　㉝彦：才能过人。圣：品德高尚。　㉞好（hào）：喜欢。　㉟啻（chì）：只，仅。　㊱是：这。　㊲职：尚，庶几。　㊳冒疾：妒忌。　㊴违：阻。不达：不达于君。　㊵殆：危险。　㊶杌陧（wù niè）：不安。　㊷怀：安宁。　㊸庆：善。

【译文】

　　秦穆公率师攻伐郑国，晋襄公率师在崤关伏击秦军，把秦军打得大败，并俘获了秦军三名将领。在三名被俘将领还归秦国的时候，穆公发布誓词，表示自悔自责，警戒群臣。史官记录下誓词，撰写出《秦誓》。

　　公说："啊！我的官员们，你们都听着，不要喧哗！我要向你们发表誓言，我要讲的话很多，现在就开始。古人有句名言说：'人们都喜欢随心所欲，并以此为最大的快乐。然而如果就此责备别人，并不是什么难事，如果因此而受人责备却能从谏如流，非常困难了啊！'我内心忧虑重重，而且日甚一日，可是日转月移，岁月不居，虽然我想改正错误，恐怕时间也不允许了。对于往日的谋臣，我认为他们不能顺从我，就憎恶他们；而对于今日的谋臣，由于他们曲意顺从我，我就一时糊涂，把他们视为亲信。虽然过去曾经如此，但是现在我要改弦易辙，打算就那些军国大计征询年高资深的老臣的意见，因为这样才能不再犯错误。那些白发苍苍的善良老臣，休力已经衰弱，我还能亲近他们。那些壮健英武的勇士，尽管箭不虚发，驾车娴熟，我却不怎么喜欢他们，认为他们有勇而无谋。那些浅薄无知，善于花言巧语，使君子轻忽怠惰的人，我竟然非常亲近他们！"

　　"我心中暗暗思量，如果有这么一名官员，他虽然对政务精诚专一，却没有别的本领，不过他心胸宽广，能够容人容物；别人有某种本领，他觉得就好像他自己的一样；别人才能出众，品德高尚，他不但打心里高兴，而且还在口头上加以称道：这样宽厚有容的人，任用他保障我的子孙永享王业，为黎民百姓造福，是很有利的啊！而别人有本领，他就嫉妒，并且厌恶；别人才能出众，品德高尚，他就竭力阻挠，不让君王知道：这样的人，心胸狭窄，不能容人，任用他保障我的子孙永享王业的，治理黎民百姓，是很危险的啊！"

"国家的动乱不安，是你们的君王一人的过失所致；国家的繁荣安宁，也是你们的君王一人的善行所致。"

诗经

【春秋】孔子删定

国 风

周 南

关 雎①

（一）

关关雎鸠②，　　　　　　　雎鸠爱侣咕咕唱，
在河之洲③。　　　　　　　同居河内岛中央。
窈窕淑女④，　　　　　　　秀美纯洁贤淑女，
君子好逑⑤。　　　　　　　恰与君王配一双。

（二）

参差荇菜⑥，　　　　　　　荇菜长短绿油油，
左右流之⑦。　　　　　　　左捞右捞好温柔。
窈窕淑女，　　　　　　　　秀美纯洁贤淑女，
寤寐求之⑧。　　　　　　　日思梦想苦寻求。

（三）

求之不得，　　　　　　　　苦苦寻求得不到，
寤寐思服⑨。　　　　　　　日思梦想好心焦。
悠哉悠哉⑩，　　　　　　　情意绵绵长不断，
辗转反侧。　　　　　　　　翻来覆去受煎熬。

（四）

参差荇菜，　　　　　　　　荇菜长短水灵灵，
左右采之。　　　　　　　　左采右采好轻盈。

窈窕淑女，　　　　　　　　　　秀美纯洁贤淑女，
琴瑟友之⑪。　　　　　　　　　　弹琴鼓瑟表亲情。

（五）

参差荇菜，　　　　　　　　　　荇菜长短香飘飘，
左右芼之⑫。　　　　　　　　　　左摘右摘好苗条。
窈窕淑女，　　　　　　　　　　秀美纯洁贤淑女，
钟鼓乐之⑬。　　　　　　　　　　敲钟击鼓乐陶陶。

【注释】

①据最新考证，《国风》中的《周南》、《召南》皆东周王室诗，而不是先前所说的东西周时代长江流域诸小国诗。又据"琴瑟"、"钟鼓"等事，诗中"君子"当为周王。如此，则该篇乃为周王选偶之诗。　②关关：和鸣声。雎（jū）鸠：鸠类水鸟，其性深于伉俪之情。一说即鱼鹰。　③河：黄河。　④窈窕（yǎo tiǎo）：美好貌。淑：善，好。　⑤君子：贵族男子的通称。这里指周王。逑（qiú）：配偶。　⑥参差（cēncī）：长短不齐。荇（xìng）菜：水生植物，茎细叶圆，可食用。　⑦流：捞取。　⑧寤（wù）：睡醒。寐（mèi）：睡着。　⑨服：思念。　⑩悠：绵长。　⑪友：亲密。　⑫芼（mào）：择取。　⑬钟鼓：编钟和悬鼓。王公用于祭祀、宴宾等事。《周礼·乐师》："凡国之小事（指小祭祀）用乐者，令奏钟鼓。""飨食诸侯，序其乐事，令奏钟鼓。"

葛覃①

（一）

葛之覃兮②，　　　　　　　　　　紫葛拖长藤，
施于中谷③，　　　　　　　　　　蔓延山谷中，
维叶萋萋④。　　　　　　　　　　枝叶好葱茏。
黄鸟于飞⑤，　　　　　　　　　　黄雀喜飞跃，
集于灌木，　　　　　　　　　　聚集灌木丛，
其鸣喈喈。　　　　　　　　　　啾啾相和鸣。

（二）

葛之覃兮，　　　　　　　　　　紫葛拖长藤，
施于中谷，　　　　　　　　　　蔓延山谷中，
维叶莫莫⑥。　　　　　　　　　　枝叶多茂盛。
是刈是濩⑦，　　　　　　　　　　割下煮成丝，

为絺为绤⑧，　　　　　　　　　　粗细布织成，
服之无斁⑨。　　　　　　　　　　穿破也不扔。

（三）

言告师氏⑩，　　　　　　　　　　禀告女管家，
言告言归。　　　　　　　　　　　回家看爹妈。
薄污我私⑪，　　　　　　　　　　洗净内衣衫，
薄浣我衣⑫。　　　　　　　　　　洗净外裤褂。
害浣害否⑬，　　　　　　　　　　有些先不洗，
归宁父母⑭。　　　　　　　　　　快到父母家。

【注释】

①本诗写一个女仆为主家做完劳工，告假回家探望父母之事。　②葛：一种蔓生植物，纤维可织布。覃（tán）：藤。一解为长。　③施（yì）：蔓延。　④维：发语词，含"其"意。萋萋：茂盛貌。　⑤黄鸟：黄雀。一说为黄鹂。于：语助词，含"往"意。　⑥莫莫：茂密貌。　⑦刈（yì）：割。濩（huò）：煮。葛煮后方可取丝织布。　⑧絺（chī）：细葛布。绤（xì）：粗葛布。　⑨斁（yì）：厌。　⑩言：语助词。一解作我。师氏：领主家的女管家。闻一多解为保姆。　⑪薄：语助词，含勉力之意。污：洗。私：内衣。　⑫浣（huàn）：洗。衣：罩衣。　⑬害：音义同曷（hé），即何。　⑭归宁：古称女子回娘家探望父母。宁：慰问。

卷　耳①

（一）

采采卷耳②，　　　　　　　　　　采呀采卷耳，
不盈顷筐③。　　　　　　　　　　不满一浅筐。
嗟我怀人，　　　　　　　　　　　遥想我爱妻，
寘彼周行④。　　　　　　　　　　筐放大路旁。

（二）

陟彼崔嵬⑤，　　　　　　　　　　驱马上高山，
我马虺隤⑥。　　　　　　　　　　我马腿酸软。
我姑酌彼金罍⑦，　　　　　　　　且把金杯斟满酒，
维以不永怀⑧。　　　　　　　　　莫叫如此思恋。

（三）

陟彼高冈，	驱马上高冈，
我马玄黄⑨。	我马眼迷茫。
我姑酌彼兕觥⑩，	且把角杯斟满酒，
维以不永伤。	莫叫如此心伤。

（四）

陟彼砠矣⑪，	驱马上峻岭，
我马瘏矣⑫。	我马病难行。
我仆痡矣⑬，	仆从累垮走不动，
云何吁矣⑭！	令人忧思无穷！

【注释】

①本诗是一个在外服役的小官吏的自叙。其中写他坐着车子走着艰阻的山路，怀念着家中的妻子。一说此为女子怀念征夫诗。 ②卷耳：今名苍耳，入药，嫩苗可吃。 ③盈：满。顷筐：浅筐。 ④寘：放置。周行（háng）：大道。 ⑤陟（zhì）：登。崔嵬（wēi）：上面有石的土山。 ⑥虺隤（huī tuí）：腿软病。 ⑦姑：且。金罍（léi）：铜制酒器。 ⑧维：发语词。以：借此。永：长。 ⑨玄黄：眼花病。玄：黑。 ⑩兕觥（sì gōng）：兕角酒器。兕：犀牛。 ⑪砠（jū）：上面有土的石山。 ⑫瘏（tú）：病不能进。 ⑬痡（pū）：过度疲劳。 ⑭云：语助词。何：多么。吁（xū）：同忏，忧。

樛 木①

（一）

南有樛木②，	南山亭亭一树高，
葛藟累之③。	枝头爬满野葡萄。
乐只君子④，	祝贺先生新婚乐，
福履绥之⑤。	苍天搭起幸福桥。

（二）

南有樛木，	南山亭亭一树高，
葛藟荒之⑥。	枝头盖满野葡萄。
乐只君子，	祝贺先生新婚乐，
福履将之⑦。	神灵栽下幸福苗。

中華藏書

四书五经·最新校勘精注今译本

中国书店

（三）

南有樛木，　　　　　　　南山亭亭一树高，
葛藟萦之⑧。　　　　　　　枝头缠满野葡萄。
乐只君子，　　　　　　　　祝贺先生新婚乐，
福履成之⑨。　　　　　　　东风吹绽幸福苞。

【注释】

　　①这是一首祝贺新郎的诗。　②樛（jiū）木：高树。一解"木下曲曰樛"（朱熹《诗集传》）。　③葛藟（lěi）：野葡萄。累：缠绕。　④只：语助词。　⑤福履：福禄，幸福。绥（suí）：安抚。　⑥荒：覆盖。　⑦将：扶助。　⑧萦：旋绕。　⑨成：成就。

螽　斯①

（一）

螽斯羽②，　　　　　　　　蚱蜢展翅飞腾，
诜诜兮③。　　　　　　　　其势风起云涌。
宜尔子孙④，　　　　　　　和你子孙多相像，
振振兮⑤。　　　　　　　　好不昌盛。

（二）

螽斯羽，　　　　　　　　　蚱蜢展翅飞腾，
薨薨兮⑥。　　　　　　　　发出声响嗡嗡。
宜尔子孙，　　　　　　　　和你子孙多相像，
绳绳兮⑦。　　　　　　　　如此繁荣。

（三）

螽斯羽，　　　　　　　　　蚱蜢展翅飞腾，
揖揖兮⑧。　　　　　　　　成群结伴同行。
宜尔子孙，　　　　　　　　和你子孙多相像，
蛰蛰兮⑨。　　　　　　　　一派兴隆。

【注释】

　　①这是一首贺人子孙众多的诗。上古时代，人类生存条件恶劣，繁衍困难，故以多子为福。　②螽（zhōng）：蚱蜢。繁殖力强，善群飞。斯：语气词。　③诜诜（shēn）：众多貌。

兮：语气词，表感叹。　④宜：相称，好像。　⑤振振：昌盛貌。　⑥薨薨（hōng）：群飞声。
⑦绳绳：绵延貌。　⑧揖揖：同集集，群聚貌。　⑨蛰蛰：和静聚居貌。

桃　夭①

（一）

桃之夭夭②，	蓬勃桃树绿葱葱，
灼灼其华③。	鲜花盛开红彤彤。
之子于归④，	这位姑娘要出嫁，
宜其室家⑤。	与她新郎两钟情。

（二）

桃之夭夭，	蓬勃桃树绿油油，
有蕡其实⑥。	果实把大挂枝头。
之子于归，	这位姑娘要出嫁，
宜其家室。	与她新郎配鸾俦。

（三）

桃之夭夭，	蓬勃桃树绿沉沉，
其叶蓁蓁⑦。	浓叶茂美汇成阴。
之子于归，	这位姑娘要出嫁，
宜其家人。	与她夫家共欢欣。

【注释】

①这是一首祝贺女子出嫁的诗。　②夭夭：茂盛貌。　③灼灼：鲜艳貌。华：“花”的古字。　④之子：这姑娘。于归：出嫁。于：语助词。　⑤宜：适合。一解为善，和顺。家：指大夫封地。　⑥有：语助词。蕡（fén）：肥大。　⑦蓁蓁（zhēn）：繁茂貌。

兔　罝①

（一）

肃肃兔罝②，	严密张兔网，
椓之丁丁③。	打桩咚咚响。
赳赳武夫④，	武士雄赳赳，

公侯干城⑤。　　　　　　　　　　　公侯好屏障。

（二）

肃肃兔罝，　　　　　　　　　　　兔网密黝黝，
施于中逵⑥。　　　　　　　　　　设在大路口。
赳赳武夫，　　　　　　　　　　　武士雄赳赳，
公侯好仇⑦。　　　　　　　　　　公侯好帮手。

（三）

肃肃兔罝，　　　　　　　　　　　兔网密如云，
施于中林。　　　　　　　　　　　布在深树林。
赳赳武夫，　　　　　　　　　　　武士雄赳赳，
公侯腹心。　　　　　　　　　　　公侯心腹人。

【注释】

①此诗赞美国君的武士。　②肃肃：严密貌。兔罝（jū）：兔网。　③椓（zhuó）：捶击。丁丁（zhēng）：象声词。　④赳赳：勇武貌。　⑤干：盾。城：城墙。　⑥中逵：逵中。逵：四通八达的大路。　⑦仇：伴侣。

芣 苢①

（一）

采采芣苢②，　　　　　　　　　　葱翠车前子，
薄言采之③。　　　　　　　　　　采呀采起来。
采采芣苢，　　　　　　　　　　　葱翠车前子，
薄言有之④。　　　　　　　　　　收呀收起来。

（二）

采采芣苢，　　　　　　　　　　　葱翠车前子，
薄言掇之⑤。　　　　　　　　　　拾呀拾起来。
采采芣苢，　　　　　　　　　　　葱翠车前子，
薄言捋之⑥。　　　　　　　　　　捋呀捋下来。

采采芣苢，　　　　　　　　　　葱翠车前子，
薄言袺之⑦。　　　　　　　　　　装呀装起来。
采采芣苢，　　　　　　　　　　葱翠车前子，
薄言襭之⑧。　　　　　　　　　　兜呀兜回来。

【注释】

①诗中描写了一群妇女采集车前子的情景。　②采采：茂盛貌。芣苢（fú yǐ）：车前子，多年生草本植物，可供药用。　③薄、言：皆为语助词。　④有（yǐ）：取得。　⑤掇（duō）：拾取。　⑥捋（luō）：从枝茎上抹取。　⑦袺（jié）：拉起衣襟兜着。　⑧襭（xié）：同撷。把衣襟掖在腰带间来盛着。

汉　广①

（一）

南有乔木②，　　　　　　　　　　南方有高树，
不可休思③。　　　　　　　　　　荫小难乘凉。
汉有游女④，　　　　　　　　　　汉江有游女，
不可求思。　　　　　　　　　　令人想断肠。
汉之广矣，　　　　　　　　　　汉江宽又广，
不可泳思。　　　　　　　　　　无法游对方。
江之永矣⑤，　　　　　　　　　　长江长又远，
不可方思⑥。　　　　　　　　　　竹筏怎通航？

（二）

翘翘错薪⑦，　　　　　　　　　　燎炬为喜烛，
言刈其楚⑧。　　　　　　　　　　砍柴选荆条。
之子于归，　　　　　　　　　　姑娘如嫁我，
言秣其马⑨。　　　　　　　　　　喂马迎娇娆。
汉之广矣，　　　　　　　　　　汉水宽又广，
不可泳思。　　　　　　　　　　无法游对方。
江之永矣，　　　　　　　　　　长江长又远，
不可方思。　　　　　　　　　　竹筏怎通航？

（三）

翘翘错薪，	燎炬为喜烛，
言刈其蒌⑩。	砍柴选蒌蒿。
之子于归，	姑娘如嫁我，
言秣其驹⑪。	喂足骏马邀。
汉之广矣，	汉江宽又广，
不可泳思。	无法游对方。
江之永矣，	长江长又远，
不可方思。	竹筏怎通航？

【注释】

①诗为单恋之歌，写一男子追求汉江游女而终于失望。　②乔：高大。　③思：语气词。下同。　④游女：出游之女。朱熹《诗集传》："江汉之俗，其女好游，汉魏以后犹然。如大堤之曲可见也。"　⑤江：长江。永：长。　⑥方：同舫，用竹、木编成的筏子。这里用作动词。　⑦翘翘：本指鸟尾上的长羽，这里意为高出。错薪：杂乱的草木。　⑧言：语助词，有关联作用。刈（yì）：割。楚：一种灌木，又名荆。魏源《诗古微》："三百篇言娶妻者，皆以析薪取兴。盖古者嫁娶必以燎炬为烛，故《南山》之析薪，《车舝》之析柞，《绸缪》之束薪，《豳风》之伐柯，皆与此错薪、刈楚同兴。"　⑨秣（mò）：喂牲口。　⑩蒌：蒌蒿，生水泽中。　⑪驹：少壮的骏马。

汝　坟①

（一）

遵彼汝坟②，	沿着汝河堤，
伐其条枚③。	砍树把柴集。
未见君子④，	丈夫久不见，
惄如调饥⑤。	愁如早晨饥。

（二）

遵彼汝坟，	沿着汝河堤，
伐其条肄⑥。	砍树把柴集。
既见君子，	丈夫得重见，
不我遐弃⑦。	未把我抛离。

鲂鱼赪尾⑧，　　　　　　　鲂鱼红尾鲜，

王室如毁⑨。　　　　　　　如见王室燃。

虽则如毁，　　　　　　　莫论王室事，

父母孔迩⑩。　　　　　　　身回父母边。

【注释】

①诗写丈夫远行服役归来，妻子喜不自胜。　②遵：循，沿。汝：汝河，源自河南天息山，东南流入淮河。坟：河堤。　③条枚：小树枝。　④君子：妻子对丈夫的尊称。　⑤惄（nì）：愁思。调：同朝，早晨。　⑥条肄（yì）：砍而复生的树枝。　⑦遐：远。　⑧鲂（fáng）鱼：又名鳊鱼。赪（chēng）：红。　⑨毁：焚烧。　⑩孔：甚。迩：近。

麟 之 趾①

（一）

麟之趾②，　　　　　　　麒麟玉蹄多仁义，

振振公子③。　　　　　　　公门诸子似麟蹄。

于嗟麟兮④！　　　　　　　珍贵啊，麒麟！

（二）

麟之定⑤，　　　　　　　麒麟顶额多仁德，

振振公姓⑥。　　　　　　　公门众孙似麟额。

于嗟麟兮！　　　　　　　宝贵啊，麒麟！

（三）

麟之角，　　　　　　　麒麟犄角多仁道，

振振公族。　　　　　　　公门宗族似麟角。

于嗟麟兮！　　　　　　　高贵啊，麒麟！

【注释】

①诗中赞美贵族子孙兴旺而贤德。　②麟：麟麟，传说为仁兽，鹿身，牛尾，马足，一角。严粲《诗辑》："有足者宜踢，唯麟之足，可以踢而不踢。有额者宜抵，唯麟之额，可以抵而不抵。有角者宜触，唯麟之角，可以触而不触。"　③振振：振兴貌。　④于嗟：感叹词。于：通吁。　⑤定：借为顶，指额头。　⑥公姓：公侯的子孙。

召 南

鹊 巢①

（一）

维鹊有巢②，	喜鹊筑巢绿树中，
维鸠居之③。	八哥进住细梳翎。
之子于归，	这位姑娘要出嫁，
百两御之④。	轿车百辆大欢迎。

（二）

维鹊有巢，	喜鹊筑巢绿树中，
维鸠方之⑤。	八哥占据自长鸣。
之子于归，	这位姑娘要出嫁，
百两将之⑥。	轿车百辆管护行。

（三）

维鹊有巢，	喜鹊筑巢绿树中，
维鸠盈之⑦。	八哥聚住满腾腾。
之子于归，	这位姑娘要出嫁，
百两成之⑧。	轿车百辆助婚成。

【注释】

①新娘嫁入贵族之家，本诗以鸠占鹊巢比之。 ②维：语助词。 ③鸠：八歌。李时珍《本草纲目》："八哥居鹊巢。" ④两：今作辆。御：同迓（yà），迎接。 ⑤方：占有。 ⑥将：护卫。 ⑦盈：满。此句喻指陪嫁人多。 ⑧成：指完成婚礼。

中华藏书 诗经 中国书店

采 蘩①

(一)

于以采蘩②？	要采蘩草何处求？
于沼于沚③。	需到池塘与沙洲。
于以用之？	采来蘩草有何用？
公侯之事。	公侯祭礼放案头。

(二)

于以采蘩？	要采蘩草到何方？
于涧之中。	需到山间溪水旁。
于以用之？	采来蘩草有何用？
公侯之宫。	公侯祭祀在庙堂。

(三)

被之僮僮④，	女差发髻高高耸，
夙夜在公⑤。	日夜匆忙实困窘。
被之祁祁⑥，	女差发髻多如云，
薄言还归。	祭完便要回家门。

【注释】

①诗写女子参加贵族祭祀的情景。 ②以：通台（yí），何，哪里。蘩（fán）：水草名，又名蓬蒿。 ③沼：水池。沚：小洲。 ④被：借为髲（bì），假发编的头髻。僮僮（tóng）：高耸貌。 ⑤夙（sù）：早晨。 ⑥祁祁：众多貌。

草 虫①

(一)

喓喓草虫②，	蝈蝈吱吱叫，
趯趯阜螽③。	蚱蜢蹦蹦跳。
未见君子，	不见心上人，
忧心忡忡④。	情绪真烦躁。
亦既见止⑤，	盼到情人来，

亦既觏止⑥，　　　　　　　　　　欢爱多美妙，
我心则降⑦。　　　　　　　　　　心安怨气消。

<h2 style="text-align:center">（二）</h2>

陟彼南山⑧，　　　　　　　　　　登上南山坡，
言采其蕨⑨。　　　　　　　　　　一路采嫩蕨。
未见君子，　　　　　　　　　　　不见心上人，
忧心惙惙⑩。　　　　　　　　　　抑郁忧愁多。
亦既见止，　　　　　　　　　　　盼得亲人到，
亦既觏止，　　　　　　　　　　　欢爱难言说，
我心则说⑪。　　　　　　　　　　心中多快乐。

<h2 style="text-align:center">（三）</h2>

陟彼南山，　　　　　　　　　　　登上南山岭，
言采其薇⑫。　　　　　　　　　　采薇一路行。
未见君子，　　　　　　　　　　　不见心上人，
我心伤悲。　　　　　　　　　　　悲伤难形容。
亦既见止，　　　　　　　　　　　盼到爱人来，
亦既觏止，　　　　　　　　　　　共度好光景，
我心则夷⑬。　　　　　　　　　　心安喜气盈。

【注释】

①诗写一女子由思念情人到会见情人，转忧为喜的情景。　②喓喓（yāo）：虫鸣声。草虫：指蝈蝈。　③趯趯（tì）：跳跃貌。阜螽（fùzhōng）：蚱蜢。　④忡忡（chōng）：心神不安貌。　⑤止：语助词。　⑥觏（gòu）：同媾，阴阳和合，男女欢合。　⑦降：放下。　⑧陟（zhì）：登。　⑨蕨（jué）：野菜名，初生似蒜，老有叶，可食。　⑩惙惙（chuò）：心慌气短貌。　⑪说：同悦。　⑫薇（wēi）：野菜名。又名野豌豆，可食。　⑬夷：平。此指心安。

<h1 style="text-align:center">采　蘋①</h1>

<h2 style="text-align:center">（一）</h2>

于以采蘋②？　　　　　　　　　　哪里去采蘋菜？
南涧之滨。　　　　　　　　　　　南山溪水旁边。
于以采藻？　　　　　　　　　　　哪里去采水藻？
于彼行潦③。　　　　　　　　　　流水积水中间。

（二）

于以盛之？	蘋菜用啥来盛？
维筐及筥④。	方形圆形筐箩。
于以湘之⑤？	蘋菜用啥来煮？
维锜及釜⑥。	有脚无脚饭锅。

（三）

于以奠之⑦？	祭品哪里安放？
宗室牖下⑧。	祠堂天窗下方。
谁其尸之⑨？	祭典由谁主持？
有齐季女⑩。	清斋待嫁女郎。

【注释】

①古俗贵族少女出嫁，先要祭祖，诗咏其事。　②以：通诒（yí），何。蘋（pín）：水草名，叶如马蹄，可食。　③行：借为洐（xíng），沟水。潦（lǎo）：积水。　④筐、筥（jǔ）：皆为竹器，筐方筥圆。　⑤湘：烹煮。　⑥锜（qí）：有脚锅。釜（fǔ）：无脚锅。　⑦奠：放置祭品。

⑧牖（yǒu）：天窗。　⑨尸：主持祭礼。　⑩齐：借为斋。祭祀前的斋戒。季女：少女。

甘　棠①

（一）

蔽芾甘棠②，	棠梨茂盛树阴长，
勿翦勿伐，	大家千万别砍伤，
召伯所茇③。	召公曾经作住房。

（二）

蔽芾甘棠，	棠梨茂盛树阴密，
忽翦勿败④，	大家千万别砍劈，
召伯所憩⑤。	召公在此曾休息。

（三）

蔽芾甘棠，	棠梨茂盛树阴稠，
勿翦勿拜⑥，	大家千万别动手，
召伯所说⑦。	召公在此曾逗留。

中华藏书

四书五经·最新校勘精注今译本

中国书房

八一四

【注释】

①这是人们怀念召（shào）伯的诗。召伯名召虎，曾辅助周宣王征伐南方淮夷；又曾于社前听讼断狱，有公正之名。 ②蔽芾（fèi）：葱茏荫蔽貌。甘棠：棠梨树，果实酸甜。 ③茇（bá）：草房。这里用作动词，意为草间住宿。 ④败：毁坏。 ⑤憩（qì）：休息。 ⑥拜：义同擘，分开，折断。 ⑦说：歇息。

行　露①

（一）

厌浥行露②。	道上露水湿泠泠。
岂不夙夜③？	哪是早晚不出行？
谓行多露④。	只怕途中露水浓。

（二）

谁谓雀无角⑤？	谁说麻雀嘴不坚？
何以穿我屋？	为何啄穿我房檐？
谁谓女无家⑥？	谁说你家没妻子？
何以速我狱⑦？	为何拉我见法官？
虽速我狱，	即使拉我见法官，
室家不足⑧。	让我嫁你难上难。

（三）

谁谓鼠无牙？	谁说老鼠牙不硬？
何以穿我墉⑨？	为何穿越我墙中？
谁谓女无家？	谁说你家没妻子？
何以速我讼？	为何逼我公堂行？
虽速我讼，	纵然逼我公堂行，
亦不女从⑩。	让我嫁你断不能。

【注释】

①一个已婚男子欲以告状威胁一个曾被他欺骗的女子给他做妾，女子严词拒绝。本诗即其抗婚词。 ②厌浥（yì）：濡湿。厌：湆（qì）的借字。行（háng）：路。 ③夙（sù）：早晨。 ④谓：畏的借字。 ⑤角：即蜀，鸟嘴。 ⑥女：汝，你。 ⑦速：致使。狱：诉讼。 ⑧室家：代指结婚。 ⑨墉（yōng）：墙。 ⑩不女从：不顺从你。女：汝。

羔 羊①

（一）

羔羊之皮，	羔皮官服身上穿，
素丝五纰②。	白丝纽扣光妍妍。
退食自公③，	酒足饭饱离官府，
委蛇委蛇④。	摇摇摆摆多消闲。

（二）

羔羊之革⑤，	羔皮官服穿在身，
素丝五緎。	白丝纽扣光粼粼。
委蛇委蛇，	摇摇摆摆多高兴，
自公退食。	酒足饭饱出衙门。

（三）

羔羊之缝⑥，	羔皮官服真可夸，
素丝五总。	白丝纽扣放光华。
委蛇委蛇，	摇摇摆摆多得意，
退食自公。	酒足饭饱转回家。

【注释】

　　①诗中描画了当时官员奢侈腐化、逍遥闲逸的生活情况。　②纰（tuó）：纽扣。用丝绳做的纽子叫纰，今名纽。丝绳做的套子叫緎，今名扣。纽与扣扣在一起，即是总。　③退食自公：从官衙吃饱饭回家。　④委蛇（wēyí）：悠然漫步、摇摆自得的样子。　⑤革：皮板，皮的无毛一面。马瑞辰《毛诗传笺通释》："古者裘皆表其毛而为之里以附于革。"　⑥缝：借为鬃（péng），多而乱的毛。

殷 其 雷①

（一）

殷其雷②，	雷声震震，
在南山之阳③。	正在南山传开。
何斯违斯④？	为何这样便离去？

莫敢或遑⑤。　　　　　　　不敢稍在家呆。

振振君子⑥，　　　　　　　夫君太忠厚，

归哉归哉！　　　　　　　　快归来吧快归来！

（二）

殷其雷，　　　　　　　　　雷声震震，

在南山之侧。　　　　　　　响在南山旁边。

何斯违斯？　　　　　　　　为何这样便离去？

莫敢遑息。　　　　　　　　不敢略作迁延。

振振君子，　　　　　　　　夫君太忠厚，

归哉归哉！　　　　　　　　快回还吧快回还！

（三）

殷其雷，　　　　　　　　　雷声震震，

在南山之下。　　　　　　　响在南山下方。

何斯违斯？　　　　　　　　为何这样便离去？

莫或遑处⑦。　　　　　　　不能暂住洞房。

振振君子，　　　　　　　　夫君太忠厚，

归哉归哉！　　　　　　　　快回乡吧快回乡！

【注释】

①妇女思念在外的丈夫，作此诗。　②殷：轰鸣声。　③阳：山的南面。　④斯：此。前一斯字意思是"这样"，后一斯字意思是"此地"。违：离开。　⑤或：有。遑：闲暇。　⑥振振：忠厚貌。　⑦处：居。

摽　有　梅①

（一）

摽有梅②，　　　　　　　　梅子挨个抛出去，

其实七兮③。　　　　　　　筐中情果十余七。

求我庶士④，　　　　　　　追求我的男子汉，

迨其吉兮⑤！　　　　　　　快选吉日作婚期！

（二）

摽有梅，	梅子挨个抛得欢，
其实三兮。	筐中情果十余三。
求我庶士，	追求我的男子汉，
迨其今兮！	应在今天把亲完！

（三）

摽有梅，	梅子挨个抛入迷，
顷筐塈之⑥。	筐中情果已无余。
求我庶士，	追求我的男子汉，
迨其谓之⑦！	趁早现在就同居！

【注释】

①这是一首女子的求偶诗。《周礼·媒氏》："仲春之月，令会男女。于是时也，奔者不禁。司（伺）男女之无夫家者而会之。"此风习类似西方的狂欢节。　②摽：古抛字。有：词头。梅：果名，又叫杨梅，隐含"媒"意。　③实：果实，指梅子。　④庶：众。士：指未婚男子。　⑤迨（dài）：及，趁。吉：吉日。　⑥顷筐：浅筐。塈（xì）：取。　⑦谓：会的借字，指男女的自由结合。

小　星①

（一）

嘒彼小星②，	区区小星闪微光，
三五在东。	三五点点在东方。
肃肃宵征③，	匆匆忙忙赶夜路，
夙夜在公④。	朝夕不停为公忙。
寔命不同！	是我命运太遭殃！

（二）

嘒彼小星，	区区小星微光闪，
维参与昴⑤。	参星昴星挂天边。
萧萧宵征，	匆匆忙忙赶夜路，
抱衾与裯⑥。	被褥还得扛在肩。
寔命不犹⑦！	是我命运太可怜！

【注释】

①这是一个勤苦小吏的叹息。　②嘒（huì）：光芒微小貌。　③肃肃：疾速貌。宵征：夜行。　④夙：早晨。　⑤参（shēn）、昴（mǎo）：都是星名。一说古人认为参三星、昴五星（实各七星），上文"三五"即指此。　⑥衾（qīn）：被子。裯（chóu）：被单。　⑦不犹：不同，不如。

江 有 汜①

（一）

江有汜②，	长江宽广有支流，
之子归③，	另娶新欢气味投，
不我以④！	却把旧人丢脑后！
不我以，	丢脑后，
其后也悔。	等你懊悔重回头。

（二）

江有渚⑤，	长江分水有沙洲，
之子归，	另娶新欢度风流，
不我与⑥！	不再与我共携手！
不我与，	不携手，
其后也处⑦。	等你回心再同舟。

（三）

江有沱⑧，	长江支流有沱江，
之子归，	另娶新欢意兴长，
不我过⑨！	整年不再回家乡！
不我过，	不回乡，
其啸也歌⑩。	长歌当哭令人伤。

【注释】

①一个往来于长江水域的商人乐其新婚而忘其旧姻，其原妻抱怨自伤而作此诗。②江：长江。汜（sì）：支流。《尔雅》："水决复入为汜。"③之子：指丈夫的新欢。归：嫁。　④不我以：不用我。　⑤渚（zhǔ）：小洲。　⑥与：同，同居。　⑦处：居住。　⑧沱：长江支流，出于岷山。⑨不我过：不来我这里。过：到。　⑩啸歌：有节调的号哭。

野有死麕①

（一）

野有死麕②，　　　　　　　　　猎得小鹿在荒郊，
白茅包之③。　　　　　　　　　洁白茅草把它包。
有女怀春，　　　　　　　　　　年轻姑娘春情动，
吉士诱之④。　　　　　　　　　小伙上前把她撩。

（二）

林有朴樕⑤，　　　　　　　　　林中砍树作烛台，
野有死鹿。　　　　　　　　　　死鹿肥美喜心怀。
白茅纯束⑥，　　　　　　　　　白茅捆束作聘礼，
有女如玉。　　　　　　　　　　姑娘如玉笑脸开。

（三）

"舒而脱脱兮⑦！　　　　　　　　"轻轻慢慢别急躁！
无感我帨兮⑧！　　　　　　　　别动围裙别粗暴！
无使尨也吠⑨！"　　　　　　　别惹狗儿汪汪叫！"

【注释】

　　①诗中歌咏了一个年轻猎人于郊野丛林遇一如玉少女，赠以猎物，彼此热恋的故事。　②麕（jūn）：兽名，似鹿而小，俗名獐子。　③白茅："爱情或婚姻的象征物。"（李湘《诗经研究新编》）　④吉士：男子美称。　⑤朴樕（sù）：小树。　⑥纯束：捆绑。　⑦舒而：犹舒然，慢慢地。脱脱（tuì）：舒缓貌。　⑧感：借为撼，动。帨（shuì）：佩巾，又名蔽膝，类似今之围裙。　⑨尨（máng）：长毛狗，今名狮子狗。

何彼秾矣①

（一）

何彼秾矣②？　　　　　　　　　为何这般秾艳？
唐棣之华③。　　　　　　　　　那是棠棣之花。
曷不肃雝④？　　　　　　　　　怎不庄严和乐？
王姬之车⑤。　　　　　　　　　那是王姬车驾。

（二）

何彼秾矣？	为何这般秾艳？
华如桃李⑥。	那是桃李花新。
平王之孙⑦，	平王孙女出嫁，
齐侯之子⑧。	齐侯儿子迎亲。

（三）

其钓维何？	该用什么垂钓？
维丝伊缗⑨。	自是华美丝纶。
齐侯之子，	齐侯儿子迎娶，
平王之孙。	平王孙女上门。

【注释】

①周平王的孙女嫁与齐襄公，车驾豪华，诗记其事。　②秾（nóng）：盛艳貌。　③唐棣（dì）：果树名，即棠棣，棠梨。花有白有红。华：古花字。　④曷（hé）：同何。肃：庄严。雝（yōng）：雍容，和乐。　⑤王姬：周王家的姑娘。姬为周王之姓。　⑥如：乃。　⑦平王：周平王宜臼。　⑧齐侯之子：指齐襄公。《春秋·庄公元年》：“王姬归于齐。”时当齐襄公五年。

⑨维、伊：语气词，含有“是”意。缗（mín）：钓鱼绳，一称纶。以鱼比喻爱情，是古诗常见技法。

驺　虞①

（一）

彼茁老葭②，	郊外芦苇密麻麻，
壹发五犯③。	五只野猪连射杀。
于嗟乎驺虞④！	嗬，猎手真是好箭法！

（二）

彼茁者蓬⑤，	郊外蓬蒿密层层，
壹发五豵⑥。	五只小猪连丧生。
于嗟乎驺虞！	嗬，猎手真是好神通！

【注释】

①这是一首猎手的赞歌。　②茁（zhuó）：草初生出地貌。葭（jiā）：芦苇。　③壹：一气，接连。发：发箭，指射中。豝（bā）：母猪。　④于嗟：感叹词。于：同吁。驺（zōu）虞：牧猎官。　⑤蓬：草名，今称白蒿。　⑥豵（zōng）：小猪。《广雅》："兽一岁为豵，二岁为豝，三岁为肩，四岁为特。"